ISBN 978-0-259-76736-7
PIBN 10634304

Shakspeare's
Schauspiele

von

Johann Heinrich Voß

und dessen Söhnen

Heinrich Voß und Abraham Voß.

Mit Erläuterungen.

Fünften Bands erste Abtheilung.

Stuttgart,
in der J. B. Metzler'schen Buchhandlung.
1822.

König Heinrich der Fünfte.

Von

Johann Heinrich Voß.

Personen.

König Heinrich der fünfte.
Herzog von Gloster,) Brüder des Königs.
Herzog von Bedford,)
Herzog von Exeter, Oheim des Königs.
Herzog von York, Vetter des Königs.
Graf von Salisbury.
Graf von Westmoreland.
Graf von Warwick.
Erzbischof von Canterbury.
Bischof von Ely.
Graf von Cambridge, }
Lord Scroop, } Verschworene wider den König.
Sir Thomas Grey, }
Sir Thomas Erpingham, Gower, Fluellen, Macmorris, Jamy, Offiziere Heinrichs.
Bates, Court, Williams, Soldaten Heinrichs.
Nym, Bardolf, Pistol, ein Bursch, ehemals Diener Falstafs, jezt Soldaten Heinrichs.
Karl der sechste, König von Frankreich.
Der Dauphin.
Herzog von Burgund.
Herzog von Orleans.
Herzog von Bourbon.
Der Connetable von Frankreich.
Rambures und Grandpre, französische Edelleute.
Der Kommandant von Harfleur.
Montjoy, ein französischer Herold.
Gesandte an den König von England.
Isabelle, Königin von Frankreich.
Katharine, Tochter Karls und Isabellens.
Alice, Hoffräulein der Prinzessin Katharine.
Wirtin Hurtig, Pistols Frau.
Lords und Damen, Offiziere, Soldaten, Boten und anderes Gefolge.

Der Schauplaz ist anfangs in England, nachher in Frankreich.

Prolog.

Mir eine Mus' in Feuer, die den Schwung
Zum hellsten Himmel der Erfindung hebt!
Ein Reich sei Bühn', und Prinzen-Spieler drauf,
Monarchen schaun der Scen' erhabnen Pomp!
Dann ginge hier Held Heinrich, gleich sich selbst,
Ein Mars von Ansehn; und nach wandelten,
Wie Koppelhund' ihm, Hunger, Schwert und Feur,
Um Arbeit schmeichelnd. Doch verzeiht, ihr Edlen,
Dem flachen Geist ohn' Aufschwung, der gewagt
Zu zeigen auf unwürdigem Gerüst
So große Handlung. Faßt des Hahnkampfs Raum
Das weite Feld Frankreichs? ja pressen wir
In dieses O von Holz die Helme selbst,
Wovor gebebt die Luft bei Agincourt.
Verzeihung! gilt ja doch ein krummer Zug
In engem Raum für eine Million.
Auch uns, der großen Rechnung Nullen, laßt
Auf eurer Seel' Einbildung wirksam sein.
Denkt in dem Umfang dieser Mauren euch
Beschränkt nun zwo machtvolle Monarchie'n,
Die mit erhobner Stirn sich stoßen fast,
Getrennt vom grauuhaft engen Ocean.

Füllt, wo es fehlt, euch in Gedanken aus:
In Tausende zertheilt euch Einen Mann,
Und schaft in reger Einbildung ein Heer.
Denkt, reden wir von Rossen, daß ihr seht
Geprägt den stolzen Hufschlag in das Land.
Schmück' eur Gedank' hier unsre Könige,
Flieg' hin und her, spring' über Raum und Zeit;
Und engt ihr, was vollbracht hat manches Jahr,
In's Stundenglas. Hier zu ergänzen fein,
Laßt mich den Chorus diesem Drama sein,
Der, als Prolog, ausspricht Demutsgefühl:
Mild hört, und sanft beurtheilt, unser Spiel.

Erster Aufzug.

Erste Scene.

London; ein Vorzimmer im Pallast des Königs.

Der Erzbischof von Canterbury, und der Bischof von Ely.

Canterbury.

Mylord, ich sag' euch, man betreibt die Bill,
Die in des lezten Königs eilftem Jahr
Fast durchging wider uns, und ganz gewiß,
Wenn nicht der Zeit Unruh und Tummel sie
Der weiteren Verhandlung hätt' entrückt.

Ely.

Doch was, Mylord, läßt sich dagegen thun?

Canterbury.

Das will bedacht sein. Geht sie durch, so fällt
Die beßre Hälft' aus unserem Besiz.
Denn all das Zeitliche, was frommer Trieb
Im Testament aussezt' als Kirchengut,
Uns nehmen will man's; weil man's schäzt so viel,
Als zu des Königs Ehr' ernähren kann
Voll funfzehn Jarl', und funfzehnhundert Ritter,
Sechstausend und zweihundert Edlinge;
Zum Trost für Siechthum denn, für Altersschwäch',
Und Dürftigkeit, kraftlos zur Arbeit schon,
Ein hundert Armenhäuser, wohl begabt;
Und für den Schaz des Königs außerdem
Ein tausend Pfund des Jahrs: so läuft die Bill.

Ely.

Ein tiefer Schluck!

Canterbury.

Schluckt Kelch und alles weg!

Ely.

Doch welche Vorkehrung? —

Canterbury.

Der König ist voll Gnad' und Billigkeit.

Ely.

Und hat im Ernst die heil'ge Kirche lieb.

Canterbury.

Sein Jugendwandel zwar versprach das nicht.
Doch kaum entseelt war seines Vaters Leib,
Als seine Wildheit abgetödtet auch

Zu sterben schien; ja, in dem Augenblick
Trat die Erwägung wie ein Engel ein,
Und peitscht' aus ihm den sünd'gen Adam weg;
Da blieb sein Leib gleichsam ein Paradies,
Das zur Behausung Himmelsgeistern ward.
Nie war so plözlich noch ein Lehrling reif;
Nie kam die Besserung geströmt, und schwemmt'
In solchem Sturz Untugenden hinweg;
Nie ward die Hydra der Starrköpfigkeit
So schnell entjagt dem Siz, und so mit eins:
Wie bei dem Herrn.

Ely.

Wohl uns der Aenderung!

Canterbury.

Hört ihn nur reden von Religion;
Und, ganz erstaunt, wird eures Herzens Wunsch
Voll Inbrunst flehn, der König sei Prälat.
Hört ihn verhandeln das gemeine Wohl;
Ihr glaubt, sein Geist hab' einzig das erforscht.
Horcht seinem Kriegsgespräch, und ihr vernehmt
Graunvolle Schlacht gezaubert in Musik.
Führt ihn in Staatsklugheit auf jeden Fall,
Die gordische Verknotung löset er
Nachlässig wie sein Strumpfband. Wenn er spricht,
Die Luft, durch Vorrecht Lermerin, wird still,
Und stummes Wundern lauscht im Menschenohr,
Zu fahn der Weisheit honigsüßen Ton.
So daß des Lebens Kunst und Praktika
Ihm sein muß Lehrerin der Theorie.
Ein Wunder, wie sein' Hoheit die gewann,
Da sein Bestreb nach eitlem Wandel war,
Sein Umgang ungelahrt, ganz roh, und schaal,
Die Zeit verthan mit Praß, Banket, und Spiel;

Auch nie bemerkt ward etwas Fleiß an ihm,
Etwas Zurückziehn, etwas Sonderung
Von Weltgeräusch und Pöbelhaftigkeit.

Ely.

Es wächst die Erdbeer' unter Nesseln auch;
Ja, die gesunde Beer' hat Trieb und reift
Am besten nah unedler Staudenfrucht.
So barg der Prinz auch seinen Forschungssinn
Im Schleir, der Wildheit; wo er zweifelsohn'
Aufwuchs wie Sommergras, zumeist bei Nacht,
Unsichtbar, doch triebsam in eigner Kraft.

Canterbury.

So muß es sein; denn Wunder giebt's nicht mehr.
Nothwendig drum nimt man die Mittel an,
Wie was vollendet wird.

Ely.

Doch, guter Lord,
Was nun zur Mildrung jener Bill, die droht
Von den Gemeinen? Ist des Königs Sinn
Für oder wider?

Canterbury.

Der scheint unbestimmt,
Doch mehr geneigt wol unserm Besten, als
Begünstigend den Antrag wider uns.
Denn ein Erbot that ich der Majestät,
Für unsre geistliche Versammelung:
Nämlich auf Anlaß der Verhältnisse,
Die ich dem Herrn umständlich ausgelegt,
Betreffend Frankreich, darzustrecken mehr
Baarschaft, als je mit eins die Klerisei
Gezahlt hat seinen Vorfahrn auf dem Thron.

Ely.

Und dies Erbot, wie fand's Eingang, Mylord?

Canterbury.

Genehmigt ward's von seiner Majestät;
Nur war nicht Zeit genug zu hören da
(Wie seine Hoheit, merkt' ich, gern gethan,)
Die Stellen aus Urkunden, viel und klar,
Von seinem Recht auf manches Herzogthum,
Und überhaupt auf Frankreichs Kron' und Stuhl,
Das ihm vererbt Edward, sein großer Ahn.

Ely.

Was war die Hindrung, die das unterbrach?

Canterbury.

Frankreichs Gesandter, in dem Augenblick,
Bat um Gehör. Die Stund' ist, denk' ich, da,
Daß man ihn vorläßt. Ist es schon vier Uhr?

Ely.

Ja schon.

Canterbury.

Gehn wir denn ein, zu hören, was er bringt.
Doch könnt' ichs wol errathen sonder Müh,
Eh noch der Franzmann spricht ein Wort davon.

Ely.

Ich folge nach, und bin neugierig drauf.

(Sie gehn ab.)

Zweite Scene.

Der Audienzsaal.

König Heinrich, Gloster, Bedford, Exeter, Warwick, Westmoreland, und Gefolge.

K. Heinrich.

Wo ist mein würd'ger Lord von Canterbury?

Exeter.

Nicht im Gemach hier.

K. Heinrich.

Schickt nach ihm, mein Ohm.

Westmoreland.

Herr, ruft man den Gesandten jezt herein?

K. Heinrich.

Noch nicht, mein Vetter; gern erst lösten wir,
Eh wir ihn hören, etwas wichtiges
In unserm Kopf, das Frankreich trift und uns.

(Es kommen der Erzbischof von Canterbury und der Bischof von Ely.)

Canterbury.

Gott und sein Heer schüz' euren heil'gen Thron,
Und lass' euch lang' ihn schmücken.

K. Heinrich.

Herzlich Dank.
Gelehrter Herr, fahrt fort, wir bitten euch;

Rechtschaffen und gewissenhaft erklärt,
Warum uns Frankreichs salisches Gesez
Mit unserm Anspruch abweist, oder nicht.
Und Gott verhüte, mein getreuer Lord,
Daß ihr nicht modelt, dreht und beugt den Sinn,
Noch spizelnd eur wohlkundig Herz beschwert
Durch misgeschafnes Anspruchs Förderung,
Deß Recht in eigner Farb' unwahr erscheint.
Denn Gott ja weiß, wie mancher, jezt gesund,
Hinbluten wird zu deß Bekräftigung,
Wozu uns eur Hochwürden-Mund bewegt.
Darum gebt Acht, wie ihr verfügt mit uns,
Wie ihr des Kriegs noch schlummernd Schwert erweckt;
Im Namen Gottes warn' ich euch, gebt Acht!
Nie gingen ja zwei solche Reich' in Kampf,
Daß nicht viel Blut unschuldig floß, wovon
Jedweder Tropf ist Weh und schwere Klag'
Auf den, deß Unrecht Schärfe giebt dem Stahl,
Der so verheert kurzlebend Staubgeschlecht.
Gewarnt durch die Beschwörung, sprecht, Mylord;
Wir merken drauf, voll Zutraun, was ihr sagt,
Sei im Gewissen euch gerrinigt so,
Wie Sünd' im Bad der Taufe.

Canterbury.

So hört mich, gnäd'ger König, und ihr Pairs,
Die Leben, Treu und Dienst ihr schuldig seid
Dem Herscherthron hier. — Gar kein Hindernis
Hemmt eurer Hoheit Recht an Frankreichs Thron,
Als was man da anführt vom Pharamund:
In terram Salicam mulieres ne succedant.
„Nicht soll ein Weib ererben Salisch Land."
Nun deuten Salisch Land die Franken falsch,
Als sei es Frankreich, und sei Pharamund
Urheber dem fraunhemmenden Gesez.

Doch ihre Schreiber selbst versichern treu,
Es lieg' in Deutschland jenes Sal'sche Land,
Zwischen der Sala und der Elbe Strom:
Wo Karl der Große, nach des Sachsenvolks
Bezwingung, Frankenstämm' ansiedelte.
Der aus Verachtung nun der deutschen Fraun,
Ob ihrer unehrbaren Lebensart,
Gab dies Gesez dort, — nämlich, daß kein Weib
Befugt sei zu ererben Salisch Land:
Welch Saalland, sag' ich, zwischen Elb' und Sala,
Man heut zu Tag' in Deutschland Meißen nennt.
Demnach ist klar, das Salische Gesez
Ward nicht erdacht für Frankreichs Königthum;
Auch nicht besaß der Frank das Sal'sche Land,
Als erst vierhundert einundzwanzig Jahre,
Nachdem verlebt war König Pharamund,
Den falsch man leiht als Stifter dem Gesez.
Er starb im Jahr nach der Entsündigung
Vierhundert zwanzig sechs; und Karl der Große
Bezwang die Sachsen, und gab Franken Siz
Jenseit dem Flusse Sala, in dem Jahr
Achthundert fünf. Die Schreiber melden noch,
König Pipin, Entthroner Childerichs,
Hab', als Gesamterb', aus Blithilde's Stamm,
Der Tochter einst vom Könige Klothar,
Anspruch gemacht auf Frankreichs Kron' und Stuhl.
Auch Hugo Kapet, der vom Throne stieß
Lothringens Herzog Karl, den einz'gen Sproß
Von Karls des Großen Mannsstamm, ächter Art, —
Um seinen Anspruch zu beschönigen,
Der doch in Wahrheit faul und nichtig war,
Gab sich als Erben aus von Lady Lingar,
Der Tochter Karlmanns, welcher war der Sohn
Vom Kaiser Ludwig, Ludwig selbst der Sohn

Vom großen Karl. Auch Ludewig der Zehnte,
Des eingedrungnen Kapets Erb' allein,
Nicht finden konnt' er im Gewissen Ruh,
Als König Frankreichs, bis man ihn belehrt,
Daß Isabel, die schöne Königin,
Ihm Ahnin, stamme von Frau Irmengard,
Der Tochter von Lothringens Herzog Karl:
Durch welche Heirat Karls des Großen Zweig
Auf's neu zu Frankreichs Krone sich gefügt.
Klar ist demnach, wie Sommersonne klar:
Pipins Anspruch, und Kapets Vorwand mit,
Auch König Ludewigs Beruhigung,
Sichtbar fußt alles auf das Frauenrecht.
Das thun bis heut noch Frankreichs Könige.
Doch schüzt man gern dies salische Gesez,
Eur Hoheit Recht von Fraunseit' abzuweisen,
Und hüllt sich lieber in ein Truggewirr,
Als daß man baar auslegt sein häklich Recht,
Das euch und euren Ahnherrn man entriß.

K. Heinrich.

Mit Recht denn und Gewissen sprech ich an?

Canterbury.

Die Sünd' auf dies mein Haupt, furchtbarer Herr!
Denn Moses sagt also im vierten Buch:
So etwa stirbt der Sohn, dann laß das Erb'
Absteigen auf die Tochter. — Gnäd'ger Herr,
Steht für das Eur, entrollt eur Blutpanier,
Blickt um nach euren Vorfahrn groß an Macht;
Geht, hoher Herr, an eures Urahns Grab,
Deß Recht ihr heischt, ruft seinen Kriegergeist;
Des Großohms Edward auch, des schwarzen Prinzen,
Der dort in Frankreich spielt' ein Trauerspiel,
Und niederwarf die ganze Frankenmacht;

Sein großer Vater stand auf einem Berg',
Und schaute lächelnd, wie sein junger Leu
Sich weidet' an des Frankenadels Blut. —
O Englands edles Volk, das so empfing
Mit halber Macht Frankreichs gesamten Stolz;
Die andre Hälft' indeß stand lachend da,
Unthätig ganz, und kalt abwartend Kampf.

Ely.

So tapfrer Todten Ruhm weckt wieder auf,
Mit starkem Arm erneuend ihre That.
Ihr seid ihr Erb', ihr sizt auf ihrem Thron;
Das tapfre Blut, das sie verklärte, rinnt
In euren Adern. Mein großmächt'ger Herr,
An frischer Jugendkraft ein erster Mai,
Ist reif zu That und edlem Heldenwerk.

Exeter.

All eure Brüder-Könige der Welt
Erwarten sämtlich, daß ihr euch erhebt,
So wie vordem die Löwen eures Stamms.

Westmoreland.

Sie sehn, mein Fürst hat Grund; Hülfsquell' und Macht
Hat auch eur Hoheit. Hatt' ein König Englands
Je reichern Adel, je ein treuer Volk?
Schon läßt ihr Herz die Leiber hier in England,
Und liegt auf Frankreichs Fluren im Gezelt.

Canterbury.

O laßt die Leiber folgen, theurer Fürst,
Mit Blut und Schwert und Feur, zum Sieg für Recht!
Zur Hülfe wollen gern wir Geistlichen
Eur Hoheit steuern ein so mächtig Geld,
Als nie auf Einmal noch die Klerisei
Für einen eurer Vorfahrn aufgebracht.

K. Heinrich.

Nicht bloß auf Frankreich muß die Rüstung gehn;
Maßregeln braucht man zur Vertheidigung
Auch gegen Schottland, das mit Vortheil sonst
Uns überziehn kann.

Canterbury.

Die Markbewohner, mein huldreicher Herr,
Sind Mauer gnugsam, zu vertheidigen
Das Inland vor der Nachbarn Mauserei.

K. Heinrich.

Wir meinen nicht die Streif-Schnapphähne bloß;
Des Schotten Hauptmacht fürchten wir, der stets
Ein unruhvoller Nachbar war für uns.
Denn lesen könnt ihr, daß mein Urahn nie
Mit seiner Heeresmacht nach Frankreich zog,
Daß nicht der Schott' in sein wehrloses Reich
Gestürzt kam, wie die Flut in einen Bruch,
Mit großer und randvoller Uebermacht;
Plagend das kahle Land mit heißem Sturm,
Einengend mit Belagrung Burg und Stadt:
Daß England, ledig der Vertheidigung,
Stets bebte vor so schlimmer Nachbarschaft.

Canterbury.

Mehr Schreck als Schaden hatt' England, o Herr.
Hört, wie die Insel Beispiel gab sich selbst.
Als all ihr Ritterthum in Frankreich war,
Und sie vereinsamt traurt' als Witwe hier,
Nicht nur sich selbst vertheidigte sie wohl,
Den Schottenkönig fing sie in Verhaft,
Sandt' ihn nach Frankreich, daß er Edwards Ruhm
Anfüllte mit gefangnen Königen,
Und macht' ihr Chronikbuch so reich an Preis,

Wie reich des Weltmeers Schlamm und Abgrund ist
An morschem Wrack und unzahlbarem Schaz.

Westmoreland.

Doch geht ein Sprichwort um, sehr alt und wahr:
Willst du Frankreich zum Gewinn,
Dann mit Schottland erst beginn.
Denn zieht auf Raub England, die Adlerin,
Zum unbewachten Nest schleicht Wiesel Schott,
Und saugt die königlichen Eier aus.
Er spielt die Maus, die, ging die Kaz' hinweg,
Durchstänkert und umstört, mehr als sie frißt.

Exeter.

Es folgt demnach, die Kaze bleibt daheim.
Doch das ja wär' ein gar verwünschter Zwang.
Giebt's Schlösser doch, zu sichern den Bedarf,
Und Fällelein, zu fahn die Diebelein.
Wann auswärts kämpft die wohlbewehrte Hand,
Wehrt sich daheim der wohlberathne Kopf.
Denn guter Staat hält hoch und tief und tiefer
Gestufte Theil' in Einer Harmonie,
Gefügt in vollem Einklang der Natur,
Gleich der Musik.

Canterbury.

Sehr wahr. Deshalb theilt Gott
Das Thun der Menschheit in manch Amt und Werk,
Und sezt Betriebsamkeit in steten Gang;
Und ihr ist vorgesteckt als Strebeziel
Gehorsam. Denn so geht's im Honigstaat,
Die Bienlein, nach Naturtrieb, lehren uns
Anordnen künstlich ein bevölkert Reich.
Sie haben König und Beamtete:
Ein Theil, wie Obrigkeit, hält Zucht daheim;
Ein Theil, wie Krämer, zieht auf Handel aus;
Ein Theil, wie Kriegsvolk, mit der Stachelwehr,

Macht Beut' auf mancher Sammetknosp' im Mai;
Den Raub in frohem Rückzug trägt man heim
In des Gebieters kaiserlich Gezelt:
Der, im Betrieb der Hoheit, achtsam sieht,
Wie Maurer singend dort Golddächer baun,
Dort Bürger ehrbar knäten Honigseim,
Der armen Frohnarbeiter Schaar sich drängt
Mit schwerer Bürd' an seinem engen Thor,
Der Richter ernst, mit grämlichem Gesumm,
Abliefert an den Pfahl der Peiniger
Faul junkernd Drohnenvolk. Ich folgre draus:
Daß vieles, was einträchtig hat Bezug
Auf Einen Zweck, vielseitig wirken kann;
Wie viele Pfeil', entsandt von hier und dort,
Ein Ziel erstreben.
Wie viele Weg' eingehn in Eine Stadt,
Wie viele Ström' auslaufen in Ein Meer,
Wie viele Linien kunstreiche Hand
Einengt im Mittelpunkt der Sonnenuhr:
So kann vielfaches Thun, mit eins im Gang,
Ausgehn in Ein Endziel, wohl durchgeführt,
Und ohne Stockung. Drum nach Frankreich, Herr!
Theilt euer Segensreich England in Vier;
Davon ein Viertheil nehmt nach Frankreich mit,
Und so erschüttert ihr ganz Gallia.
Wenn wir mit dreimal so viel Macht daheim
Nicht schüzen unsre Hausthür vor dem Hund,
Sein wir gezaust; und schwind' aus unserm Volk
Der Ruhm der Kühnheit und der Staatsordnung.

K. Heinrich.

Ruft uns des Dauphins Abgesandte vor.
(Einer vom Gefolge geht; der König besteigt den Thron.)
Nun sind wir fest entschlossen; und, hilft Gott,
Und ihr, o edle Sehnen unsrer Macht,

Frankreich wird uns; wir beugen's, oder brechen
Es ganz in Trümmer. Ja, hoch thronen wir,
Ausübend Obherschaft Frankreichs, und aller
Fast königlichen Herzogthümer dort;
Sonst ruhe dies Gebein in schlechter Urn'
Entwürdigt, grablos, ohn' ein Denkmal drob.
Wenn nicht der Nachruhm laut mit vollem Mund
Von unsern Thaten spricht, hab' unser Grab,
Dem türk'schen Stummen gleich, zunglosen Mund,
Geehrt nicht durch ein wächsern Epitaf.

(Es kommen die französischen Gesandten.)

Wir sind bereit nun, zu empfahn den Wunsch
Des werthen Vetters Dauphin; denn wir hören,
Von dem, und nicht vom König, kommt eur Gruß.

Gesandter.

Gönnt huldreich eure Majestät Erlaub,
Frei zu eröfnen, was uns ward vertraut?
Oder mit Rückhalt zeigen wir von fern
Des Dauphins Meinung, und der Botschaft Sinn?

K. Heinrich.

Nicht ein Tyrann, wir sind ein Christenkönig,
Der so sein Herz der Frommheit unterwarf,
Wie arme Sünder zwängt des Kerkers Block.
Drum frank, mit unverhaltner Offenheit,
Sagt uns des Dauphins Sinn.

Gesandter.

Nun also kurz.
Eur Hoheit, jüngst nach Frankreich sendend, sprach
Gewisse Herzogthümer an, in Kraft
Des großen Urahnherrn, Edward des Dritten.
Zur Antwort drauf sagt unser Herr der Prinz,
Ihr schmeckt zu sehr nach eurer Jugend noch;

Und giebt euch in Bedenk, in Frankreich sei
Gar nichts gewinnbar durch Galliardensprung;
Nicht schwärmt ihr euch in Herzogthümer dort.
Drum schickt er euch, was mehr fugt eurem Geist,
Der Tonne-Schaz hier, und begehrt dafür:
Der Herzogthümer, die ihr ansprecht, laßt
Nicht mehr erwähnt sein. So des Dauphins Wort.

K. Heinrich.

Welch Schaz, mein Oheim?

Exeter.

Lederbäll', o Herr.

K. Heinrich.

Froh sind wir, daß der Dauphin scherzt mit uns.
Für sein Geschenk, und eure Müh, habt Dank.
Sind für die Bäll' erst die Raketen da,
In Frankreich spielen wir, will's Gott, ein Spiel,
Das leicht des Vaters Kron' ihm schlägt zu Loch.
Sagt ihm, er rief solch einen Unhold auf,
Daß Frankreichs Ballhöf' all' aufstören wird
Der Bälle Flug. Und wir verstehn ihn wohl,
Wie er uns vorhält unsre wildern Tag',
Und nicht erwägt, wozu wir sie genuzt.
Nie daucht' uns schäzbar Englands armer Stuhl;
Wir lebten fern ihm, und ergaben uns
Unfeiner Wildheit: wie der Weltlauf ist,
Vom Haus' hinweg lebt man am lustigsten.
Doch sagt dem Dauphin, daß ich Königswürd'
Ihm zeigen werd', und segeln hoch einher,
Schwing' ich mich auf zu meinem Frankenthron.
Drum legt' ich meine Majestät beiseit,
Und schafte, wie ein Mann am Werkeltag.
Doch dort erschein' ich so voll Glorie,

Daß blinzeln soll ein jedes Frankenaug',
Und sich der Dauphin blind soll sehn an uns.
Auch sagt dem muntern Prinzen: der Hohn macht
Die Bäll' ihm zu Steinkugeln; lasten soll
Schwer auf der Seel' ihm die Vertilgungsrache,
Die trägt ihr Sturm. Denn Tausenden von Witwen
Höhnt dieser Hohn die theuren Männer weg,
Höhnt Müttern Söhne weg, höhnt Burg' in Graus!
Unschuld, verwaist, verunehrt, schreit zu Gott!
Des Enkels Kind verflucht des Dauphins Spott!
Doch solches ruht in Gottes weisem Rath,
Dem ich die Sach' heimstell'; und in deß Namen
Sagt ihr dem Dauphin: Kommen werd' ich ihm,
Mich rächen, wie ich kann, und heben für
Die heil'ge Sache den gerechten Arm.
So, kehrt in Frieden heim, und sagt dem Dauphin:
Sein Spaß hat einst als schaler Wiz kein Lob;
Wann mancher weint, mehr als gelacht darob. —
Gebt ihnen sicheres Geleit. — Lebt wohl.
(Die Gesandten gehn.)

Exeter.

Gar lustig die Gesandschaft!

K. Heinrich.

Der Sender, hoff' ich, soll erröthen drob.
(Er steigt vom Thron.)
Drum keine Stund', ihr Lords, bleib' ungenuzt,
Die unsern Feldzug kann beschleunigen.
Denn kein Gedank, als Frankreich, denkt in uns;
Nur der an Gott, der geht dem Werke vor.
Drum unsre Vorkehrung für diesen Zug
Versammelt schnell; und denkt auf jegliches,
Was uns mit möglichster Geschwindigkeit
Noch mehr beflügeln kann. Geht Gott uns vor,

Den Dauphin straf' ich an des Vaters Thor.
Drum werd' uns angestrengt Sinn und Gedank,
Auf daß die Edelthat bald komm' in Gang.
(Sie gehn ab.)

Zweiter Aufzug.

Prolog.

Nun, nun ist Englands Jugend all' entflammt,
Und seidner Mutwill hängt im Kleiderschrank;
Nun sind die Waffenschmied' in Flor, und Ehre,
Nur Ehre herscht im Busen jedes Manns.
Die Weide schlägt man los, und kauft ein Pferd,
Und folgt dem Spiegel aller Könige,
Den Fuß beschwingt, als Englischer Merkur.
Denn nun schwebt die Erwartung in der Luft,
Und biegt ein Schwert, vom Heft zur Spiz' empor,
Mit Kronenglanz, Machtkronen, groß und klein,
Bestimmt für Heinrich, und sein Wehrgeleit.
Das Frankenvolk, durch Kundschaft vorgewarnt
Von solchen höchst furchtbaren Rüstungen,
Bebt angstvoll; und mit blasser Politik
Sucht's abzulenken Englands rege Kraft.
O England! du Abbildlein innrer Größe,
Du kleiner Leib für ein großmächtig Herz!
Was könntst du thun, wo Ehr' anmahnt zu thun,
Wär' jedes Kind dir ächt und guter Art!
Da steckt dein Fehler! Frankreich fand in dir
Ein Nest Hohlherziger, die's anfüllt mit

Verräther-Kronen. Drei Bestochene, —
Erst, Richard, Jarl von Cambridge, dem zunächst,
Heinrich Lord Scroop von Masham, und zulezt,
Sir Thomas Grey, Ritter Northumberlands, —
Die nun, für Frankreichs Gold, (nicht treu wie Gold!)
Verschwuren sich mit Frankreichs feigem Volk.
Ihr Arm vertilgt den Schmuck der Könige,
Wofern Höll' und Verrath Worthalter sind,
Eh er nach Frankreich schift. Doch in Southampton
Verweilt euch in Geduld, und wohl nehmt auf
Der Ferne Misbrauch im erzwungnen Spiel,
Die Gelder sind gezahlt, die Frevler eins;
Der König ging von London; und die Scen'
Ist nun versezt, ihr Edlen, nach Southampton.
Dort ist das Schauspielhaus, dort sizt ihr nun.
Von da nach Frankreich schaffen wir euch wohl,
Und heim; die enge See, gebannt durch uns,
Giebt sanfte Fahrt euch. Geht nach Wunsch der Kiel,
Niemand hat Uebelkeit von unserm Spiel.
Doch erst, wann kommt der König, und nicht gleich,
Fliegt nach Southampton unser Haus mit euch.

Erste Scene.

London, Gasse in Eastcheap.

Nym und Bardolf.

Bardolf.

Willkommen, Korporal Nym.

Nym.

Guten Morgen, Leutenant Bardolf.

Bardolf.

Was; seid ihr mit Fähndrich Pistol nun Freund?

Nym.

Mir ist das einerlei. Ich sage wenig; aber mit der Zeit kommt Freundlichsein. Doch das sei, wie es will. Ich mag nicht fechten; aber ich thue die Augen zu, und strecke mein Eisen vor. Es ist ganz einfach; doch wenn auch! Es kann Käse rösten; es kann auch Kälte aushalten, wie eines Anderen Schwert; und das ist der Humor davon.

Bardolf.

Ich geb' ein Frühstück, euch zu Freunden zu machen. Dann wollen wir alle drei Herzensbrüder nach Frankreich. Laßt es dabei, guter Korporal Nym.

Nym.

Mein Treu, ich will leben so lang' ich kann; das steht einmal fest. Und kann ich nicht länger leben, so will ich thun wie ich kann. Das ist mein Schluß, das ist das Ziel-Ende davon.

Bardolf.

Allerdings, Korporal, ist er verheiratet mit Lene Hurtig; und allerdings that sie euch Unrecht; denn ihr wart versprochen mit ihr.

Nym.

Ich kann nicht sagen; ein Ding muß sein wie es kann. Mancher kann schlafen, und kann seine Kehle bei sich haben zu der Zeit; und die Rede geht, Messer sind scharf. Es muß sein wie es kann. Ist auch die Geduld eine abgehudelte Märe, doch krüppelt sie fort. Da muß ein Ende sein. Nu, ich kann nicht sagen —

(Pistol und Frau Hurtig kommen.)

Bardolf.

Da kommt Fähndrich Pistol und seine Frau. — Nun, guter Korporal, sei ruhig. — Wie geht's, Herr Wirt Pistol?

Pistol.

Zipköter, nennst mich Wirt?
Bei dieser Faust, der Nam' ist mir ein Greul.
Auch nicht mein Lenchen herbergt.

Frau Hurtig.

Nein, fürwahr, nicht läng' mehr. Denn wir können nicht herbergen und beköstigen ein zwölf oder vierzehn Mädchen, die ehrlich vom Stich ihrer Nadeln leben, so denkt man gleich, wir halten ein liederlich Haus. (Nym zieht den Degen.) Herr meines Lebens, da zieht er gar blank! O Himmel, das ist Korporal Nym! Nun wird hier vorsezlicher Ehbruch und Mord losgehn! — Guter Leutenant Bardolf! — Guter Korporal, fangt hier nichts an!

Nym.

Pisch!

Pistol.

Pisch dir, du Islands-Hund! spizöhr'ger Fix!

Frau Hurtig.

Guter Korporal Nym, zeig' dich als tapferen Mann, und steck' dein Schwert ein.

Nym.

Wollt ihr beiseit? — Ich hätt' euch gern Solo.
(Er steckt den Degen ein.)

Pistol.

Solo? du Tausendhund? du Otternbrut?

Solo in dein Meerwunder=Angesicht!
Solo in deine Zähn', und in den Hals,
Und, in die Schandlung', ha! und in den Kropf,
Und, was noch ärger, in dein garstig Maul!
Dein Solo fahr' in dein Gedärm zurück!
Gall' hab' ich auch! Pistols Hahn ist gespannt,
Und Feuer wird hervorsprühn!

Nym.

Ich bin kein Barbason, den ihr bannen könnt. Ich bin im Humor, euch zu knuffen, so leidlich gut. Wenn ihr euch kraus macht gegen mich, Pistol, ich werd' euch bürsten mit meinem Rapier, wie ich kann, daß es Art hat. Wollt ihr beiseit treten, ich möcht' euch ein wenig die Kaldaunen prickeln, auf die beste Art, wie ich kann; und das ist der Humor davon.

Pistol.

Prahlhafter Lump, verdammt grimmvoller Wicht!
Schon gähnt das Grab, schon lechzt der Tod heran!
Verathme denn.

(Pistol und Nym ziehn.)

Bardolf, ziehend.

Hört mich, hört, was ich sage. Wer zuerst ausschlägt, den spieß' ich auf bis zum Grif, so wahr ich ein Soldat bin.

Pistol.

Ein Schwur von michler Kraft! Die Wut lass' ab.
Gieb mir die Faust, die Vorderpfot', o Kerl.
Dein Mut ragt hoch empor.

Nym.

Ich will dir die Kehl' abschneiden, über kurz oder lang, daß es Art hat; das ist der Humor davon.

Pistol.

Coupe le gorge!
So heißt es da? — Dir biet' ich Troz auf's neu!
Du, Kreta's Hund, willst Mann sein meiner Braut?
Nein, geh du zum Spital,
Und aus dem Pökelfaß der Schand' hol' ab
Den Aussaz-Balg von Kressidas Gezücht,
Die Fummel-Doris, und heirate die!
Ich hab', und halte fest, die quondam Hurtig,
Als einz'ge Sie, und, Pauca, damit gut!

Falstafs Bursch, kommend.

Herr Wirt Pistol, ihr müßt zu meinem Herr, —
Auch ihr, Frau Wirtin; — er ist gar zu krank,
Und will zu Bett. —
O guter Bardolf, steck doch deine Nas'
Ihm als Bettwärmer zwischen sein Gedeck.
Fürwahr, ihm ist sehr übel.

Bardolf.

Fort, du Schelm!

Frau Hurtig.

Mein Treu, er wird ein Pudding für die Krähn,
Schon nächster Tag', ihn härmt der König todt. —
Komm gleich zu Hause, lieber Mann.
(Sie geht mit dem Burschen.)

Bardolf.

Kommt, soll ich euch beide zu Freunden machen? Wir müssen vereint nach Frankreich. Was, zum Teufel, sollten wir Messer führen, um einander die Kehl' abzuschneiden?

Pistol.

Die Flut schwell' auf, und Satan heul' um Fraß!

Nym.

Bezahlt ihr mir die acht Schillinge, die ich euch abgewann in der Wette?

Pistol.

Ein niedrer Sklav, der zahlt!

Nym.

Die will ich jezt haben; das ist der Humor davon.

Pistol, ziehend.

Die Mannheit geb' Ausschlag. Stoß zu!

Bardolf.

Bei diesem Schwert, wer den ersten Stoß thut, den mach' ich kalt; bei diesem Schwert, ich thu's.

Pistol.

Schwert ist ein Schwur, und Schwüren läßt man Lauf.

Bardolf.

Korporal Nym, wenn du Freund sein willst, sei Freund; wenn du nicht willst, nun dann sei Feind auch mit mir. Bitt' dich, steck' ein.

Nym.

Werden mir meine acht Schillinge, die ich euch abgewann in der Wette?

Pistol.

Ein Nobel soll dir werden, und das baar.
Auch edlen Trank noch will ich geben dir,
Und Freundschaft sei gefügt und Brüderschaft;
Bei Nym nun leb' ich, und Nym lebt bei mir. —
Ist das nicht recht? — Denn Marketender dir
Werd' ich im Lager; und das bringt was ein.
Gieb mir die Hand.

Nym.

Krieg' ich meinen Nobel?

Pistol.

Ganz richtig, baar und blank.

Nym.

Gut denn; das ist der Humor davon.

Frau Hurtig, zurückkommend.

So wahr ihr herkommt von Weibern, kommt hurtig herein zu Sir John. Ach, arm Herz! er schaudert so in der Glut eines täglichen Tertianfiebers, daß es ein Jammer ist anzusehn. Herzensleute, kommt zu ihm.

Nym.

Dem Ritter hat der König böse Humores in den Leib gejagt; das ist der Rummel davon.

Pistol.

Ja, Nym, da sprachst du wahr.
Ihm bricht das Herz, so ward's corroborirt.

Nym.

Der König ist ein guter König; aber es muß sein, wie es kann. Er läßt manchmal Humores und Sprünge los.

Pistol.

Traurt mit, o Lämmlein; leben muß man ja!

(Sie gehn.)

Zweite Scene.

Southampton; ein Versammlungssaal.

Exeter, Bedford, und Westmoreland.

Bedford.

Kühn ist der König, trauend den Verräthern.

Exeter.

Sie werden euch verhaftet sein im Nu.

Westmoreland.

Wie glatt und schmeidig ihr Betragen ist,
Als thront' in ihrer Brust die Huldigung,
Gekrönt mit Treu und fester Redlichkeit!

Bedford.

Der König weiß ihr ganz Vorhaben schon,
Durch Aufgefangnes, was sie nicht geträumt.

Exeter.

Doch daß der Mann, der ihm war Bettgenoß,
Den er hat überhäuft mit Fürstengnade, —
Daß der, für Gold des Auslands, seinen Herrn
Verschachern kann zum Tode des Verraths!
O Lord von Masham!

Trompetenschall. König Heinrich, Scroop, Cambridge, Grey, Lords, und Gefolge.

K. Heinrich.

Nun steht der Wind gut, und wir gehn an Bord.
Mylord von Cambridge, lieber Lord von Masham,
Und, edler Ritter ihr, — sagt, was euch dünkt.
Ihr denkt doch, daß die Kriegsmacht, die uns folgt,

Sich haun wird ihre Bahn durch Frankreichs Heer,
Wohl leistend die Ausführung jenes Werks,
Wozu so große Streitkraft wir vereint?

Scroop.

Kein Zweifel, Herr, wenn jeder Mann thut brav.

K. Heinrich.

Nicht zweifl' ich dran; denn darauf baun wir fest,
Wir führen nicht ein Herz mit uns von hier,
Das nicht mit unserm ganz in Eintracht lebt;
Und lassen keins zurück, das nicht Gedeihn
Und vollen Sieg uns zur Begleitung wünscht.

Cambridge.

Nie war ein Fürst mehr furchtbar, mehr geliebt,
Als eure Hoheit; wohl kein Unterthan
Wohnt unbehaglich oder misvergnügt
Im holden Schatten eurer Obwaltung.

Grey.

Selbst mancher, der feind eurem Vater war,
Die Gall' in Honig tauchend, dient er euch
Mit ganzem Herzen, voll von Pflicht und Treu.

K. Heinrich.

Viel Grund denn haben wir zur Dankbarkeit;
Und werden eher unsrer Hand Gebrauch
Vergessen, als Belohnung des Verdienstes,
Wie zukömmt seiner Größ' und Würdigkeit.

Scroop.

Dann strengt der Dienst gestählte Sehnen an;
Und neu erfrischt die Arbeit sich mit Hofnung,
Eur Gnaden unablässig Dienst zu thun.

K. Heinrich.

Also vertraun wir. — Oheim Exeter,

Laßt frei den Mann, der gestern ward gesezt,
Weil er geschmäht mein Ansehn. Wir erwägen,
Was ihn gereizt, war Uebermaß von Wein;
Und nun er sich besann, verzeihn wir ihm.

Scroop.

Viel Gnade das, doch zu viel Sicherheit.
Laßt ihn gestraft sein; daß, o Herscher, nicht
Solch Beispiel, duldet man's, fortwuchere.

K. Heinrich.

O laßt uns dennoch gnädig sein.

Cambridge.

Das kann eur Hoheit, und doch strafen auch.

Grey.

Gnad' ist es, Herr, schenkt ihr das Leben ihm,
Nach zugemeßner scharfer Züchtigung.

K. Heinrich.

Ach, die zu große Lieb' und Sorg' um mich
Fleht Schweres auf den armen Schächer da.
Darf man zum kleinen Fehl der Trunkenheit
Nicht blinzeln, wie großäugig muß man schaun,
Wann Todesschuld, gekäut, verschluckt, verdaut,
Erscheint vor uns! — Frei geben wir den Mann,
Den Cambridge, Scroop und Grey, aus zarter Sorg'
Und Wachsamkeit für unsere Person,
Zwar gern bestraft sähn. Nun auf Frankreichs Punkt. —
Wem ward da jüngst Vollmacht bestimmt?

Cambridge.

Mir eine, Herr; eur Hoheit hieß mich drum
Anfragen heut.

Scroop.

Mich hießt ihr's auch, mein Fürst.

Grey.

Und mich, mein königlicher Herr.

K. Heinrich.

Nun, Richard Jarl von Cambridge, die für euch; —
Für euch, Lord Scroop von Masham; — und, Herr Ritter
Grey von Northumberland, die hier für euch. —
Les't, und erkennt, wohl kenn' ich euren Werth. —
Mylord von Westmoreland, und Oheim Exeter,
Wir gehn an Bord zu Nacht. — Wie nun, ihr Herrn?
Was seht ihr in den Blättern, daß ihr so
Die Farbe wechselt? — Schaut, wie abgeblaßt!
Ihr Antliz ist Papier. — Was les't ihr da,
Das euch so ganz vermemmt wegjagt das Blut
Aus dem Gesicht?

Cambridge.

Ich will die Schuld gestehn,
Und fleh' in Demut zu eur Hoheit Gnade.

Grey und Scroop.

An die wir all' uns wenden.

K. Heinrich.

Die Gnade, die noch eben lebt' in uns,
Durch euren Rath ward sie erdrückt, und starb.
Wagt mir, aus Scham, kein einzig Wort von Gnade.
Eur' eignen Gründe drehn sich auf eur Herz,
Wie Hund' auf ihre Herrn, zerreißend sie. —
Schaut, meine Prinzen, und ihr, edle Pairs,
Hier Englands Abschaum! — Mylord Cambridge da, —
Ihr wißt, wie unsre Lieb' ihm willig stets
Hergab und darbot alle Förderung
Zu seiner Ehr' Anwachs, — und dieser Mann,
Für wenig leichte Kronen, leichtgesinnt,
Verschwur er sich mit Frankreichs Arglist, uns

Zu morden hier in Hampton: welches auch
Der Ritter, der nicht minder Huld genoß,
Als Cambridge selbst, gleichfals beschwur. Doch o!
Was soll ich sagen dir, Lord Scroop, du wild,
Undankbar, grausam, unmenschlich Geschöpf!
Du, der den Schlüssel trug all meines Raths,
Der in das Herz mir schaute bis zum Grund,
Der mich beinah ausprägen konnt' in Gold,
Hättst du mich schlau misbraucht zu deinem Nuz!
Ist's möglich, daß ein Fremdlingssold aus dir
Vorlocken konnt' ein Fünklein Böses nur,
Zu kränken mir den Finger? Seltsam, so
Daß, ob die Wahrheit schon vortrit so grell,
Wie Schwarz auf Weiß, mein Aug' sie kaum will sehn!
Verrath und Mord war stets im Bunde, wie
Ein Teufelpaar, gestrengt zu gleichem Zweck;
Sie wirkten so natürlich schauderhaft,
Daß kein verwundernd Hu darob erscholl.
Doch du, troz alle dem Verhalte, machst
Verwundrung stuzig bei Verrath und Mord.
Wer immer auch der schlaue Feind da war,
Der auf dich eingewirkt so lästerlich,
Ihm hat die Hölle zuerkannt den Preis.
Was sonst von Teufeln noch einraunt Verrath,
Das flickt und lappt doch die Verdammtheit aus,
Mit Fezen farbiger Beschönigung,
Entlehnt von gleißnerischer Frömmigkeit.
Doch der dich modelte, dich aufstehn hieß,
Gab kein Warum dir für Verrath, er schlug
Zum Ritter dich bloß mit dem Wort, Verräther.
Wenn dieser Dämon, der dich so genarrt,
Durchging' in seinem Leungang' alle Welt,
Heimkehrend meldet' er im Tartarus
Den Legionen: Keine Seele noch

Gewann ich leichter, als den Englischmann.
Ha, wie hast du mit Argwohn nun vergällt
Das süße Zutraun! Zeigt Diensteifer wer?
Du thatst es auch. Scheint man gelehrt und ernst?
Du thatst es auch. Stammt man aus edlem Blut?
Du thatst es auch. Zeigt man Religion?
Du thatst es auch. Uebt jemand Mäßigkeit,
Frei roher Aufwallung in Freud' und Zorn,
Gesezt an Geist, nicht schwärmend mit dem Blut,
Sittsam und rechtlich in Gewand und Schmuck,
Nicht handelnd nach dem Aug', eh zeugt das Ohr,
Und keinem trauend, eh das Urtheil reift?
Du schienst ein solcher Feingesichteter.
So blieb durch deinen Fall ein Makel nach,
Der fleckt den tüchtigsten vollkommnen Mann
Mit ein'gem Argwohn. O ich wein' um dich!
Denn diese dein' Empörung, daucht mir, ist
Ein zweiter Sündenfall. — Die Schuld ist klar;
Verhaftet sie, zu büßen dem Gesez;
Und Gott erlass' ihr tückisches Vergehn.

Exeter.

Dich nehm' ich fest um Hochverrath, benamt
Als Richard Jarl von Cambridge.
Dich nehm' ich fest um Hochverrath, benamt
Heinrich Lord Scroop von Masham.
Dich nehm' ich fest um Hochverrath, benamt
Sir Thomas Grey, Ritter Northumberlands.

Scroop.

Gerecht hat Gott die Anschläg' aufgedeckt;
Und mein Vergehn reut mehr mich, als mein Tod.
Eur Hoheit, bitt' ich, wolle mir's verzeihn,
Wenn auch mein Leib nach Recht bezahlt den Preis.

Cambridge.

Mich wahrlich hat nicht Frankreichs Gold verführt,
Ob ich es gleich zuließ als Federkraft
Zu schnellerer Ausführung meines Zwecks.
Doch Gott sei Dank für die Vereitelung,
Der ich will froh sein, auch als Leidender,
Anflehend Gott und euch, mir zu verzeihn.

Grey.

Nie hatt' ein treuer Unterthan mehr Freud'
An der Entdeckung schreckliches Verraths,
Als ich in dieser Stund' über mich selbst,
Dem ward vereitelt sein heilloser Plan.
Herr, meiner Schuld, nicht meinem Leib, verzeiht.

K. Heinrich.

Gott geb' aus Gnad' euch quit. Hört euren Spruch.
Ihr drei verschwurt euch auf mein hohes Haupt
Mit dem erklärten Feind, aus dessen Schaz
Ihr nahmt den goldnen Lohn für euren Tod;
Ja, ihr verkauftet euren Herrn dem Mord,
Die Prinzen und die Pairs der Sklaverei,
Das Volk der Unterdrückung und der Schmach,
Das ganze Reich dem völligen Verderb.
Was uns belangt, nicht Rache suchen wir.
Doch muß so werth des Reichs Wohlfahrt uns sein,
Deß Fall ihr drei gesucht, daß dem Gesez
Wir hin euch geben. Geht demnach von hier,
Unglückliche Verbrecher, in den Tod:
Deß Bitterkeit Gott gnädig euch Geduld
Verleihn mög' auszustehn, und wahre Reu
Für all eur schwer Misthun! — Schaft sie hinweg.
(Sie werden abgeführt.)
Nun, Lords, nach Frankreich! traun, ein groſses Werk,
Das euch so sehr, wie uns, wird glorreich sein!

Wir zweifeln nicht am glücklichen Erfolg;
Da Gott so gnädig ja gebracht an's Licht
Den Hochverrath, der laurt' auf unserm Weg,
Zu hindern unsern Lauf; kein Zweifel denn,
Glatt ist von jedem Anstoß unser Weg.
Drum, auf, o werthe Landsgenossen, auf!
Vertraun wir unsre Macht in Gottes Hand,
Und wenden stracks sie zur Beschleunigung.
Fröhlich zur See! Blutfahnen, strömt im Hauch!
Nicht König Englands, wenn nicht Frankreichs auch!
(Sie gehn.)

Dritte Scene.

London; der Frau Hurtig Haus in Eastcheap.

Pistol, Frau Hurtig, Nym, Bardolf, und Falstafs Bursch.

Frau Hurtig.

Komm, süßer Honigmann, laß dich begleiten bis Steines.

Pistol.

Nein; denn mein mannhaft Herz thut weh! —
Bardolf, sei keck! — Nym, mutig prahl' eins her! —
Jung', sträub' ein Herz auf! — Falstaf, ach, ist todt!
Und das muß wehthun uns.

Bardolf.

Wollt', ich wär' bei ihm, wo er auch sei, im Himmel oder in der Hölle!

Frau Hürtig.

Ne fürwahr, in der Höll' ist er nicht; er ist in Arthurs Schooß, wenn je einer kam in Arthurs Schooß. Er nahm ein so schönes End', und gieng aus der Welt, wie ein Kindchen im Westerhemd. Er verschied just zwischen zwölf und eins, grad' als die Ebb' eintrat. Denn sobald ich sah, er fummelte mit den Betttüchern, spielte mit Blumen, und lächelte auf die Fingerspizen, da wußt' ich, es war aus. Denn seine Nase war spiz, wie ein Schreibstift, und er faselte von grünen Fluren. Wie nun, Sir John? sagt' ich; ei was, Mann! seid gutes Muts! Da rief er aus: Gott, Gott, Gott! drei oder viermal. Ich, ihn zu trösten, sagt' ihm, er sollte nicht an Gott denken; ich hofte, noch wär' es nicht noth, sich zu plagen mit dergleichen Gedanken. Da hieß er mich mehr Decken ihm auf die Füße legen. Ich steckte die Hand in das Bett, und befühlte sie, und sie waren so kalt, wie ein Stein; dann fühlt' ich an die Kniee, und so weiter und weiter aufwärts, und alles war so kalt, wie ein Stein.

Nym.

Man sagt, er habe geschrien von Sekt.

Frau Hurtig.

Ja, das that er.

Bardolf.

Und von Weibern.

Frau Hurtig.

Ne, das that er nicht.

Bursch.

Ja, das that er wohl, und nannte sie eingefleischte Teufel.

Frau Hurtig.

Nie konnt' er leiden, hatte nur ein Würmchen sich eingefleischt; selbst die Fleischfarbe war ihm stets widerlich.

Bursch.

Er sagt' einmal, der Teufel bekäm' ihn wegen der Weibsbilder.

Frau Hurtig.

Er kramte da freilich etwas mit Weibsbildern; aber das that er im Rheumatismus, und sprach von der Hure zu Babylon.

Bursch.

Wißt ihr noch wol, er sah einen Floh sizen auf Bardolfs Nase; da sagt' er, es wär' eine schwarze Seele, die brennt' in der Höllenglut?

Bardolf.

Nu, die Feurung ist hin, die solche Glut unterhielt. Das ist der ganze Reichthum, den ich in seinem Dienst mir erwarb.

Nym.

Sollen wir abtrollen? Der König wird schon weg sein von Southampton.

Pistol.

Kommt, laßt uns fort. — Schaz, gieb mir deinen Mund.
Sieh mir auf Haus und Hof und Eigenthum.
Aug' in der Hand! Wohl heißt es: Zecht und zahlt.
Trau keinem.
Eid ist nur Stroh, Mannswort ein Pfifferling;
Haltfest, das ist der wahre Hund, mein Huhn.
Drum sei Caveto dein geheimer Rath.
Klär die Krystall' auf. — Waffenbrüder, nun

Wohlan nach Frankreich! dort, Roßegeln gleich,
Saugt, Jungen, saugt das klare Blut, ja saugt!

Bursch.

Doch das ist, sagt man, ungesunde Kost.

Pistol.

Rührt ihr zart Mäulchen; Marsch!

Bardolf.

Wirtin, lebt wohl!

(Er küßt sie.)

Nym.

Ich kann nicht küssen, das ist der Humor davdoch ade.

Pistol.

Laß walten Hauswirtschaft; halt dicht! ist mein Befehl.

Frau Hurtig.

Lebwohl; ade.

(Sie gehn.)

Vierte Scene.

Frankreich; ein Saal in des Königs Pallast.

Der König Karl von Frankreich mit Gefolge, Dauphin, Herzog von Burgund, der Connet und Andere.

K. Karl.

So dringt denn Englands volle Macht auf uns;
Und Sorgfalt, mehr als Sorgfalt, liegt uns ob,
Zu bieten königliche Gegenwehr.

Fort eile denn der Herzog von Bretagne,
Von Berry, Brabant, und von Orleans,
Auch ihr, Prinz Dauphin, fort in schnellster Eil',
Uns zu versehn die Festungen mit Macht,
Mutvollen Männern, und wehrhaftem Zeug.
Denn England stürmt heran so ungestüm,
Wie Wasser in den Strudel eines Schlunds.
Wohl ziemt uns denn, zu sein so vorsichtsvoll,
Wie räth die Furcht vor mancher Spur von jüngst,
Die Englands heillos und misachtet Volk
Ließ unsren Feldern.

Dauphin.

Mein großmächt'ger Vater,
Ganz gut, daß wir uns rüsten auf den Feind!
Selbst Friede muß kein Reich einschläfern so,
(Wär' auch von Krieg nicht Rede, noch von Zank,)
Daß man nicht Wehrstand, Rüstung, Waffenschau
Stets unterhält, versammelt und verstärkt,
Als wär' ein Krieg beinahe schon gewiß.
Drum halt' ich's gut, wir alle ziehn umher,
Zu schaun, wo Frankreich schadschaft ist und schwach.
Das laßt uns thun, doch ohne Schein von Furcht,
Nicht mehr, als hörten wir, in England sei
Anstalt zu einem Pfingsttags-Mohrentanz.
Denn, gnäd'ger Herr, so schwach ist dort das Haupt,
Und so fantastisch führt den Königsstab
Ein eitler Jüngling, launisch, jäh und schal,
Daß keine Furcht uns droht.

Connetable.

O still, Prinz Dauphin!
In jenem König irrt ihr euch zu sehr.
Frag' eure Hoheit die Gesandten nur:
Mit welcher Würd' er anhört' ihr Gewerb,

Wie wohl versehn mit edler Räthe-Kreis,
Wie ruhig im Entgegnen, und dabei,
Wie furchtbar in beharrlichem Entschluß: —
Ihr werdet sehn, sein vorig Eitelthun
War nur der Außenschein des Römers Brutus,
Der Scharfsinn im Gewand der Thorheit barg;
Wie ein Gewächs der Gärtner deckt mit Wust,
Das früher soll gedeihn, und köstlicher.

Dauphin.

Dem ist nicht so, mein Herr Groß-Connetable;
Doch denken wir es so, es schadet nicht.
Im Fall der Gegenwehr ist's wohl gethan:
Man schätzt den Feind machtvoller, als er scheint.
Dann wird der Gegenwehr ihr volles Maß:
Die bei zu schwachem, kärglichen Entwurf,
Dem Knauser gleich, verderbt das Kleid, ersparend
Ein wenig Tuch.

K. Karl.

Stark dünk' uns König Heinz;
Und, Prinzen, starke Wehr stellt gegen ihn.
Schon sein Geschlecht hat Fleisch uns abgekrallt;
Und er entsproß aus jener blut'gen Reih,
Die uns der Heimat Pfad' unheimlich schuf.
Laut zeugt es die Erinnrung unsrer Schmach,
Da Creſſy's Unglücksschlacht geschlagen ward,
Und unsre Prinzen all' obsiegend fing
Der schwarzbenamte Edward Prinz von Wales;
Sein Vater stand, ein Berg, auf einem Berg.
Hoch in der Luft, gekrönt mit Sonnengold,
Und schaute lächelnd, wie sein Heldensproß
Aufrieb die Schöpfung der Natur, und tilgte,
Was Gott und Frankenväter schön geformt
Seit zwanzig Jahren. Deß siegreichen Stamms

Ist der ein Sprößling; fürchten laßt uns denn
Die angeborne Kraft, und sein Geschick.

Ein Bote, ankommend.

Botschaft von Heinrich, Englands Könige,
Wünscht eurer Majestät huldreich Gehör.

K. Karl.

Sie mögen gleich vortreten; führt sie ein.
(Mit dem Boten gehn einige Herrn.)
Seht, Freunde, hizig treibt man diese Jagd.

Dauphin.

Stirn bietend, hemmt sie! Denn je feigrer Hund,
Je lautres Maul; die Meute droht zumeist,
Wann fern das Wild läuft. O mein gnäd'ger Herr,
Macht's mit den Englern kurz, und laßt sie sehn
Welch einer Monarchie ihr seid das Haupt.
Selbstlieb', o Herr, ist nicht so arger Fehl,
Als Selbstverkennung.
(Die Herren kommen zurück mit Exeter und Gefolge.)

K. Karl.

Von unserm Bruder England?

Exeter.

Von ihm; und eure Hoheit grüßt er so.
Er will, im Namen des allmächt'gen Gottes,
Daß ihr, euch selbst entkleidend, ablegt den
Erborgten Glanz, der, durch des Himmels Gunst,
Und durch Natur- und Völkerrecht, gehört
Ihm und den Seinigen: namhaft, die Kron',
Und all der Ehren Umfang, den gefügt
Gewohnheit, und die Anordnung der Zeit,
Zur Krone Frankreichs. Daß ihr nun erkennt,
Nicht sei der Anspruch link, noch wunderlich,

Geklaubt aus Wurmfraß des Uralterthums,
Noch der Verjährung dumpfem Staub' entscharrt;
Hier schickt er euch den höchst denkwürd'gen Stamm,
(Ein Papier überreichend.)
Wo jeder Zweig wahrhaft entscheidend ist.
Er heißt euch die Geschlechtsfolg' überschaun;
Und wenn ihr findet, er sei grad' entsproßt
Von dem ruhmvollsten der ruhmvollen Ahnen,
Edward dem Dritten, sollt Verzicht ihr thun
Auf Kron' und Reich, das fuglos man entzog
Ihm als dem wahren Eigner durch Geburt.

K. Karl.

Wenn nicht, was folgt dann?

Exeter.

Dann blut'ger Zwang. Denn bergt ihr auch die Kron'
In eurer Brust, auch dort stört er sie auf.
Drum kommt er in graunhaftem Ungestüm,
In Donner und Erdbeben, wie ein Zeus;
Daß, wenn kein Fodern hilft, er nöthige.
Bei'm allbarmherz'gen Gott beschwört er euch,
Gebt ab die Kron', und schont der armen Seelen,
Für die des Kriegs heißhungrig Scheusal nun
Aufsperrt den weiten Schlund. Er legt auf's Haupt
Der Wittwe Thränen euch, der Waise Schrein,
Des todten Jünglings Blut, der Jungfraun Ach
Um Mann, um Vater, und um Bräutigam,
Die bald verschlungen sind in diesem Streit.
Dies sein Begehr, sein Drohn, und mein Gewerb;
Wo nicht der Dauphin hier zugegen ist,
Dem eigens noch ich herbring' einen Gruß.

K. Karl.

Für uns, wir wollen's in Erwägung ziehn;
Und morgen tragt ihr völligen Bescheid
Zu unsrem Bruder England.

Dauphin.

Für den Dauphin, —
Hier steht er, Ich. Was kommt von England ihm?

Exeter.

Unwill' und Truz, Geringschäzung und Hohn!
Ja, alles deß, was nicht misziemen mag
Dem großen Sender, achtet er euch werth.
So sagt mein Herr: Wenn eures Vaters Hoheit
Nicht, sein Begehr verwilligend durchaus,
Süßt euren Spott, der seine Würd' entehrt;
Er ruft euch zu so heißer Rechenschaft,
Daß Frankreichs Erdgewölb' aus tiefem Schooß
Aufhallen eur Vergehn und euren Spott,
Antwortend seinem donnernden Geschüz.

Dauphin.

Sagt, wenn mein Vater freundlich giebt Bescheid,
Sei's wider meinen Wunsch; denn mich verlangt
Nach nichts als Streit mit England. Zu dem Zweck,
Als ihm gemäße Jugendtändelei,
Sandt' ich Pariserbäll' ihm zum Geschenk.

Exeter.

Deß bebt ihm eur Pariser=Louvre bald,
Und herscht' es als Europa's Oberhof.
Traun, einen Abstand sollt ihr finden so,
Wie wir, sein Volk, ihn fanden wündersam,
Von dem, was sein noch grüner Lenz verhieß,
Zu dem, was er nun hält. Nun wäget er
Die Zeit bis auf den Gran: was durch Verlust
Ihr lernen sollt, fals er in Frankreich bleibt.

K. Karl.

Auf morgen hört ihr unsre Meinung ganz.

(Trompeten.)

Exeter.

Entlaßt uns eilig, eh der König selbst
Zu fragen kommt nach unserem Verzug;
Denn er hat Fuß im Lande schon gefaßt.

K. Karl.

Bald sollt ihr gehn mit billiger Bedingung. —
Die eine Nacht ist kaum ein Athemzug,
Zu stellen Antwort auf so Wichtiges.

(Sie gehn.)

Dritter Aufzug.

Prolog.

So fliegt die Scen' im Schwung der Fantasie
Nicht minder rasch gefittiget einher,
Als der Gedanke. Stellt euch vor, ihr saht,
Den König seine Macht an Hamtons Kai
Einschiffen; und die stolze Flotte weht
Mit seidnen Wimpeln in den jungen Tag.
Spielt mit der Einbildung, und schaut, wie hoch
An hanfnen Taun ein Schwarm Schifjungen klimmt.
Hört, wie die Pfeif' hellgellend Ordnung schaft
Verworrnem Lerm. Die Leinwandsegel, schaut,
Geschwellt vom unsichtbaren Zefyrhauch,
Ziehn große Kiel' hin, durch's gepflügte Meer,
Troz hochgebäumtem Schwall. O denket nur,
Am Ufer stehend, schaut ihr eine Stadt,
Die dort auf wallendem Gewoge tanzt;
Denn so erscheint die Flotte, majestätisch

Den Lauf gewandt nach Harfleur. Folgt, o folgt!
Hakt euren Sinn den Steuerenden an,
Und laßt eur England, todt wie Mitternacht,
Wo Wache hält Großvater, Greisin, Kind,
In wem noch mangelt, oder schwand, das Mark.
Denn wer, auf dessen Kinn nur eben sproßt
Ein einzig Jugendhaar, wer folgt nicht gern
Der auserlesnen Ritterschaft nach Frankreich?
Wohlauf, im Geist, und schaut Belagerung;
Schaut, wie auf Rädern schmetterndes Geschütz
Die Todesschlünd' auf Harfleurs Mauren hebt.
Denkt, der Gesandt', aus Frankreich kehrend, meld'
An Heinz, der König biet' ihm Katharina,
Die Tochter, und mit ihr, als Heiratsgut,
Geringe Herzogthümer ohn' Ertrag.
Das Wort misfällt; der rasche Kanonier
Tupft seine Lunt' aufs höllische Geschoß,
(Lerm und Kanonenschüsse.)
Und nieder kracht es dort. Bleibt hold forthin,
Und unsers Schauspiels Fehl' ergänz' eur Sinn.

Erste Scene.

Frankreich, vor Harfleur.

Getümmel. König Heinrich, Exeter, Bedford, Gloster, und Soldaten mit Sturmleitern.

K. Heinrich.

Noch eins zur Bresch', ihr Theuersten, noch eins!
Siegt, oder stopft die Maur mit Leichnamen!

Im Frieden ziert nichts einen Mann so sehr,
Als stille Demut und Bescheidenheit.
Doch wann der Kriegssturm bläst in unser Ohr,
Dann ahmt dem Tiger nach sein wildes Thun;
Strengt alle Spannkraft an, empört das Blut,
Der Menschheit Schön' entstellt mit grassem Zorn;
Dann leiht dem Aug' andröhnden Schreckensblick;
Es spähe durch die Schießschart' eures Haupts,
Wie Erzgeschoß; die Braue dräu' herab
So fürchterlich, wie ein zerfreßner Fels
Herragt als Vordach dem vermorschten Fuß,
Tief ausgespült vom Schwall des Oceans.
Nun knirscht die Zähn', und sperrt die Nüstern weit;
Zwängt fest den Athem, spannt all euren Mut
Zur vollen Höh! — An, an, ihr Englands Adel,
Deß Blut von kampferprobten Vätern stammt!
Vätern, die hier, als so viel Alexander,
Von Morgen früh bis Abend spät gekämpft,
Einsteckend dann ihr Schwert, wann Stof gebrach.
Entehrt nicht eure Mütter; stellt Beweis,
Daß, die ihr Väter nanntet, euch gezeugt.
Seid Muster nun für Männer gröbres Bluts,
Und lehrt sie, wie man kämpft! — Und ihr, brav Landvolk,
Das groß erwuchs in England, zeigt uns hier,
Was Kraft der Nahrung thut; laßt schwören uns,
Ihr seid der Pflege würdig; und nicht zweifl' ich:
Denn hier ist keiner so gering' und klein,
Dem nicht ein edler Glanz im Auge stralt.
Ich seh' euch stehn, wie Windspiel' an der Schnur,
Arbeitend nach dem Sprung. Das Wild ist auf!
Folgt eurem Mut; und laut als Losung, horch,
Ruft: **Gott mit Heinz! England! und Sankt Georg!**

(Alle gehn. Man hört Lerm und Kanonen.)

Zweite Scene.

Ebendaselbst.

Heerhaufen; dann Nym, Bardolf, Pistol, und Bursch.

Bardolf.

An, an, an, an, an! zu der Bresche, zu der Bresche!

Nym.

Ich bitte dich, Leutnant, halt! Die Püffe sind zu heiß; und ich für mein Theil habe nicht ein Gebund von Leben. Der Humor davon ist zu heiß, das ist der wahre Singsang davon.

Pistol.

Der Singsang ist ganz recht: Humores sind im Fluß;
Püff hin und her; und manch Gottsjunker fällt.
Und Schwert und Schild
Im Blutgefild
Erkämpft sich ew'gen Ruhm.

Bardolf.

Wollt', ich wär' in einem Bierhaus' in London! Ich gäb' all meinen Rahm für einen Krug Ael, und Sicherheit.

Pistol.

Und Ich.
Wenn frommer Wunsch geläng' in mir,
Mein edles Herz auch dräng' in mir,
Und dorthin eilt' ich schnell.

Bursch.

So heftig,
Doch nicht so kräftig,
Wie Vöglein singt im Laub!

Fluellen, ankommend.

Jotts Pliz! — Uf zu der Presch, ihr Racker! Wollt 'r nit uf zu der Presch?

Pistol.

Mild, großer Herzog, mild dem Staubgeschlecht!
Senk deinen Grimm, den mannhaft edlen Grimm!
Streithähnchen, senk den Grimm!
Brauch Sanftmut, Gockelschaz!

Nym.

Das mögen gute Humores sein! — Bei eurer Ehre giebt's schlechte Humores.

Bursch.

So jung ich bin, ich habe die drei Großmäuler schon weg. Ich bin Bursch bei allen dreien: aber sie alle drei, wollten sie mir dienen, könnten kein Kerl mir sein; denn fürwahr, drei Gäuche wie die machen noch keinen Kerl. Bardolf, der ist weiß von Leber, und roth von Gesicht; kraft wessen er sein Gesicht schneidet, aber nicht kämpft. Pistol, der hat ein mördlich Maul, und ein friedsam Schwert; kraft wessen er Worte hervorschmettert, und heil behält sein Gewehr. Nym, der hat gehört, ein karglauter Mann sei der bravste Mann; deshalb verschmäht er sein Gebet zu sagen, daß man nicht glaub', er sei feig: aber sein wenig Schlecht-sprechen ist gepaart mit eben so wenig Gut-thun; denn er brach keinem Menschen den Kopf, als sich selbst, und zwar an einem Pfosten, als er betrunken war. — Sie stehlen, was ihnen vorkommt, und nennen es, ein Geschäft machen. Bardolf stahl einen Lautenkasten, trug ihn zwölf Stunden weit, und verkauft' ihn für drei Pfennige. Nym und Bardolf sind innige Mausebrüder; in Calais stahlen sie eine Feurschaufel; ich schloß aus diesem Stück Arbeit, sie würden auch wol einen Tusch mit der Kohle hinnehmen. Sie möchten wol, ich wäre so vertraut mit Jemands Tasche, wie seine Handschuh', oder sein Schnupftuch: aber das widersteht meiner menschlichen Natur, daß ich nehmen sollt' aus eines Anderen Tasche, und stecken in die meinige; denn das wär' offenbar, Beleidigung einstecken. Ich muß sie verlassen, und einen besseren Dienst suchen; für ihre Schurkerei ist mein Magen zu schwach, ich muß sie herauswürgen.

(Er geht.)

Fluellen kommt zurück, Gower folgt.

Gower.

Kapitän Fluellen, kommt ja den Augenblick zu den Minen; der Herzog von Gloster will euch sprechen.

Fluellen.

Zu den Minen! — Sagt ihr dem Herzog, es is nit so ganz jut hinkommen zu den Minen. Denn, seht ihr, die Minen seind nit nach der Kriegs-Disciplin; die Concavität davon langt nit zu; denn, seht ihr, der Jegner (ihr mögt's klar machen dem Herzog, seht ihr) is selbst eingegraben vier Ellen tief under die Conterminen. Bei Jeßus, ich denk', er plast uns all' in die Luft, wird da nit pessere Directschon.

Gower.

Der Herzog von Gloster, der die Belagerung zu ordnen hat, läßt sich ganz leiten von einem Irländer, einem sehr tapferen Mann, in der That.

Fluellen.

Das is Kaptän Macmorris, nit so?

Gower.

Ich meine, ja.

Fluellen.

Bei Jeßus, der is en Esel, wie eener uf Jotts Erdpoden: das will ich ihm wahr machen in seinen Part. Er hat nit mehr Directschon in der wahren Kriegs-Disciplin, seht ihr, was römische Disciplinen seind, als en Hundskopf.

(Macmorris und Kapitän Jamy in der Ferne.)

Gower.

Da kommt er; und der schottische Kapitän, Kapitän Jamy, mit ihm.

Fluellen.

Kapitän Jamy is en erschtaunlich prafer Mann, das is wahr; und von großer Fertigkeit und Kenntnis in den alten Kriegen, nach meiner absunderlichen Kenntnis seiner Directschonen. Bei Jeßus, er behauptet sein Argument so jut, als Een Militär uf Jotts Erdpoden, was Disciplinen aus den hiebevorigen Kriegen der Römer seind.

Jami.

I sog', guoten Tag, Kapitän Fluellen.

Fluellen.

Juten Tak eur Edeln, juter Kaptän Jamy.

Gower.

Wie nun, Kapitän Macmorris? habt ihr geräumt die Minen? haben die Schanzgräber ihr Werk aufgegeben?

Macmorris.

Bei Chrischtus, 's isch übel gethon; die Arbeit isch aufgegeben, die Trompete blost den Rückzug. Bei meiner Hand schwör ik, und bei meines Vatters Seele, die Arbeit isch übel gethon; sie isch aufgegeben. Ik hätte die Stadt in die Luft geblosen, so mir Chrischtus helfe, jo, in einer Stunde. O 's isch übel gethon, 's isch übel gethon! bei meiner Hand, 's isch übel gethon!

Fluellen.

Kaptän Macmorris, ich pitt' euch nu, wollt ihr mir zu jut halten, seht ihr, ein wenig Disputirens mit euch, als zum Theil petreffend oder anlangend die Disciplinen des Kriegs, was römische Kriege seind, auf dem Wege des Argumentirens, seht ihr, und freundschaftlichen Communicirens; theils zu erläutern meine Ansicht, und theils zur Erläuterung, seht ihr, meines Sinns, als petreffend die Directschon der Militär-Disciplin: das is der Punkt.

Jamy.

'S wird sehr guot sein, guote Kaptäne beede; und i werd' uich bedeuten, mit guotem Verloub, wie's die Gelegenheit giebt; das werd' i, halter.

Macmorris.

'S isch nit Zeit zu schwäze, so mir Chrischtus helfe; der Tag ist heiß, und das Wetter, und der Krieg, und der König, und die Herzoge; 's isch nit Zeit zu schwäze. Die Stadt isch belagert, und die Trompete ruft uns zu der Bresch; und wir schwäze do, und, bei Chrischtus, thun nischt; 's isch å Schande für uns alle, verzeih mir Gott, 's isch å Schande, so zu stehn; 's isch å Schande, bei meiner Hand! Und do hat's Kehlen zum Abschneiden, und Arbeiten zu thun; und do isch nischt gethon, so mir Chrischtus helfe, nischt!

Jamy.

Bei'm Sacrament, eh mir die Ougen in Schlof falle, will i guot schaffa, oder dafür liega in dem Grund, jo, oder gohn in den Tod; und i will sie bezahla, so brof i kann; das will i gewißli thun, es sei kurz oder lang. Sacrament, i hätt gar zu gern gehört a Gesprächsel zwischen nich beeden.

Fluellen.

Kaptän Macmorris, ich denke, seht ihr, mit eurem Wohlnehmen, es seind nicht viele von eurer Natschon —

Macmorris.

Von meiner Natschon? Was isch meine Natschon? Isch å Schuft, und å Bankert, und å Schelm, und å Hundsfott? Was isch meine Natschon? Wer sait was uf meine Natschon?

Fluellen.

Seht ihr, wenn ihr die Sach' anders nehmt, als sie gemeent ist, Kaptän Macmorris, so denk' ich unmaßgeblich, ihr behandelt mich nicht mit der Leutseligkeit, wie ihr nach Discretschon mich behandeln solltet, seht ihr; bin ich doch ein eben so juter Mann, als ihr selbst, beides in Kriegs-Disciplin, und in Ableitung meines Geblüts, und in mancher anderen Absunderlichkeit.

Macmorris.

Ik kenn' euch nit für einen so gutten Mann, als Ik bin; so mir Chrischtus helf', ik will euch abhaun den Kopf.

Gower.

Ihr Herrn beiderseits, ihr werdet einander misverstehn.

Jamy.

Au! a garschtiger Fehler das!

(Man bläst zur Unterhandlung.)

Gower.

Die Stadt trompetet um Sprachhaltung.

Fluellen.

Kaptän Macmorris, wenn einmal pesser gelegene Zeit zu verlangen ist, seht ihr, da werd' ich so dreust sein, euch zu sagen, ich verstehe die Kriegs-Disciplin; und damit jut.

(Sie gehn.)

Dritte Scene.

Ebendaselbst.

Auf der Mauer der Kommandant, und einige Bürger; unten das englische Heer. König Heinrich und sein Gefolge.

K. Heinrich.

Was nun beschließt der Kriegshauptmann der Stadt?
Kein ferneres Gespräch verstatten wir.
Drum unsrer besten Gnad' ergebet euch;
Sonst, wie zerstörungsgierig, reizet uns
Zum Aergsten auf. So wahr ich bin Soldat,
(Ein Name, der mir wohl scheint anzustehn!)
Wenn meine Batterie erneut ihr Spiel,
Nicht lass' ich eur halb abgethan Harfleur,
Bis es in eigner Asche liegt verscharrt.
Verschlossen wird euch jedes Gnadenthor;
Der lechzende, hartherzige Soldat,
In Freiheit blut'ger Hand, mit höllenweitem
Gewissen, soll, wild schwärmend, mähn wie Gras
Die frische Jungfrau und das blühnde Kind.
Was macht es mir, wenn der ruchlose Krieg

Im Flamenschmuck, dem Obersatan gleich,
Mit schwarzem Antliz, all' Unthaten übt
Der Allverheerung und Zertrümmerung?
Was macht es mir, wenn selbst ihr habt die Schuld,
Daß eure Jungfraun fallen in die Hand
Dem heißen Nothzwang der Entwürdigung?
Wie hält ein Zaum die Ausgelassenheit,
Rennt sie bergab in stürmischem Galopp?
Gleich fruchtlos geuden wir den Machtbefehl
Am rasenden Soldaten, wann er rast,
Als riefen wir dem Leviathan zu:
Komm an den Strand. Drum, Harfleurs Männer ih
Erbarmt euch eurer Stadt und eures Volks,
Da mein Soldat noch achtet den Befehl,
Da noch der Gnade sanfte Kühlung weht,
Und scheucht das unheilbrütende Gewölk
Des jähen Mords, des Raubs, und alles Greuls.
Wo nicht, im Augenblick dann sollt ihr sehn,
Wie blind der Blutsoldat mit wust'ger Hand
Entstellt die Locken hell aufschreinder Töchter;
Wie man die Väter faßt am Silberbart,
Und ihr ehrwürdig Haupt schlägt an die Wand;
Ja nackte Kindlein auf die Lanzen spießt;
Indeß die Mütter sinnlos mit Geheul
Zum Himmel schrein, wie einst Judäa's Weiber
Um des Herodes blut'ge Mezeler.
Scheut ihr dies, und ergebt euch? oder soll
Eur freveler Troz bestraft sein schauervoll?

Kommandant.

Am End' ist heut die Hofnung unsrer Stadt.
Der Dauphin, dem wir flehten um Entsaz,
Antwortet, noch sei alzu schwach sein Heer
Für der Belagrung Macht. Drum, großer König,

Auf Gnad' ergeben wir die Stadt und uns.
Zeuch ein, und nim uns selbst und unser Gut.
Wir können ja nicht länger widerstehn.

K. Heinrich.

Schließt eure Thor' auf. — Oheim Exeter,
Geht, und besezt Harfleur; dort bleibt zurück,
Und stark befestigt's gegen Frankreichs Macht.
Uebt Gnad' an allen. Wir, mein theurer Ohm,
Da schon der Winter naht, und Krankheit herscht
In unsrem Lager, ziehn wir nach Calais.
Zu Nacht in Harfleur sind wir euer Gast,
Und morgen sind zum Abmarsch wir gefaßt.

(Trompetenschall; Einzug in die Stadt.)

Vierte Scene.

Rouen; ein Zimmer im Palast.

Katharina, und Alice.

Katharina.

Alice, tu as été en Angleterre, et tu parles fort bon Anglois.

Alice.

Un peu, Madame.

Katharina.

Je te prie, m'enseigne; il faut que j'apprenne à parler. Comment appellez vous la main, en Anglois?

Alice.

La main? Elle est appellée, de hand.

Katharina.

De hand. Et les doigts?

Alice.

Les doigts? Ma foi, j'ai oublié les doigts; mais je m'en souviendrai. Les doigts? Je pense, qu'ils ſont appellés de fingres; oui, de fingers.

Katharina.

La main, de hand; les doigts, de fingres. Je pense, que je suis bonne écoliere: j'ai gagné deux mots d'Anglois vîtement. Comment appellez vous les ongles?

Alice.

Les ongles? On les appelle, de nails.

Katharina.

De nails. Ecoutez! dites moi, si je parle bien: de hand, de fingres, de nails.

Alice.

C'est bien dit, Madame, c'est du fort bon Anglois.

Katharina.

Dites moi en Anglois, le bras.

Alice.

De arm, Madame.

Katharina.

Et le coude.

Alice.

De elbow.

Katharina.

De elbow. Je me fais la repetition de tous les mots, que vous m'avez appris dés à present.

Alice.

C'est trop difficile, Madame, comme je pense.

Katharina.

Excusez moi, Alice. Ecoutez: De hand, de fingre, de nails, de arm, de bilbow.

Alice.

De elbow, Madame.

Katharina.

O Seigneur Dieu! je l'oublie: de elbow. Comment appellez vous le cou?

Alice.

De neck, Madame.

Katharina.

De neck. Et le menton?

Alice.

De chin.

Katharina.

De sin. Le cou, de neck; le menton, de sin.

Alice.

Oui. Sauf votre honneur; en verité, vous prononcez les mots aussi juste, que les natifs d'Angleterre.

Katharina.

Je ne doute point d'apprendre par la grace de Dieu, et en peu de tems.

Alice.

N'avez vous pas deja oublié ce que je vous ai enseignée?

Katharina.

Non, je le vous reciterai promptement. De hand, de fingre, de mails, —

Alice.

De nails, Madame.

Katharina.

De nails, de arme, de ilbow.

Alice.

Sauf votre honneur, de elbow.

Katharina.

C'est ce que je dis: de elbow, de neck, et de sin. Comment appellez vous le pié et la robe?

Alice.

De foot, Madame, et de con.

Katharina.

De foot, et de con? O Seigneur Dieu! Ce sont des mots d'un son mauvais, corrompu, grossier et impudique, et non pour les dames d'honneur. Je ne voudrois prononcer ces mots devant les seigneurs de France, pour tout le monde. Il faut de foot, et de con, neanmoins. Je reciterai encore une fois ma leçon ensemble: De hand, de fingre, de nails, de arm, de elbow, de neck, de sin, de foot, de con.

Alice.

Excellent, Madame!

Katharina.

C'est assez pour une fois; allons nous en à diner.

(Sie gehn.)

Fünfte Scene.

Ebendaselbst, ein Prachtsaal.

König Karl, der Dauphin, Herzog von Bourbon, der Connetable von Frankreich, und Andere.

K. Karl.

Man weiß, er ist diesseit des Somestroms.

Connetable.

Und bleibt er unbekämpft, dann laßt uns, Herr,
Aus Frankreich fort; laßt alles gehn und stehn;
Und unser Weinland nehme der Barbar.

Dauphin.

O Dieu vivant! daß Sprößlinge von uns,
Auswurf von unsrer Väter Ueppigkeit,
Reislein, dem Stamm der Wildnis eingepfropft,
So unversehns aufschossen zum Gewölk,
Verdumpfend selbst den Urstamm.

Bourbon.

Normannen, Bastard', unächt Normannsblut!
Mort de la vie! wenn die so unbekämpft
Herziehn, so kauf' ich für mein Herzogthum
Den ärmlichsten kothreichsten Bauerhof
Im vielgezackten Eiland Albion.

Connetable.

Dieu de batailles! woher solch ihr Feur?
Ist nicht ihr Klima neblich, rauh und dumpf?
Worauf die Sonn' hohnvoll wirft blassen Schein,

Todt dunkelnd ihre Frucht? Durch Wassersud,
Verfangner Mähren Trank, durch Gerstgebräu
Gärt ihr kalt Blut zu tapfrer Hiz' empor?
Und unser rasch Blut, geistiger durch Wein,
Scheint frostig? O, bei unsres Landes Ehre,
Nicht hange man, wie starre Zapfen Eis
An Halmendächern, da ein frostig Volk
Schwizt jugendlich in unsrer reichen Flur,
Die arm wol heißen darf an rechten Herrn.

Dauphin.

Bei Ehr' und Mannstreu!
Uns höhnt der Damen Spott; frei sagen sie,
Verglimmt sei unser Feur, drum gebe sich
Ihr Leib an Englands Jünglinge zur Lust,
Daß nun in Frankreich Bastardhelden blühn.

Bourbon.

Man heißt in England uns Tanzmeister sein,
Für Volta-Hopp, und für Couranten-Schwung;
Denn unser Ruhm sei bloß der Fersen Kraft,
Und wir sein, traun, die fertigsten im Lauf.

K. Karl.

Wo ist Montjoy, der Herold? Eil' er hin,
Zu fodern England mit trozhaftem Mut.
Auf, Prinzen, nun; mit scharfem Ehrgefühl,
Mehr scharf als euer Schwert, fliegt in das Feld:
Karl De-la-Bret, Frankreichs Groß-Connetable;
Ihr Herzog' Orleans, Bourbon, und Berry,
Ihr Alençon, Bar, Brabant, und Burgund;
Jaques Chatillion, Rambures, Vaudemont,
Beaumont, Grandpré, Roussi, und Fauconberg,
Foix, Lestrale, Bouciqualt, und Charolois;
Herzoge, Prinzen, Freiherrn, Lords, und Ritter!

Für großes Lehngut, wehrt euch großer Schmach!
Hemmt Englands Heinrich, der durch unser Land
Hinstreift mit Fähnlein, roth von Harfleurs Blut!
Stürzt auf sein Heer, wie der geschmolzne Schnee
Auf's niedre Thal, auf deß Vasallensiz
Die Alpen ausspein aufgelösten Frost!
Hinab auf ihn! — ihr habt ja Macht genug! —
Und bringt, gesperrt in eine Kerkerfuhr,
Ihn uns nach Rouen!

Connetable.

Das steht Großen an!
Nur thut mir's leid, die Zahl ist gar zu klein,
Die Mannschaft krank, und abgezehrt vom Marsch.
Denn sicher, wann er sehn wird unser Heer,
Ihm sinkt das Herz in den Kloak der Angst,
Und, statt der Großthat, beut er Lösegeld.

K. Karl.

Darum, Herr Connetable, treibt Montjoy;
Er sag' an England, wissen möchte man,
Was er für Lösegeld freiwillig beut. —
Prinz Dauphin, bleibt in Rouen ihr bei uns.

Dauphin.

Nein, nicht also! ich fleh' eur Majestät!

K. Karl.

Geduldet euch, ihr bleibt daheim bei uns. —
Fort denn, Herr Connetabl', und Prinzen all',
Und schnell bringt uns Bescheid von Englands Fall.

(Sie gehn.)

Sechste Scene.

Das englische Lager in der Picardie.

Gower und Fluellen.

Gower.

Wie nun, Kapitän Fluellen? kommt ihr von der Brücke?

Fluellen.

Seid versichert, da wird gar vortreflicher Dienst begangen an der Prick.

Gower.

Ist der Herzog von Exeter wohl?

Fluellen.

Der Herzog von Exeter is so groſsmitig, wie Agamemnon, und een Mann, den ich lieb' und ehre mit meener Seel', und meenem Herzen, mit allem Eifer, mit all meenem Leben und Leiben, und meener äuſsersten Kraft. Er is jar nit (Jott sei gepenedeit!) irgend verlezt in der Jotteswelt, sondern pehauptet die Prick mannhaftiglich, mit vortreflicher Disciplin. Da is en Fähndrich, da an der Prick, — ich denk', in meenem pesten Gewissen, er is een so herzhafter Mann, wie Mark Anton; und er is een Mann von keener Groſsachtung in der Welt; aber ich sah ihn prächtige Dienste thun.

Gower.

Wie nennt ihr den?

Fluellen.

Er heiſst Fähndrich Pistol?

Gower.

Ich kenn' ihn nicht.

(Pistol kommt.)

Fluellen.

Ihr kennt den Mann nit? Da kommt er her.

Pistol.

Kaptän, dich bitt' ich um Gefälligkeit.
Der Herzog Exeter zeigt Freundschaft dir.

Fluellen.

Ja, ich preise Jott; nnd verdient hab' ich eenige Freundschaft von seener Hand.

Pistol.

Bardolf, ein Wehrmann, fest und wohlbeherzt,
Von freudgem Mut, hat, durch ein Graungeschick,
Und durch Fortuna's tobig Wackelrad,
Der blinden Göttin, —
Die steht auf rastlos rollendem Gestein, —

Fluellen.

Mit Verloob, Fähndrich Pistol. Fortuna wird plind gemalt, mit eener Pinde vor den Oogen, euch anzudeuten, das Glick is plind. Auch wird sie gemalt mit eenem Rad, euch anzudeuten, was die Moral davon is, sie is wechselnd, und unbeständig, lauter Veränderung, und Wankelmut; und ihr Fuß, seht ihr, is geheftet uf eenem sfärischen Steen, der rollt, und rollt, und rollt. — Ja wahrhaftig, der Poet macht eene jar vortrefliche Peschreibung von der Fortuna; Fortuna, seht ihr, is eene vortrefliche Moral.

Pistol.

Fortuna, Bardolfs Feindin, stiert ihn an.
Er stahl ein' Hostienbüchs', und — wird gehängt.

Verdammter Tod! —
Dem Hund der Galgen; frei muß gehn der Mensch,
Erdroßeln muß die Luftröhr' ihm kein Hanf.
Doch Exeter sprach aus den Todesspruch,
Um solch arm Büchslein! —
Drum geh, und sprich; der Herzog hört dein Wort;
Und o! nicht Bardolfs Lebensdrat schneid' ab
Ein scharfer Pfennigstrang, und garst'ger Schimpf!
Sprich für sein Heil, Kaptän; ich mach' es gut.

Fluellen.

Fähndrich Pistol, ich verstehe zum Theel eure Meenung.

Pistol.

Nun denn, frohlocke drob.

Fluellen.

Gewiß, Fähndrich, 's is nit een Ding zum Frohlocken. Denn wenn er, seht ihr, meen Pruder wär', ich ersuchte den Herzog, zu verfahren nach seenem Pelieb, und ihn hinzugeben zur Execatschon; denn Disciplin muß sein gehandhabt.

Pistol.

Stirb, sei verdammt! und Figo deiner Freundschaft!

Fluellen.

S'is jut.

Pistol.

Die Feige Spania's!

(Er geht.)

Fluellen.

Sehr jut.

Gower.

Ei, das ist ein erzpfiffiger Schelm; ich erinnre mich seiner nun; ein Kuppler, ein Beutelschneider.

Fluellen.

Ich versichr' euch, er zeegte so prafe Wort' uf der Prick, als man nur sehn kann am Sommertak. Aber es is jar jut; was er mir gesagt hat, das is jut, ich birg' euch, wann die Zeit kommt zu Paß.

Gower.

Ei, das ist ein Tölp, ein Narr, ein Holunk, der dann und wann in den Krieg mitgeht, um sich breit zu machen, bei seiner Zurückkunft in London, mit Soldatengestalt. Und solche Bursche sind ausgelernt in den Namen großer Feldherrn, und wissen euch auswendig, wo Kriegsthaten geschahn, bei der und der Schanze, bei der Bresche, bei der Bedeckung; wer davon kam mit Ruhm, wer erschossen ward, wer beschimpft, auf welchen Bedingungen der Feind bestand. Dies geben sie auch vollkommen in der Kriegssprache, die sie mit neutönigen Flüchen aufstuzen. Und was ein Bart vom Schnitte des Generals, und ein gräßlicher Feldanzug, unter schäumenden Flaschen und Bierwizlingen vermag, mit Erstaunen denkt man daran! Aber ihr müßt solche Schandflecke der Zeit kennen lernen, oder ihr könnt wunderbar fehlgreifen.

Fluellen.

Ich will euch was sagen, Kaptän Gower: ich merke schon, er is nit der Mann, wofür er sich gern ausgäbe vor der Welt. Find' ich een Loch in seenem Rock, ich sag' ihm meene Meenung. (Man hört trommeln.) Hört ihr? der König kommt; und ich muß mit ihm sprechen von der Prick.

(König Heinrich kommt, mit Gloster, und Soldaten.)

Fluellen.

Jott segn' eur Majestät!

K. Heinrich.

Wie nun, Fluellen? kommst du von der Brücke?

Fluellen.

Ja, zu eur Majestät Pefehl. Der Herzog von Exeter hat sehr mannhaftiglich pehauptet die Prick; der Franzos' is fort, seht ihr; und da seind mannhaftige und höchst prafe Vorgänge. Tausend, der Jegner war nah am Pesiz der Prick; aber er muß mit Gewalt abziehn, und der Herzog von Exeter is Meester von der Prick. Ich kann eur Majestät sagen, der Herzog is een prafer Mann.

K. Heinrich.

Verlort ihr viel, Fluellen?

Fluellen.

Die Schlappe des Jegners war jar groß, jar pillig groß. Tausend, für meen Theil glob' ich, der Herzog verlor keenen Mann, pis uf eenen, der wol zu dem Henker muß um Kirchenroob, een Pardolf, wenn eur Majestät den Mann kennt. Sein ganz Gesicht is Karfunkel, und Platter, und Knorr, und Feurflamm; die Lippen plasen an die Nas', und sehn aus wie Kohlfeur, manchmal plau, und manchmal roth; aber die Nas' is zum Henker, und das Feur is aus.

K. Heinrich.

So jeden, wer so frevelt, abgethan! —
Ausdrücklich wollen wir, daß, auf dem Marsch
Durch dieses Land, man nichts abnöthige
Den Dörfern, und nichts nehm', als für baar Geld;
Werd' auch kein Frank beleidigt, noch gekränkt
Mit Worten der Verachtung. Denn wenn Mild'
Und Härte spielen um ein Königreich,
Bald hat der sanfte Spieler den Gewinn.

(Trompetenschall. Montjoy kommt.)

Montjoy.

Ihr kennt mich an der Kleidung.

K. Heinrich.

Dich kenn' ich wohl. Was wird mir kund von dir?

Montjoy.

Die Meinung meines Herrn.

K. Heinrich.

Entfalte sie.

Montjoy.

So sagt mein König: Sag' an Heinz, den König
Von England! Schienen wir schon todt, es war
Nur Schlaf; Vortheil ist besserer Soldat,
Als Raschheit. Sag': abweisen konnten wir
Ihn bei Harfleur; nur hielten wir's nicht gut,
Aufstoßen schwärend Weh, bis es gereift.
Nun treten Wir auf, redend Herscherwort.
Bereun soll England seine Thorheit, schwach
Sich sehn, und staunen unserer Geduld.
Drum heiß ihn denken auf sein Lösegeld.
Dies muß gemäß sein dem Verlust, den wir
Gefühlt, dem Volk, das uns entschwand, dem Schimpf,
Den wir verschmerzt: was nach Gewicht zu büßen,
Sein' Ohnmacht übersteigt. Für den Verlust
Ist viel zu arm sein Schaz; für unsres Bluts
Verguß gewährt die Mustrung seines Reichs
Zu wenig Anzahl; und für unsern Schimpf
Ist Er, an unsrem Fuß hinknieend, nur
Werthlose, dürftige Genugthuung.
Hiezu füg' Ausfodrung; und sag' ihm zum
Beschluß, er sei Verräther seines Heers,
Dem das Verdammungsurtheil sei gefällt.
So weit mein großer König; so mein Amt.

K. Heinrich.

Wie ist dein Nam'? Ich kenne dein Geschäft.

Montjoy.

Montjoy.

K. Heinrich.

Du übst dein Amt sehr löblich. Kehr zurück,
Sag' deinem Herrn: Ich such' ihn jezt nicht auf;
Ich möchte wol so fortziehn nach Calais,
Ohn' Hindernis; denn, ehrlich nur gesagt,
(Ob's gleich nicht klug scheint, so viel zu gestehn
Dem schlauen Feind, der grad' im Vortheil ist:)
Mein Kriegsvolk ist durch Krankheit sehr geschwächt,
Die Zahl gemindert, und der kleine Rest
Beinah nicht besser, als so viel Franzosen.
Da bei gesunder Kraft, merk dir es, Herold,
Ich glaub', Ein englisch Paar von Beinen trug
Wol drei Franzosen. — Doch verzeih mir Gott,
Daß ich geprahlt so! Eure Franzenluft
Weht mir dies Laster an; ich muß bereun.
Geh denn, und deinem Herrn sag': Ich bin hier;
Mein Lösgeld ist der arm' und schwache Leib;
Mein Heer nur eine Wache, siech und matt;
Doch, Gott voran, sag' ihm, wir kommen schon,
Ob Frankreich uns, und noch ein Reich dazu,
Trät' in den Weg. — Dies, Freund, für deine Müh.
Sag' deinem Herrn, er überleg' es wohl.
Kann ich vorbeiziehn, sei's; doch stört man uns,
Dann soll eur brauner Grund geröthet sein
Mit eurem Blut. Und so, Montjoy, lebt wohl.
Der ganzen Antwort Summ' ist kürzlich so:
Wir suchen kein Gefecht auf, wie wir sind;
Doch, wie wir sind, auch nicht vermeiden wir's.
Sagt eurem Herrn das.

Montjoy.

So werd' ich's melden. Dank eur Majestät.
(Er geht.)

Gloster.

Ich hoffe, schwerlich zwacken sie uns nun.

K. Heinrich.

Wir sind in Gottes, nicht in ihrer Hand. —
Marsch zu der Brück'; es geht schon gegen Nacht.
Jenseit des Flusses lagern wir das Heer;
Und morgen vorwärts nehm' es seinen Marsch.
(Sie gehn.)

Siebente Scene.

Das französische Lager bei Agincourt.

Der Connetable, Rambures, der Herzog von Orleans, der Dauphin, und Andere.

Connetable.

Ah was! ich habe die beste Rüstung von der Welt. Wär' es nur Tag!

Orleans.

Ihr habt eine vortrefliche Rüstung; aber laßt auch meinem Pferde sein Recht.

Connetable.

Es ist das beste Pferd von Europa.

Orleans.

Will's nie Morgen sein?

Dauphin.

Mylord von Orleans, und Mylord Groß-Connetable, ihr sprecht von Pferd und Rüstung, —

Orleans.

Ihr seid mit beiden so wohl versehn, wie irgend ein Prinz in der Welt.

Dauphin.

Welch eine lange Nacht ist das! — Nicht tauschen möcht' ich mein Pferd, um keines, das auf vier Klauen trit. Ça! ha! Es prallt auf von der Erd', als wär' es inwendig mit Haar gestopft: le cheval volant, der Pegasus, qui a les narines de feu! Reit' ich auf ihm, ich schweb' empor, ich bin ein Falk; er trabt in der Luft; die Erde singt, wann er sie rührt; das niedrigste Horn seines Hufs ist melodischer als die Pfeife des Hermes.

Orleans.

Er hat die Farbe der Muskatnuß.

Dauphin.

Und die Hitze des Jugwers. Das wär' ein Thierchen für den Perseus! Ganz Lüft und Feur; von den trägen Elementen der Erd' und des Wassers erscheint nichts an ihm, als einzig in der geduldigen Stille, wann sein Reiter aufsteigt. Das ist wahrlich ein Pferd; alle anderen Mären nenne man Vieh.

Connetable.

In der That, gnädiger Herr, es ist ein höchst vollendetes und vortrefliches Pferd.

Dauphin.

Es ist der Fürst der Prachtgaule! Sein Wiehern gleicht dem Befehl eines Monarchen, und sein Anstand erzwingt Ehrerbietung.

Orleans.

Genug, Vetter.

Dauphin.

Nein, der Mann hat nicht Wiz, der nicht, vom Aufsteigen der Lerche bis zur Einkehr des Lamms, immer verändern kann das verdiente Lob meines Prachtgauls. Es ist ein Thema, so vollströmend wie das Meer; man verwandle den Sand in Zungen der Beredsamkeit, und mein Pferd giebt Stof für sie alle. Ja, es ist würdig, ein Souverain wende sein Gespräch darauf, und eines Souverains Souverain reite darauf; und alle Welt, die bekannt ist und unbekannt, lege beiseit ihr besonderes Geschäft, und staun' es an. Ich schrieb einmal ein Sonnet zu seinem Ruhm, und begann so: „Du Wunder der Natur, —

Orleans.

So, hab' ich gehört, begann ein Sonnet auf jemands Gebieterin.

Dauphin.

Dann war's Nachahmung von dem, welches ich auf meinen Renner gemacht; denn mein Pferd ist meine Gebieterin.

Orleans.

Eure Gebieterin trägt gut.

Dauphin.

Mich sehr gut; und das ist die Hauptugend und Vollkommenheit einer guten und eigenthümlichen Gebieterin.

Connetable.

Ma foi! jüngst, mein' ich, hat eure Gebieterin euch den Rücken verdammt geschüttelt.

Dauphin.

Das that wol die eurige.

Connetable.

Meine war nicht gezäumt.

Dauphin.

O dann scheint es, sie war alt und sinnig; und ihr rittet, wie ein irländischer Kerne, ohn eure französischen Pluderhosen, in knappen Beinkleidern.

Connetable.

Ihr habt viel Einsicht in der Reitkunst.

Dauphin.

Seid denn gewarnt von mir: wer so reitet, und unbehutsam, der fällt in garstig Gesümpf. Ich hätte lieber mein Pferd zur Gebieterin.

Connetable.

Und ich eben so gern meine Gebieterin als Gaul.

Dauphin.

Ich sage dir, Connetable, meine Gebieterin trägt ihr eigenes Haar.

Connetable.

Deß könnt' ich eben so wahr mich rühmen, hätt' ich eine Sau zur Gebieterin.

Dauphin.

Le chien est retourné à son propre vomissement, et la truie la véeau bourbier. Du machst von Allem Gebrauch.

Connetable.

Doch brauch' ich mein Pferd nicht als Gebieterin, noch irgend solch Sprichwort, das so wenig zur Sache paßt.

Rambures.

Mein Herr Connetable, auf der Rüstung, die ich

am Abend in eurem Zelte sah, - sind das Sterne darauf, oder Sonnen?

Connetable.

Sterne, mein Herr.

Dauphin.

Morgen fallen wol einige davon, hoff' ich.

Connetable.

Und doch wird mein Himmel nicht Noth leiden.

Dauphin.

Kanu sein; denn ihr tragt manchen zum Ueberfluß. Mehr Ehre für euch, wären einige weg.

Connetable.

Grade wie euer Pferd eure Lobpreisungen trägt. Es trottete wol eben so gut, wenn einige eurer Prahlwort' ihm den Sattel räumten.

Dauphin.

Wär' ich nur fähig, ihm aufzuladen sein volles Verdienst! — Will es nie Tag werden? Morgen trab' ich eine Meile weit, und mein Weg soll gepflastert sein mit englischen Gesichtern.

Connetable.

Nicht so will Ich sagen, aus Furcht, mir möchte der Weg Gesichter machen. Aber ich wollt', es wäre Morgen; denn gern möcht' ich an die Ohren der Englischen.

Rambures.

Wer wagt eine Wette mit mir? ich mache zwanzig Englische zu Gefangenen!

Connetable.

Erst müßt ihr euch selbst wagen, eh ihr sie habt.

Dauphin.

Es ist Mitternacht; ich gehe, mich zu wapnen.
(Er geht.)

Orleans.

Den Dauphin verlangt nach dem Morgen.

Rambures.

Ihn verlangt zu fressen die Englischen.

Connetable.

Ich denk', er frißt alle, die er tödtet.

Orleans.

Bei der weißen Hand meiner Dame, er ist ein ritterlicher Prinz.

Connetable.

Schwört bei ihrem Fuß, daß sie austrete den Schwur.

Orleans.

Er ist schlechterdings der geschäftigste Herr in Frankreich.

Connetable.

Thun ist geschäftig sein; und er hat immer zu thun.

Orleans.

Leides that er nie, daß ich wüßte.

Connetable.

Wird's auch morgen nicht thun; den guten Ruf wird er stets behaupten.

Orleans.

Ich kenn' ihn als Tapferen.

Connetable.

Das ward mir gesagt, von einem, der besser ihn kennt, als ihr.

Orleans.

Wer ist der?

Connetable.

Ei nu, er selbst sagte mir das; und fügte hinzu, er acht' es nicht, wer es wisse.

Orleans.

Er braucht's auch nicht; das ist keine verborgene Tugend in ihm.

Connetable.

Doch, doch, Sir, sie ist es; nie hat ein Sterblicher sie gesehn, als sein Lakai. Ein verkappter Falk ist seine Tapferkeit; wenn sie einmal vorblickt, wie wird sie mit den Flügeln schlagen!

Orleans.

Uebler Wille spricht nie Gutes.

Connetable.

Ich trumfe dies Sprichwort ab mit: Freundschaft ist Schmeichlerin.

Orleans.

Und Ich steche das wieder mit: Auch dem Teufel sein Recht.

Connetable.

Wohl angebracht; da steht euer Freund als Teufel. Eur Sprichwort schlag' ich auf's Haupt mit: Hole die Pest den Teufel!

Orleans.

Ihr seid stärker in Sprichwörtern, denn — eines Narren Bolz ist bald geschossen.

Connetable.

Ihr schoßt überhin.

Orleans.

Es ist nicht das erstemal, daß man euch überschoß.

Ein Bote, ankommend.

Mein Herr Groß=Connetable, die Englischen liegen nur funfzehnhundert Schritte von eurem Zelt.

Connetable.

Wer hat gemessen den Raum?

Bote.

Der Herr von Grandpré.

Connetable.

Ein tapferer und sehr erfahrener Herr. — Ich wollt', es wäre Tag! — Ach, der arme Heinz von England! Ihn verlangt nicht nach der Frühdämmrung, wie uns.

Orleans.

Welch ein erbärmlicher Einfaltspinsel ist dieser König von England, daß er mit seinen klozköpfigen Leuten so weit aus seiner Kunde hinausdusselt!

Connetable.

Hätten die Engländer nur einige Besinnung, sie ließen davon.

Orleans.

Daran fehlt's; denn hätten ihre Köpf' einige Verstandrüstung, nie könnten sie sich tragen mit so schwerlastenden Sturmhauben.

Rambures.

Dies Inselland zeugt sehr weidliche Geschöpfe; ihre Doggen sind von unvergleichbarem Mut.

Orleans.

Dumme Köter! die blindlings einem russischen Bären in's Maul laufen, der ihnen die Köpfe zermorscht, wie faule Aepfel. Ihr könnt eben so gut sagen: das ist ein tapferer Floh, der wagt zu frühstücken auf der Lipp' eines Löwen.

Connetable.

Wahr, wahr! und die Menschen da sind gleicher Natur mit den Doggen: plump und roh tölpeln sie daher, und lassen den Wiz bei ihren Weibern. Man geb' ihnen nur große Mahlzeiten von Rindfleisch und Eisen und Stahl, sie fressen darein wie Wölfe, und kämpfen wie Teufel.

Orleans.

Ja, aber die Englischen sind garstig auf dem Trockenen mit Rindfleisch.

Connetable.

Dann werden wir morgen sehn, ihnen steht das Herz nur nach Gefräß, und nicht nach Gefecht. Nun ist es Zeit zur Bewafnung. Kommt; sollen wir dran?

Orleans.

Zwei ist es; doch, laß sehn, — schlägt zehn die Glock,
Ein jeder hat an Englischen sein Schock.

(Sie gehn.)

Vierter Aufzug.

Prolog.

Nun bildet euch Vorstellung einer Zeit,
Wo schleichend Murmeln, und scharfspähnde Nacht,

Anfüllt der Schöpfung weitgewölbten Raum.
Von Heer zu Heer aus beiden Lagern dort,
Durch ödes Dunkel, tönt ein still Gesumm;
Und beiderlei Schildwache hört beinah
Das leise Flistern der entgegnen Hut.
Feur wider Feur, und durch die bleiche Loh
Schaut jedes Volk des andern braun Gesicht.
Roß droht auf Roß, stolzwiehernd, daß der Hall
Durchdringt der Nacht dumpf Ohr. In manchem Zelt,
Den Ritter fördernd, schaft der Waffenschmied,
Mit regem Hammer nietend das Gewehr:
Ein furchtbar Zeichen vor der Schlacht Beginn.
Des Dorfes Hähne krähn, die Glocke schlägt;
Es nennt die dritte Morgenstund' ihr Ruf.
Stolz seiner Anzahl, und sorglos im Geist,
Trozt der vermeßne Franz', und würfelt voll
Hochmuts um den verschmähten Englischmann;
Und schilt den trägen Krüppelgang der Nacht,
Die, einer garst'gen Hexe gleich, hinweg
So langsam hinkt. Die armen Englischen,
Wie Todesopfer, am wachsamen Feur
Geduldig sizend, denken ernst vor sich,
Was morgen droht; - und ihre Trauermien'
Auf hagrer Wang', ihr kriegvernuzt Gewand,
Stellt sie dem starren Blick des Mondes dar
Als grause Geister. O wer jezo sieht
Den hohen Feldherrn des verkommnen Trupps
Umgehn von Wacht zu Wacht, von Zelt auf Zelt,
Der rufe: Preis und Ruhm dem edlen Haupt!
Er wandelt vor, durchschaut sein ganzes Heer,
Beut mit bescheidnem Lächeln Morgengruß,
Und nennt sie Brüder, Freund' und Landsgenossen.
Sein Königsantliz trägt auch keine Spur,
Wie furchtbar starke Kriegsmacht ihn umdrängt;

Und nichts von seiner Farb' entwendete.
Die arbeitsame, ganz durchwachte Nacht;
Frisch sieht er aus, und zwängt die Schwäch' hinab
Mit heitrem Blick und holder Majestät:
Daß jeder, der bleich schmachtete zuvor,
Schnell Labsal schöpft aus seinem Angesicht.
Wohlthat und Segen rings, der Sonne gleich,
Stralt jedem sein freigebig Aug', und weg
Thaut kalte Furcht. Drum alle, Klein und Groß,
Schaut hier, so gut Unwerth es zeichnen kann,
Ein leichtes Bild von Heinrich in der Nacht.
Zum Treffen nun schweb' unsre Bühn' im Flug.
Und o verzeiht, wenn wir entwürdigen —
Mit vier bis fünf elenden Fechtdeglein,
Gar schlecht gebraucht in lächerlichem Zank, —
Den Namen Agincourt. Doch schaut geneigt,
Und denkt als Wahrheit, was der Trug euch zeigt.

Erste Scene.

Das englische Lager bei Agincourt.

König Heinrich, Bedford, und Gloster.

K. Heinrich.

Wahr ist es, Gloster, groß ist die Gefahr.
Auf, desto größer denn sei unser Mut! —
Gut'n Morgen, Bruder Bedford. — Großer Gott!
Ein Geist des Guten steckt im Schlimmen auch,
Wenn man nur achtsam ihn herausziehn will.
Für böse Nachbarn stehn wir früher auf;

Das ist gesund, und auch haushälterisch.
Dann sind die Nachbarn uns Gewissensräth'
Und recht erweckliche Bußprediger,
Daß wir auf unser Ende sein gefaßt.
So sammeln wir vom Unkraut Honigseim,
Und uuzen als Moral den Teufel selbst.

(Erpingham kommt.)

Gut'n Morgen, Altherr Thomas Erpingham.
Ein sanfter Pfühl frommt' eurem weißen Haupt
Wol mehr, als Frankreichs harter Rasen hier.

Erpingham.

Nicht so, mein Fürst; dies Lager lieb' ich mehr;
Ich sage, wie ein König lieg' ich nun.

K. Heinrich.

Gut, wenn man lieben lernt sein Ungemach,
Durch Beispiel; also lüftet sich der Geist;
Und wann das Herz erquickt wird, ganz gewiß,
Daß jede Kraft, die schon erstarb wie todt,
Aufsprengt ihr Schlummergrab, und neu sich regt,
Entschlüpft dem Balg, behender denn zuvor.
Sir Thomas, leih den Mantel mir. — Ihr Brüder,
Ihr bringt den Prinzen unsres Heers Empfehl
Von mir, und guten Morgen; auch bestellt
Sie alle gleich zu meinem Königszelt.

Gloster.

Wir gehn, mein Fürst.

Erpingham.

Folg' ich eur Hoheit?

K. Heinrich.

Nein, mein guter Ritter;
Mit meinen Brüdern geh zu Englands Herrn.

Ich und mein Herz besprechen uns ein wenig;
Da zieh' ich gern nicht mehr Gesellschaft zu.

Erpingham.

Dich segne Gott vom Himmel, edler Heinz!
(Er geht.)

K. Heinrich.

Gott dank', alt Herz! du sprichst da guten Trost.

Pistol, ankommend.

Qui va là?

K. Heinrich.

Gut Freund.

Pistol.

Erläutre flugs: bist du ein Offizier?
Bist du gemein, ein Niedriger des Volks?

K. Heinrich.

Ich bin ein Edler einer Kompanie.

Pistol.

Schleppst du den Speer der Macht?

K. Heinrich.

Ja wohl. Wer seid Ihr?

Pistol.

So gut ein Edler, wie der Kaiser selbst.

K. Heinrich.

Dann seid ihr besser, als der König.

Pistol.

Der König Goldherz ist ein loser Hahn,
Ein Seelenjung', ein Sproß des Ruhms
Von Eltern gut, von Faust großheldenhaft!
Ich küss' ihm seinen Dreckschuh, und lieb' herzlich
Den lieben Trutzkerl, den! — Wie heißest du?

K. Heinrich.

Heinrich le Roi.

Pistol.

Le Roi? —
Ein corn'scher Nam! Bist du aus Cornwalls Trupp?

K. Heinrich.

Nicht doch, ein Wälschmann.

Pistol.

Kennst du Fluellen?

K. Heinrich.

Ja.

Pistol.

Sag' ihm, ich schlag' ihm seinen Lauch um's Haupt
Am heil'gen Davidstag.

K. Heinrich.

Tragt ihr an eurer Kappe nicht den Dolch,
Den Tag, er schlägt ihn um das eure sonst.

Pistol.

Bist du sein Freund?

K. Heinrich.

Ja, und sein Vetter auch.

Pistol.

Dies Figo denn für dich!

K. Heinrich.

Ich dank' euch deß.
Gott sei mit euch.

Pistol.

Mein Name heißt Pistol.

(Er geht.)

K. Heinrich.

Der paßt sehr gut für euren Troz.

Fluellen und Gower, von verschiedenen Seiten.

Gower.

Kapitän Fluellen!

Fluellen.

Nu, im Namen Jeßu Chrischti, sprecht weniger! Es is das Wunderseltsamste in der heelen Jotteswelt, wenn die wahren und uralten Prifilegien und Geseze des Krieks nit gehandhabt seind. Wolltet ihr euch bemühn, nur die Kriege Pompejus des Großen zu untersuchen, ihr werdet sehn, ich steh' euch dafür, da is nichts von Titteltattel und Pippelpappel in Pompejus Lager; ich steh' euch dafür, ihr werdet sehn, die Ceremonien des Krieks, und die Anstalten davon, und die Formen davon, und die Sittigkeit davon, alles is ganz anderst.

Gower.

Aber der Feind ist laut; ihr hört ihn die ganze Nacht.

Fluellen.

Wenn der Feind is en Esel, und en Narr, und en plappernder Hasenfuß, so folgt, meent ihr, auch wir dürfen sein, seht ihr, en Esel, und en Narr, und en plappernder Hasenfuß? Uf euer Gewissen! nun?

Gower.

Ich will leiser sprechen.

Fluellen.

Ich pitt' euch, und ersuch' euch, daß ihr's wollt.

(Beide gehn ab.)

K. Heinrich.

Sieht dieses auch etwas altmodisch aus,
Der Wälschmann zeigt viel Sorg' und Tapferkeit.

Es kommen Bates, Court, und Williams.

Court.

Bruder John Bates, ist das nicht der Morgen, der anbricht dort?

Bates.

Ich denke, ja; aber wir haben nicht große Ursach', uns zu sehnen nach des Tages Anbruch.

Williams.

Wir sehn dort den Anfang des Tags; aber das Ende, mein' ich, werden wir niemals sehn. — Wer geht da?

K. Heinrich.

Gut Freund.

Williams.

Unter welchem Hauptmann dient ihr?

K. Heinrich.

Unter Sir Thomas Erpingham.

Williams.

Ein guter alter Anführer, und ein sehr lieber Herr. Ich bitt' euch, was denkt er von unsrem Zustand?

K. Heinrich.

Grade, was schifbrüchige Menschen auf einer Sandbank, in Erwartung, die nächste Flut spüle sie weg.

Bates.

Hat er nicht seine Gedanken dem Könige gesagt?

K. Heinrich.

Nein; das muß er auch nicht. Denn, euch kann ich's wol sagen, ich meine, der König ist nur ein Mensch, wie Ich. Die Viole riecht ihm, völlig wie mir; das Firmament zeigt sich ihm, grade wie mir; alle Sinne bei ihm haben nur menschliche Beschaffenheit. Sein Gepränge beiseit, in seiner Nacktheit erscheint er nur wie ein Mensch; und wiewohl seine Neigungen sich höher emporschwingen als unsere, doch, wenn sie herabsinken, sie sinken mit dem selbigen Flügelschlag. Drum wenn er Ursache sieht zur Furcht, wie wir; seine Furcht, ohne Zweifel, ist von der selbigen Art, wie unsere. Natürlich aber muß niemand ihn beunruhigen mit irgend einem Scheine von Furcht, damit nicht er, wenn er sie zeigt, entmutige sein Heer.

Bates.

Er mag äußerlich so herzhaft thun, als er will; dennoch glaub' ich, so kalt auch diese Nacht ist, er könnte sich in die Themse wünschen bis an den Hals; und ich wollt', er wäre darin, und ich mit, auf alle Gefahr, wären wir nur hier los.

K. Heinrich.

Bei meiner Treu, ich will über den König mein Herz aussprechen; ich glaub', er möchte sich nirgendwohin wünschen, als wo er ist.

Bates.

Dann wollt' ich, er wär' hier allein; dann wär' er gewiß seiner Auslösung, und manch armer Mann blieb' am Leben.

K. Heinrich.

Ich darf sagen, ihr wollt ihm nicht so übel, ihn hier allein zu wünschen; ihr sprecht nur so, um anderen den Puls zu fühlen. Mich dünkt, ich könnte nirgendwo so vergnügt sterben, als in des Königes Gesellschaft; da seine Sache gerecht ist, und sein Streit ehrenvoll.

Williams.

Das ist mehr, als wir wissen.

Bates.

Ja, oder mehr, als wonach uns zu fragen geziemt. Wir wissen genug, wenn wir wissen, wir sein Unterthanen des Königes. Ist seine Sache schlecht, unser Gehorsam gegen den König wischt die Schuld von uns ab.

Williams.

Aber ist seine Sache nicht gut, dann hat der König selbst eine schwere Verantwortung; wann alle die Arm' und Bein' und Köpfe, die wegstoben in der Schlacht, sich zusammenfügen am jüngsten Tag', und alle schrein: Wir starben da und da; einige fluchend, einige schreiend nach einem Feldscher, andere um ihre Weiber, die sie arm zurückließen, andere um Schulden, die sie drückten, andere um unerzogene Kinder. Wenige, fürcht' ich, sterben gut, die in der Schlacht sterben. Denn wie können sie irgend was Gottseliges vornehmen, wann Blut ihr Gedank' ist? Nun, wenn diese Menschen nicht gut sterben, es wird ein gräßlicher Handel für den König sein, der sie dahin führte; denn ihm ungehorsam sein, wäre gegen alles Gesez der Unterwürfigkeit.

K. Heinrich.

Also, wenn ein Sohn, den der Vater auf Handel aussandte, in voller Sünde verunglückt auf der See, dann muß die Zurechnung seiner Unfrömmigkeit, nach eurer Regel, auf den Vater fallen, der ihn gesandt. Oder wenn ein Diener, der auf Befehl seines Herrn eine Summe Gelds fortbringt, durch anfallende Räuber stirbt in manchen ungesühnten Vergehungen, so könnt ihr sagen, das Geschäft des Herrn sei an des Dieners Verdammnis schuld. Aber dem ist nicht so: der König hat nicht jedes besondere Ende seiner Soldaten zu verantworten, noch der Vater seines Sohns, noch der Herr seines Dieners; man verlangt ja nicht ihren Tod, wann man ihre Dienste verlangt. Ueberdas ist kein König, der seine Sache, sie sei noch so fleckenlos, wann's zur Entscheidung des Schwertes kommt, mit lauter fleckenlosen Soldaten ausfechten kann. Einige vielleicht tragen die Blutschuld eines vorbedachten und absichtlichen Mords; einige betrogen Jungfraun durch verlezte Schwüre der Treulosigkeit; einige machen den Krieg zu ihrem Bollwerk, da sie vorher den sanften Busen des Friedens verlezt durch Diebstahl und Straßenraub. Wenn nun diese Menschen das Gesez vereitelten, und der natürlichen Straf' entrannen, so können sie zwar Menschen sich entheimlichen, aber haben nicht Flügel zu fliehn vor Gott. Krieg ist sein Scherge, Krieg seine Rache; so daß hier die Menschen, für den vorigen Bruch der Königsgeseze, im jezigen Königsstreite gestraft werden: wo sie den Tod fürchteten, trugen sie das Leben davon; und wo sie sicher zu sein trachteten, kommen sie um. Wenn sie demnach unvorbereitet sterben, nicht mehr ist der König an ihrer Verdammnis schuld, als ers vorher an den Unthaten war, deren Strafe sie nun heimsucht. Des Unterthanen Pflicht gehört dem König; aber des Unterthanen Seele gehört ihm selbst. Deswegen sollte jeder Soldat im Felde, wie jeder Kranke im Bett, sein Gewissen rein waschen von jedem Staub. Wenn er dann stirbt, so ist der Tod ihm Gewinn; wenn nicht, so war's ein gesegneter Zeitverlust, der solche Vorbereitung eintrug. Und wer entrinnt, der darf ohne Sünde glauben, Gott, dem er so willig sich ergab, lass' ihn überleben den Tag, zu schaun seine Größe, und andere zu lehren, wie man sich vorbereiten muß.

Williams.

Ganz gewiß, wer in Sünden stirbt, dessen Sünde fällt auf sein eigenes Haupt; der König hat sie nicht zu verantworten.

Bates.

Ich verlange nicht, daß er für mich was verantworten soll; und doch bin ich gefaßt, weidlich für ihn zu kämpfen.

K. Heinrich.

Ich selbst hörte den König sagen, er wolle nicht ausgelöst sein.

Williams.

Ja, so sagt' er, damit wir lustiger in den Kampf gingen; aber sind wir um den Hals, dann wird er vielleicht ausgelöst, und wir sind um nichts klüger.

K. Heinrich.

Wenn ich das erlebe, nie trau' ich wieder auf sein Wort.

Williams.

Da bezahlt ihr ihn recht! Das ist wohl ein gefährlicher Schuß aus einem alten Muskedonner, solch ein Gemurr eines armen gemeinen Manns auf einen Monarchen! Ihr könnt eben so gut daran gehn, die Sonn' in Eis zu verwandeln, indem ihr das Gesicht ihr fächelt mit einer Pfauenfeder. Ihr wollt nie wieder traun auf sein Wort! Geht, das ist einfaltiger Schnack.

K. Heinrich.

Euer Verweis ist etwas zu rund; ich würde bös' auf euch sein, wäre die Zeit darnach.

Williams.

Laßt es uns mit einander ausmachen, wenn ihr am Leben bleibt.

K. Heinrich.

Ich nehm' es an.

Williams.

Wie soll ich dich wieder kennen?

K. Heinrich.

Gieb mir ein Pfand von dir, und ich trag' es an meiner Müze; wenn du es je zu erkennen wagst, dann werd' ich den Handel ausmachen.

Williams.

Hier ist mein Handschuh; gieb mir einen von dir.

K. Heinrich.

Da.

Williams.

Den trag' ich auch an meiner Kappe. Wenn, nach dem morgenden Tage, du je zu mir kommst, und sagst: Das ist mein Handschuh! bei dieser Faust, ich gebe dir eins auf das Ohr.

K. Heinrich.

Erleb' ich das, ich werde darauf fodern.

Williams.

Du läßt dich eben so gern hängen.

K. Heinrich.

Nu, ich werd' es thun, und träf' ich dich in des Köuiges Gesellschaft.

Williams.

Halt dein Wort; leb' wohl.

Bates.

Seid Freund', ihr englischen Narren, seid Freunde. Wir haben französische Händel genug, wenn ihr nur zählen könnt.

K. Heinrich.

Fürwahr, die Franzosen sezen wol zwanzig französische Kronen gegen eine, daß sie uns schlagen werden; denn sie tragen sie auf den Schultern. Doch ist es für Engländer kein Frevel, französische Kronen zu beschneiden; und morgen wird der König selbst ein Kipper sein.

(Die Soldaten gehn ab.)

Dem König auf! ja, legt nur Leib und Seel',

Und Schulden, trostlos Weib und Kind, und Sünde,
Dem König auf! — Wir tragen alle Last!
O hart Verhängnis, stets gepaart mit Größe,
Du ausgesezt dem Schnickschnack jedes Narrn,
Deß Sinn nichts mehr fühlt, als sein eignes Weh!
Wie gar viel Freud' entbehrt des Königs Herz,
Die labt den Bürger! und was hat der König,
Das nicht auch hat der Bürger, als Gepräng',
Als öffentlich Gepräng? —
Und was bist du, du Gözenbild Gepräng?
Was für ein Gott bist du, der mehr erträgt
Des Menschengrams, als deine Huldiger?
Was ist denn dein Einkommen? dein Ertrag?
Laß, o Gepräng', nur deinen Werth mich sehn!
Was ist die Seele der Verherlichung?
Bist du was sonst, als Rang, und Stuf' und Form,
Die Scheu und Furcht in andern Menschen schaft?
Wo minder Glück du hast, Gefürchteter,
Als er, der fürchtet. —
Was trinkst du oft, statt süßer Huldigung,
Als Gift des Schmeichlers? O sei krank, Großmächt'ger,
Und rufe dein Gepräng' um Heilung an!
Denkst du, die Glut des Fiebers werd' entfliehn,
Vor Titeln, die dir zuweht Schmeichelei?
Giebt's Raum, wo Demut tief sich beugt und neigt?
Des Bettlers Knie beherschend, herschest du
Dem Knie Gesundheit? Nein, du stolzer Traum,
Der spielt so fein mit eines Königs Ruh!
Ich bin ein König, kenne dich, und weiß:
Nicht heilig Oel, nicht Zepter, oder Ball,
Nicht Schwert, und Stab, die Herscherkrone nicht,
Das Prachtgewand, durchwirkt mit Perl' und Gold,
Der Titel, der dem König strozt voran,
Der Thron, auf dem er sizt, die Flut des Pomps,

Die an das hohe Weltgestade schlägt,
Nein, all das nicht, hochfeierlich Gepräng',
All das, gelegt in's Bett der Majestät,
Schläft so gesund nicht, als der arme Sklav,
Der, mit gefülltem Leib und leerem Geist,
Hingeht zur Ruh, voll von der Drangsal Brot,
Nie sieht die grause Nacht, der Hölle Kind;
Nein, wie Trabant, vor Föbus Augen schwitzt
Von früh bis spät; dann in Elysium
Die Nacht durchschläft; und, dämmert nun der Tag,
Aufsteht, und Hyperion hilft zu Roß;
Und also folgt dem steten Lauf des Jahrs,
Mit lohnendem Geschäft, bis an sein Grab;
Ja, wäre nicht Gepräng', ein solcher Wicht,
Der Tag' in Müh abrollt, und Nächt' in Schlaf,
Hätt' allen Vorzug vor dem Könige.
Der Sklav, ein Mitglied von des Landes Frieden,
Genießt; doch wenig weiß sein grob Gehirn,
Wie wachen muß der König für den Frieden,
Deß Heil dem Bauer doch am meisten frommt.

Erpingham, ankommend.

Die Edlen, Herr, um eur Absein besorgt,
Spähn euch im Lager rings.

K. Heinrich.

Mein alter Ritter,
Versammle sie an meinem Zelt; ich will
Da sein vor dir.

Erpingham.

Ich werd' es thun, mein Fürst.
(Er geht.)

K. Heinrich.

O Gott der Schlachten, kräftige mein Heer!

Und schlag' es nicht mit Furcht! Nim ihnen nun
Den Sinn des Rechnens, wenn der Gegner Zahl
Ihr Herz hinwegschreckt! — Heute nicht, o Herr,
O heute nicht gedenke des Vergehns,
Wodurch mein Vater sich die Kron' erwarb!
Ich habe neu beerdigt Richards Leib,
Und ihm geweint der Wehmutsthränen mehr,
Als ihm entströmt erzwungne Tropfen Bluts.
Fünfhundert Armen spend' ich Jahrgehalt,
Die zwier des Tags mit welken Händen flehn
Des Bluts Erlassung. Zwo Kapellen auch
Baut' ich, wo ernster Priester Meßgesang
Für Richards Seel' aufsteigt. Mehr will ich thun.
Doch alles, was ich thun kann, ist nichts werth;
Weshalb nach allem meine Buße kommt,
Verzeihung flehend.

Gloster, kommend.

Mein Fürst!

K. Heinrich.

Mein Bruder Gloster ruft? —
Ich weiß die Botschaft, und will folgsam sein.
Der Tag, die Freund', und alles, harren mein.
(Beide gehn.)

Zweite Scene.

Das französische Lager.

Der Dauphin, Orleans, Rambures, und Andere.

Orleans.

Uns flammt die Wehr im Frühroth! Auf ihr Herrn!

Dauphin.

Montez à cheval! Mein Pferd; valet! laquai!
Ha!

Orleans.

Braver Mut!

Dauphin.

Via! — les eaux et la terre. —

Orleans.

Rien plus? l'air et le feu. —

Dauphin.

Ciel! Vetter Orleans.

(Der Connetable kommt.)

Nun, Herr Connetable?

Connetable.

Horcht, wie die Gaul' uns wiehern nach dem Kampf!

Dauphin.

Steigt auf, und macht Einschnitt' in ihre Haut,
Daß ihr heiß Blut den Englern spriz' in's Aug',
Es blendend mit des Muts Ausströmung! Ha!

Rambures.

Was? soll geweint sein unsrer Pferde Blut?
Wie sehn wir dann die ächten Thränen dort?

Ein Bote, kommend.

Die Engler stehn zur Schlacht, ihr fränk'schen Pairs.

Connetable.

Zu Pferd, ihr wackern Prinzen! rasch zu Pferd!
Seht sie nur an, die arme Hungerschaar;
Eur schöner Glanz saugt ihre Seel' hinweg,
Daß nur die Schal' und Hülse bleibt vom Mann.
Nicht Werk genug hat unser aller Arm;

Kaum rinnt den kranken Adern Blut genug,
Zu geben jeder Schlachtkling' einen Fleck,
Die Frankreichs edle Kraft heut zieht, und gleich
Einsteckt, weil's fehlt an Jagd. Nur hingehaucht!
Der Brodem unsrer Mannheit weht sie um.
Ganz ausgemacht ohn' Einred' ist es, Herrn:
Schon unsre Troß=Lakain, und unsre Bauren,
Die schwärmen in unnüzer Thätigkeit
Um unsre Schlachtgeschwader, wären gnug,
Dies Feld zu säubern von dem Jammerfeind;
Ob wir auch auf der Anhöh des Gebirgs
Stand faßten dort, um müssig zuzuschaun.
Doch das verbeut die Ehr' uns. Was demnach?
Ein wenig, ganz klein wenig, laßt uns thun;
Und alles ist gethan. So schmettre hell
Trompetenstoß, und Auffsiz folge schnell!
Traun, unser Falkenflug schreckt so im Nahn,
Daß Englands Vöglein ducken, uns zum Fahn.

Grandpré, ankommend.

Was säumt ihr noch, ihr Frankreichs edle Herrn?
Dies Insel=Aas, angstvoll um sein Gebein,
Scheuselig überdeckt's die Morgenflur.
Die Lumpenfähnlein flattern arm umher,
Und unsre Luft durschüttert sie mit Hohn.
Mars scheint verkrüppelt in dem Bettelzug,
Und blinzelt matt aus rostigem Visier.
Die Reiter sizen da wie Leuchter fest,
Mit Fackeln in der Hand; den Gurren hängt
Erdwärts der Kopf; es schlottert Hüft' und Haut;
Vom todten Aug' hängt zäher Schleim herab;
Ihr Ringgebiß im bleich erschlaften Maul,
Grün vom gekäuten Gras, liegt still und starr.
Ein Schwarm von schelm'schen Krähn, Scharfrichtern gleich,
Schwebt oberhalb, ihr End' abwartend kaum.

Doch die Beschreibung hat kein Wortgewand,
Zu zeigen nach dem Leben solch ein Heer,
Im Leben so leblos, wie das erscheint.

Connetable.

Schon sprach es sein Gebet, und harrt auf Tod.

Dauphin.

Schickt man ihm Mittagskost, und frisch Gewand,
Und schenkt den hagern Kracken Futterung,
Und kämpft hernach?

Connetable.

Nur meine Gard' erwart' ich. — Auf, in's Feld!
Ich nehme dies Trompetenfähnlein ab,
Als Noth=Standart' in Hast. Kommt, kommt zum Schlag!
Die Sonn' ist hoch, und uns entschleicht der Tag.
(Sie gehn ab.)

Dritte Scene.

Das englische Lager.

Das englische Heer; Gloster, Bedford, Exeter, Salisbury, und Westmoreland.

Gloster.

Wo ist der König?

Bedford.

Der König ritt, zu schaun des Feindes Heer.

Westmoreland.

Da stehn zum Streit voll sechzigtausend Mann.

Exeter.

Fünf gegen Eins; dazu sind alle frisch.

Salisbury.

Gott walte! furchtbar ist die Uebermacht.
Ihr Prinzen, Gott mit euch; mich ruft mein Plaz.
Wenn wir uns erst im Himmel wiedersehn,
Dann Freud' und Heil, mein edler Lord von Bedford, —
Mein theurer Lord von Gloster, — und mein Exter, —
Und mein Freund Vetter! — Kriegsfreund' auch, lebt wohl!

Bedford.

Fahr wohl, mein Salisbury; Glück auf den Weg!

Exeter.

Fahr wohl, mein Freund; kämpf' heut mannhaften Kampf!
Doch dieser Zuruf ist Beleidigung;
Denn du hast Schrot und Korn vom tapfern Mann.
(Salisbury geht.)

Bedford.

Er ist so voll der Mannheit, als der Güte;
In beiden fürstlich.
(K. Heinrich kommt.)

Westmoreland.

Hätten wir doch nun
Nur Ein Zehntausend hier von Englands Volk,
Das nichts zu thun hat!

K. Heinrich.

Wer ist, der das wünscht?
Mein Vetter Westmoreland? — Nein, mein Herr Vetter,
Sind wir zum Tod ersehn, wir sind genug
Verlust für unser Land; und leben wir,
Je kleinre Zahl, je größres Ehrentheil.
Wie Gott will! Nur wünscht uns nicht Einen mehr.

Bei Zeus! ich hege kein Begehr nach Gold,
Noch frag' ich, wer auf meine Kosten zehrt;
Mich kränkt es nicht, ob mein Gewand man trägt;
Solch äußres Ding liegt meinem Sinn nicht nah.
Doch ist es Sünd', habsüchtig sein nach Ehre,
Der größte Sünder, welcher lebt, bin Ich.
Nein, Vetter, traun, wünscht keinen Mann aus England.
Gotts Heil! nicht geb' ich so viel Ehre weg,
Als Ein Mann mehr, mich dünkt, entzöge mir;
Um alles nicht! O wünscht nicht Einen mehr.
Nein, durch das Kriegsheer, Westmoreland, ruft aus:
Er, welcher nicht Lust hat zu diesem Kampf,
Der mag nur ziehn; man fertigt seinen Paß,
Und steckt in seinen Beutel Geld zur Fahrt.
Nicht sterben wollen wir dem Mann gesellt,
Der zagt, vereint zu sterben hier mit uns.
Heut feiert man das Fest Sankt Crispians.
Wer überlebt den Tag, und kehrt gesund,
Hebt auf den Zehn sich, nennt man diesen Tag,
Und fährt empor bei'm Namen Crispian.
Wer diesen Tag lebt, und einst wird ein Greis,
Hat jährlich zum Vorabend Freund' am Schmaus,
Und sagt: Auf morgen ist Sankt Crispian;
Streift dann den Aermel auf, und zeigt die Narben
Und sagt: Die holt' ich am Crispinustag.
Ein Greis vergißt; doch schwänd' ihm alles, das
Bleibt im Gedächtnis, mit Erweiterung,
Was er deß Tags that. Unsre Namen dann,
Geläufig, wie Hausworte, jedem Mund, —
Der König Heinz, Bedford, und Exeter,
Warwick, und Talbot, Salisbury, und Gloster, —
Sind dann bei vollen Bechern frisch bedacht.
Dies Werk erzählt der gute Mann dem Sohn;
Und Crispin Crispian geht nie vorbei,

Von heute bis zum lezten Tag der Welt,
Daß mau nicht uns hab' in Erinnerung,
Uns Paar, uns glücklich Paar, uns Brudertrupp.
Denn er, der heut sein Blut vergießt mit mir,
Soll sein mein Bruder; wie gering' er sei,
Der heut'ge Tag soll adeln seinen Stand.
Manch edler Mann in England, nun zu Bett,
Für Fluch erkennt er's, daß er nicht war hier;
Und trägt sein Herz nicht hoch, wann jemand spricht,
Der mit uus kämpft' am Sankt Crispinustag.

Salisbury, kommend.

Mein gnäd'ger Köuig, fördert euch in Eil!
Die Franken stehn schon stattlich aufgereiht,
Und unverzüglich rennen sie auf uns.

K. Heinrich.

Bereit ist alles, wenn der Mut es ist.

Westmoreland.

Unheil dem Mann, deß Mut zurückbleibt nun!

K. Heinrich.

Nicht wünschest du mehr Hülf' aus England, Vetter?

Westmoreland.

Will's Gott, Herr; o! daß ihr und ich allein,
Ohn' andre Hülf', ausföchten diesen Kampf!

K. Heinrich.

Ei, weg nun wünschest du zwölftausend Mann.
Mir lieber das, als Einen hergewünscht. —
Nun, seinen Plaz kennt jeder. Gott mit euch!

(Trompetenschall. Montjoy kommt.

Montjoy.

Noch eins komm' ich, zu fragen, König Heinz,

Ob um die Lösung du erst handeln willst,
Vor deinem ganz unfehlbarn Untergang
Denn, traun, du bist dem Strudel nun so nah,
Daß du durchaus hinab mußt. Dann, aus Gnad',
Ersucht der Connetable dich, du wollst
Dein Volk zur Buß' anmahnen; daß hinweg
Die Seelen doch in Fried' und Ruhe ziehn
Von diesem Plan, wo, ach! der Armen Leib
Bald liegt und modert.

K. Heinrich.

Wer hat dich gesandt?

Montjoy.

Der Connetable Frankreichs.

K. Heinrich.

So bitt' ich, trag' mein vorig Wort zurück.
Man mach' aus mir Gebein, eh man's verkauft.
O großer Gott! dem Elend solch ein Hohn?
Der Mann, der einst feilbot des Löwen Balg,
Dieweil er lebt', erlag ihm auf der Jagd.
Wohl mancher Leib der Unsern findet noch
Ein heimisch Grab, worauf, ich hoff' es, lebt
Zeugnis in Erz von dieses Tages Werk.
Und wer sein Kraftgebein in Frankreich läßt,
Durch Heldentod, verscharrt ihn auch in Dung,
Er wird berühmt; auch dort grüßt ihn die Sonn',
Und zieht in Duft die Ehr' ihm himmelan;
Indeß sein irdisch Theil ansteckt die Luft,
Und sein Geruch Frankreich verpesten hilft.
Schaut dann die Schnellkraft unsrer Englischen,
Die, todt sogar, gleich grasendem Geschoß,
Auffährt zum zweiten Laufe des Verderbs,
Noch mordend in Zurückprallung des Tods.

Laß stolz mich reden. — Sag' dem Connetable:
Wir sind nur Krieger für den Werkeltag;
All unser Staat und Goldschmuck ward beschmuzt
Vom Regenmarsch durch eur mühselig Feld;
Kein Stückchen Feder ist im ganzen Heer,
(Beweis genug, wir fliegen nicht davon;)
Die Zeit verschliß uns zur Unsauberkeit.
Doch wahrlich, unsre Herzen sind im Puz;
Und mein arm Kriegsvolk sagt mir, noch vor Nacht
Will's gehn in frischerm Festrock, oder zieht
Sein Prachtgewand dem Franzmann über'n Kopf,
Und jagt ihn aus dem Dienst. Thun sie das, (und,
Will's Gott, sie thun's;) mein Lösegeld ist dann
Bald aufgebracht. Herold, spar' deine Müh,
Und komm nicht mehr um Lösung, guter Herold.
Sie kriegen kein', ich schwör's, als diesen Leib;
Und hat man den, wie ich ihn lassen will,
Man hat dran wenig. Sag's dem Connetable.

Montjoy.

Ich werd' es, König Heinz. Und so leb' wohl.
Du hörst nun niemals einen Herold mehr.

(Er geht.)

K. Heinrich.

Ich fürcht', um Lösung kommst du noch einmal.

(Es kommt der Herzog von York.)

York.

O Herr, in Demut auf dem Knie erfleh' ich
Des Vortrabs Leitung mir.

K. Heinrich.

Nim, braver York. — Soldaten, nun zum Schlag! —
Und füg', o Gott, wie dir's gefällt, den Tag!

(Sie gehn ab.)

Vierte Scene.

Das Schlachtfeld.

Lerm und Angriffe. Ein französischer Soldat, Pistol, und der Bursch.

Pistol.

Ergieb dich, Hund!

Franzos.

Je pense, que vous étes un gentilhomme de bonne qualité.

Pistol.

Kaaltee, so heiß' ich? — Dolmetsch mir, bist du
Ein Edelmann? Wie ist dein Nam'? Erschleuß!

Franzos.

O seigneur Dieu!

Pistol.

Signor de Jö ist wohl ein Edelmann. —
Erwäg' mein Wort, Signor de Jö, und merk!
Signor de Jö, du stirbst vor meinem Sax,
Sei's denn, Signor, daß du mir ausbezahlst
Achtbare Lösung.

Franzos.

O prennez pitié de moi! Si vous étes un gentilhomme, donnez m'en la marque.

Pistol.

Ein Mark? Ein Quark! Ich will dreihundert Mark!

Sonst hohl' ich dein Geschlink zur Kehl' heraus,
In Tropfen Scharlachbluts!

Franzos.

Misericorde! mettez ma vie à couvert!

Pistol.

Was? Kupfer, Hund? Verdammter Berggeißbock!
Du beutst mir Kupfer?

Franzos.

Pardon! pardon!

Pistol.

Wenn's so gemeint ist! Ein paar Tonneu Mark! —
Komm näher, Bursch; frag' mir den Kerl auf fransch,
Wie er sich nennt.

Bursch.

Ecoutez; comment vous appellez vous?

Franzos.

Monsieur le Fer.

Bursch.

Er sagt, sein Name sei Herr Fer.

Pistol.

Herr Fer! Wart, ich beferr' ihn, und ferg' ihn,
Und ferkel' ihn! Erschleuß ihm das auf Fransch.

Bursch.

Ich weiß nicht das Französische für beferren und fergen und ferkeln.

Pistol.

Sei er bereit, denn stracks entgurgl' ich ihn.

Franzos.

Que dit il, Monsieur?

Bursch.

Il m'ordonne de vous dire, que vous vous teniez prêt; car ce soldat ici est disposé tout à l'heure à vous couper la gorge.

Pistol.

Oui, couper gorge, par ma foi, Kujon!
Giebst du nicht Kronen, brave Kronen mir,
Gleich Hackmus sollst du sein durch dies mein Schwert!

Franzos.

O je vous supplie pour l'amour de Dieu, de me pardonner. Je suis gentilhomme d'une bonne maison. Epargnez ma vie, et je vous donnerai deux cents écus.

Pistol.

Was ist sein Wort?

Bursch.

Er bittet euch, ihm das Leben zu schenken; er sei ein Edelmann von gutem Hause; und zum Lösgeld bietet er euch zweihundert Kronen.

Pistol.

Sag' ihm, mein Ingrimm legt sich, und ich will
Empfahn die Kronen.

Franzos.

Petit monsieur, que dit-il?

Bursch.

Qoique ce soit contre son serment, de pardonner aucun prisonnier, néanmoins, pour les écus, que vous lui avez promis, il est content de vous donner la liberté, le franchissement.

Franzos.

Sur mes genoux je vous rends mille remercimens;

et je m'estime heureux, d'être tombé entre les mains d'un chevalier, je pense, le plus brave, valiant, et distingué seigneur d'Angleterre.

Pistol.

Dolmetsch mir, Bursch.

Bursch.

Auf seinen Knien sagt er euch tausend Dank, und schätzt sich glücklich, in die Hände eines Kavaliers gefallen zu sein, der, wie er denkt, der bravste, tapferste und hochwürdigste Herr in England ist.

Pistol.

Blutsauger zwar, will ich barmherzig sein.
Folg' mir, du Hund.

(Er geht.)

Bursch.

Suivez le grand capitaine.

(Der Franzos folgt dem Pistol.)

Noch nie hört' ich, daß ein so voller Laut aus einem so leeren Herzen kam. Aber der Spruch ist wahr: Das leere Gefäß giebt den stärksten Schall. Bardolf und Nym hatten zehnmal mehr Tapferkeit, als dieser Brüllteufel des alten Schauspiels, dem jeder mit einem hölzernen Degen die Krallnägel stuzen darf; dennoch sind beide gehenkt; und das geschäh' auch dem, wenn er etwas zu stehlen sich erkeckte. Ich muß bei den Troßbuben sein, bei dem Gepäck unseres Lagers. Der Franzmann könnt' einen guten Fang haben an uns, wenn er darum wüßte; denn da ist keiner zur Bewachung, als Jungen.

(Er geht.)

Fünfte Scene.

Ein anderer Theil des Schlachtfeldes.

Getümmel. Der Dauphin, Orleans, Bourbon, der Connetable, Rambures, und Andere.

Connetable.

O diable!

Orleans.

O Seigneur! —
La journée est perdue, tout perdu!

Dauphin.

Mort de la vie! all alles ist Garaus!
Vorwurf und ew'ge Schmach sizt höhnend
Auf unsren Federbüschen!

(Ein kurzer Lerm.)

O mechante
Fortune! — Lauft doch nicht hinweg!

Connetable.

Gebrochen ja sind alle Reihn.

Dauphin.

Endlose Schmach! — Erdolchen wir uns selbst! —
Sind das die armen Ausgewürfelten?

Orleans.

Der König dies, den wir gemahnt um Lösung?

Bourbon.

O Schmach, und ew'ge Schmach, und nichts als Schmach!
Laßt gleich uns sterben! Noch einmal zurück!

Und wer nicht folgen will dem Bourbon nun,
Der geh' hinweg, und, einem Kuppler gleich,
Kapp' in der Hand, halt' er die Kammerthür,
Indeß ein Sklav, nicht edler als mein Hund,
Die schönste Tochter ihm misbraucht zur Lust.

Connetable.

Unordnung, die uns umwarf, 'schirm' uns nun.
Laßt haufenweis anbieten unser Leben
Den Englern; oder sterben wir mit Ruhm.

Orleans.

Noch sind genug wir Lebenden im Feld,
Die Engler zu ersticken durch den Drang,
Wenn etwas Ordnung nur wär' abzusehn.

Bourbon.

Ordnung zum Teufel nun! Ich will zum Drang!
Sei kurz das Leben, sonst wird Schmach zu lang!
(Sie gehn ab.)

Sechste Scene.

Ein anderer Theil des Schlachtfelds.

Getümmel; König Heinrich mit Mannschaft, Exeter, und Andere.

K. Heinrich.

Brav thaten wir, mein mehr als tapfres Volk;
Doch alles nicht: der Franz hält noch das Feld.

Exeter.

Der Herzog York grüßt eure Majestät.

K. Heinrich.

Lebt er, mein Ohm? Dreimal die Stund' herab
Sank er, und dreimal stieg er auf, und focht,
Vom Helme bis zum Sporn voll Blutes ganz.

Exeter.

In solchem Schmuck, ein Kriegsheld, liegt er da,
Und tränkt den Plan; und an der blut'gen Seit',
Ein Mitgenoß ehrreicher Wunden ihm,
Liegt da der edle Jarl von Suffolk auch.
Suffolk starb erst; doch York, zerhaun ringsum,
Kommt zu ihm, wo im Mordeswust er lag,
Faßt seinen Bart und küßt die Schmarren ihm,
Die blutig klaften auf dem Angesicht,
Und rufet laut: „Wart', o mein Vetter Suffolk!
„Bald schwebt mein Geist mit deinem himmelan!
„Wart', holde Seel'! Ein Paar dann schweben wir,
„Wie auf dem glorreich hier durchkämpften Plan
„Wir nachbarlich geschaft im Ritterthum!"
Bei diesem Wort kam ich, und sprach ihm Trost;
Er lächelte mich an, nahm meine Hand,
Und, matt sie drückend, sagt er: „Theurer Lord,
„Empfehlt mich treuen Dienstmann meinem Herrn."
Da wandt' er sich, und schlang um Suffolks Hals
Den wunden Arm, und küßt' ihn auf den Mund;
Dem Tod geweiht so, siegelt' er mit Blut
Den Bund der Freundschaft, die so edel schloß.
Solch zärtliches Gefühl entnöthigte
Mir diesen Thau, den ich zu hemmen rang.
Doch nicht so viel des Manns hatt' ich in mir;
Der Mutter Sinn durchdrang die Augen ganz.
Und gab mich Thränen hin,

K. Heinrich.

Ich tadl' euch nicht.
Denn, dieses hörend, muß ich selbst Gewalt
Dem trüben Aug' anthun, sonst fließt mir's auch. —
(Feldgeschrei.)
Doch horch! welch neuer Lerm erhebt sich da? —
Der Franke stärkt wo sein zerstreutes Heer. —
Nun, jeder Kriegsmann tödte, was er fing.
Laßt den Befehl ausgehn.
(Sie gehn ab.)

Siebente Scene.

Ein anderer Theil des Schlachtfelds.

Feldgeschrei. Fluellen und Gower.

Fluellen.

Todt machen die Pupen und die Pagage! 'S is gradezu jegen das Kriegsgesez! 'S is en so erzböser Schurkenstreich, versteht ihr mich, als ufkommen kann in der Jotteswelt! Uf eur Gewissen, nu, is es nit?

Gower.

Ja gewiß; da ist kein Bub' am Leben geblieben; und das feige Holunkenpack, das weglief aus der Schlacht, hat dies Gemezel verübt. Außerdem hat es verbrannt und hinweggeschleppt, alles was in des Königes Zelte war. Dafür ließ der König, sehr nach Verdienst, jeden Soldaten seinem Gefangenen den Kopf abhaun. O, ein wackerer König!

Fluellen.

Ja, er is pürtig von Monmouth, Kaptän Gower. Wie nennt ihr doch die Stadt, wo Alexander der Ticke geporen ward?

Gower.

Alexander der Große.

Fluellen.

Ei, ich pitt' euch, is nit tick groß? Der ticke, oder der große, oder der mächtige, oder der ungeheure, oder, der großmütige, is all Een Thun; nur die Frase is en wenig Variatschon.

Gower.

Ich denk', Alexander der Große ward geboren in Macedonien; sein Vater hieß Filipp von Macedonien, wo mir recht ist.

Fluellen.

Ich denk', es is in Macedonien, wo Alexander geporen ward. Ich sag' euch, Kaptän: wollt ihr schaun in die Karten der Welt, ich steh' euch dafür, ihr findet bei der Vergleichung von Macedonien und Monmouth, daß die Situatschon, seht ihr, is von beeden die nämliche. Da is en Fluß in Macedonien; und da is auch dazu en Fluß bei Monmouth. Er heißt Wye, der bei Monmouth; aber es is mir us dem Kopf, wie der andere Fluß sich nennt; — nu, 's is all eens, sie seind so gleich, wie mein Finger is meinem Finger, und es seind Salm' in beeden. Betrachtet ihr Alexanders Leben wohl, das Leben Heinrichs von Monmouth is ihm nachgekommen so leidlich wohl; denn da is ähnliche Figur in allem. Alexander, (Jott weiß es, und Ihr wißt), in seinem Zorn, und seiner Wut, und seinem Grimm, und seinem Koller, und seinem Unmut, und seinem Misvergurgen, und seiner Ereiferung, und auch wann er ein wenig im Kopf penepelt war, hat in seinem Aelrausch und seinem Aerger, seht ihr, getödtet seinen pesten Freind Klitus.

Gower.

Darin ist unser König ihm nicht gleich; er tödtete nie wen von seinen Freunden.

Fluellen.

Es is nit wohl gethan, versteht ihr mich, daß ihr die Worte mir us dem Munde nehmt, eh sie zu Ende gepracht seind, und fertig. Ich rede nur in Figuren und Vergleichungen davon. Wie Alexander tödten thut seinen Freind Klitus, bei seinen Bierhumpen und Gläsern: so auch Heinz Monmouth, bei nüchternem Mut und gesundem Urtheil, thut er wegjagen den fetten Ritter mit dem großen Pauchwams. Er war voll von Späßen, und Schnurren, und Schelmerei, und Schapernack; sein Nam' ist mir entwischt.

Gower.

Sir John Falstaf.

Fluellen.

Das is er. Ich sag' euch, es seind jute Leite gepören zu Monmouth.

Gower.

Da kommt seine Majestät.

Feldgeschrei. König Heinrich mit Mannschaft, Warwick, Gloster, Exeter, und Andere.

K. Heinrich.

Nie hatt' ich Zorn, seit ich nach Frankreich kam,
Bis eben jezt. — Nim, Herold, die Trompet',
Und jage zu den Reutern auf der Höh.

Sag': wenn ihr fechten wollt, so kommt herab;
Sonst räumt das Feld! Ihr Anblick widert uns.
Will man das nicht, dann, sage, kommen wir,
Und fegen sie hinweg, schnell wie Gestein,
Geschleudert von Assyria's altem Volk.
Auch wollen wir abgurgeln unsren Fang;
Und nicht ein Mann, den wir erhaschen dort,
Soll Gnad'-erfahren. Geh, sag' ihnen das.

(Montjoy kommt.)

Exeter.

Da kommt der Herold der Franzosen, Herr.

Gloster.

Sein Aug' ist demutsvoller, als vordem.

K. Heinrich.

Wie nun! was meint ihr Herold? — Weißt du nicht,
Daß ich zur Lösung bot dies mein Gebein?
Kommst du noch eins um Lösung?

Montjoy.

Nein, Monarch;
Ich komme dir um gütigen Erlaub,
Daß in dem Blutfeld' unsre Todten wir
Aufzeichnen rings und dann beerdigen,
Die Edlen sondernd vom gemeinen Volk.
Denn mancher Prinz der Unsern, o des Leids!
Liegt eingesumpft im Blut der Mietlinge;
Wie unsre Meng' hier Bauernglieder tränkt
In Prinzenblut; das wunde Roß indeß
Stampft tief die Fers' in Mord, und wild vor Wut
Schlägt's mit bestähltem Huf den todten Herrn
Noch einmal todt. Erlaub', uns, großer König,
Der Wahlstatt sichre Schau, und Anordnung
Für unsre Todten.

K. Heinrich.

Herold, wahr zu sein,
Ich weiß nicht, ward der Sieg uns, oder nicht.
Viel noch von euren Reutern läßt sich sehn,
Galoppend durch das Feld.

Montjoy.

Euch ward der Sieg.

K. Heinrich

Gelobt sei Gott, nicht unsre Kraft, dafür! —
Wie wird die Burg genannt, dort nahebei?

Montjoy.

Man nennt sie Agincourt.

K. Heinrich.

Dann heiße dies die Schlacht bei Agincourt,
Erkämpft am Tag Crispinus Crispians.

Fluellen.

Eur Großvater famosen Andenkens, mit eur Majestät Wohlnehmen, und eur Großoheim Edward, der schwarze Prinz von Wales, wie ich gelesen in den Chroniken, erkämpften ene sehr prafe Pataille hier in Frankreich.

K. Heinrich.

Das thaten sie, Fluellen.

Fluellen.

Eure Majestät sagt sehr wahr. Wenn eur Majestät noch erinnerlich is, die Wälschmänner thaten da juten Dienst in enem Jarten, wo Lauch in wuchs, und trugen Lauch uf ihren Monmouther Kappen: welches, wie eur Majestät weiß, bis uf diese Stund' en honorig Feldzeichen is; und ich glob', eur Majestät verschmäht nit, das Lauch zu tragen am Sankt Tafidstak.

K. Heinrich.

Ich trag' es als denkwürd'gen Ehrenschmuck;
Denn ich bin Wälsch, ihr wißt wohl, Landsgenoß.

Fluellen.

Alles Wasser im Wye kann nit wegwaschen eur Majestät wälsch Plut us eurem Leibspau, das kann ich euch sagen. Jott segn' und erhalt' es, so lang' es seiner Gnade gefällt, und seiner Majestät!

K. Heinrich.

Dank, guter Landsmann.

Fluellen.

Bei Jeßus, ich bin eur Majestät Landsmann; gleichviel, wer es weiß; ich will's bekennen vor aller Welt; ich prauche mich eur Majestat nit zu schämen. Jott sei gelobt, so lang' eur Majestät is en ehrlicher Mann.

K. Heinrich.

Gott geb', ich bleib's! — Herold', ihr geht mit ihm
(Williams trit auf.)
Erkundet mir genau der Todten Zahl,
Bei uns und dort. — Ruft den Gesellen her.
(Montjoy und die Herolde gehn.)

Exeter.

Soldat, ihr sollt zum König.

K. Heinrich.

Soldat, wozu den Handschuh an der Kappe?

Williams.

Mit Gunst Eur Majestät; es ist das Pfand vor einem, mit dem ich mich schlagen soll, wenn er am Leben ist.

K. Heinrich.

Ein Englischmann?

Williams.

Mit Gunst eur Majestät, ein Racker, der mich anschnarchte die vorige Nacht: dem, wenn er lebt, und je diesen Handschuh zu fordern wagt, ich geschworen habe, ihm eins zu reichen an's Ohr; oder, wenn ich meinen Handschuh an seiner Kappe zu sehn kriege, (und er schwur, als braver Soldat, ihn zu tragen, wenn er lebte), ich werd' ihn herabschlagen tüchtig.

K. Heinrich.

Was denkt ihr, Kapitän Fluellen? gehört sich's, daß dieser Soldat seinen Schwur halte?

Fluellen.

Sonst is er en Lumpenkerl und en Schuft, mit eur Majestät Wöhlnehmen; uf mein Gewissen!

K. Heinrich.

Möglich indeß, sein Feind ist ein vornehmer Edelmann, viel zu hoch, sich zu messen mit seinem Rang.

Fluellen.

Und wär' er en so juter Edelmann, als der Teifel is, als Lucifer und Pelzepup selbst, es is nothwendig, schau' eur Gnaden, daß er sein Gelüpt halt' und seinen Schwur. Wenn er meineidig wird, seht nur an, seine Reputatschon is so en Erzkujon und Hansquast, als jemals mit schwarzem Schuh uf Jotts Erdpoten trat; uf mein Gewissen halter!

K. Heinrich.

Dann halt dein Gelübde, Kerl, wann du den Burschen triffst.

Williams.

Das werd' ich, gnädiger Herr, so wahr ich lebe.

K. Heinrich.

Unter wem dienst du?

Williams.

Unter Kapitän Gower, gnädigster Herr.

Fluellen.

Gower is en juter Kaptän, und is jut an Kenntnis und Literatur in dem Kriekswesen.

K. Heinrich.

Ruf' ihn zu mir her, Soldat.

Williams.

Gleich, gnädigster Herr.

(Er geht.)

K. Heinrich.

Hier, Fluellen; trage du dies Andenken von mir, und steck' es an deine Kappe. Als Alençon und ich uns faßten auf dem Boden, da riß ich diesen Handschuh von seinem Helm. Wenn irgend ein Mann ihn abfordert, er ist ein Freund Alençons, und ein Feind unserer Person. Wenn du so einen antriffst, pack' ihn an, wo du mich liebst.

Fluellen.

Eur Gnaden erzeigt mir so große Ehr', als das Herz enes Unterthans nur pegehren kann. Ich möchte wol sehn den Mann, der nur zwee Peine hat, und sich peleidigt globt durch diesen Handschuh; damit alles! Aber ich möcht' es wol sehn enmal; ja gefiel' es Jott in Gnaden, ich möcht' es wol sehn!

K. Heinrich.

Kennst du Gower?

Fluellen.

Er is mein werther Freind, mit eurem Wohlnehmen.

K. Heinrich.

Ich bitt' dich, such' ihn, und bring' ihn zu meinem Zelt.

Fluellen.

Ich will ihn holen.

(Er geht.)

K. Heinrich.

Mylord von Warwick, und mein Bruder Gloster,
Folgt dem Fluellen auf den Fersen nach.
Der Haudschuh, den ich ihm zur Ehre gab,
Gewinnt vielleicht ihm einen Schlag an's Ohr.
Sein Herr ist der Soldat; die Abred' ist,
Ich sollt' ihn tragen. Folgt, mein Vetter Warwick.
Wenn der Soldat ihn schlägt, (und ich vermut'
Aus seiner Derbheit, er hält wohl sein Wort),
Ein plözlich Unheil könnte draus entstehn.
Ich kenne den Fluellen als beherzt,
Und, braust die Gall' auf, wie Schiesspulver jäh;
Erwiedern wird er rasch Beleidigung.
Folgt denn, und seht, daß sie kein Leid sich thun.
Ihr geht mit mir, mein Oheim Exeter.

(Sie gehn ab.)

Achte Scene.

Vor König Heinrichs Zelt.

Gower, und Williams.

Williams.

Ich wett', ihr sollt Ritter werden, Kaptän.

Fluellen, kommend.

Pei Jotts Namen und Wort, Kaptän, ich pitt' euch nu, kommt eilig zu dem König. Mehr Jutes vielleicht steht euch pevor, als eure Kenntnis reicht, zu träumen davon.

Williams.

Herr, kennt ihr den Handschuh?

Fluellen.

Den Handschuh? Ich kenne den Handschuh als enen Handschuh.

Williams.

Ich kenne den; und so fodr' ich ihn.

(Er schlägt.)

Fluellen.

Pliz! en Erzverräther, wie eener is in der heelen Jotteswelt, es sei in Frankreich, oder in England.

Gower.

Ha, was soll das? ihr Schuft!

Williams.

Meint ihr, ich breche den Eid?

Fluellen.

Zurück, Kaptän Gower; ich will dem Verrath zahlen, was ihm gepührt, globt mir.

Williams.

Ich bin kein Verräther.

Fluellen.

Das lügst du in deinen Hals. — Ich pefehl' euch in seiner Majestät Namen, packt ihn an; er is en Freind von dem Herzog Alençon.

(Warwick und Gloster kommen.)

Warwick.

Wie nun? wie nun? was habt ihr?

Fluellen.

Mylord von Warwick, hier is (kelobt sei Jott dafür!) ene höchst pestilenzische Verrätherei gekommen an's Licht, seht ihr, so jut ihr sie nur verlangen könnt, am Sommertak. — Da is seine Majestät.

(K. Heinrich und Exeter kommen.)

K. Heinrich.

Wie nun? was habt ihr?

Fluellen.

Gnädiger Herr, hier is en Schuft und en Verräther; der, seh eur Gnaden, schlug nach dem Handschuh, den eur Majestät abnehmen that von dem Helm des Alençon.

Williams.

Gnädiger Herr, das war mein Handschuh; hier ist der andere dazu. Und er, mit dem ich ihn wechselte, ver=

sprach ihn zu tragen an seiner Kappe; ich versprach ihm einen Schlag, wenn er's thäte; ich traf diesen Mann mit meinem Handschuh an seiner Kappe, und ich war so brav, wie mein Wort.

Fluellen.

Eur Majestät höre nu, (mit Respect vor eur Majestät Mannheit!) was für en abgefeinter, schurkischer, petzelhafter, lausiger Schelm das is. Ich hoff', eur Majestät pezeugt mir, und pekräftigt, und peurkundet, dies is der Handschuh von Alençon, den eur Majestät mir geben hat; uf eur Gewissen, nu.

K. Heinrich.

Gieb mir deinen Handschuh, Soldat. Schau, hier ist der andere dazu. Ich war's eigentlich, den du versprachst zu schlagen; und du gabst mir sehr herbe Worte.

Fluellen.

Mit eur Majestät Wohlnehmen, laßt seinen Hals es entgelten, wo irgend ein Martial-Gesetz is in der Welt.

K. Heinrich.

Wie giebst du mir Genugthuung, Soldat?

Williams.

Alle Beleidigungen, gnädiger Herr, kommen aus dem Herzen; aus dem meinigen kam nie etwas zur Beleidigung eur Majestät.

K. Heinrich.

Wir waren's selbst, den du mißhandeltest.

Williams.

Eur Majestät kam nicht, wie ihr selbst; ihr erschient mir nur, wie ein gemeiner Mann; dafür zeugt die Nacht, euer Anzug, eure Herablassung. Und was eur Hoheit erlitt unter der Gestalt, ich ersuch' euch, nehmt es für eure eigene Schuld, nicht die meinige; denn wärt ihr gewesen, wofür ich euch nahm, so war's kein Fehler von mir. Darum ersuch' ich eur Hoheit, verzeiht mir.

K. Heinrich.

Oheim, den Handschuh stopft mit Kronen voll,
Und gebt dem Burschen ihn. — Bewahr ihn, Bursch,
Und trag' ihn an der Kapp' als Ehrenschmuck,
Bis ich ihn fodre. — Gebt die Kronen ihm. —
Und, Kapitän, ihr müßt ihm freundlich sein.

Fluellen.

Pei diesem Tak und diesem Licht, der Pursch hat Herz genuk in seinem Pauch. — Halt, da habt ihr zwelf Pfenninge für euch; und ich pitt' euch, dient Jott, und hütet euch vor Geprumm und Geprüll und Krakeel und Dissension, und ich pin euch Pürg', es is pesser für euch.

Williams.

Ich will nicht euer Geld.

Fluellen.

Es geschieht us jutem Willen; und ich sag' euch, ihr könnt's prauchen zum Flicken eurer Schuh. Kommt; warum wollt ihr so plöde sein? Eure Schuh seind nit heel jut. 'S is en juter Schilling, versichr' euch, oder ich will ihn wechseln.

(Ein englischer Herold kommt.)

K. Heinrich.

Nun, Herold, sind die Todten aufgezählt?

Herold.

Hier bring' ich der erschlagnen Franken Zahl.

K. Heinrich.

Was für Gefangne hohes Rangs, mein Ohm?

Exeter.

Des Königs Neffe, Karl von Orleans,
Johann von Bourbon, und Lord Bouciqualt;
An Lords, Baronen, Rittern, Junkern sonst
Voll funfzehnhundert, außer niedrem Volk.

K. Heinrich.

Dies Blatt nennt mir zehntausend Franken todt
Im Schlachtgefild': an Prinzen in der Zahl,
Und edlen Bannerträgern, liegen da
Einhundert zwanzig sechs; hierzu gefügt,
An Rittern, Junkern und Hochadlichen
Achttausend und vierhundert, und davon
Fünfhundert gestern erst Geritterte:
So unter den zehntausend Todten sind
Nur sechzehnhundert Söldner; und der Rest
Sind Prinzen, Lords, Barone, Ritter, Junker,
Und sonst Erhöhte durch Geburt und Rang.
Die Namen der vornehmsten Todten sind:
Karl de la Bret, Frankreichs Groß-Connetable;
Jaques von Chatillon, Frankreichs Admiral;
Der Arkelei Anführer, Lord Rambures;
Frankreichs Großmeister auch, Sir Guichard Dauphin;
Johann Alençon; Anton von Brabant,
Der Bruder ist dem Herzog von Burgund;
Und Edward Fürst von Bar; an tapfern Grafen,
Grandpré, und Roussi, Fauconberg, und Foix,
Beaumont, und Marle, Vaudemont, und Lestrale.
O die erlauchte Todes-Brüderschaft! —
Wo ist die Zahl der todten Englischen?

(Der Herold überreicht ein anderes Blatt.)

Edward Herzog von York, der Jarl von Suffolk,

Sir Richard Ketly, David Gam Esquire;
Sonst keiner namhaft; und von andrem Volk
Nur fünfundzwanzig. — O Gott, dein Arm war hier!
Nicht uns, wir danken deinem Arm allein
Dies alles! — Wann, ohn' ein'ge Kriegeslist,
In ofnem Stoß und gleichem Spiel des Kampfs,
Sah man so wenig und so viel Verlust,
Auf dieser Seit' und jener? — Nim es, Gott,
Denn dein ist alles, dein!

Exeter.

Ja, wunderbar!

K. Heinrich.

Laßt uns im Feieraufzug gehn zum Dorf;
Und Tod werd' ausgekündigt durch das Heer,
Wenn einer prahlt, und nimt den Ruhm von Gott,
Der ihm allein ist.

Fluellen.

Is nit erlaubt, mit eur Majestät Wohlnehmen, zu sagen, wie viel gepliepen seind?

K. Heinrich.

Ja, Kapitän; doch mit der Anerkennung,
Daß Gott gekämpft für uns.

Fluellen.

Ja, uf mein Gewissen, er that uns groß Jutes.

K. Heinrich.

Thun wir nach frommem Brauch, und singen dort
Non nobis, und Te Deum. —
Wann unsre Todten ruhn in Christenruh;

Dann nach Calais; und dann zu Englands Heerd,
Wo Froh're nie aus Frankreich heimgekehrt.
(Sie gehn ab.)

Fünfter Aufzug.

Prolog.

Vergönnt, daß dem, der nicht die Chronik las,
Ich melde, was geschehn; und wer sie las,
Den bitt' ich höflich um Entschuldigung
Für Zeit und Anzahl und Verlauf, da hier
So großes Leben nicht darstellbar ist.
Nun schaffen wir den König nach Calais.
Erkennt ihn dort; und, dort genug gesehn,
Hebt auf Gedankenflügeln ihn hinweg,
Quer durch die See. Schaut, Englands Küste nun
Umpfählt die Flut mit Mann und Weib und Kind;
Geklatsch und Jubel überhallt das Meer,
Das, wie ein Marschall, vor dem König scheint
Den Weg zu bahnen. Laßt ihn landen nun,
Und seht ihn feierlich nach London ziehn.
So schnell ist der Gedanke, daß ihr schon
Ihn auf der Flur von Blackheath denken könnt:
Wo seine Lords ihm flehn, er lasse sich
Den narb'gen Helm uud sein verbognes Schwert
Vortragen durch die Stadt. Er lehnt es ab,
Von eitlem Stolz der Selbsterhebung frei,
Und weist Trofä'n, Siegszeichen und Gepräng'
Ganz von sich selbst an Gott. Doch nun schaut an

In der Gedankenschmied' Eilfertigkeit,
Wie London ausströmt seine Bürgerschaar!
Der Maier mit Amtsbrüdern, all' im Staat,
Den Senatoren gleich des alten Roms,
Und schwärmende Plebejer hintennach,
Gehn dem siegreichen Cäsar zum Empfang:
Wie (im Vergleich zwar kleiner, doch geliebt)
Wenn jezt der Feldherr unsrer hohen Frau
(Was uns zum Heil er mög'!) aus Irland käm',
Und brächt' Empörung an sein Schwert gespießt.
Wie viel' enteilten der friedsamen Stadt,
Zum Gruße dem! Weit mehr, aus weit mehr Grund,
Begrüßen Heinrich. Nun in London stellt ihn:
Da der Franzosen Jammerruf verlangt,
Der König Englands bleibe noch daheim;
Auch kommt der Kaiser, der für Frankreichs Wohl
Fried' auszumitteln strebt; — Doch übergeht
All die Eräugnis, was sich auch begab,
Bis Heinrich wiederkehrt' in's Frankenreich.
Dorthin nun muß er; und gespielt hab' Ich
Die Zwischenzeit, euch mahnend! sie entfloh.
Verzeiht die Abkürzung; und euer Blick
Folg' eurem Sinn in's Frankenreich zurück.

Erste Scene.

Frankreich; ein englischer Wachtplaz.

Fluellen, und Gower.

Gower.

Ja, das ist recht. Aber warum tragt ihr euren Lauch heute? Sankt Davids Tag ist ja vorbei.

Fluellen.

Es giebt Veranlassungen und Ursachen, warum und weshalb, pei allen Dingen. Ich will euch sagen, als meinem Freind, Kaptän Gower. Der schurkische, grindige, pettelhafte, lausige Prause-Kujon Pistol, den ihr mit euch selbst und der heelen Welt für nichts pessres kennt, als enen Kerl, seht ihr, von keenem Verdienst: der is gekommen zu mir, und pringt mir Prot und Salz jestern, seht ihr, und heißt mich essen meinen Lauch. Es war an enem Ort, wo ich keenen Zank nit prüten konnte mit ihm; aber ich will so dreust sein, zu tragen den Lauch an meiner Kappe, bis ich enmal ihn wiedersehe; und dann will ich ihm en wenig sagen, was mein Pegehr is.

(Pistol kommt.)

Gower.

Ei, da kommt er her, strozend wie ein Kullerhahn.

Fluellen.

Gleichviel um sein Strozen, und sein Kullerhahnen. — Jott grüß' euch, Fähntrich Pistol! ihr schörfichter Lause-Küjon, Jott grüß' euch!

Pistol.

Ha! bist aus Bedlam? gierst du, schnöder Trojer,
Daß ich entfädene Parca's Schicksalsweb?
Fort! mir wird schweimlich von dem Ruch des Lauch's.

Fluellen.

Ich pitt' euch herzlich, schorfichter Lause=Kujon, uf mein Pegehr, und mein Ersuchen, und meine Petitschon, zu essen, seht ihr, diesen Lauch; weil ihr, seht ihr, ihn nit lieben thut, und eure Herzigung, und euer Gelust, und eure Digestjon, nit dazu passen thut, so wollt' ich euch gepeten haben, ihr eßt ihn.

Pistol.

Nicht um Cadwallader's Geißheerden, traun!

Fluellen.

Da habt ihr eene Geiß. (Er schlägt ihn.) Wollt ihr so jut sein, Grind=Kujon, und essen?

Pistol.

Ha! Trojer, dein harrt Tod!

Fluellen.

Ihr sprecht sehr wahr, Grind=Kujon, wenn es Jotts Wille is. Mittlerweil pitt' ich euch zu leben, und zu essen eure Victualien. Kommt, hier is Prühe dazu. (Er schlägt ihn.) Ihr nanntet mich jestern Pergjunker; ich will euch heut pergab junkern. Ich pitt' euch, langt zu. Könnt ihr die Nas rümpfen zu Lauch, so könnt ihr auch essen vom Lauch.

Gower.

Genug, Kapitän; ihr habt ihn ganz verblüfft.

Fluellen.

Ich sag', er soll mir essen von meinem Lauch, oder ich puff' ihm den Poll vier Tage lang. — Peißt, ein, ich pitt' euch; es is jut für eure frische Wund' und den plutigen Hahnenkamm.

Pistol.

Einbeißen muß ich?

Fluellen.

Ja gewiß, und ohne Zweifel, und ohne Frage dazu, und ohne Pedenklichkeit.

Pistol.

Bei diesem Lauch! mich rächen werd' ich graß!
Ich eß', und essend schwör' ich —

Fluellen.

Eßt, ich pitt' euch. Wollt ihr noch mehr Prühe zu eurem Lauch? Da is nit genuk Lauch, zu schwören dapei.

Pistol.

Laß ruhn den Prügel! schau, ich esse ja.

Fluellen.

Sehr jut bekomm' es euch, Grind-Kujon, von Herzen! Na, pitt' euch, werft nichts weg; die Haut is jut für euren zerprochenen Hahnenkamm. Wann ihr die Gelegenheit wahrnehmt, Lauch enmal wieder zu sehn; ich pitt' euch, rümpft dazu. Da wißt ihr genuk.

Pistol.

Gut.

Fluellen.

Ja Lauch is jut. — Halt, da is en Grot, euch zu heelen den Poll.

Pistol.

Mir einen Grot?

Fluellen.

Ja, gewiß und wahrhaftig, ihr sollt ihn nehmen; oder ich habe noch anderen Lauch in der Tasche, den ihr essen sollt.

Pistol.

Sei denn der Grot Handgeld der Rache mir.

Fluellen.

Wenn ich euch etwas schuldig pin, ich pezahl' euch in Priegeln; ihr sollt ein Holzhändler sein, und nichts kaufen von mir als Priegel. Jott sei mit euch, und erhalt' euch, und heel' euren Poll.

(Er geht.)

Pistol.

Flamm' alle Höll' um dies!

Gower.

Geht, geht; ihr seid ein dickthuender feiger Schuft. Wollt ihr Spott treiben mit einem alten Herkommen, das entstand bei einer ehrenvollen Veranlassung, und getragen wird als denkwürdige Trofä urväterlicher Tapferkeit? und wagt nicht zu bekräftigen durch That irgend ein Wort? Ich hab' euch ein paarmal diesen Ehrenmann foppen und hohnecken gesehn. Ihr dachtet, könnt er nicht englisch sprechen nach der Landesweise, so könnt er auch keinen englischen Prügel handhaben. Ihr findet es anders nun. Hinfort laßt eine wälische Züchtigung euch Lehre sein zu einer guten englischen Aufführung. Lebt wohl.

(Er geht.)

Pistol.

Was? will Fortuna mir nun Strunzel sein?
Kund' hab' ich, Lenchen starb mir im Spital
An fränkischer Erkrankung.
So ist mein Stelldichein kurz abgemäht.
Schon alt' ich; und den morschen Gliedern ward

Die Ehr' entprügelt. Sei ich Kuppler denn,
Auch was vom Beutelschneider, flinker Hand.
Nach England stehl' ich mich, und stehle dort.
Auch Pflaster find' ich für die Schmarren da,
Und schwör', im Kampf schlug mir sie Gallia.
(Er geht.)

Zweite Scene.

Troyes in Champagne; des Königs von Frankreich Schloß.

Es kommen von einer Seite K. Heinrich, Exeter, Gloster, Bedford, Warwick, und andere Lords; von der andern K. Karl, K. Isabelle, Pr. Katharine, Herzog von Burgund, samt Gefolge.

K. Heinrich.

Fried' unsrer Herkunft, die um Frieden kömmt! —
Euch, Bruder Frankreich, — und euch, edle Schwester, —
Wohlsein und schönen Tag! — Euch Freud' und Lust,
O schönste Muhm' und Fürstin Katharin! —
Und euch, dem Sprößling dieses Königthums,
Durch welchen die Versammlung ward gefügt,
Euch unsern Gruß hier, Herzog von Burgund! —
Ihr Prinzen, und ihr Pairs, euch allen Heil!

K. Karl.

Froh sind wir, froh, eur Angesicht zu schaun,
Mein würd'ger Bruder England; seid willkommen! —
So ihr auch, Englands Prinzen, allzumal.

K. Isabelle.

So glücklich end', o Bruder England, heut
Der gute Tag des freundlichen Besuchs,
Wie wir erfreut sind euren Blick zu schaun,
Den Blick der Augen, die bisher geschnellt
Auf Frankenvolk, das kam in ihren Wurf,
Ein grauses Drohn von Basiliskenmord.
Solch Gift des Anblicks, hoffen wir getrost,
Verlor nun alle Kraft, und dieser Tag
Verwandelt Klag' und Zwist in Einigkeit.

K. Heinrich.

Amen zu rufen drauf, erscheinen wir.

K. Isabelle.

Euch sämtlich, Prinzen Englands, meinen Gruß.

Burgund.

Gleich dien' euch meine Lieb', ihr Könige
Frankreichs und Englands. Daß ich treu gestrebt
Mit aller Geisteskraft und Anstrengung,
Zu bringen beider Landsherrn Majestät
Zu dieser fürstlichen Zusammenkunft,
Eur beider Hoheit kann mir Zeuge sein.
Weil denn mein Eifer in so fern gelang,
Daß ihr von Antliz, fürstlich Aug' in Aug'.
Euch habt begrüßt; nehmt's nicht ungnädig mir,
Zu fragen vor so hoher Gegenwart:
Welch Anstoß sei, und was für Hindernis,
Daß, nackend und zerfezt, der arme Friede,
Der Künste, Reichthum, Heilgeburten nährt,
Noch nicht in diesem Paradies der Welt,
Dem fruchtbarn Frankreich, hebt sein lieblich Haupt?
Ach! alzu lang' ist er aus Frankreich fern;
Und aller Haushalt liegt verworren hier,

Umkommend in der eignen Fruchtbarkeit.
Die Weinreb' hier, die Herzerfreuerin,
Stirbt ungepuzt; der Hecken gleich Geflecht,
Jezt wie Gefangne wild umbuscht mit Haar,
Streckt rauhe Zweig' hervor; den falben Kamp
Hält Lolch und Schierling und geil Erdrauch rings
Umwuchert; weil die Pflugschar nagt der Rost,
Die sollt' entwurzeln solche Wilderung.
Die ebne Wies', einst lieblich übersproßt
Von bunter Primel, Pimpernell und Klee,
Der Sens' entbehrend, ungezüchtigt, geil,
Empfängt in nicht'ger Trägheit, und gebiert
Nur rauhe Distel, Klett' und Bitterling,
Verlierend Schönheit und Einträglichkeit.
Und wie hier Weinland, Heck', und Wies', und Kamp,
Ausartend an Natur, zu Wildnis wuchs;
So haben wir mit Haus und Kind verlernt,
Theils nicht erlernen wir, weil fehlt die Zeit,
Kenntnis, die Schmuck dem Lande wär' und Zier;
Wir wachsen barbarhaft, Soldaten gleich,
Die nie auf etwas dencken als auf Blut,
Zu Fluch, zu grausem Blick, zu lockrer Tracht,
Und allem Unschick, aller Unnatur.
Dies umzulenken jezt in altes Wohl,
Seid ihr versammelt. Und nun bitt' ich euch,
Sagt, wo es stockt, warum der holde Fried'
Uns nicht verjagen kann dies Ungemach,
Und segnen uns mit alten Segnungen.

K. Heinrich.

Wenn, Herzog von Burgund, ihr Frieden wollt,
Deß Mangel zeugt all die Verwilderung,
Die ihr genannt habt; kaufen müßt ihr ihn,
Einräumend unser billiges Begehr;

Deß vollen Inhalt ihr, im Einzelnen
Kurz aufgezeichnet, schon in Händen habt.

Burgund.

Der König hat's gehört, doch ist bis jezt
Die Antwort nicht erfolgt.

K. Heinrich.

Wohl denn, der Fried',
Auf den ihr drangt vorher, liegt in der Antwort.

K. Karl.

Ich habe nur mit flücht'gem Auge noch
Die Punkte durchgeblickt. Gefällt's eur Liebd,
Zu stellen Männer eures Raths sogleich,
Daß wir in Sizung achtsam noch einmal
Sie alle durchgehn; stracks erfolgt von uns
Annahm', und Antwort ohne Vorbehalt.

K. Heinrich.

Bruder, so sei's. — Geht, Oheim Exeter, —
Und Bruder Clarence, — und ihr, Bruder Gloster, —
Warwick, — und Huntington, — geht mit dem König;
Und nehmt mit euch Vollmacht zu Kräftigung,
Mehrung, und Aendrung, wie eur kluger Sinn
Es vortheilhaft für unsre Würd' erkennt,
In unsrer Foderung, und außerhalb;
Wir unterzeichnen's. — Wollt ihr, werthe Schwester,
Gehn mit den Prinzen, oder bleibt ihr hier?

K. Isabelle.

Eur Liebd mein Bruder, mitgehn will ich nun.
Vielleicht daß Weibeswort was Gutes wirkt,
Will man auf Punkten zu genau bestehn.

K. Heinrich.

Doch unsre Muhme Katharin laßt hier.

Denn sie ist unser Hauptbegehr, und steht
Im ersten Range der Bedingungen.

K. Isabelle.

Gern sei's vergönnt.

(Alle gehn, außer K. Heinrich, Katharine, und ihr Fräulein.)

K. Heinrich.

Nun, schönste Katharin!
Geruht ihr, einem Krieger zu vertraun,
Was eingehn darf in einer Fürstin Ohr,
Und seiner Lieb' ihr holdes Herz gewinnt?

Katharine.

Eur Majesté wird sik moquir; ik kann
Nit spräk eur England.

K. Heinrich.

O schöne Katharin, eur Frankenherz,
Liebt das mich gründlich, gerne hör' ich zu,
Wenn's euer Mund gebrochen Englisch sagt.
Seid ihr mir gut, mein Kätchen?

Katharine.

Pardonnez moi, ik nit versteh, was is
„Mir gut."

K. Heinrich.

Die Engel sind euch gut; denn Kätchen ist
Gleich einem Engel.

Katharine.

Que dit-il? que je suis semblable aux anges?

Alice.

Vraiment, sauf votre grace, ainsi il dit.

K. Heinrich.

So sagt' ich, theure Katharin, und darf
Es keck beschwören.

Katharine.

O bon Dieu! les langues des hommes sont
Pleines de tromperies.

K. Heinrich.

Was sagt sie, Fräulein? daß der Männer Zung'
Ist voll Betrug?

Alice.

Oui; daß de Zunge von die Mann is voll
Betruk; ja das is die Prinzeß.

K. Heinrich.

Die Fürstin ist die best' Engländerin.
Ja wahrlich, Kätchen!
Mein Werben ist so recht für dein Verstehn.
Mich freut, daß du nicht besser Englisch kannst;
Sonst fändest du, ich sei solch schlichter König,
Als hätt' ich für mein Bauergut gekauft
Die Kron'. Ich weiß gar nichts von Liebelei,
Nein, sage grad' heraus: Ich lieb' euch. —
Wenn dann ihr weiter dringt, als etwa fragt:
Thut ihr's im Ernst? am End' ist all mein Frein.
Nu, gebt mir Antwort; wirklich, thut's; und so,
Handschlag, und Kauf gemacht! Was sagt ihr, Fräulein?

Katharine.

Sauf votre honneur, ik gut versteh.

K. Heinrich.

Poz, wenn ihr mir befohlt Verslein für euch,
Mein Kätchen, oder Tanz, verloren wär' ich.
Für's eine hab' ich weder Wort noch Maß;
Für's andre hab' ich keine Stärk' im Maß,
Obgleich ein billig Maß an Stärke sonst.
Könnt' ich ein Fräulein werben mir im Sprung,

Könnt' ich's durch Aufschwung in den Sattel samt
Der vollen Kampfrüstung; —
Mit Nachsicht für mein Prahlen sei's gesagt,
Schnell spräng' ich in den Ehstand. Oder sollt' ich
Faustkämpfen für mein Traut, Gaultummler sein
Für ihre Gunst; dran ging' ich, wie ein Mezger,
Und säße, wie ein Aeflein, sattelfest.
Doch, Gott weiß, Kät', ich kann nicht bleich aussehn,
Nicht Redekunst ausschmachten, weiß auch nichts
Von Hochbetheurung, nur ganz graden Schwur,
Den ich nur schwör' aus Drang, nie brech' aus Drang.
Wenn du kannst hold sein einem Kerl der Art,
Deß Antliz nicht ist werth des Sonnenbrands,
Den nie zum Spiegel anlockt nur ein Zug
Des Bildes dort; dein Auge richt' ihn zu.
Frei red' ich als Soldat dir.
Kannst du mir darum hold sein, nim mich, Käte;
Wo nicht, — nun, sag' ich, sterben werd' ich, das
Ist wahr; doch dir zu Lieb', o Herrgott, nein!
Gleichwohl bist du mir lieb.
Niemals, lieb Kätchen, nim sonst einen, als
Wer grad' und schlicht und standhaft ist; denn der
Muß Recht dir thun, weil nicht die Gab' er hat;
Zu werben anderswo. Denn solch ein Bursch
Endloser Zunge, der hinein sich reimt
In Frauengunst, der kann sich immer auch
Heraus vernünfteln. Ha, ein Sprecher ist
Ein Schwäzer nur, ein Reim nur Bänkelton.
Ein gut Bein fällt; ein stracker Leib wird krumm;
Ein schwarzer Bart wird weiß; ein Krauskopf kahl;
Ein schön Gesicht welkt; ein voll Aug' wird hohl:
Doch ein gut Herz, o Kät', ist Sonn' und Mond;
Nein, Sonne nur, nicht Mond; denn immerdar
Scheint's hell, nie wechselnd, und hält steten Lauf.

Willst du, mein Kätchen, solchen Mann, nim mich;
Nim mich, nim den Soldaten, nim den König. —
Was sagst du nun zu meinem Flehn? Sprich, Holdin,
Und hold, ich bitt' dich.

Katharine.

Wie wär' es möglik, daß ik könnte lieb
De Feind von Frankreik?

K. Heinrich.

Nein, Kät', unmöglich, daß ihr lieben könnt
Den Feind von Frankreich. Aber liebt ihr mich,
Ihr liebt den Freund von Frankreich; —
Denn Frankreich lieb' ich so, daß ich kein Dorf
Davon will abstehn; nein, sei alles mein.
Und, Kät', ist Frankreich mein, und ich bin eur;
Frankreich ist eur, und ihr seid mein.

Katharine.

Ik nit kann das versteh.

K. Heinrich.

Nicht, Kät'? Ich sag' es
Dir auf Französisch, was wol hangen wird
Mir an der Zunge, wie die junge Frau
Am Hals des Neuvermählten, die sich schwer
Los trennt. Quand j'ai la possession de France,
Et vous avez la possession de moi,
(Laß sehn, was dann? Hilf mir, Sankt Dionys!)
Donc votre est France, et vous êtes mienne.
So leicht will ich erobern, Kät', ein Reich,
Als sprechen noch einmal so viel Französisch.
Nie rühr' ich dich französisch, sei es denn,
Zu lachen meiner.

Katharine.

Sauf votre honneur, le François, que vous parlez,
Est meilleur, que l'Anglois, lequel je parle.

K. Heinrich.

Nein, Kätchen, traun, nicht so; dein Englisch-sprechen,
Und mein Französisch, herzlich fehlerhaft,
Das läuft so ziemlich wol hinaus auf Eins.
Doch, Kätchen, so viel Englisch kannst du wol:
Hast du mich lieb?

Katharine.

Ik kann nit sag'.

K. Heinrich.

Ob, Kätchen, ein' um euch es sagen kann?
Nachforschen werd' ich. Komm, du liebst mich ja.
Und wann zu Nacht ihr kommt in eur Gemach,
Gewiß, ihr fragt dies Fräulein viel nach mir;
Und, Kät', ich weiß, ihr mispreist gegen sie
All mein Geschick, das ihr im Herzen liebt.
Doch, Käte, höhnt mich gnädiglich, zumal.
Da ich, Prinzeß, dich liebe grausamlich.
Wenn je du mein wirst, Kät', (und laut in mir
Spricht Glaube, der mich selig macht, du wirst);
Ich nahm dich rapsend: drum mußt du durchaus
Soldatlein aufziehn. Wie? wenn du und ich,
So vor Sankt Dionys und Sankt Georg,
Ein Knäblein fertigten, halb fransch, halb englisch,
Das nach Constantinopel ging' und zupft'
Am Bart den Sultan? Sollen wir? was sagst
Du, schöne Lilie?

Katharine.

Nit versteh ik.

K. Heinrich.

Nicht?
Ei, künftig lernt sich's, nun verspricht man's nur.
Versprecht nur, Kät', ihr wollt das Eure thun,

Von franscher Seit', um solch ein Knäbelein;
Und für mein englisch Antheil, nehmt das Wort
Des Königs und des Junggesellen. — Was
Antwortet ihr, la plus belle Cath'rine
Du monde, mon très divine déesse?

Katharine.

Eur Majesté at fausse Fransch genuk,
Zu foppe die økst sage demoiselle,
Das is in Frankreik.

K. Heinrich.

Fi, mein unächt Fransch!
Bei meiner Ehr', o Kätchen, auf ächt Englisch,
Ich liebe dich; und wag' ich keinen Schwur
So hoch, du liebst mich, doch beginnt mein Blut
Zu schmeicheln mir, du thust es, sei an Reiz
Auch arm und uneinnehmend mein Gesicht.
Verwünscht sei meines Vaters Durst nach Ruhm!
Er dachte grad' an Bürgerkrieg', als er
Mich zeugte; drum ward ich' geschaffen mit
Truzhaftem Wuchs und eiserner Gestalt,
Daß, wann ich werb' um Fraun, mein Blick sie schreckt.
Doch, Kätchen, traun, je älter, desto besser
Werd ich zu sehn; das Alter, tröst' ich mich,
Das schlecht mit Schönheit haushält, kann nicht mehr
Verthun an meinem Antliz.
Du hast mich, hast du mich, am schlechtesten;
Du trägst mich, trägst du mich, stets besser fort.
Und darum sagt mir, schönste Katharin,
Wollt ihr mich frein? Legt ab die Mädchenröthe;
Bekennt des Herzens Regung mit dem Blick,
Mit Herscherblick; nehmt meine Hand, und sagt:
Heinrich von England, ich bin dein. Und schnell,
Wie dieses Wort beseligt hat mein Ohr,

Werd' ich dir sagen laut: England ist dein.
Irland ist dein, Frankreich ist dein, und Heinrich
Plantagenet ist dein; —
Den, red' ich schon vor ihm, du finden sollst,
Wo nicht als besten König, doch als guten
Von gutem Volk. Komm, antwort' in gebrochner
Musik; dein Laut ja ist Musik, dein Englisch
Gebrochen. Drum laß, Kät', Allherscherin,
Dein Herz ausbrechen in gebrochnem Englisch:
Willst du mich frein?

Katharine.

Das sei, wie's wird gefall die roi mon pere.

K. Heinrich.

Ja, Kät', ihm wird's gefällen, ganz gewiß.

Katharine.

Dann wird's auk contentir mik.

K. Heinrich.

Euch demnach
Nenn' ich, mit Handkuß, meine Königin.

Katharine.

Laissez, mon seigneur, ah laissez! Ma foi,
Je ne veux point, que vous abaissiez
Votre grandeur, baisant la main de moi
Votre indigne servante; excusez moi,
Je vous supplie, mon très puissant seigneur.

K. Heinrich.

Dann, Kätchen, küss' ich euch den Mund.

Katharine.

Pour les demoiselles, d'être baisées
Avant leur noce, n'est pas coutume en France.

K. Heinrich.

Fräulein Dolmetscherin, was sagt sie da?

Alice.

Daß es nit sei de Mode pour de Dames
In Frankreik, —
Ik kann nit sag, was is baiser en Englisch.

K. Heinrich.

Küssen.

Alice.

Eur Majesté entend besser que moi.

K. Heinrich.

Für Frankreichs Jungfraun ist es nicht Gebrauch,
Zu küssen vor der Hochzeit: meint sie das?

Alice.

Oui vraiment.

K. Heinrich.

O Kät', ein Bräuchlein duckt vor Königsmacht.
Ihr, theure Kät', und ich, nie schränken wir
Uns in der Landessitt' armsel'gen Zaun.
Der Moden Ursprung, Kätchen, kommt von uns;
Und unsres Rangs Freiheit stopft jeden Mund
Der Fehlchensucher: wie ich euren will,
Weil er im Schwang' hält euren Landesbrauch,
Mir weigernd einen Kuß. Drum in Geduld,
Und fügsam. —

(Er küßt sie.)

Eur Mund hat Zauberkraft! Hier, Kät', ist mehr
Beredsamkeit im süßen Lippendruck,
Als in den Zungen eures Raths gesamt;

Und eher nähm' er ein den Heinz von England,
Als eine Bittschrift aller Könige.

Es kommen K. Karl und Isabelle, Burgund, Bedford, Gloster, Exeter, Westmoreland, und andere französische und englische Herrn.

Burgund.

Gott segn' eur Majestät! Mein hoher Vetter,
Lehrt ihr der Fürstin Englisch?

K. Heinrich.

Gern wollt' ich,
Sie lernt', o Vetter, wie mein Herz sie liebt;
Und das ist gut Englisch.

Burgund.

Will's ihr nicht ein?

K. Heinrich.

Die Zung' ist rauh mir, und die Art nicht sanft:
Weshalb, da weder Stimme taugt noch Herz
Für Schmeichelei, ich nicht aufbannen kann
Den Geist der Lieb' in ihr, daß er erschein'
In wahrer Bildung.

Burgund.

Haltet mir zu gut
Den freien Scherz in meiner Antwort drauf.
In ihr zu bannen, braucht ihr einen Kreis;
Soll aufgebannt sein Liebesgeist in ihr
In wahrer Bildung, kommen muß er nackt
Und blind. Wie tadelt ihr ein Mädchen denn,
Im Rosenschimmer der Jungfräulichkeit,
Versagt sie, daß erscheine nackt und blind
Ein Bub' in ihrem nackten seh'nden Selbst?

Das hieße doch dem Mädchen gar zu viel
Zumuten.

K. Heinrich.

Doch man blinzelt, und giebt nach;
Da Lieb' ist blind, und nothdringt.

Burgund.

Dann sind sie
Entschuldigt, Herr; sie sehn nicht, was sie thun.

K. Heinrich.

Dann, Mylord, lehrt die Mühm' einwilligen
Zum Blinzeln.

Burgund.

Blinzelnd geb' ich ihr den Wink;
Nur ihr, Herr, lehrt sie meinen Sinn verstehn.
Denn Mädchen, wohl durchsommert und erwärmt,
Sind wie Bartholomäus-Fliegen blind,
Obgleich mit Augen: die erduldet dann
Handhabung, die sonst kaum sich ansehn ließ.

K. Heinrich.

Dies Bild vertröstet mich auf Zeit, und auf
Heiß Wetter; und so fang' ich wol die Flieg',
Eur Mühmchen, noch am End' ein, und sie muß
Blind sein dazu.

Burgund.

Wie Lieb' ist, eh sie liebt.

K. Heinrich.

Ja wohl; und dankt's der Liebe, daß ich Blinder
Nicht sehen kann manch schöne Frankenstadt,
Weil Ein schön Frankenmägdlein steht im Weg.

K. Karl.

Ja, Herr, ihr seht sie, wie im Truggemäld:
Was Städte schien, wird Jungfrau; denn sie all'
Umgürten Jungfraunmauren, die der Krieg
Niemals durchdrang.

K. Heinrich.

Soll Käte sein mein Weib?

K. Karl.

Wenn's euch gefällt.

K. Heinrich.

Ich bin zufrieden. Nur
Laßt eure Jungfraunstädt' aufwarten ihr;
Nur laßt die Jungfrau, die dem Wunsch im Weg
Mir stand, den Weg mir zeigen zu dem Wunsch.

K. Karl.

Wir haben eingeräumt, was billig war.

K. Heinrich.

Ist dem so, Lords von England?

Westmoreland.

Der König hat bewilligt jeden Punkt:
Zuerst die Tochter, dann der Reihe nach
Das alles, was bestimmt gefodert ward.

Exeter.

Nur hat er noch nicht unterzeichnet dies,
Wo eure Majestät will, daß der König
Von Frankreich, hat er Anlaß, ein Gesuch

An euch zu schreiben, eure Hoheit nenn'
In dieser Form, und mit der Titelung,
Französisch: — Notre trés cher fils Henry,
Roi d'Angleterre, heritier de France;
Und so lateinisch: Praecarissimus
Filius noster Henricus, rex Angliae,
Et haeres Franciae.

K. Karl.

Doch hab' ich dies nicht, Bruder, so versagt,
Daß nicht auf eür Begehr ich's lasse gehn.

K. Heinrich.

Euch bitt' ich denn bei unsrem Freundschaftsbund,
Werd' auch der eine Punkt gefügt zum Rest;
Und somit, gebt mir eure Tochter.

K. Karl.

Nehmt sie, mein Sohn; aus ihrem Blut erwachs'
Abstammung mir: daß unsre Laud' im Zwist,
Frankreich und England, wo die Ufer selbst
Bleich sehn vor Scheelsucht auf des andern Glück,
Ausruhn vom Groll, und dieser theure Bund
Nachbarlichen und christlichen Verein
Pflanz' in ihr Herz. Niemals vom Wechselstreich
Blut' England und das schöne Frankenreich!

Alle.

Amen!

K. Heinrich.

Willkommen, Kät', und all' ihr zeugt mir nun,
Daß ich sie küss' als meine Königin.

(Trompetenschall.)

Isabelle.

Gott, der Gedeihn giebt zu Vermählungen,
Mach' eure Herzen eins, die Länder eins!
Wie Mann und Weib in Lieb' eins sind aus zwei;
So auch sein eure Länder fest verlobt,
Daß niemals Undienst, niemals Eifersucht,
Die oft das Bett heilvoller Ehe stört,
Eindring' in beider Reich' Erbeinigung,
Zu trennen einverleibten Ehebund:
Daß Frank wie Engler, Engler sei wie Frank!
Sag' Amen Gott, der Händ' und Herzen schlang.

Alle.

Amen!

K. Heinrich.

Beschickt werd' unsre Hochzeit. — An dem Tag,
Herzog Burgund, empfahn wir euren Eid,
Und aller Pairs, zur Währschaft des Vertrags. —
Dann werd' ich meiner Kät', und Käte mein;
Und unser Schwur soll treu und glücklich sein.
(Alle gehn.)

Epilog.

So weit, mit rauhem unfügsamem Kiel,
Führt' unser Autor peinlich die Historie,
In kleinen Raum einengend Großes viel,
Lichtstrahlen raffend nur aus voller Glorie.
Schmal war die Zeit, doch drin nahm großen Gang
Der Stern von England: der ein Paradies

Mit glückgeweihtem Heldenschwert errang,
Und seinem Sohn als Königserbe ließ.
Heinrich der sechste folgt', als Kind gekrönt,
Frankreichs und Englands König, nach dem Vater;
Doch Frankreich schwand ihm, England ward gehöhnt
Durch Herscherei vielköpfiger Berather.
Dies hat euch unsre Schaubühn' oft gezeigt;
So schaut es denn noch einmal wohlgeneigt.

König Heinrich der Sechste.

Erster Theil.

Von

Abraham Voß.

Personen.

König Heinrich der sechste.
Herzog von Gloster, Oheim des Königs, und Protector.
Herzog von Bedford, Oheim des Königs, und Regent von Frankreich.
Thomas Beaufort, Herzog von Exeter, Großoheim des Königs.
Heinrich Beaufort, Bischof von Winchester, und nachmals Kardinal, Großoheim des Königs.
Johann Beaufort, Graf von Somerset, nachmals Herzog.
Richard Plantaget, nachmals Herzog von York.
Graf von Warwick.
Graf von Salisbury.
Graf von Suffolk.
Lord Talbot, nachmals Graf von Shrewsbury.
J hann Talbot, sein Sohn.
E mund Mortimer, Graf von March.
M rtimers Gefangenwärter.
Ein Rechtsgelehrter.
Sir John Fastolfe. Sir William Lucy.
Sir William Glansdale. Sir Thomas Gargrave.
Der Maier von London.
Woodville, Commendant vom Tower.
Vernon. Basset.
Karl, Dauphin, nachmals König von Frankreich.
Reignier, Herzog von Anjou, und Titular=König von Neapel.
Herzog von Burgund.
Herzog von Alençon.
Der Statthalter von Paris.
Der Bastard von Orleans.
Der Büchsenmeister von Orleans, und sein Sohn.
Der General der französischen Truppen in Bourdeaux.
Ein französischer Sergeant. Ein Thorwächter.
Ein alter Schäfer, Vater der Pucelle.
Margareta, Reigniers Tochter.
Gräfin von Auvergne.
Jeanne d'Arc, genannt Pucelle.
Geister, Lords, Herolde, Officiere, Soldaten, Boten, und Andere.

Der Schauplaz ist theils in England, theils in Frankreich.

Erster Aufzug.

Erste Scene.

Westminster-Abtei.

Todtenmarsch. Man sieht die Leiche Heinrichs des fünften auf einem Paradebett, umgeben von den Herzogen von Bedford, Gloster und Exeter, dem Grafen von Warwick, dem Bischofe von Winchester, Herolden u. s. w.

Bedford.

Der Himmel traur' in Schwarz, Tag sink in Nacht!
Kometen, unheilvoll für Zeit und Staat,
Schwingt die krystallnen Schweife durch die Luft,
Und stäupt das aufruhrbrütende Gestirn,
Das abgestimmt Heinrichs des fünften Tod,
Heinrichs, der langem Leben war zu groß!
Aus England schied kein König, so voll Werth.

Gloster.

In England war kein König, bis Er kam,
Ein Tugendheld, geboren zum Befehl.
Zückt' er sein Schwert, es blendete durch Glanz;
Die Arme breitet' er wie Drachenflügel,

Sein funkelnd Auge, voll von Glut des Zorns,
Mehr stralt' es den verwirrten Feind zurück,
Als Mittagssonn' aufs Angesicht gewandt.
Was sag' ich? Seine Thaten spricht kein Wort:
Erhub er seinen Arm nur, er bezwang.

Exeter.

Man traurt in Schwarz; was traurt man nicht in Blut?
Heinrich ist todt, und niemals lebt er auf.
Wir folgen traurig seinem Sarg' aus Holz,
Also des Todes unehrsamen Sieg
Mit unserm Feierzug verherlichend,
Gefangnen gleich am Wagen des Triumfs.
Was? rufen wir den Graunplaneten-Fluch,
Die Bund geknüpft zu unsers Ruhms Verfall?
Was? oder hat das schlaue Frankenvolk
Unhold' und Banner, die, aus Furcht vor ihm,
Durch Zauberverſ' ihm abgekürzt den Lauf?

Winchester.

Ein Fürst, gesegnet durch den Herrn der Herrn!
Dem Franken wird das grause Weltgericht
So graus nicht sein, wie ihm sein Anblick war.
Für Gott, den Herrn der Heerschaar'n kämpft' er Kampf;
Und fromm Gebet der Kirche schuf ihm Heil.

Gloster.

Der Kirch'? Ohn' eurer Kirch' unfromm Gebet
Wär' nicht so früh sein Leben abgemäht. —
Euch freut ein weiberhafter Fürst allein,
Der, wie ein Schulknab', euch Ehrfurcht beweist.

Winchester.

Freu' uns was mag, du Gloster bist Protektor,
Und dir soll sein gehorsam Prinz und Reich.

Dein Weib ist stolz, und hält in Ehrfurcht dich,
Weit mehr, als Gott und heil'ge Kirch' es kann.

Gloster.

Nichts mehr von Heiligkeit; du liebst das Fleisch,
Und gehst das ganze Jahr zur Kirche nie,
Als um zu beten wider deinen Feind.

Bedford.

Laßt, laßt den Hader; sänftigt euer Herz!
Hin zum Altar! — Herolde, geht mit uns. —
Statt Goldes bringt zum Opfer das Gewehr,
Denn kein Gewehr frommt, nun uns Heinrich starb.
Nachwelt, erwart' elende Jahre, wo
Am feuchten Aug' der Mutter saugt das Kind,
Dies Mutterland mit salzer Thrän' uns nährt,
Und Fraunvolk nur für Todtenklage bleibt. —
Heinrichs des fünften Geist, dich ruf' ich an;
Segn' unser Reich, schirm' es vor Bürgerstreit!
Bekämpf' am Himmel feindliche Planeten!
Ein lichtrer Stern wird deine Seele sein,
Als Julius Cäsar, und des Drachen Schein.

(Ein Bote kommt.)

Bote.

Ihr ehrenwerthen Lords, Heil allen euch!
Betrübte Kund' aus Frankreich meld' ich an,
Verlust und Blutbad und Zertrümmerung.
Guienne, Champagne, Rheims, Rouen, Orleans,
Paris, Guysors, Poictiers, all alles hin.

Bedford.

Was sagst du, Mensch, vor Heinrichs Leiche hier?
Sprich vom Verlust so großer Städte leis';
Er sprengt sein Blei sonst, und ersteht vom Tod.

Gloster.

Paris verlor man? Rouen ward geräumt?
Wenn Heinrich wieder auflebt' unsrem Ruf,
Dies hörend sänk' er noch einmal entseelt.

Exeter.

Woher das Unglück? Welch Verrath war Schuld?

Bote.

Verrath? Nein, Mangel nur an Geld und Volk.
Dort unter den Soldaten murmelt man,
Ihr haltet hier verschiedene Partein,
Und da ihr ausziehn solltet zum Gefecht,
Liegt ihr im Wortstreit über Feldherrnwahl.
Der möchte trägen und wohlfeilen Krieg,
Der flög' in Eil gern, doch an Flügeln fehlts;
Ein dritter denkt, ohn' allen Aufwand gar
Sei bald durch glatte Wort' ein Fried' erlangt.
Wacht auf, wacht auf, ihr Edlen Engelands!
Nicht Trägheit dunkl' euch neugebornen Ruhm.
Eur Wappen ist der Lilien entblößt,
Die Hälft' aus Englands Schild' ist weggehaun.

Exeter.

Wenn Thränen fehlten bei dem Leichenzug,
Die Zeitung rief' in Fluten sie hervor.

Bedford.

Mich geht es an; Regent bin ich von Frankreich.
Gebt mir mein Stahlgewand; ich kämpf' um Frankreich. —
Fort mit der Trauerkleidung, die entehrt!
Aus Wunden, Frankreich, wie aus Augen, wein'
Um deines Elends unterbrochne Pein.

(Ein zweiter Bote kömmt)

Zweiter Bote.

Lords, lest den Brief, sehr böses Unheils voll.

Frankreich ist wider Englands Volk empört,
Bis auf ein paar Städtlein nicht von Belang.
Der Dauphin Karl ward schon gekrönt in Rheims;
Der Bastard Orleans ist ihm gesellt;
Reignier, Herzog von Anjou, trit ihm bei;
Der Herzog Alençon flieht auch ihm zu.

Exeter.

Gekrönt der Dauphin? Alle fliehn zu ihm?
O, wohin fliehen wir vor solcher Schmach?

Gloster.

Nicht fliehn, als an die Gurgeln unsres Feinds.
Bedford, wenn du erschlafft, Ich fecht' es aus.

Bedford.

Gloster, an meinem Eifer zweifelst du?
Ein Heer schon mustert' ich in meinem Sinn,
Womit bereits Frankreich ist überschwemmt.
(Ein dritter Bote kömmt.)

Dritter Bote.

Ihr gnäd'gen Lords, — den Gram zu mehren euch,
Womit ihr König Heinrichs Sarg bethaut, —
Muß ich euch melden, welch furchtbar Gefecht
Bestand Lord Talbot mit dem Frankenvolk.

Winchester.

Ha! worin Talbot Sieger war? nicht so?

Bote.

O nein, worin Lord Talbot ward besiegt.
Den Hergang meld' ich euch umständlicher.
Am zehnten des August, da dieser Held
Abstand von der Belagrung Orleans,
Mit kaum sechstausend Mann in seiner Schaar,
Durch drei und zwanzig tausend der Franzosen

Ward er rings eingehegt und angerannt.
Nicht Muße hatt' er nur zu reihn sein Volk,
Noch Piken, vor die Bognerschaar zum Schuz.
Statt deren riß man spize Zaunpfähl' aus,
Und pflanzte sie verworren in den Grund,
Die Reuterei vom Einbruch abzuhalten.
Mehr als drei Stunden dauerte der Kampf,
Worin Lord Talbot, über Menschen-Kraft,
Mit Schwert und Lanze Wunder that. Wol hundert
Sandt' er zur Hölle; keiner hielt ihm Stand.
Hier, dort und überall rast' er und schlug.
Die Franken schrien, der Teufel sei im Gang;
Das ganze Heer stand rings, und staunt' ob ihm.
Sein Volk, das ihn so furchtlos schalten sah,
Ha, Talbot! schrien sie, Talbot! überlaut,
Und stürzten in das Herz des Schlachtgewühls.
Hier wäre nun vollständ'ger Sieg erfolgt,
Wenn Sir John Fastolfe nicht gespielt die Memme.
Der, aus dem Vortrab hinterwärts gestellt,
Um ihm mit Beistand nachzurücken stracks,
Floh memmenhaft, und that nicht Einen Streich.
Jezt allgemein Hinsturz und Mezelung;
Denn rund umzingelt waren sie vom Feind.
Ein Schelm-Wallon nun, um des Dauphins Huld,
Stieß Talbot in den Rücken mit dem Speer,
Ihn, dem ganz Frankreich, mit vereinter Macht,
Nicht wagte nur ins Angesicht zu schaun.

Bedford.

Ist Talbot todt? Wohlan, mich tödt' ich selbst,
Weil ich hier müßig lebt' in Pracht und Ruh,
Da hülflos solch ein Feldherr, kühn zur That,
Zaghaften Feinden hinsank durch Verrath.

Dritter Bote.

O nein, er lebt, doch als Gefangener,

Mit ihm Lord Scales auch, und Lord Hungerford;
Der Rest gestreckt auch, oder auch in Haft.

Bedford.

Sein Lösegeld, Ich zahl' es, niemand sonst.
Den Dauphin stürz' ich häuptlings von dem Thron;
Mit seiner Krone lös' ich meinen Freund;
Vier ihrer Lords tausch' ich für einen aus.
Lebt wohl, ihr Herrn, an mein Geschäft will ich;
Lustfeuer zünd' ich gleich in Frankreich an,
Zu feiern unser groß Sankt Georgsfest.
Zehntausend Krieger nehm' ich voll Vertraun;
Vor ihrer Wut soll ganz Europa graun.

Dritter Bote.

Das thut wohl noth, denn Orleans wird bedrängt;
Der Engler Heer ist abgeschwächt nnd matt;
Verstärkung heischt der Jarl von Salisbury;
Kaum hält er noch sein Volk vom Aufruhr ab,
Da sie, so wenig, solche Zahl bestehn.

Exeter.

Denkt, Lords, der Eide, die ihr Heinrich schwurt,
Der Dauphin sollt' entweder ausgetilgt
Sein völlig, oder dienstbar eurem Joch.

Bedford.

Ich denke dran; und nehm' Abschied von euch,
Mich schnell zu rüsten für mein großes Werk.
(Er geht.)

Gloster.

Ich will zum Tower, so schnell ich eilen kann,
Um zu beschaun Feldzeug und Kriegsbedarf;
Aus ruf' ich dann den jungen Heinz als König.
(Er geht.)

Exeter.

Nach Eltham Ich; dort ist der junge König,
Der meiner nächsten Aufsicht ward vertraut;
Und seine Sicherheit berath' ich dort.

(Er geht.)

Winchester.

Ein jeder hat sein Amt und seinen Plaz;
Mich läßt man aus; für mich ist gar nichts nach;
Doch lange bleib' ich nicht Hans außer Dienst.
Den König send' ich bald von Eltham her,
Und siz' am Heft dann des gemeinen Wohls.

(Er geht ab. Ein innerer Vorhang fällt.)

Zweite Scene.

Frankreich. Vor Orleans.

Karl mit seinen Truppen, Alençon, Reignier und Andere.

Karl.

Mars wahrer Lauf, wie auf der Himmelsbahn,
So auf der Erd', ist heut noch unbekannt.
Jüngst schien er dort auf Englands Volk mit Glück;
Wir nun sind Sieger, und uns lächelt er.
Die Städte von Belang, wir haben sie;
Zur Lust hier liegen wir bei Orleans,
Da Englands Volk, vor Hunger todtenblaß,
Uns matt belagert eine Stund' im Monat.

Alençon.

Sie daurt ihr Brühlein, und ihr fett Rindfleisch.
Sie wollen gut verpflegt sein, Maulern gleich,
Ihr Futter festgebunden vor das Maul,
Sonst sehn sie kläglich, wie ersoffne Mäuse.

Reignier.

Entsezt die Stadt! Was hier gesäumt so lang'?
Talbot ist fest, der oft uns machte bang'.
Kein Mensch da, als der Tollkopf Salisbury:
Der murr' und fress' in sich die Gall' hinein,
Denn weder Volk noch Geld hat er zum Krieg.

Karl.

Blast, blast zum Angrif! Eingestürzt auf sie!
Nun gilts die Ehre der verlornen Franken!
Wer mich erlegt, dem sei mein Tod verziehn,
Sieht er mich fußbreit wanken oder fliehn.

(Sie gehn ab.)

(Schlachtlerm; Angriffe; hierauf ein Rückzug. Es kommen zurück Karl, Alençon, Reignier und Andre.)

Karl.

Wer sah was ähnlichs je? welch Volk hab' ich?
Hund' all' und Memmen! nie wär' ich geflohn,
Ließ man mich nicht von Feinden ganz umringt!

Reignier.

Salisbury mordet wie ein Rasender,
Er kämpft, als wär' er seines Lebens satt.
Die andern Lords, wie Löwen ohne Fraß,
Gehn auf uns los, als ihres Hungers Raub.

Alençon.

Froissard, der Landsmann, meldet, Englands Schooß
Trug lauter Olivers und Rolands einst,

So lang' Edward der dritte, herrscht' im Reich.
Wahrhafter nun wird dies bekräftiget:
Nur Brut wie Samson und wie Goliath
Schickt England zu Scharmüzeln. Eins auf zehn!
Beindürre Wichtlein! — Wer wol glaubte je,
Sie hätten so herzhaften Wagemut?

Karl.

Fort von der Stadt! Denn Strudelköpfe sinds,
Und Hunger spornt sie nur noch hiziger.
Ein Volk von jeher, das eh mit den Zähnen
Die Mauern einreißt, als abläßt vom Sturm.

Reignier.

Ich glaub', ein seltsam Uhrwerk voll Getrieb
Stellt ihm die Arme, daß es schlägt und schlägt.
Sonst könnt' ihr Leib es nicht aushalten so.
Ich bin dafür, wir lassen sie in Ruh.

Alençon.

So sei es.

(Der Bastard von Orleans kömmt.)

Bastard.

Wo ist Prinz Dauphin? Neues meld' ich ihm.

Karl.

Bastard von Orleans, dreimal uns gegrüßt.

Bastard.

Mich dünkt, eur Blick ist ernst, die Wang' entfärbt.
Wie? hat eur lezter Unfall Schuld daran?
Seid unverzagt, denn Beistand ist ganz nah.
Ein heilig Mädchen hab' ich mitgebracht,
Die ein Gesicht, vom Himmel ihr gesandt,
Hieß enden der Belagrung lange Frist,

Und treiben Englands Volk aus Frankreichs Flur.
Zu tiefer Weissagung empfing sie Geist
Mehr als vordem die neun Sibyllen Roms.
Was war, was kommen wird, kann sie erspähn.
Sagt, ruf' ich'sie herbei? Glaubt meinem Wort;
Denn zuverlässig ist es und gewiß.

Karl.

Geht, ruft sie.

(Der Bastard geht.)

Doch geprüft erst ihre Kunst!
Reignier, nim du als Dauphin meinen Plaz;
Befrage stolz sie, schau sie finster an; —
Also erspähn wir, was für Kunst sie hat.

(Er trit zurück.)

(Es kommen die Pucelle, der Bastard von Orleans und Andre.)

Reignier.

Schön Maid, bist du's, die hier will Wunder thun?

Pucelle.

Reignier, bist du's, der mich zu teuschen denkt?
Wo ist der Dauphin? — Komm von hinten, komm.
Dich kenn' ich wohl, sah nie dich auch mein Blick.
Sei nicht erstaunt, nichts ist verdeckt vor mir.
Allein will ich dich sprechen im Vertraun.
Beiseit, ihr Lords, verlaßt uns eine Weil.

Reignier.

Sie nimt sich, traun, sehr brav beim ersten Streich.

Pucelle,

Dauphin, ich wuchs als Schäfertochter auf,
Geübt in keiner Geistbeschäftigung.
Doch Gott und unsrer lieben Frau gefiel's,
Zu stralen Licht auf meinen dunklen Stand.
Sieh, als der Lämmchen Heerd' ich hütete,

Die Wange braun vom heißen Sonnenstral,
Huldreich erschien die Mutter Gottes mir,
Und hochverklärt vom Glanz der Majestät
Befahl sie: „Laß den niedrigen Beruf,
„Und sei des Landes Retterin aus Noth."
Beistand versprach sie, und verhieß Erfolg.
In voller Glorie stand sie offenbar;
Und da zuvor ich braun war und versengt,
Goß sie mit heller Anstralung auf mich
Der Schönheit Segensfülle, die ihr schaut.
Frag' mich, um was du nur ersinnen magst,
Unvorbereitet geb' ich Antwort dir.
Den Mut mir prob' im Zweikampf, wenn du wagst;
Mich finden sollst du über mein Geschlecht.
Entschleuß dich denn: dein harrt ein großes Heil,
Gewährst du mir an deinem Kriege Theil.

Karl.

Ich staune deiner Red' erhabnem Ton.
Bloß diese Probe mach' ich deines Muts:
Im Einzelkampfe sollst du obstehn mir;
Und wenn du siegst, sind deine Worte wahr;
Wo nicht, so ist mein Zutraun dir entwandt.

Pucelle.

Ich bin bereit; hier mein scharfschneidig Schwert,
Geziert mit je fünf Lilien beiderseits,
Das zu Touraine, auf Sankt Kathrinen Kirchhof
Ich aus viel altem Eisenzeug erlas.

Karl.

In Gottes Namen komm; mich schreckt kein Weib.

Pucelle.

Und weil ich lebe, zag' ich keinem Mann.

(Sie fechten.)

Karl.

Halt ein, halt ein! Du bist ein' Amazon',
Und schwingst Deborah's Heldenschwert im Kampf.

Pucelle.

Christs Mutter hilft mir; sonst wär' ich zu schwach.

Karl.

Wer dir auch hilft, du nun mußt helfen mir.
In deiner Sehnsucht brenn' ich ungestüm;
Herz mir und Hand hast du zugleich besiegt.
Heldin Pucelle, wenn du so dich nennst,
O laß mich Diener, und nicht Herr dir sein.
Der Dauphin Frankreichs fleht um diese Gunst.

Pucelle.

Ich darf nicht, darf nicht Liebesbund geloben,
Weil mein Beruf geheiligt ward von oben.
Hab' ich verjagt erst alle, die dir drohn,
Dann denk' ich drauf, was zieme dir zum Lohn.

Karl.

Derweil sieh gnädig her auf deinen Knecht.

Reignier.

Mich dünkt, der Dauphin spricht ein wenig lang.

Alençon.

Er hört die Beichte wol dem Weiberrock;
Sonst könnt' er nicht so dehnen sein Gespräch.

Reignier.

Man stör' ihn, mein' ich; denn er kennt kein Maß.

Alençon.

Mehr maßt er wol sich an, als wir verstehn.
Der Weiber Zung' ist arg verführerisch.

Reignier.

Mein Prinz, wo seid ihr? was durchdenkt ihr da?
Soll Orleans verspielt sein, oder nicht?

Pucelle.

Nein, sag' ich, nein, ungläubig Heidenvolk!
Kämpft bis zum lezten Hauch; Ich bin eur Hort.

Karl.

Was sie sagt, sag' auch ich: wir fechtens aus.

Pucelle.

Zur Geißel Englands ward ich auserſehn.
Heut Nacht entsez' ich unfehlbar die Stadt.
Hoft Martinssommer, Halcyonenruh,
Nun Ich bin eingetreten in den Krieg.
Der Ruhm gleicht einem Kreis' im stillen See,
Der weiter stets und weiter sich erstreckt,
Bis große Dehnung ihn zerstreut in Nichts.
Mit Heinrichs Tod' ist Englands Kreis zu Ende;
Zerstreut ist all der Ruhm, den er umschloß.
Nun bin ich gleich dem stolzgeblähten Schif,
Das Cäsarn und sein Glück hintrug zugleich.

Karl.

Ward Mahomet begeistert von der Taube,
Du hast vom Adler die Begeisterung.
Nicht Helena, die Mutter Konstantins,
Noch Sankt Philippus Töchter glichen dir.
Lichtstern der Venus, der zur Erde sank,
Wie zoll' ich dir Verehrung, deiner werth?

Alençon.

Kein Aufschub mehr; entsezen wir die Stadt.

Reignier.

Weib, strebe wohl zur Rettung unsrer Ehre;
Treib sie von Orleans, und unsterblich sei.

Karl.

Sogleich versuchen wirs. Kommt, gehn wir dran!
Profeten trau' ich nie, zeigt die sich falsch.
(Sie gehn ab.)

Dritte Scene.

London. Vor dem Tower.

Der Herzog von Gloster mit seinen Dienern in blauen Röcken.

Gloster.

Heut komm' ich zur Besichtigung des Towers;
Seit Heinrichs Tod, fürcht' ich, giebts Unterschleif.
Wo sind die Wächter, daß sie hier nicht stehn?
Macht auf die Thore; Gloster ists, der ruft.
(Bediente klopfen an.)

Erster Wächter, drinnen.

Wer da, der anklopft so gebieterisch?

Erster Diener.

Der edle Herzog Gloster.

Zweiter Wächter, drinnen.

Wer er auch sei, euch läßt man nicht herein.

Erster Diener.

Ihr Schelm' antwortet so dem Lord Protektor?

Erster Wächter, drinnen.

Der Herr protektr' ihn! So antworten wir.
Wir thun nicht anders, als man uns befahl.

Gloster.

Befahl? wer? weß Gebot gilt hier, als meins?
Kein andrer Reichsprotektor sonst, als Ich. —
Brecht ein das Thor; ich leist' euch die Gewähr.
Hohnecken soll mich solch unflätig Pack?

(Die Bedienten stürmen das Thor. Innerhalb nähert sich Woodville, der Commendant.)

Woodville, drinnen.

Was für ein Lerm? was für Verräther da?

Gloster.

Seid Ihrs da, Commendant, deß Stimm' ich höre?
Macht auf die Thore; Gloster will hinein.

Woodville, drinnen.

Geduld, ich darf nicht öfnen, edler Herzog;
Der Kardinal von Winchester verbots.
Von ihm hab' ich ausdrücklichen Befehl:
Nicht du, noch wer der Deinen, darf herein.

Gloster.

Schwachherz'ger Woodville, achtest den vor mir?
Den frechen Winster, deß Prälatenstolz
Heinrich, der lezte König, nie ertrug?
Du bist nicht Gottes, noch des Königs Freund,
Mach auf das Thor, sonst schließ' ich dich bald aus.

Erster Diener.

Macht auf das Thor dem Lord Protektor da;
Wir sprengen es, wenn ihr nicht schleunig kommt.

(Winchester kömmt, mit einem Gefolge von Dienern in braunen Röcken.)

Winchester.

Wie nun, ehrsücht'ger Humphrey? was soll das?

Gloster.

Glazköpf'ger Pfaff', ausschließen darfst du mich?

Winchester.

Ich darfs, du Herscherling, du Proditor,
Protektor nicht des Königs oder Reichs.

Gloster.

Geh fort, du offenkünd'ger Staatsverschwörer,
Der sann zu morden unsern todten Herrn,
Der Huren Ablaß giebt zum Sündigen.
Im breiten Kardinalshut beutl' ich dich,
Wenn du mir ferner so zu trozen wagst.

Winchester.

Geh du nur fort; Ich weiche keinen Fuß.
Sei dies Damaskus, du der Fluchsohn Kain,
Zum Mord des Bruders Abel, wenn du willst.

Gloster.

Nicht morden will ich, nur wegtreiben dich.
Dein Scharlachkleid sei mir ein Gängelband,
Dich wegzuschaffen, wo du nichts bist nuz.

Winchester.

Wag' es einmal! Truz dir ins Antliz, Truz!

Gloster.

Was? mir ins Antliz, Schnarcher, beutst du Truz?
Zieht, Leute! achtet nicht der Freistatt Schuz!
Blaurock auf Braunrock! — Pfaf, den Bart in Acht.
(Gloster und seine Leute greifen den Bischof an.)
Ihn zausen möcht' ich, und euch knuffen tüchtig;
Den Kardinalshut stampf' ich unterm Fuß,

Sorglos um Pabst und hohes Kirchenamt,
Dich an dem Ohr hier zerr' ich auf und ab.

Winchester.

Gloster, dafür erwart' vom Pabst den Dank.

Gloster.

Winchester-Gans! Mir her ein Strang! ein Strang!
Nun, schlagt sie fort! was gönnt ihr ihnen Ruh?
Dich jag' ich fort, du Wolf im Schafskleid, du!
Fort, Braunröck' ihr! fort, du scharlachner Heuchler!

(Es entsteht ein Tumult; während desselben kommt der Maier von London mit Beamten.)

Maier.

Pfui, Lords! ihr höchsten Obrigkeiten könnt
So schmählich euch vergehn zum Friedensbruch!

Gloster.

Still, Maier; hör' erst meine Kränkung an.
Sieh, Beaufort, der nicht Gott noch König scheut,
Hat sich des Towers bemächtigt nach Belieb.

Winchester.

Sieh Gloster da, den Feind der Bürgerschaft,
Der stets auf Krieg und nie auf Frieden denkt;
Der freie Beutel hart mit Steuern drückt;
Ja sucht den Umsturz der Religion,
Weil er Protektor ist des Königreichs;
Und aus dem Tower hier Waffen haben will,
Daß er gekrönt werd', und entthront der Prinz.

Gloster.

Zur Antwort sei nicht Wort dir, sondern Schlag.

(Sie werden wieder handgemein.)

Maier.

Nichts bleibt mir in so heftigem Tumult,

Als öffentlichen Aufruf kund zu thun.
Beamter, komm; ruf' aus, so laut du kannst.

Beamter.

„Hört, all' ihr Männer, jezt versammelt hier
„In Wehr, troz Gottes Frieden und des Königs,
„Befehl entbeut euch seine Majestät,
„Daß jeder heim in seine Wohnung geh',
„Und nicht mehr trag', handhab' und brauche Schwert,
„Waff' oder Dolch; zur Strafe steht der Tod.

Gloster.

Du Kardinal, nicht brech' ich das Gesez;
Wir treffen uns, dann brech' ich dir den Mut.

Winchester.

Gloster, wir treffen uns, und glaub, du zahlst.
Dein Herzblut will ich für dies Tagewerk.

Maier.

Nach Kolben ruf' ich, wollt ihr nicht hinweg.
Der Kardinal ist frecher als der Teufel.

Gloster.

Maier, leb' wohl; du thust nur, was dir ziemt.

Winchester.

Ruchloser Gloster! hüte wohl den Kopf;
Denn ich gedenk', in kurzem hab' ich ihn.
(Sie gehn ab.)

Maier.

Schaft reine Bahn erst, und dann ziehn wir ab.
Herrgott! was sind die Edlen jach ins Haar!
Ich lebe streitlos nun schon vierzig Jahr.
(Er geht ab.)

Vierte Scene.

Frankreich. Vor Orleans.

Auf den Mauern erscheint der Büchsenmeister und sein Sohn.

Büchsenmeister.

He Bursch, du weißt, wie Orleans wird berennt,
Und schon der Engler uns die Vorstadt nahm.

Sohn.

Vater, ich weiß, und oftmals schoß ich hin;
Allein zum Unglück fehlt' ich stets mein Ziel.

Büchsenmeister.

Nicht länger sollst du's, nim nur Rath von mir.
Hauptbüchsenmeister bin ich dieser Stadt,
Und etwas muß ich thun, was Gunst mir schaft.
Des Prinzen Späher haben mir erzählt,
Wie, in der Vorstadt dicht verschanzt, der Feind
Oft durch ein heimlich Eisengitter pfleg'
Auf jenem Thurm zu überschaun die Stadt,
Und dort zu sehn, wie er am kräftigsten
Uns hudele durch Schuß und Ueberfall.
Um abzuwenden solches Ungemach,
Hab' ich ein Feldstück scharf gerichtet drauf,
Und voll drei Tage schon hab' ich gelaurt,
Ob ich sie sehe. Nun, Bursch, laure du;
Nicht länger kann ich bleiben.
Erspähst du jemand, lauf und meld' es mir;
Du findest mich beim Obersten der Stadt.

(Er geht.)

Sohn.

Vater, ich steh' dafür; seid unbesorgt;
Ich werd' euch nicht bemühn, erspäh' ich sie.

(Auf dem oberen Stock eines Thurms erscheinen Salisbury, Talbot, Sir William Glansdale, Sir Thomas Gargrave und Andre.)

Salisbury.

Talbot, mein Herz, mein Heil, du wieder da?
Wie rühmst du die Behandlung in der Haft?
Und wie dann ward Auslösung dir zu Theil?
Komm, schwaz' ein wenig auf der Thurmspiz' hier.

Talbot.

Vom Herzog Bedford war ein tapfrer Graf
Im Kampf gefangen, Ponton de Santrailles:
Für den ward ich getauscht und ausgelöst.
Um einen weit geringern Kriegsmann einst
Erbot man höhnend mir Auswechselung.
Doch stolz verschmäht' ich das, und lieber Tod
Wollt' ich, als so spottwohlfeil sein geschäzt.
Kurzum, gelöst ward ich nach meinem Wunsch.
Doch o! der falsche Fastolfe kränkt mein Herz!
Mit bloßer Faust wollt' ich ermorden ihn,
Wenn man ihn jezt darstellt' in meine Macht.

Salisbury.

Noch sagst du nicht, wie dir begegnet ward.

Talbot.

Mit Schimpf und Schand' und Neckerei des Hohns.
Zum ofnen Marktplaz ward ich vorgeführt,
Als allgemeines Schauspiel für das Volk.
Hier, schrien sie, ist der Schreck des Frankenreichs,
Der Popanz, den die Kinder scheun so lang'.

Da riß ich loß mich aus der Wächter Hut,
Grub mit den Nägeln Kiesel aus dem Grund,
Und warf sie auf die Zeugen meiner Schmach.
Mein gräßlich Aussehn schon macht' andre fliehn;
Kein Mensch kam nah, aus Furcht vor schleun'gem Tod.
Erzmauern hielt man alzu schwach für mich;
So große Furcht verbreitete mein Name,
Daß Glaube war, ich bräche Barren Stahls,
Und sprengt' in Stücke Pfosten von Demant.
Darum ging eine Wacht, die scharf geladen,
In jeglicher Minut' um mich herum,
Und wenn ich nur mich regt' aus meinem Bett,
War sie bereit, zu schießen mir ins Herz.

Salisbury.

Mich schmerzt es, was für Marter ihr ertrugt;
Doch Rache wollen wir in vollem Maß.
Nun ist in Orleans Nachtessens Zeit.
Hier durch dies Gitter zähl' ich Mann für Mann,
Und sehe, wie der Franke sich verschanzt.
Laßt uns hindurchschaun, es wird wohl euch thun. —
Sir Thomas Gargrave, und Sir William Glansdale,
Gebt mir ausdrücklich eure Meinung kund,
Wo wär' ein Plaz wol zum Kanonenwall?

Gargrave.

Ich denk', am Nordthor; denn dort steht der Adel.

Glansdale.

Und ich, hier an dem Brückenkopf.

Talbot.

Ich denke, diese Stadt werd' ausgehungert,
Oder durch leicht Scharmützeln abgeschwächt.

(Ein Schuß aus der Stadt. Salisbury und Gargrave fallen.)

Salisbury.

O Gott, sei gnädig uns elenden Sündern!

Gargrave.

O Gott, sei gnädig mir, dem armen Mann.

Talbot.

Was für ein Unfall kommt die Quer' uns da? —
Sprich, Salisbury, sprich, wenn du reden kannst;
Was machst du, Spiegel jedes Heldenmanns?
Ein Aug', und halb die Wang' ist weggeschmettert!
Verwünschter Thurm, verwünschte Mörderhand,
Die hat vollführt dies grasse Trauerspiel!
In dreizehn Schlachten siegte Salisbury;
Heinrich den fünften zog er auf zum Krieg;
So lang' Trompete blies, und Trommel schlug,
Ließ er sein Schwert auch schlagen in dem Feld. —
Du lebst noch, Salisbury? Fehlt auch die Rede,
Doch blickt Ein Aug' zur ew'gen Gnad' empor;
Die Sonne schaut mit Einem Aug' die Welt. —
Du, Gott, sei gnädig keinem, der da lebt,
Wenn Salisbury bei dir nicht Gnad' empfängt! —
Tragt fort den Leichnam, ihn begrab', ich mit. —
Sir Thomas Gargrave, hast du Leben noch,
O sprich zum Talbot, o blick' auf zu ihm. —
Salisbury, labe dich an diesem Trost:
Nicht stirbst du mir, derweil —
Er winkt mit seiner Hand, und lächelt mir,
Als spräch' er: „Wenn ich todt bin und dahin,
„Denk' mein, und räche mich am Frankenfeind."
Plantagenet, ich wills, und, wie einst Nero,
Die Laute spielen, während brennt die Stadt.
Elend sei Frankreich, bloß durch meinen Namen.

(Schlachtlerm. Es donnert und blizt.)

Ha! welch Geräusch? welch ein Tumult im Himmel?

Woher dies Graungetös und dieser Lerm?

(Ein Bote kommt.)

Bote.

Mylord, Mylord, der Frank' hat sich verstärkt.
Der Dauphin, samt der Jeanne la Pucelle,
Der neu erstandnen, heil'gen Seherin,
Kommt her mit großer Kriegsmacht zum Entsaz.

(Salisbury ächzt.)

Talbot.

Hört, hört, wie Salisbury noch sterbend ächzt!
Es nagt sein Herz, daß er nicht Rache fand. —
Franzosen, Ich werd' euch ein Salisbury! —
Pucelle und Dauphin, Strunzel und Delfin,
Das Herz euch stampf' ich mit Pferdhufen aus,
Und matsch' in Rührbrei eur vermischt Gehirn. —
Schaft mir den Salisbury in sein Gezelt,
Dann sehn wir, was der feige Franzmann wägt.

(Sie gehn ab, und tragen die Leichname weg.)

Fünfte Scene.

Vor einem Thor von Orleans.

Schlachtlerm; Scharmüzel; Talbot verfolgt den Dauphin, und treibt ihn in die Flucht. Dann kommt die Pucelle, Engländer vor sich her jagend. Hierauf kommt Talbot.

Talbot.

Wo ist mein Mut, mein Mannsinn, meine Kraft?

Die Engler weichen; kein Aufhalten mehr;
Ein Weib, gehüllt in Rüstung, jagt sie fort.
(Pucelle kommt zurück.)
Sie kommt. — Ha! Einen Gang mit dir; ob Teufel,
Ob Teufels Mutter, ich beschwöre dich!
Blut will ich abziehn dir, du Hexe du,
Und deine Seel' hinsenden, dem du dienst.

Pucelle.

Komm, komm, ich bins, die dich entehren muß.
(Sie fechten.)

Talbot.

Ihr Himmel, so der Hölle gönnt ihr Sieg?
Spreng' auch die Brust mir der gespannte Mut,
Und reiße von den Schultern mir die Arme,
Doch, doch bestraf' ich dies frech Strunzelweib!

Pucelle.

Talbot, leb' wohl; nicht kam dein Stündlein schon.
Ich muß mit Nahrung Orleans versehn.
Hohl' ein mich, wenn du kannst. Hohn deiner Kraft!
Geh, geh, erquicke dein verhungert Heer;
Hilf Salisbury, sein Testament zu machen.
Der Sieg ist unser, und noch mancher folgt.
(Die Pucelle geht mit ihren Soldaten in die Stadt.)

Talbot.

Im Kopfe dreht mirs, wie ein Töpferrad;
Ich weiß nicht, wo ich bin, noch was ich thue.
Die Hexe treibt durch Furcht, nicht durch Gewalt,
Wie Hannibal, dies Heer, und siegt nach Lust:
Wie Bienen Dampf, und Tauben böser Stank,
Aus ihren Zellen, und vom Schlage treibt.
Man hieß uns ob der Wildheit Englands Hunde,
Nun, gleich wie Hündlein heulend, laufen wir.
(Ein kurzer Schlachtlerm.)
Hört, Landesleut'! erneuert das Gefecht;

Sonst reißt die Leun aus Englands Wappen weg;
Entsagt der Heimat, Schafe sezt für Leun.
Nicht halb so bang' fliehn Schafe vor dem Wolf,
Noch Pferd und Ochsen vor des Pardels Grimm,
Als ihr vor oft bezwungnen Sklaven lauft.
(Schlachtlerm. Ein neues Scharmüzel.)
Es geht nicht. Zieht zurück in eure Schanzen!
Ihr alle stimmtet zu Salisbury's Tod,
Denn keiner hob den Arm nur, ihn zu rächen. —
Pucell' ist in den Mauern Orleans,
Troz uns und allem, was wir konnten thun.
O, dürft' ich sterben doch mit Salisbury!
Vor Scham darob verhüll' ich noch mein Haupt.
(Schlachtlerm. Rückzug. Talbot geht mit seinen Truppen ab.)

Sechste Scene.

Orleans.

Auf der Mauer erscheinen Pucelle, Karl, Reignier, Alençon und Soldaten.

Pucelle.

Bringt unsre wehnden Fahnen auf die Maur;
Befreit ist Orleans von Englands Wölfen;
So hielt euch Jeanne la Pucell' ihr Wort.

Karl.

Du göttliches Geschöpf, Asträa's Tochter,
Wie häuf' ich Ehr' auf dich für den Erfolg?
Was du versprichst, Adonis Gärten gleichts,
Die heute blühn, und morgen stehn in Frucht.

Frankreich, sei stolz der herlichen Profetin!
Dein ist von Neuem die Stadt Orleans.
Mehr Segen widerfuhr nie unsrem Land.

Reignier.

Warum durchhallt nicht Glockenklang die Stadt?
Dauphin, bestellt beim Volke Freudenfeur;
Man schmaus' und jubl' auf öffentlichem Markt,
Das Glück zu feiern, welches Gott uns gab.

Alençon.

Ganz Frankreich wird erfüllt mit Freud' und Lust,
Wann es vernimt, wie mannhaft wir gekämpft.

Karl.

Nicht wir, 's ist Jeanne, die den Tag gewann;
Dafür theil' ich die Krone nun mit ihr,
Und jeder Mönch und Priester meines Reichs
Sing' in Procession ihr endlos Lob.
Ihr bau' ich eine Pyramide, stolzer,
Als die der Rhodope zu Memfis war;
Ihr zum Gedächtnis, wenn sie todt ist, soll
Die Asch' in einer Urne, köstlicher,
Als das Juwelenkästchen des Darius,
Umgehn an Tagen hoher Festlichkeit
Vor Frankreichs Königen und Königinnen.
Nicht länger rufen wir Sankt Dionys,
Jean la Pucell' ist uns Schuzheilige.
Kommt, schmausen wir mit königlicher Pracht,
Da dieser Tag uns goldnen Sieg gebracht.

(Trompetenschall. Sie gehn ab.)

Zweiter Aufzug.

Erste Scene.

Vor Orleans.

Ein französischer Sergeant, und zwei Schildwachen.

Sergeant.

Nehmt eure Pläz', ihr Leut', und paßt wohl auf.
Sobald ihr Lerm hört, oder daß Soldaten
Den Mauern nahn, schnell durch ein Zeichen laßt
Nachricht davon am Wachthaus uns empfahn

Erster Wächter.

Sehr wohl, Sergeant.

(Der Sergeant geht.)

So muß der arme Wächter,
Wenn andre schlafen auf bequemem Bett,
Dastehn in Regen, Dunkelheit und Frost.

(Talbot, Bedford, Burgund und ihre Truppen, mit Sturmleitern; die Trommeln schlagen einen Todtenmarsch.)

Talbot.

Mylord Regent, und mächtiger Burgund
Deß Ankunft uns die Länder Artois,
Wallon und Pikardie befreundet hat:
In dieser Glücksnacht ruht sorglos der Feind,
Der ganz den Tag geschwelgt hat und gepraßt.

Ergreifen wir denn die Gelegenheit;
Sie schickt sich zur Vergeltung des Betrugs,
Den uns ersann arglist'ge Zauberei.

Bedford.

Der feige Frank! — wie schimpft er seinen Ruhm!
Verzweifelnd an des eignen Armes Kraft,
Trit er mit Hexen und der Höll' in Bund.

Burgund.

Verräther sind in der Gesellschaft stets. —
Doch wer ist die Pucell', die himmelreine?

Talbot.

Ein Mädchen, heißts.

Bedford.

Ein Mädchen, und so kriegrisch?

Burgund.

Gott gebe, daß sie nicht bald werd' ein Mann,
Wenn unter Frankreichs Fahnen sie hinfort
Kriegsrüstung trägt, wie sie begonnen hat.

Talbot.

Wohl, laßt sie ränkevoll umgehn mit Geistern.
Gott unsre Burg! Gott ficht siegreich für uns!
Erklimmen wir ihr steinern Bollwerk kühn!

Bedford.

Hinauf, Held Talbot, und wir folgen dir.

Talbot.

Nicht all' auf einmal. Besser dünkt es mir,
Hineinzudringen auf verschiednem Weg';
Daß, wenn es einem auch von uns mislingt,
Der andre dennoch Stand halt' ihrer Macht.

Bedford.

So sei's; gebt mir den Winkel.

Burgund.

Und mir den.

Talbot.

Und hier stürmt Talbot, oder schaft sein Grab. —
Nun, Salisbury, für dich und für das Recht
Heinrichs von England, zeige sich heut Nacht,
Wie sehr mein Herz verpflichtet ist euch beiden.

(Die Engländer erklimmen die Mauern, rufend: Sankt Georg! und: Talbot hoch! und dringen alle in die Stadt.)

Schildwache drinnen.

Auf, zu den Waffen, auf! der Feind stürmt ein!

(Die Franzosen springen im Hemd über die Mauern. Es kommen von verschiedenen Seiten der Bastard, Alençon, Reignier, halb angekleidet.)

Alençon.

Wie nun, ihr Herrn? warum so nackt und bloß?

Bastard.

Nackt? ja, und froh, daß wir so gut entflohn.

Reignier.

Zeit wars wahrhaftig, aus dem Bett zu gehn,
Der Lerm war dicht schon an der Kammerthür.

Alençon.

Niemals, so lang' ich übe Waffendienst,
Hört' ich von einer Ueberrumpelung,
So tollkühn und verzweiflungsvoll, wie die.

Bastard.

Der Talbot, denk' ich, ist ein Geist der Hölle.

Reignier.

Wenn nicht die Höll', ist ihm der Himmel hold.

Alençon.

Da kommt der Dauphin; wie's wol dem erging?
(Es kommen Karl und Pucelle.)

Bastard.

Sacht! war Sankt Jeanne doch ihm Schüzerin.

Karl.

Ist das dein Beistand, du trugvolles Mädchen?
Zuerst, uns zu berücken, ließest du
Theilnehmen uns an kleinlichem Gewinn,
Daß der Verlust nun sei zehnmal so groß?

Pucelle.

Warum zürnt Karl auf seine Freundin so?
Soll meine Macht allzeit die selbe sein?
Im Schlaf und Wachen muß Ich siegen stets,
Sonst scheltet ihr, und legt die Schuld auf mich? —
Achtlose Krieger, wachtet Ihr nur gut,
Dies jähe Unglück wäre nie geschehn.

Karl.

Herzog von Alençon, eur Fehler wars;
Daß ihr, da Wachthauptmann ihr wart heut Nacht,
Nicht besser Acht gabt auf den wicht'gen Dienst.

Alençon.

War jegliches Quartier so gut bewahrt,
Als das, worin Ich hatte den Befehl,
Nie wären wir so schimpflich überrascht.

Bastard.

Meins war gesichert.

Reignier.

So auch meins, o Herr.

Karl.

Und Ich, für mein Theil, fast die ganze Nacht,
In ihrem Viertel und durch mein Gebiet,
War ich beschäftigt, auf und ab zu gehn,
Besorgend der Schildwachen Wechselung.
Wie oder wo denn brachen erst sie ein?

Pucelle.

Laßt ruhn, ihr Herren, die Erörterung,
Wie oder wo; genug, es war ein Plaz
Nur schwach besezt, wo der Einbruch geschah.
Und jezt ist übrig uns kein Rath als der,
Wir sammeln das versprengte Volk, und baun
Uns neue Schanzen, sie zu schädigen.

(Schlachtlerm. Ein engländischer Soldat kommt und ruft: Talbot hoch! Talbot hoch! Sie fliehn, und lassen die Kleider im Stich.)

Soldat.

Ich bin so dreist, und nehme, was sie lassen.
Der Ausruf Talbot dient mir statt des Schwerts;
Denn ich belud mich schon mit mancher Beut',
Und braucht' als Waffe seinen Namen bloß.

(Er geht ab.)

Zweite Scene.

Orleans. Innerhalb der Stadt.

Talbot, Bedford, Burgund, ein Hauptmann, und Andre.

Bedford.

Die Nacht entfliehet, und der Tag bricht an,
Den schwarzen Flor weghebend von der Erde.
Zum Abmarsch blast, und hemmt die heiße Jagd.

(Man bläst zum Abmarsch.)

Talbot.

Bringt her den Leib des alten Salisbury,
Und stellet hier ihn auf dem Marktplaz aus,
Dem Mittelpunkte der verfluchten Stadt. —
Nun zahlt' ich seiner Seele mein Gelübd.
Für jeden Tropfen Bluts, der ihm entfloß,
Sind mindestens fünf Franken heut erlegt.
Und daß die fernste Zukunft möge schaun,
Was für Verheerung ihm zur Rach' erfolgte,
Bau' ich in ihrer Hauptkirch' eine Gruft,
Worin sein Leichnam soll beerdigt sein.
Darauf, daß jedermann es lese, soll
Gegraben sein die Plündrung Orleans,
Wie durch Verrath er starb traurhaften Tod,
Und welch ein Schrecken er den Franken war.
Doch, Lords, bei all dem Mezeln wunderts mich,
Daß wir dem Dauphin nicht begegneten,
Der tugendsamen Heldin Jeanne d'Arc,
Noch irgend wem der falschen Bundsgenossen.

Bedford.

Man glaubt, Lord Talbot, als die Schlacht begann,
Daß, plözlich aufgeschreckt vom trägen Bett,
Sie unter Haufen von Bewafneten
Die Mau'r hinüber wegflohn in das Feld.

Burgund.

Ich selbst, so viel ich unterscheiden konnt'
Im Rauch und dicken Nebeldunst der Nacht,
Ich selbst vertrieb den Dauphin und sein Dämchen,
Als Arm in Arm sie beid' herrannten schnell,
Gleichwie ein Paar verliebter Turteltauben,
Die nie sich trennen weder Tag noch Nacht.
Sobald hier alles wird in Ordnung sein,
Dann ihnen nach mit unserm ganzen Heer.

(Ein Bote trit auf.)

Bote.

Heil euch, ihr Lords! Wen von den Fürsten da
Nennt ihr den Helden Talbot, der durch Thaten
So einzig glänzt im ganzen Frankenland?

Talbot.

Hier ist der Talbot; wer begehret sein?

Bote.

Die tugendreiche Gräfin von Auvergne,
Mit Sittsamkeit bewundernd deinen Ruhm,
Ersucht dich, großer Lord, du wollst geruhn
Sie zu besuchen auf der armen Burg,
Daß sie sich rühme stolz, sie sah den Mann,
Deß Herrlichkeit laut durch die Welt erschallt.

Burgund.

Im Ernste? Nun, dann seh' ich, unser Krieg
Verwandelt sich in ruhig Possenspiel,

Wenn Damen uns einladen zum Besuch. —
Ablehnen dürft ihr nicht die Artigkeit.

Talbot.

Nein, glaubt; wenn eine Welt von Männern auch
Nichts ausgewirkt mit ihrer Redekunst,
Doch hat des Weibes Gütigkeit gesiegt.
Und darum sag' ihr, daß ich herzlich dank',
Und unterthänig ihr aufwarten will. —
Gehn eure Edlen zur Gesellschaft mit?

Bedford.

Nein wahrlich; das ist mehr als Sitt' erlaubt.
Man pflegt zu sagen, ungeladne Gäste
Sind erst willkommen, wann sie weiter gehn.

Talbot.

Wohl denn, allein, da nichts mir übrig bleibt,
Erprob' ich dieser Dame Höflichkeit.
Hört, Hauptmann.
(Er spricht leise mit ihm.)
Ihr versteht die Meinung doch?

Hauptmann.

Ja, gnäd'ger Herr, und mein' es eben so.
(Sie gehn ab.)

Dritte Scene.

Das Schloß der Gräfin von Auvergne.

Die Gräfin und ihr Pförtner.

Gräfin.

Pförtner, vergeßt nicht, was ich euch befahl,
Und wanns geschehn ist, bringt die Schlüßel mir.

Pförtner.

Wohl, gnäd'ge Frau.

(Er geht.)

Gräfin.

Der Anschlag ist gelegt. Fällt alles gut,
Dann werd' ich so berühmt durch diese That,
Als Scythia's Tomyris durch Cyrus Tod.
Groß ist der Ruf von dem furchtbaren Ritter,
Und seine Thaten stehn in gleichem Ruhm.
Gern wär' mein Aug' ein Zeuge meines Ohrs,
Daß selbst es urtheil' über all die Wunder.

(Ein Bote kömmt mit Talbot.)

Bote.

Gräfin, —
Zufolge dem Gesuch, das eure Gnaden
Durch mich ergehn ließ, ist Lord Talbot da.

Gräfin.

Er ist willkommen. Wie? ist dies der Mann?

Bote.

Ja, gnäd'ge Frau.

Gräfin.

Ist dies die Geißel Frankreichs?
Ist dies der Talbot, so gefürchtet rings,
Daß schon sein Name kleine Kinder stillt?
Ich seh', der Ruf ist fabelhaft und falsch.
Herkommen, dacht' ich, würd' ein Herkules,
Ein zweiter Hektor mit grimmvollem Blick,
Und ungeheurer Glieder derbem Wuchs.
Ach Gott! das ist ein Kind, ein blöder Zwerg;
Unmöglich, daß der schwache, welke Knirps
Einjage solch ein Schrecken seinem Feind.

Talbot.

Gräfin, ich war so dreist, euch hier zu stören;
Doch da eur Gnaden nicht bei Muße scheint,
Erseh' ich andre Zeit mir zum Besuch.

Gräfin.

Was hat er vor? — Fragt doch, wohin er geht.

Bote.

Bleibt, Mylord Talbot; meine Gräfin wünscht
Zu wissen, warum ihr so eilig geht.

Talbot.

Ei nun, weil sie nicht ganz ist überzeugt,
Will ich beweisen ihr, Talbot sei da.

(Der Pförtner kommt zurück mit den Schlüsseln.)

Gräfin.

Wenn du es bist, so bist du ein Gefangner.

Talbot.

Gefangner! wem?

Gräfin.

Mir, du blutdürst'ger Lord;

Und deshalb lockt' ich dich in meine Burg.
Längst war dein Schatten schon in Haft bei mir,
Da meine Gallerie dein Bild bewahrt.
Dem Wesen falle jezt das gleiche Loos.
Ich feßle diese Bein' und Arme dir,
Der du mit Tyrannei so manches Jahr
Das Land verheertest, unsre Bürger schlugst,
Und Söhn' und Männer zu Gefangnen machtest.

Talbot.

Ha, ha, ha!

Gräfin.

Du lachst, Elender? Lust wird bald dir Leid.

Talbot.

Ich lache, weil eur Gnaden thöricht glaubt,
Ihr hättet etwas mehr, als Talbots Schatten,
Um auszulassen eure Streng' an ihm.

Gräfin.

Was? bist du nicht der Mann?

Talbot.

Nun ja, ich bins.

Gräfin.

So hab' ich auch sein Wesen.

Talbot.

Nein, nein, ich bin nur Schatten von mir selbst.
Ihr irrt euch sehr, mein Wesen ist nicht hier;
Denn was ihr seht, ist nur der kleinste Theil.
Das Wenigste deß, was zum Menschen macht.
Glaubt, Gräfin, wär' der ganze Talbot hier,
Er ist von so weit ausgedehntem Wuchs,
Eur Haus nicht wär' hinreichend, ihn zu fassen.

Gräfin.

Das ist ein Räzelkrämer, toll wie was.
Hier will er sein, und doch ist er nicht hier.
Wie kann dergleichen Widerspruch bestehn?

Talbot.

Das will ich zeigen, und sogleich.
(Er bläst in ein Horn. Man hört Trommeln. Hierauf eine Salve von grobem Geschüz. Die Thore werden gesprengt; Soldaten kommen.)
Was sagt ihr, Gräfin? Seid ihr überzeugt,
Daß Talbot nur ist Schatten von sich selbst?
Die sind ihm Wesen, Spannkraft, Arm und Mark,
Womit er euch des Aufruhrs Nacken beugt,
Schleift eure Flecken, umstürzt eure Städt',
Und sie im Nu zu lauter Wüsten macht.

Gräfin.

Verzeih, siegreicher Talbot, mein Vergehn.
Ich seh', du bist nicht kleiner als dein Ruf,
Und mehr als die Gestalt errathen läßt.
Nicht reize mein Erkühnen deinen Zorn.
Es thut mir leid, daß ich mit Ehrbietung
Dich nicht so aufnahm, wie du's würdig bist.

Talbot.

Nicht bange, schöne Frau! und nicht mißkennt
Die Denkart Talbots, wie ihr euch geirrt
In seines Leibes äußerlichem Bau.
Was ihr gethan, nicht hat es mich beleidigt;
Auch fodr' ich zur Genugthuung nichts mehr,
Als daß, mit eurer Gunst, wir kosten dürfen
Von eurem Wein, und sehn, wie man hier kocht.
Der Krieger Magen sind reg' überall.

Gräfin.

Von ganzem Herzen; und es ehrt mich sehr,
Daß schmausen soll bei mir solch großer Held.
(Sie gehn ab.)

Vierte Scene.

London. Der Tempel-Garten.

Die Grafen von Somerset, Suffolk und Warwick; Richard Plantagenet; Vernon und ein anderer Rechtsgelehrter.

Plantagenet.

Ihr große Lords und Herrn, was soll dies Schweigen?
Will niemand reden, wo es Wahrheit gilt?

Suffolk.

Im Saal des Tempels waren wir zu laut;
Der Garten ist bequemer zum Gespräch.

Plantagenet.

So sagt denn kurz, ob Wahrheit Ich behauptet,
Ob nicht der Zänker Somerset geirrt?

Suffolk.

Traun, Erzfaulenzer war ich in dem Recht;
Nie fügte noch mein Wille sich darnach;
Drum füge sich das Recht nach meinem Willen.

Somerset.

So richtet ihr, Lord Warwick, zwischen uns.

Warwick.

Von zweien Falken, wer am höchsten steigt,
Von zweien Hunden, wer am tiefsten bellt,
Von zweien Klingen, welch' am besten haut,
Von zweien Pferden, welches besser geht,
Von zweien Mägdlein, welches heitrer blickt:
Hierin zur Noth hab' ich ein wenig Einsicht;
Doch in den spizen Grübelein des Rechts, —
Die Dohle traun führt weiseres Gekrächz.

Plantagenet.

Schweigt, schweigt, das ist nur höfliches Gezier.
Die Wahrheit steht so nackt auf meiner Seite,
Daß auch ein blödes Aug' sie sehen kann.

Somerset.

Auf meiner Seit' ist sie so wohl gekleidet,
So hell, so glänzend, und so offenbar,
Daß sie des Blinden Aug' durchschimmern muß.

Plantagenet.

Da Scheu zu reden euch die Zunge hemmt,
In stummen Zeichen gebt die Meinung kund.
Der, welcher ist ein ächter Edelmann,
Und Werth legt auf den Adel seines Bluts,
Sofern er glaubt, Ich brachte Wahrheit vor,
Pflück' ab vom Strauch' hier eine weise Rose.

Somerset.

Und wer kein Feigling und kein Schmeichler ist,
Nein unverzagt es mit der Wahrheit hält,
Pflück' eine rothe Rose von dem Dorn.

Warwick.

Nicht lieb' ich Schminke; drum, ohn' alle Schminke

Der knechtisch niederträcht'gen Schmeichelei,
Pflück' ich die weiße mit Plantagenet.

Suffolk.

Die rothe pflück' ich hier mit Somerset,
Und sage frei, ich glaub', er hatte Recht.

Vernon.

Halt! Lords und edle Herren, und pflückt nicht mehr,
Bis ihr beschließt, daß der, auf dessen Seite
Der Rosen wen'ger sind gepflückt vom Busch,
Dem andern Theil das Recht einräumen soll.

Somerset.

Mein guter Vernon, wohl bemerkt ist das;
Hab' ich die mindre Zahl, still geb' ich nach.

Plantagenet.

Ich auch.

Vernon.

Dann für der Wahrheit unleugbares Recht,
Pflück' ich die blasse Jungfraunblume hier,
Den Ausspruch gebend für die weiße Rose.

Somerset.

Stecht nicht den Finger, wie ihr ab sie pflückt,
Sonst färbt eur Blut die weiße Rose roth,
Und ihr fallt ab zu mir troz eurem Willen.

Vernon.

Wenn ich, Mylord, für meine Meinung blute,
Wohl, meine Meinung wird mich heilen auch,
Und mich bewahren, wo ich einmal bin.

Somerset.

Gut, gut, macht fort; wer sonst?

(Rechtsgelehrter, zu Somerset.)

Wofern nicht Kunst und Wissen mich belügt,
So habt ihr den Beweis unrecht geführt.
Zum Zeichen deß pflück' ich die weiße Rose.

Plantagenet.

Nun, Somerset, wo ist nun eur Beweis?

Somerset.

Hier in der Scheide; dies bedenken, wird
Die weiße Ros' euch färben blutig roth.

Plantagenet.

Indeß spielt eure Wang' in unsre Rose;
Denn blaß sieht sie vor Furcht; als zeugte sie
Für unsre Wahrheit.

Somerset.

Nein, Plantagenet,
Aus Furcht nicht, doch aus Zorn, daß deine Wange,
Vor Scham erröthend, spielt in unsre Ros',
Und doch dein Mund den Irthum nicht bekennt.

Plantagenet.

Ward deiner Ros' ein Wurm nicht, Somerset?

Somerset.

Und deiner Ros' ein Dorn, Plantagenet?

Plantagenet.

Ja, scharf und stechend, der ihm schützt sein Recht,
Indeß Dein Wurm an seiner Falschheit nagt.

Somerset.

Wohl, Freunde find' ich für mein Rosenblut;
Behaupten werden sie, mein Wort sei wahr,
Wo sich der Falsche nicht darf lassen sehn.

Plantagenet.

Nun, bei der Jungfraunblum' in meiner Hand,
Hohn dir und deinem Anhang, Knäblein du!

Suffolk.

Kehr' nicht den Hohn auf uns, Plantagenet.

Plantagenet.

Ja, stolzer Poole, Hohn beiden, ihm und dir!

Suffolk.

Mein Theil davon schleudr' ich in deinen Hals.

Somerset.

Kommt, folgt mir, guter William de la Poole!
Man ehrt den Bauern, redet man mit ihm.

Warwick.

Nun, so wahr Gott, du schmähst ihn, Somerset;
Sein Ahn war Lionel, Herzog von Clarence,
König Edwards des dritten dritter Sproß.
Helmlose Bauern treibt nicht solche Wurzel.

Plantagenet.

Er stüzt sich auf die Freiheit dieses Orts,
Sonst sagte der Feigherzige nicht das.

Somerset.

Bei dem, der mich erschuf, mein Wort behaupt' ich
Auf jedem Plaz der weiten Christenheit.
Sank nicht dein Vater Richard, Jarl von Cambridge,
Um Hochverrath zur Zeit des vor'gen Heinz?
Hat dich sein Hochverrath nicht angesteckt,
Geschändet und beraubt des alten Adels?
Sein Mißthun lebt noch frisch in deinem Blut;
Und, bis zur Herstellung, bist du ein Bauer.

Plantagenet.

Mein Vater ward verklagt, nicht überführt,
Verurtheilt um Verrath, doch kein Verräther.
Das zeig' ich Höhern noch als Somerset,
Reift meinem Willen erst die Zeit heran.
Hier euren Helfer Poole, und euch dazu,
Euch zeichn' ich ein in mein Gedächtnisbuch,
Für diesen Vorwurf euch zu züchtigen.
Gebt Acht, und sagt, man hab' euch treu gewarnt.

Somerset.

Wohl, finden sollst du immer uns bereit,
Und uns als Feind' erkennen an der Farbe,
Die meine Freunde schmücken wird, troz dir.

Plantagenet.

Und so mir Gott! die blasse, zorn'ge Ros',
Ein Sinnbild meines blutbegier'gen Hasses,
Soll schmücken mich und meinen Anhang stets,
Bis sie verwelkt mit mir ins Grab geht, oder —
Aufblüht zur Höhe meiner Herlichkeit.

Suffolk.

Geh vorwärts, und erworg' an deinem Ehrgeiz!
Und so leb' wohl, bis wir uns wiedersehn.
(Er geht.)

Somerset.

Ich folge, Poole. — Leb' wohl, ehrgeiz'ger Richard.
(Er geht.)

Plantagenet.

Wie man mir trozt! und ich muß dulden das!

Warwick.

Der Fleck, den man hier rügt an eurem Haus,
Wird ausgelöscht im nächsten Parlament,

Das Winchester und Gloster söhnen soll.
Und wirst du dann nicht eingesezt als York,
Nicht länger will ich Warwick sein genannt.
Derweil, zum Pfande, daß ich vorzog dich
Dem stolzen Somerset und William Poole,
Trag' ich, zu dir mich stellend, diese Rose.
Und hier weissag' ich: Dies Gezänk von heut,
Das zur Parteiung wuchs im Tempelgarten,
Rafft den zwei Rosen einst, durch Kampf und Schlacht,
Viel tausend Mann in Tod und Todesnacht.

Plantagenet.

Euch, lieber Vernon, sag' ich Herzensdank,
Daß mir zu lieb ihr eine Blume bracht.

Vernon.

Und euch zu lieb trag' ich beständig sie.

Rechtsgelehrter.

Ich auch.

Plantagenet.

Dank, lieber Herr. —
Wohl, laßt uns vier zu Tisch gehn. Denkt an heut;
Der Hader trinkt noch Blut in andrer Zeit.
(Sie gehn ab.)

Fünfte Scene.

Ein Zimmer im Tower.

Mortimer wird von zwei Gefangenwärtern in einem Armstuhl hereingetragen.

Mortimer.

Liebreiche Wächter meiner Alterschwäch',
Ausruhn zum Tode laßt hier Mortimer.
Wie einer, den die Folter jüngst gedehnt,
Fühl' in den Gliedern ich die lange Haft.
Die grauen Locken da, Vortrab des Tods,
Wie Nestor alt, und alt in Kümmernis,
Thun kund, es end' hier Edmund Mortimer.
Die Augen, Lampen, deren Oel verbrannt,
Verdüstern sich, zum Lebensschluß gewandt;
Die Schultern schwach, erdrückt von schwerem Gram;
Marklos die Arme, wie wenn dürre Reben
Saftlose Schosse senken auf den Grund. —
Doch diese Füß' hier — ohne Kraft und steif,
Nicht länger stüzend diesen Erdenkloß —
Sind leicht beschwingt vom Wunsch nach einem Grabe,
Wohl wissend, daß ich andern Trost nicht habe. —
Doch sag' mir, Wächter, ob mein Neffe kommt.

Erster Gefangenwärter.

Richard Plantagenet, Mylord, der kommt.
Wir schickten in den Tempel, wo er wohnt,
Und Antwort ward ertheilt, er komme her.

Mortimer.

Genug; dann wird beruhigt mein Gemüt. —

Der arme Mann! Sein Leid wiegt schwer wie meins.
Seit Heinrich Monmouth Englands Thron bestieg,
Vor dessen Ruhm ich groß in Waffen war,
Schmacht' ich in ekler Eingeschlossenheit.
Zu der Zeit auch ward Richard weggedrängt,
Schmählich verkürzt an Ehr' und Erbbesiz.
Doch nun der Obmann in Verzweiflungen,
Der Tod, der freundlich schlichtet alles Leid,
Mit süßer Freiheit mich von hier entläßt,
Wollt' ich, auch seine Drangsal wär' am Ziel,
Das ihm würd' hergestellt, was er verlor.

(Richard Plantagenet kommt.)

Erster Gefangenwärter.

Mylord, eur lieber Neff ist jezo da.

Mortimer.

Richard Plantagenet? Freund, ist er da?

Plantagenet.

Ja, edler Ohm, dem so Unedles ward,
Eur Neff' ist da, der frisch gekränkte Richard.

Mortimer.

Führt meine Arme, daß ich ihn umhals',
Und ihm ins Herz ausathme Todeshauch.
O sagt mir, wann mein Mund die Wang' ihm rührt,
Daß ich ihn grüße mit dem Scheidekuß. —
Nun, theurer Sprößling von Yorks großem Stamm,
Sag an, weßhalb du frisch gekränkt dich nennst.

Plantagenet.

Erst lehn' an meinen Arm den alten Rücken,
Und, so erleichtert, höre die Beschwer.
Heut, bei der Untersuchung eines Falls,
Ward Unfried zwischen Somerset und mir.

Der frechen Zunge ließ er freien Lauf,
Und rügte scharf mir meines Vaters Tod.
Die Schmähung machte starren mir die Zunge,
Sonst hätt' ich Maß für Maß vergolten ihm.
Drum, theurer Ohm, um meines Vaters willen,
Des ächt entsprossenen Plantagenet,
Und unsrer Sippschaft, nennt den Grund, weßhalb
Mein Vater, Jarl von Cambridge, ward enthauptet.

Mortimer.

Der Grund, mein Neffe, der mich sperrt' in Haft,
Und fest hielt seit der blühnden Jugendzeit
In eklem Kerker, hinzuschmachten da,
War das verfluchte Werkzeug seines Tods.

Plantagenet.

Erzähl' umständlicher: was war der Grund?
Unwissend bin ich, und nicht rath' ich ihn.

Mortimer.

Ich wills, wenn schwacher Odem es erlaubt,
Und nicht der Tod naht, eh' ich auserzählt.
Der vierte Heinz, Großvater diesem König,
Verstieß den Vetter Richard, Edwards Sohn,
Des Erstgebornen, und rechtmäß'gen Erben
Vom dritten König Edward, jenes Stammes:
Zu dessen Zeit die Percy's aus dem Norden,
Entbrannt ob Heinrichs frecher Anmaßung,
Sich mühten, mich zu fördern auf den Thron.
Was dazu antrieb diese tapfern Lords,
War, daß nach Wegräumung des jungen Richard,
Der keinen Leibeserben hinterließ,
Ich war der nächste nach der Sippschaft Recht;
Denn mütterlicher Seite stamm' ich ab
Von Lionel Herzog Clarence, drittem Sohn

König Edwards des dritten, während er
Von John von Gaunt herleitet die Geburt,
Dem vierten nur in jenem Heldenhaus.
Doch merk: Als ihr hochherziger Versuch
Zu pflanzen den rechtmäß'gen Erben rang,
Verlor Ich meine Freiheit, sie ihr Leben.
Lang' drauf, als Heinz der fünfte König war,
Nachfolgend seinem Vater Bolingbroke,
Wars, daß dein Vater, Jarl von Cambridge, Sproß
Vom hohen Edmund Langley, Herzog York, —
Mann meiner Schwester, die dir Mutter war,
Nochmals, aus Jammer um mein herb Geschick,
Anwarb ein Heer, im Wahn, mich zu befrein
Und zu bekleiden mit dem Diadem.
Doch, wie die andern, sank der edle Jarl,
Und ward enthauptet. — So sind die Mortimers,
Bei unerloschnem Anspruch, unterdrückt.

Plantagenet.

Von denen ihr, Mylord, der lezte seid.

Mortimer.

Ja, und du siehst, daß kein Geschlecht ich hab',
Und daß mein schwacher Hauch ankündet Tod.
Du bist mein Erbe; grüble weiter nun,
Doch sei behutsam, was du auch beginnst.

Plantagenet.

Dein ernst Ermahnen dringt mir tief ins Herz.
Doch dünkt mich, meines Vaters Hinrichtung
War ganz das Werk blutgier'ger Tyrannei.

Mortimer.

Schweig, Neffe, Schweigen sei dir Politik.
Stark ist und fest das Haus von Lancaster,
Und, wie ein Felsenberg, nicht wegzurücken.

Nun aber rückt dein Oheim weg von hier,
Wie Fürsten ihren Hof verlegen, müde
Des langen Aufenthalts an Einem Ort.

Plantagenet.

O theurer Ohm, könnt' Ein Theil meiner Jugend
Abkaufen deiner Jahr' Hinfälligkeit!

Mortimer.

Dann quältest du mich, wie der Mörder thut,
Der viele Wunden giebt, wo Eine gnügt.
Nicht traur', es sei denn, du beklagst mein Wohl.
Nur dies: besorge mir die Leichenfeir.
Und so leb' wohl; Heil deinen Hoffnungen!
Und Glück durchs Leben dir, in Fried' und Krieg!
(Er stirbt.)

Plantagenet.

Fried', und nicht Krieg, der lebensmüden Seele!
Im Kerker hast die Wallfahrt du vollbracht,
Und wie ein Klausner überlebt dich selbst. —
Wohl, seinen Rath verschließ' ich in der Brust,
Und was ich sinne, sei nur mir bewußt. —
Ihr Wächter, tragt ihn fort; ich schaff' ihm sein
Begräbnis besser als sein Leben war.
(Die Gefangenwärter tragen Mortimer hinaus.)
Hier stirbt die trübe Fackel Mortimers,
Erstickt vom Ehrgeiz der Geringeren. —
Für jene Kränkung, für die bittre Schmach,
Die Somerset zufügte meinem Haus,
Erwart' ich ehrenvollesten Ersaz.
Und deshalb eil' ich in das Parlament:
Man soll zurück mich geben meinem Blut,
Sonst schaff' ich selbst mein Uebel mir zum Gut.
(Er geht ab.)

Dritter Aufzug.

Erste Scene.

London. Das Parlamenthaus.

Trompetenschall. König Heinrich, Exeter, Gloster, Warwick, Somerset, Suffolk, der Bischof von Winchester, Richard Plantagenet und Andre. Gloster will eine Bill überreichen; Winchester erhascht und zerreißt sie.

Winchester.

Kommst du mit tief voraus durchdachten Zeilen,
Geschriebnen Blättern, kunstvoll abgefaßt,
Humphrey von Gloster? Wenn du klagen kannst,
Und mir zur Last etwas zu legen denkst,
Thu's ohne Vorbereitung schnell und rasch;
Und ich mit schneller Red', und aus dem Kopf,
Antworte dem, was du vorbringen magst.

Gloster.

Wahnstolzer Pfaff! Der Ort mahnt zur Geduld,
Sonst macht' ichs fühlbar, du beschimpftest mich.
Denk nicht, obschon ich schriftlich aufgesezt
Die Summe deiner schreienden Vergehn,
Verfälscht hätt' ich, und wäre nicht im Stand,

Frei vorzutragen, was die Feder schrieb.
Nein, Bischof, solch' ist deine Schandbarkeit,
Dein frech, giftvoll, aufrührisches Getreib,
Daß Kinder schon durchschwazen deinen Stolz.
Du bist ein räuberischer Wucherer,
Starrköpfig von Natur, des Friedens Feind,
Wollüstig, üppig, mehr als wol sich ziemt
Für einen Mann von deinem Amt und Rang.
Und dein Verrath, — ha! was liegt mehr am Tag,
Da du gelegt hast Schlingen auf mein Leben,
So bei der Londner = Brück', als bei dem Tower?
Auch sorg' ich, wenn dein Innres würd' erforscht,
Dein Herr, der König, ist nicht gänzlich frei
Vom neid'schen Hasse deines Hochmutsinns.

Winchester.

Gloster, ich biete Troz dir. — Lords, geruht
Zu hören, was ich ihm antworten will.
Wär' ich ehrsüchtig, geizig und verderbt,
Wie er mich macht, woher bin ich so arm?
Wie kommts, daß ich nie suchte Förderung
Zu höherm Rang, nein treu blieb dem Beruf?
Was Zwietracht anbelangt, wer liebt den Frieden
So sehr als ich, läßt man mich ungereizt?
Nein, werthe Lords, nicht das ist mein Vergehn;
Nicht das ists, was den Herzog so entflammt.
Es ist, weil niemand herschen soll als er,
Niemand als er soll um den König sein;
Und das erzeugt ihm Donner in der Brust,
Und heißt ihn brüllen solche Schmähungen.
Doch er soll sehn, ich bin so gut —

Gloster.

So gut?

Du Bastardbruder meines Vaters! —

Winchester.

Ja, mein Herr Lord; und was seid ihr, ich bitt',
Als ein Herschsüchtler auf des andern Thron?

Gloster.

Was! bin nicht ich Protector, frecher Pfaff?

Winchester.

Uud bin nicht ich Prälat der Kirche, ich?

Gloster.

Ja, wie ein Schnapphahn in ein Schloß sich sezt,
Und es gebraucht zum Schuz der Dieberein.

Winchester.

Du kränkst die Würde, Gloster!

Gloster.

Würde giebt
Dir nur dein geistlich Amt, dein Leben nicht.

Winchester.

Rom soll dem steuren.

Warwick.

So steur' hin nach Rom.

Somerset.

Mylord, es wäre Pflicht euch, still zu sein.

Warwick.

Ei, laßt den Bischof ja nicht in der Noth.

Somerset.

Mich dünkt, Mylord sollt' hegen frommen Sinn,
Und wissen, was man Frommen schuldig ist.

Warwick.

Mich dünkt, Mylord sollt' hegen Demutsinn;
Nicht ziemts, daß ein Prälat so hadere.

Somerset.

Ja, wenn sein heil'ger Stand wird angezwackt!

Warwick.

Stand heilig, Stand unheilig, was macht das?
Ist nicht Sein' Hoheit Reichsprotector hier?

Plantagenet, beiseit.

Plantagenet, seh' ich, muß stille sein,
Daß man nicht sage: „Sprecht, Freund, wo ihr dürft;
„Muß euer dreist Geschwäz laut sein bei Lords?"
Sonst bänd' ich gern hier an mit Winchester.

K. Heinrich.

Oheime Gloster und von Winchester,
Vornehmste Wächter über Englands Wohl,
Gern möcht' ich, wenn nur Bitte was vermöcht',
Euch beid' in Lieb' und Freundschaft einigen.
O welch ein Aergernis für unsre Krone,
Daß zwei so edle Pairs mishällig sind!
Glaubt, Lords, mein zartes Alter schon bezeugts,
Daß Bürgerzwietracht ist ein gift'ger Wurm,
Der nagt am Innern des gemeinen Wohls. —
(Man hört draußen ein Geschrei: „Nieder mit den Braunröcken!")
Was für ein Lerm?

Warwick.

Ein Aufruhr ganz gewiß,
Erregt durch Bosheit von des Bischofs Volk.
(Abermals Geschrei: „Steine! Steine!")
(Der Maier von London kommt mit Gefolge.)

Maier.

O, edle Lords, — und tugendhafter Heinrich, —
Zeigt Mitleid der Stadt London, Mitleid uns!

Des Bischofs Leut', und Herzog Glosters Leute,
Troz dem Verbot, zu tragen kein Gewehr,
Die Taschen füllten sie mit Kieselsteinen,
Und sich zusammenrottend in Partein,
So herzhaft schlagen sie die Köpfe sich,
Daß manchem schon sein schwindlicht Hirn entfloß.
Die Fenster bricht man ein in jeder Gass',
Und Furcht zwingt uns die Laden zu verschließen.
(Es kommen einige Anhänger Glosters und Winchesters im Handgemeng' herein, mit blutigen Köpfen.)

K. Heinrich.

Wir mahnen euch bei Unterthanenpflicht,
Hemmt eure Mörderhänd', und haltet Frieden. —
Ohm Gloster, stillt den Lerm.

Erster Diener.

Ja, wehrt man uns
Die Steine, mit den Zähnen packen wir.

Zweiter Diener.

Thut, wie ihr Herz habt; wir sind auch gefaßt.
(Ein neues Handgemenge.)

Gloster.

Ihr meines Hausstands, laßt den tollen Zank,
Und sezt dem unerhörten Kampf ein Ziel.

Dritter Diener.

Mylord, wir kennen euch als einen Mann,
Gerecht und redlich, und an Hochgeburt
Nachstehend keinem, als dem König nur.
Und eh wir dulden, daß ein solcher Prinz,
Solch güt'ger Vater des gemeinen Wohls,
Beschimpft sein soll von einem Dintenkerl,
Eh ziehn wir, Weib, Kind, alles in den Kampf,
Und lassen uns ermorden von dem Feind.

Erster Diener.

Ja, und der Abfall unsrer Nägel selbst
Schlägt noch ein Lager auf nach unserm Tod.
(Ein neues Handgemenge.)

Gloster.

Halt, sag' ich! —
Und wenn ihr lieb mich habt, wie ihr da sagt,
Laßt euch bereden, ruht ein Weilchen aus.

K. Heinrich.

O wie der Zank mir innig kränkt das Herz!
Könnt ihr, Mylord von Winchester, mich sehn
Erstickt in Thränen, und bleibt unerweicht?
Wer soll mitleidig sein, wenn ihrs nicht seid?
Wer soll um Ruh und Eintracht sich bemühn,
Wenn fromme Kirchherrn froh des Haders sind?

Warwick.

Mylord Protector, weicht; weicht, Winchester!
Sonst bringt ihr noch, durch starre Weigerung,
Tod eurem König, Umsturz diesem Reich.
Ihr seht, was für Unheil, und Mord sogar,
Verübt schon ward durch euren Feindeszwist;
Drum ruhig, wenn nicht Durst euch treibt nach Blut.

Winchester.

Er gebe nach; sonst weich' ich nimmermehr.

Gloster.

Aus Mitleid mit dem König beug' ich mich,
Sonst riss' ich eh das Herz dem Pfaffen aus,
Eh über mich er würde so zum Herrn.

Warwick.

Seht, Mylord Winchester, der Herzog hat
Verbannt die finstre misgelaunte Wut,

Wie uns die Glätte seiner Stirn beweist.
Was seht ihr noch so starr und tragisch aus?

Gloster.

Hier, Winchester, ich biete dir die Hand.

K. Heinrich.

Pfui, Oheim Beaufort! pred'gen hört' ich euch,
Bosheit sei Sünde, groß und fürchterlich;
Und wollt ihr nicht ausüben, was ihr lehrt,
Wollt selbst darin so gröblich euch vergehn?

Warwick.

Mein theurer Fürst, den Bischof straft ihr sanft. —
Schämt euch, Mylord von Winchester, gebt nach!
Wie? soll ein Kind euch lehren, was sich ziemt?

Winchester.

Herzog von Gloster, wohl, ich gebe nach;
Da hast du Lieb' um Lieb', und Hand für Hand.

Gloster.

Gut; doch ich fürcht', aus hohlem Herzen nur. —
Seht, meine Freund', und theure Landsgenossen,
Dies Zeichen dient als Flagge des Vertrags
Uns selbst, und allen uns Dienstpflichtigen.
So helfe Gott mir, wie nicht teuscht mein Herz!

Winchester, beiseit.

So helfe Gott mir, wie's mein Herz nicht meint!

K. Heinrich.

O lieber Ohm, mein theurer Herzog Gloster,
Wie freudig macht mich die Vereinigung!
Nun fort, ihr Leute, stört uns weiter nicht;
Vertragt in Freundschaft euch, wie eure Herrn.

Erster Diener.

Sei's drum, ich will zum Wundarzt.

Zweiter Diener.

So auch ich.

Dritter Diener.

Und ich hol' in der Schenke mir Arznei.

(Es gehn ab die Bedienten, der Maier u. s. w.)

Warwick.

Empfangt dies Blatt, mein gnädigster Monarch,
Das für das Recht Richard Plantagenets
Wir überreichen eurer Majestät.

Gloster.

Wohl angebracht, Lord Warwick! Denn, mein Fürst,
Wenn eure Hoheit jedes wohl erwägt,
Viel Ursach habt ihr, Richard recht zu thun,
Hauptsächlich jener Gründe halb, die ich
Auf Eltham=Place sagt' eurer Majestät.

K. Heinrich.

Und diese Gründ', Ohm, waren von Gewicht.
Drum, meine theuren Lords, ist unser Wille,
Daß Richard hergestellt sei seinem Blut.

Warwick.

Sei Richard hergestellt denn seinem Blut;
So wird des Vaters Kränkung gut gemacht.

Winchester.

Was alle wollen, will auch Winchester.

K. Heinrich.

Wenn Richard treu sein will, nicht dies allein,
Auch das gesamte Erbtheil geb' ich ihm,

Das zugehörig ist dem Hause York,
Aus welchem ihr herstammt in grader Reih.

Plantagenet.

Dein Unterthan gelobt Abhängigkeit,
Und Unterthanenpflicht bis in den Tod.

K. Heinrich.

Bückt euch, und sezt das Knie an meinen Fuß.
Hier zur Vergeltung der gelobten Treu
Gürt' ich dich mit dem tapfern Schwerte Yorks.
Steh' auf, Richard, als ein Plantagenet,
Steh' auf, ernannt zum Fürstherzog von York.

Plantagenet.

Dir, Richard, Heil, wie deinem Feind Verderb!
Wie meine Pflicht aufstrebt, so sink' in Staub,
Wer Groll hegt wider eure Majestät!

Alle.

Heil, hoher Prinz, machtvoller Herzog York!

Somerset, beiseit.

Fluch, niedrer Prinz, unedler Herzog York!

Gloster.

Jezt wird es frommen eurer Majestät,
Daß ihr nach Frankreich schift, zur Krönung dort.
Des Königs Gegenwart treibt Lieb' hervor
Bei jedem Unterthan, und treuen Freund,
Und schlägt mit Zagheit seiner Feinde Schaar.

K. Heinrich.

Der König Heinrich geht, wann's Gloster meint;
Denn Freundesrath giebt Schuz vor manchem Feind.

Gloster.

Die Schiffe stehn schon segelfertig da.

(Alle gehn, außer Exeter.)

Exeter.

Ja, ziehn wir aus in England oder Frankreich,
Nicht sehend, was wahrscheinlich draus entsteht:
Die Zwietracht, jüngst erwachsen bei den Pairs,
Glimmt unter falscher Asch' erlogner Lieb',
Und wird zulezt ausbrechen lichterloh.
Gleichwie ein eiternd Glied fault nach und nach,
Bis Bein und Fleisch und Sehn' abfällt zermorscht,
So frißt umher der Zwietracht tückisch Gift.
Nun schreckt mich die grauvolle Weissagung,
Die zu der Zeit Heinrichs des fünften war
Im Munde jedes Säuglings:
Heinrich von Monmouth, alles nimt er ein;
Heinrich von Windsor, alles büßt er ein.
Das ist so klar, daß Exeter sich wünscht,
Zu scheiden vor der unheilvollen Zeit.

(Er geht ab.)

Zweite Scene.

Frankreich. Vor Rouen.

Die Pucelle verkleidet, und Soldaten in Bauerntracht, mit Säcken auf dem Rücken.

Pucelle.

Dies ist das Thor der Hauptstadt, Rouens Thor,
Das unsre Kriegslist uns aufbrechen muß.

Seid ja behutsam, wie die Wort' ihr stellt;
Sprecht wie gemeine Banern, die vom Dorf
Zu Markt gehn, Geld zu lösen für ihr Korn.
Wenn man uns einläßt, was, wills Gott, geschieht.
Und wir die Wache finden träg' und schwach,
Schnell durch ein Zeichen meld' ichs unsern Freunden,
Daß Karl der Dauphin sie angreife stracks.

Erster Soldat.

In unsre Säcke sacken wir die Stadt,
Daß Herr'n und Meister wir von Rouen sein.
Kommt, laßt uns klopfen.

(Er klopft an.)

Wache.

Qui est là?

Pucelle.

Paysans, pauvres gens de France:
Arm Landvolk, das zu Markte trägt sein Korn.

Wache.

Kommt nur; die Marktglock' hat geläutet schon.

(Er öfnet das Thor.)

Pucelle.

Rouen, dein Bollwerk schüttl' ich nun zu Grund.

(Die Pucelle, mit ihren Leuten, geht in die Stadt. Es kommen Karl, der Bastard von Orleans, Alençon und Truppen.)

Karl.

Sankt Dionys, segn' uns die Kriegslist da!
Noch einmal sorglos schlafen wir in Rouen.

Bastard.

Hier drang Pucelle ein, und ihr Helfertrupp.
Jezt da sie dort ist, wie bezeichnet sie
Den besten Weg, der sicher führt hinein?

Alençon.

Hoch schwingt sie eine Fackel dort vom Thurm,
Die, wahrgenommen, ihre Meinung zeigt,
Das schwächste Thor sei das, wodurch sie kam.

(Die Pucelle erscheint auf einer Zinne, und hält eine brennende Fackel empor.)

Pucelle.

Schaut her, dies ist die frohe Hochzeitfackel,
Die Rouen ihrem Landesvolk vermählt,
Und brennt den Talbotiten zum Verderb.

Bastard.

Sieh, edler Karl, das Zeichen unsrer Freundin,
Die Fackel brennend, dort auf jenem Thurm.

Karl.

Nun strale sie, ein rächender Komet,
Und künd' all unsern Feinden Untergang!

Alençon.

Nicht zögert mehr; Aufschub hat stets Gefahr!
Hinein, und ruft: „der Dauphin!" — ungesäumt!
Und dann zu Boden mit der Wach' am Thor!

(Sie dringen ein.)

(Schlachtlerm. Talbot kommt mit einigen Engländern.)

Talbot.

Frankreich, bereun mit Thränen sollst du das,
Wenn Talbot den Verrath nur überlebt. —
Die Hexe da, die arge Zauberin,
Schuf dieses Höllenunheil unversehns,
Daß kaum wir noch entflohn dem Frankenstolz.

(Sie gehn in die Stadt.)

(Schlachtlerm. Ausfälle. Aus der Stadt kommen Bedford, der krank in einem Sessel getragen wird, Talbot, Burgund, und die Englischen Truppen. Dann erscheinen auf den Mauern die Pucelle, Karl, der Bastard, Alençon und Andre.)

Pucelle.

Gut'n Morgen, Helden! braucht ihr Korn zu Brot?
Der Herzog von Burgund wird fasten, denk' ich,
Eh er noch einmal kauft zu solchem Preis.
Es war voll Trespe. Liebt ihr den Geschmack?

Burgund.

Ja, höhn', Erzfeind! schamlose Buhlerin!
Bald würg' ich dir dein eignes Korn hinein,
Daß du verfluchen sollst den Erntetag.

Karl.

Eur Gnaden sinkt vor Hunger wol zuvor.

Bedford.

O, Wort nicht, That nur räche den Verrath!

Pucelle.

Was wollt ihr, mein Herr Graubart? Lanzen brechen,
Wettrennend auf den Tod in einem Stuhl?

Talbot.

Dämon von Frankreich, Scheusalhexe du,
Umringt von deinen üpp'gen Buhlern da!
Darfst du verhöhnen sein ruhmvolles Alter,
Mit Feigheit zwackend den halbtodten Mann?
Dämlein, noch einmal halt' ich Kampf mit euch;
Sonst komme Talbot um in seiner Schmach.

Pucelle.

Seid ihr so hitzig, Herr? — Doch schweig, Pucelle!
Wenn Talbot donnert, Regen folgt sogleich.
(Talbot und die Andern reden heimlich.)
Gott helf' dem Parlament! Wer wird da Sprecher?

Talbot.

Wagt ihr heraus euch gegen uns ins Feld?

Pucelle.

Es scheint, der gnäd'ge Lord hält uns für toll,
Zu spähn, ob unsres uns gehört, ob nicht.

Talbot.

Nicht red' ich mit der schmähnden Hekate,
Nein mit dir Alençon, und jenen da.
Kommt ihr, Soldaten, gleich? und fechtets aus?

Alençon.

Signor, nein.

Talbot.

Signor, so hängt! — Ihr Maulthiertreiber Frankreichs!
Wie Bauerknechte stehn sie auf dem Wall,
Und scheun den Kampf, der Edelleuten ziemt.

Pucelle.

Fort, fort, ihr Herrn! Verlassen wir den Wall;
Denn Talbot meints nicht gut nach seinem Blick. —
Gott mit euch, Lord! wir wollten euch nur sagen,
Wir wären hier.

(Sie gehn von der Mauer weg.)

Talbot.

Wir wollen auch dort sein in kurzer Frist;
Sonst werde Talbots Ruhm zu Schand' und Schimpf! —
Schwör', o Burgund, beim Adel deines Stamms,
Den Frankreich öffentlich dir hat gekränkt,
Eroberung der Stadt hier, oder Tod.
Und ich, so wahr als Englands Heinrich lebt,
So wahr sein Vater hier einst Sieger war,
So wahr in dieser jüngst verrathnen Stadt
Held Coeur de Lions Herz begraben ward,
Schwör' ich der Stadt Erob'rung, oder Tod.

Burgund.

Mein Schwur ist Mitgenoß von deinem Schwur.

Talbot.

Doch eh wir gehn, besorgt den Sterbenden,
Den tapfern Herzog Bedford. — Kommt, Mylord,
Wir bringen euch an einen bessern Plaz,
Der mehr für Krankheit und mürb Alter paßt.

Bedford.

Lord Talbot, nicht also entehret mich.
Hier will ich sizen vor den Mauern Rouens,
Und Zeuge sein von eurem Wohl und Weh.

Burgund.

Mutvoller Bedford, laßt euch doch bereden.

Bedford.

Nicht, wegzugehn von hier. Ich las einmal,
Der tapfre Pendragon, im Sessel krank,
Kam in das Feld, und überwand den Feind.
Mir deucht, ich frische wol der Krieger Herz,
Weil ich sie immer so fand wie mich selbst.

Talbot.

Furchtloser Geist auch in erstorbner Brust!
So sei's denn! Schüze Gott Bedford den Greis!
Und nun nicht mehr gezaudert, Held Burgund;
Nein, sammeln wir sogleich die Unsrigen,
Und stürzen auf den prahlerischen Feind!

(Es gehn ab Burgund, Talbot und ihre Truppen, indem sie Bedford und Andre zurücklassen.)

(Schlachtlerm; Angriffe. Sir John Fastolfe, und ein Hauptmann, kommen.)

Hauptmann.

Wohin da, Sir John Fastolfe, so in Eil?

Fastolfe.

Wohin da? — Mich zu retten durch die Flucht;
Man wird gewiß uns werfen noch einmal.

Hauptmann.

Was? flieht ihr, und verlaßt Lord Talbot?

Fastolfe.

Ja,

Talbot und alles, rett' ich nur mein Leben.

(Er geht.)

Hauptmann.

Feigherz'ger Ritter! Unglück folge dir!

(Er geht.)

(Rückzug. Angriffe. Aus der Stadt kommen die Pucelle, Alençon, Karl u. s. w., und fliehn über die Bühne.)

Bedford.

Nun fahr' in Frieden, Seele, wann Gott will;
Denn unsre Feinde sah ich hingestürzt.
Was traut der Mensch auf seine Kraft, der Thor?
Sie, die sich jüngst noch spreizten mit Gespött,
Sind froh, daß ihnen Flucht nun Rettung beut.

(Er stirbt, und wird im Sessel weggetragen.)

(Schlachtlerm. Talbot, Burgund und Andre kommen.)

Talbot.

Verloren und gewonnen, Eines Tags!
Gedoppelt ist die Ehre nun, Burgund.
Doch, werde Gott verherrlicht für den Sieg!

Burgund.

Mannhafter Kriegsheld Talbot, dein Burgund
Schließt in sein Herz dich, und dort gründet er
Aus Edelthaten dir des Ruhms Trofä.

Talbot.

Dank, theurer Fürst. Doch wo ist nun Pucelle?
Ich denk', ihr alter Hauskobold entschlief.
Wo ist des Bastards Drohn, und Karls Gespött?

Todt alle? Rouen hängt den Kopf vor Gram,
Daß solche tapfre Kompanei geflohn.
Nun laßt uns Ordnung schaffen in der Stadt,
Anstellend dort Beamte von Geschick;
Dann nach Paris zum König; denn da liegt
Der junge Heinrich mit den Edelsten.

Burgund.

Was Talbot will, deß freuet sich Burgund.

Talbot.

Doch, eh wir gehen, nicht vergessen wir
Den edlen Herzog Bedford, der jezt ruht.
Sei ihm die Todtenfeir vollbracht in Rouen.
Kein braverer Soldat schwang je den Speer,
Kein sanftres Herz war Lenker je am Hof.
Doch König und Machthaber sinkt ins Grab;
Dort geht des Menschen Elendsbahn hinab.

(Sie gehn ab.)

Dritte Scene.

Die Ebene bei Rouen.

Karl, der Bastard, Alençon, die Pucelle und Truppen.

Pucelle.

Verzagt nicht, Prinzen, ob dem Misgeschick,
Noch traurt, daß Rouen so genommen ward.
Sorg' ist nicht Lindrung, nein nur äzend Gift,
Wenn einmal Dinge nicht zu heilen sind.
Der tolle Talbot siegprang' eine Weil',

Und breite, wie der Pfau, sein buntes Rad;
Wir rupfen ihn, und kürzen ihm den Schweif,
Wenn Dauphin nebst den andern hört auf Rath.

Karl.

Wir folgten deiner Leitung bis hieher,
Und sezten kein Mistraun in deine Kunst;
Ein Fehlschlag bringe nie Argwohn hervor.

Bastard.

Reg' allen Wiz auf zu geheimer List,
Und wir erhöhn den Ruhm dir durch die Welt.

Alençon.

Dein Bildnis steh' am hochgeweihten Plaz,
Wo du verehrt seist als Schuzheilige.
Drum sinn', o holde Maid, auf unser Wohl!

Pucelle.

Dann sei es also; Dies ist Jeanne's Plan:
Durch Ueberredung glatter Honigworte
Werd' angelockt der Herzog von Burgund,
Zu lassen Talbot, und zu folgen uns.

Karl.

Ja wirklich, Trautchen, könnte das geschehn,
Frankreich wär' bald kein Plaz für Heinrichs Krieger;
Noch prahlte jenes Volk so gegen uns;
Nein ausgetilgt bald wär's im ganzen Reich.

Alençon.

Auf ewig wären sie verjagt aus Frankreich,
Und keine Grafschaft blieb' ihr Eigenthum.

Pucelle.

Sehn soll eur Gnaden, wie ichs machen will,
Das Werk zu bringen zum erwünschten Schluß.
(Man hört Trommeln.)

Horch! an dem Schall der Trommeln nimt man wahr,
Daß ihre Truppen wandern nach Paris.

(Ein englândischer Marsch.)

Da geht der Talbot, flatternd sein Panier,
Und alle Schaaren Englands hinter ihm.

(Ein französischer Marsch.)

Dort, nachwärts, kommt der Herzog und sein Volk.
Das Glück, uns hold, läßt hinterher ihn ziehn.
Blast die Trompet' auf ein Gespräch mit ihm.

(Trompetenschall.)

Karl.

Auf ein Gespräch mit Herzog von Burgund!

Burgund.

Wer fodert ein Gespräch mit dem Burgund?

Pucelle.

Karl, Frankreichs hoher Fürst, dein Landsgenoß.

Burgund.

Mach' eilig, Karl, denn ich muß weiter ziehn.

Karl.

Sprich, Mädchen, und bezaubr' ihn durch dein Wort.

Pucelle.

Kriegsheld Burgund, auf den ganz Frankreich hoft,
Wart, deine Magd in Demut spricht zu dir.

Burgund.

Sprich fort; doch machs nicht übermäßig lang.

Pucelle.

Blick' auf dein Land, auf Frankreichs Segensflur,
Und sieh die Städt' und Flecken ganz entstellt
Durch die Verheerung des grausamen Feinds!
So wie die Mutter auf den Säugling blickt,
Wenn ihm der Tod die zarten Aeuglein schließt,

So blick' auf Frankreich, das hinwelkt und krankt;
Die Wunden schau, die, gegen die Natur,
Du selber schlugst in ihr gramvolles Herz!
O kehr dein schärfes Schwert wo anders hin;
Trif den, der haut, nicht haue den, der hilft!
Ein Tropfe Bluts aus deines Landes Brust
Muß mehr dich reun, als Ströme fremdes Bluts.
Zurück denn komm mit einer Thränenflut,
Und wasche deines Lands-Schandflecken ab!

Burgund.

Entweder hat bezaubert mich ihr Wort,
Oder von selbst bricht mir das starre Herz.

Pucelle.

Dann horch, wie über dich ganz Frankreich schreit,
Bezweifelnd deines Stamms Aechtbürtigkeit.
Wem hängst du an? ists nicht ein herrisch Volk,
Das dir nur zugethan ist Vortheils halb?
Wenn Talbot einmal Fuß gefaßt in Frankreich,
Und dich gebraucht zum Werkzeug böser That,
Wer außer Englands Heinrich wird dann Herr?
Und du, — verstoßen wird man dich als Flüchtling.
Ruf' ins Gedächtniß nur dies eine dir! —
War nicht der Herzog Orleans dein Feind?
War er in England nicht Gefangener?
Allein, sobald man hört', er sei dein Feind,
Frei gab man ihn ohn' alles Lösegeld,
Herzog Burgund zum Troz, und seinen Freunden.
Sieh also, du bekämpfst dein Landesvolk,
Und hängst dem Volk an, das dich morden wird.
Komm, komm, kehr' um, kehr' um, verirrter Fürst;
Karl und die Andern bieten dir den Arm.

Burgund.

Ich bin besiegt, ihr nachdrucksvolles Wort

Hat mich zermalmt wie donnerndes Geschütz,
Daß ich beinah' abbitt' auf meinen Knien.
Verzeiht mir, Vaterland und Landesvolk!
Und Lords, empfaht den trauten Bruderkuß.
All meine Macht, mein ganzes Heer sind eur;
Talbot, leb' wohl; nicht länger trau' ich dir.

Pucelle.

Franzmännisch Thun: sich drehn und wieder drehn!

Karl.

Heil, tapfrer Fürst! dein Bund belebt uns neu.

Bastard.

Und zeuget frischen Mut in unsrer Brust.

Alençon.

Pucelle hat ihre Rolle brav gespielt;
Zum Lohn gebührt ihr eine Kron' aus Gold.

Karl.

Nun vorwärts, Lords; vereinen wir die Macht;
Und sehen, wie wir Abbruch thun dem Feind.

(Sie gehn ab.)

Vierte Scene.

Paris. Ein Zimmer im Pallast.

König Heinrich, Gloster, und andre Lords; Vernon, Basset u. s. w. Zu ihnen kommt Talbot, und einige von seinen Offizieren.

Talbot.

Mein gnäd'ger Fürst, und ehrenvolle Pairs,
Belehrt von eurer Ankunft hier im Reich,
Ließ ich ein Weilchen meine Waffen ruhn,
Um Pflicht zu leisten meinem Oberherrn.
Zum Zeichen deß mein Arm hier (der für euch
Rief zum Gehorsam funfzig Festungen,
Zwölf Flecken, sieben starkummaurte Städt',
Und fünfmalhundert edle Kriegsgefangne)
Sein Schwert vor eurer Hoheit Füßen senkt;
Und, mit des Herzens tief ergebner Treu,
Zuschreibt die Glorie der Eroberung
Erst meinem Gott, dann eurer Majestät.

K. Heinrich.

Ist dieser der Lord Talbot, Oheim Gloster,
Der sich so lang' aufhält im Frankenland?

Gloster.

Ja, Herr, zu eurer Majestät Befehl.

K. Heinrich.

Heil, tapfrer Hauptmann, und sieghafter Lord.
Als ich noch jung war (zwar auch jezt nicht alt),

Recht wohl gedenkt michs, daß mein Vater sagte,
Kein derbrer Kämpe führte je das Schwert.
Schon lange war bekannt uns eure Treu,
Eur ämsig Dienen, eure Kriegsbeschwer;
Doch nie genoßt ihr noch von uns Vergelt,
Ja, nicht den Lohn der Danksagung einmal,
Weil wir bis jezt nie sahn' eur Angesicht.
Deßhalb steht auf, und für so groß Verdienst
Seid hier ernannt zum Jarl von Shrewsbury;
Und nehmt bei unsrer Krönung euren Plaz.
(Es gehn ab König Heinrich, Gloster, Talbot und Lords.)

Vernon.

Nun, Sir, der ihr so hizig wart zur See,
Und schimpftet auf die Farbe, die ich trage
Zu Ehren meinem edlen Lord von York:
Wagst du zu stehn auf deinem vor'gen Wort?

Basset.

Ja, Sir, so gut ihr zu vertheid'gen wagt
Der troz'gen Zunge neidisches Gebell
Auf meinen Lord, den Herzog Somerset.

Vernon.

Ha, deinen Lord, ich ehr' ihn, wie er ist.

Basset.

Nun, und wie ist er? wohl so gut wie York.

Vernon.

Meint ihr? nein nicht so! zum Beweis nehmt das.
(Er schlägt ihn.)

Basset.

Schurk, ha! du weißt, das Waffenrecht verdammt,
Wer hier den Degen zieht, sogleich zum Tod;
Sonst wol dein Herzblut zapfte dieser Schlag.

Ich geh' zu seiner Majestät, und fleh'
Um den Erlaub, zu rächen diesen Schimpf;
Dann sieh', dich treff' ich, wo du's theuer zahlst.

Vernon.

Wohl, Nackter, ich bin dort, so bald wie ihr;
Und euch dann treff' ich, bälder als ihr wünscht.
(Sie gehn ab.)

Vierter Aufzug.

Erste Scene.

Paris. Ein Audienzsaal.

König Heinrich, Gloster, Exeter, York, Suffolk, Somerset, Winchester, Warwick, Talbot, der Statthalter von Paris und Andre.

Gloster.

Lord Bischof, sezt die Kron' ihm auf das Haupt.

Winchester.

Heil, König Heinrich, Sechster zubenamt.

Gloster.

Statthalter von Paris, legt ab den Eid:
(Der Statthalter kniet.)
Daß ihr zum König kiesen wollt nur ihn,
Als Freund nur ansehn den, der ist sein Freund,

So wie als Feind nur den, der schmieden will
Boshafte Ränk' auf seine Majestät.
Dies sollt ihr thun, so helf' euch Gott, der Herr!

(Der Statthalter geht mit seinem Gefolge. Sir John Fastolfe kommt.)

Fastolfe.

Mein gnäd'ger König, als ich von Calais
Herritt in Eil zu eurem Krönungsfest,
Ward mir der Brief da eingehändiget,
Den Eurer Hoheit schrieb Herzog Burgund.

Talbot.

Schand' über Herzog von Burgund und dich,
Ich schwur, verworfner Ritter, säh'n wir uns,
Zu reißen dir das Band vom Memmenbein.

(Er zieht es ihm ab.)

Und thu' es jezt, weil du unwürdiglich
Bekleidet wurdest mit dem hohen Schmuck.
Verzeiht mir, edler Heinrich, und ihr Andern:
Der Zagmaz da, im Treffen von Patai,
Als ich in allem war sechstausend stark,
Und die Franzosen fast zehn gegen eins,
Eh man sich traf, eh nur ein Schlag geschah,
Wie ein getreuer Knapp' lief er davon.
Darob verloren wir zwölfhundert Mann.
Ich selbst, mit andern Edelleuten noch,
Ward überfallen dort und eingehascht.
Nun urtheilt, Lords, ob ich unrecht gethan,
Ob solch ein Feigling, wie der da, darf tragen
Den Schmuck der Ritterschaft; ja oder nein?

Gloster.

Um wahr zu reden, schändlich war die That,
Und schon entehrend den gemeinen Mann,
Weit mehr den Ritter, Hauptmann, General.

Talbot.

Als einst der Orden ward geordnet, Lords,
Ein Kniebandritter war da edler Art,
Mannfest, voll Tugend und Herzhaftigkeit,
Voll edles Ansehns durch Großthat im Krieg;
Nicht scheu dem Tode, noch verzagt in Noth,
Nein mutig noch in äußerster Gefahr.
Wer denn nicht darlegt solche Eigenschaft,
Maßt sich nur an den hehren Namen Ritter,
Entweihend den höchst ehrenhaften Stand,
Und, ziemte mir das Urtheil, sollt' er ganz
Sein abgesezt, ein zaungeborner Bursch,
Der frechen Anspruch macht auf adlich Blut.

K. Heinrich.

Schmach deines Vaterlands! du hörst den Spruch;
Drum packe fort dich, du, der Ritter war:
Von nun an sei verbannt bei Todesstrafe.
(Fastolfe geht.)
Und jezt, Mylord Protektor, lest den Brief
Von unserm Oheim, Herzog von Burgund.

Gloster, die Ueberschrift betrachtend.

Was meint der Herr, zu ändern so den Stil?
Nichts weiter als nur schlechtweg: „an den König?"
Hat er vergessen, wer sein Lehnsherr ist?
Wie? oder zielt die grobe Ueberschrift
Wol gar auf Aendrung gutes Willens hin?
Was da? (Er liest) „Ich hab' aus ganz besondrem Grund,
„Aus Mitleid über meines Lands Verfall,
„Und über alle Noth der Jammernden,
„An welchen ihr mit hartem Zwange zehrt,
„Verlassen eure schädliche Partei,
„Und diene Karl nun, Frankreichs ächtem Herrn."
O scheuslicher Verrath! Kann so was sein,

Daß unter Bundsvertrag, Freundschaft und Schwur
Erfunden wird so falsch verlarvter Trug?

K. Heinrich.

Was? hat mein Ohm Burgund sich aufgelehnt?

Gloster.

Er hats, mein Fürst, und ist nnn euer Feind.

K. Heinrich.

Ist dies der ärgste Inhalt seines Briefs?

Gloster.

Der ärgste, Herr, und alles, was er schrieb.

K. Heinrich.

Nun gut, Lord Talbot da soll mit ihm reden,
Und scharf ihn züchtigen für dies Vergehn.
Was sagt ihr, werther Lord? seid ihrs zufrieden?

Talbot.

Zufrieden, Herr? Ihr kamt mir nur zuvor,
Ich hätte sonst erbeten dies Geschäft.

K. Heinrich.

So sammelt Macht, und zieht gleich wider ihn.
Er fühle, wie uns aufbringt sein Verrath,
Und wie der misthut, wer verhöhnt den Freund.

Talbot.

Ich geh', o Herr, und wünsch' aus Herzensgrund',
Ihr mögt zerschmettert eure Feinde sehn.

(Er geht.)

(Vernon und Basset kommen.)

Vernon.

Gönnt mir den Zweikampf, gnädigster Monarch!

Basset.

Und mir, o Herr, gönnt mir den Zweikampf auch!

York.

Der ist mein Diener; hört ihn, edler Fürst!

Somerset.

Der meiner; theurer Heinrich, seid ihm hold!

K. Heinrich

Seid ruhig, Lords, laßt sie ausreden erst. —
Sagt, Leute, was macht euch so ungestüm?
Und warum wollt ihr Zweikampf, und mit wem?

Vernon.

Mit ihm, mein Fürst; denn er hat mich gekränkt.

Basset.

Und ich mit ihm, denn er hat mich gekränkt.

K. Heinrich.

Was ist die Kränkung, drob ihr beide klagt?
Erst sagt mir das; dann geb' ich Antwort euch.

Basset.

Als wir von England steuerten nach Frankreich,
Schalt dieser Mensch, mit boshaft scharfer Zunge,
Mich um die Rose, die ich mir gewählt,
Und sagte spiz, die Blutfarb' ihrer Blätter
Bedeute das Erröthen meines Herrn,
Als trozig er der Wahrheit widerstrebt
In einer Angelegenheit des Rechts,
Worüber stritten Herzog York und er;
Und fügte noch mehr niedern Schimpf hinzu.
Zu widerlegen solche Lästerung,
Und zu verfechten meines Herrn Verdienst,
Erfleh' ich mir Wohlthat des Waffenrechts.

Vernon.

Das ist auch mein Begehren, edler Fürst.
Denn ob er schon durch schlauen Rednerwiz
Ja Firnis hält die dreiste Foderung;
Doch wißt, o Herr, ich ward gereizt von ihm,
Und er zuerst bemäkelte dies Zeichen,
Und fuhr heraus, die Blässe dieser Blume
Verrathe meines Herrn Kleinmüthigkeit.

York.

Wird deine Bosheit, Somerset, nicht ruhn?

Somerset.

Eur Groll, Mylord von York, scheint immer durch,
Und wenn ihr noch so listig ihn verdeckt.

K. Heinrich.

O Gott, wie rast der Menschen krankes Hirn,
Wenn aus so leichtem und kleinhaftem Grund
So heftige Parteiung kann entstehn!
Ihr lieben Vettern, York und Somerset,
Beruhigt euch, ich bitt', und haltet Frieden.

York.

Ein Zweikampf erst entscheide diesen Zwist,
Dann geb' eur Hoheit ein Gebot zum Frieden.

Somerset.

Der Streit geht niemand an, als uns allein;
So zwischen uns denn werd' er ausgemacht.

York.

Da ist mein Handschuh; nim ihn, Somerset.

Vernon.

Nein, laßt es fortgehn, wo es erst begann.

Basset.

Bestätigt das, mein hochgeehrter Fürst!

Gloster.

Bestätigt das? Verflucht sei euer Streit!
Fahrt in Verderb, ihr und eur frech Geschwätz!
Anmaßende Vasallen, schämt euch doch,
Daß mit so unbescheidnem Toben ihr
Beschwerlich fallt dem König da und uns! —
Und ihr, Mylords, mich dünkt, ihr thut nicht wohl,
Daß ihr so duldet ihr verkehrt Gezänk,
Daß ihr gar Anlaß nehmt aus ihrem Mund
Zu Hader und Verwirrung unter euch.
Laßt euch bedeuten, lebt friedsam fortan.

Exeter.

Es schmerzt den König; liebe Lords, seid Freunde.

K. Heinrich.

Kommt her, die ihr den Zweikampf fodertet.
Hinfort, befehl' ich euch bei unsrer Gnade,
Vergeßt durchaus den Streit und seinen Grund.
Und ihr, Mylords, bedenkt doch, wo ihr seid:
In Frankreich, unter wankelmüt'gem Volk.
Sobald sie Zwietracht sehn in unserm Blick,
Und merken, wir sein uneins unter uns,
Wie wird ihr grollend Herz auflodern dann
Zu starrem Ungehorsam, zu Empörung?
Dann welche Schande wird es sein für uns
Wenn fremde Fürsten erst die Kund' empfahn,
Daß so um Tand, um schnöde Alberei,
Des König Heinrichs hohe Adelschaft
Sich selber aufrieb und Frankreich verlor?
O denkt an die Erobrung meines Vaters,
An mein zart Alter! Nicht verschleudern wir

Um Possenspiel, was wir erkauft mit Blut!
Nehmt mich zum Obmann dieser Streitigkeit.
Nicht seh' ich ab, trag' ich die Rose da,
(Er steckt eine rothe Rose an)
Wie einer drum sollt' hegen den Verdacht,
Geneigter sei ich Somerset als York.
Beid' ihr seid Vettern mir; ich lieb' euch beide.
Gleich gut würf' einer mir die Krone vor,
Weil auch der Schottenkönig ist gekrönt.
Doch eure Klugheit sagt euch Beßres wol,
Als ich, zu schwach für Lehr' und Mahnung, kann.
Und drum, wie wir in Frieden hergekommen,
Laßt uns in Fried' und Freundschaft leben stets. —
Mein Vetter York, eur Gnaden sei für uns
Regent in diesem Theil des Frankenreichs.
Und ihr, Mylord von Somerset, vereint
Eur Heer zu Roß mit seiner Schaar zu Fuß.
Wie treuergebne Söhn' altedler Ahnen,
Lebt friedlich mit einander, und ergießt
Die Galle, die euch brennt, auf euren Feind.
Wir selbst, Mylord Protektor, und die Andern,
Nach ein'ger Rast, gehn wieder nach Calais;
Von da nach England. Dort hoff ich in Kurzem
Mir vorgeführt zu sehn, durch neue Siege,
Karl, Alençon, und den Verrätherschwarm.
(Trompetenschall. Es gehn ab König Heinrich, Gloster, Somerset, Winchester, Suffolk und Basset.)

Warwick.

Mylord von York, fürwahr, der König hat
Brav, wie mir daucht, als Redner sich gezeigt.

York.

Das hat er; aber eins gefällt mir nicht,
Daß er da trägt das Zeichen Somersets.

Warwick.

Sacht; das war nur ein Einfall, tadelts nicht;
Ich weiß, der liebe Prinz, er meints nicht bös.

York.

Und wüßt' ich, daß ers meinte — Doch laßt ruhn.
Geschäft von andrer Art steht jezt bevor.
(Es gehn York, Warwick und Vernon.)

Exeter.

Wohl thatst du, Richard, daß du plözlich schwiegst;
Denn hätt' entladen sich dein glühend Herz,
Sehr fürcht' ich, aufgedeckt läg' hier vor uns
Mehr Groll und Haß, mehr wild empörte Wut,
Als man bisher sich vorstellt' und ersann.
Doch sei's; der blöde Mensch auch, wenn er merkt
Dies rauhe Misgetön der Adelschaft,
Dies Stupfen und dies Drängen an dem Hof,
Dies heftige Partein der Günstlinge,
Weissagen muß er traurigen Erfolg.
Schlimm, wenn der Zepter ruht in Kindeshand;
Doch schlimmer, wenn der Neid sä't Zwist und Spaltung;
Da kommt Verderb in grauser Misgestaltung.
(Er geht ab.)

Zweite Scene.

Vor Bordeaux.

Talbot mit seinen Truppen.

Talbot.

Geh zu den Mauern von Bordeaux, Trompeter,
Lad' ihren Feldherrn auf die Mauer dort.
(Er bläst. Der General der französischen Truppen erscheint oben mit Gefolge.)
Englands John Talbot, ruft euch her, ihr Krieger,
Wehrhafter Dienstmann Heinrichs, Herrn von England.
Und dies verlangt er: Oefnet euer Thor,
Beugt euch vor uns, nennt meinen König euren,
Und huldigt ihm, wie's Unterthanen ziemt;
So zieh' ich ab mit der blutdürst'gen Schaar.
Doch wenn des Friedens Antrag ihr verwerft,
Reizt ihr zum Ingrim meine drei Begleiter,
Hohlhunger, Mordstahl und aufklimmend Feuer:
Die augenblicklich legen auf den Grund
Die stolzen Thürme, wolkenhoch gebaut,
Wenn ihr verschmäht den Antrag unsrer Huld.

General.

Du unheilvoller, grauser Todsuhu,
Schreck unsres Volks, und blut'ge Geißel ihm!
Das Ende deiner Tyrannei ist nah.
Zu uns dringst du nicht ein, als durch den Tod.
Denn merke das dir, wir sind gut verschanzt,
Und stark genug zu Ausfall und Gefecht.
Ziehst du zurück — der Dauphin steht bereit,
Dich zu umgarnen mit dem Nez des Kriegs.

Auf beiden Seiten lagert Heeresmacht,
Dir eine Mauer, daß du nicht entfliehst;
Und überall, wo du nach Hülfe schaust,
Droht dir der Tod sichtbaren Untergang,
Beut schaudrige Zerstörung dir die Stirn.
Zehntausend Franken schwuren am Altar,
Zu richten ihr todschwangeres Geschüz
Auf keine Christenseel' als Englands Talbot.
Sieh! da stehst du lebendig noch, ein Held
Von unbesiegtem, unzwingbarem Geist.
Dies ist die lezte Glorie deines Ruhms,
Die ich, dein Feind, dir zolle nach Gebühr.
Denn eh' der Sand, der jezt anfängt zu rinnen,
Der Stunde raschen Lauf im Glas vollbringt,
Dies Auge, das dich jezt sieht lebensfrisch,
Sehn wird es dich welk, blutig, bleich und todt.
(Man hört Trommeln in der Ferne.)
Horch! horch! Karls Trommel, eine Warnungsglocke,
Spielt Traurmusik dir in die bange Seel';
Und meine töne dir zum Graun des Tods.
(Der General und sein Gefolge verlassen die Mauer.)

Talbot.

Er fabelt nicht; mein Ohr vernimt den Feind. —
Auf, leichte Reiter, spähr nach ihren Flügeln! —
O lässige saumsel'ge Kriegeszucht!
Wie sind wir eingezäumt, wie eng umpfählt,
Ein kleiner Hauf' aus Englands scheuem Wild,
Von Kuppeln grimmer Frankenhund' umbellt!
Sind wir denn Englisch Wild, so sei's in Blut;
Fallt nicht, wie Rehlein, hin auf einen Biß;
Vielmehr, wie Hirsche, wütend-toll, verzweifelnd,
Kehrt auf die blut'gen Hund' eur Haupt von Stahl,
Daß die, die feig sind, ferne stehn in Angst!

All' ihr, verkauft eur Leben, wie ich meins,
Und finden sollen sie theur Wild an uns.
Gott und Sankt George! Talbot und Englands Recht!
Schüzt unsre Fahnen in dem Wutgefecht!

(Sie gehn ab.)

Dritte Scene.

Ebene in Gascogne.

York mit Truppen. Ein Bote kommt.

York.

Sind noch die schnellen Reiter nicht zurück,
Die nachgespürt des Dauphins mächt'gem Heer?

Bote.

Sie sind zurück, Mylord, und sagen aus,
Er wandre nach Bordeaux mit seiner Macht,
Zum Kampf mit Talbot. Als vorbei er zog,
Entdeckten eure Späher zwei Geschwader,
Noch mächtiger, als die der Dauphin führt;
Die, zugewandt ihm, ziehn auch nach Bordeaux.

York.

Verwünscht sei der Spizbube Somerset,
Der mir verzögert die versprochne Macht
Von Reitern, aufgebracht für diesen Sturm!
Der große Talbot harret meiner Hülf',
Und mich betölpelt ein Verrätherschelm,
Daß ich nicht beistehn kann dem edeln Ritter.
Gott steh' ihm bei in dieser harten Noth!
Schlägts fehl ihm, dann fahrt wohl, Feldzüg' in Frankreich!

(Sir William Lucy kommt.)

Lucy.

Erhabner Feldherr du von Englands Macht,
Die nie so nöthig war auf Frankreichs Grund,
Sporn' hin, den edlen Talbot zu befrein,
Den jezt umgürtet hat ein Band von Eisen,
Und grausige Verheerung hält umringt.
Nach Bordeaux, tapfrer Fürst! York, nach Bordeaux!
Sonst leb' wohl, Talbot, Frankreich, Englands Ruhm!

York.

O Gott! daß Somerset — der stolzes Sinns
Mir hemmt die Reiter — wär' an Talbots Stelle!
Gerettet wär' ein tapfrer Rittersmann,
Verloren ein feigherziger Verräther.
Ingrim und Wut macht mir das Auge naß,
Daß wir vergehn, weil Schurken sind so laß.

Lucy.

O sendet Beistand dem bedrängten Lord!

York.

Er stirbt, uns fängt man; weh, ich brach mein Wort!
Wir trauern, Frankreich lacht, uns fäht ihr Nez;
Das kommt vom Hochverrathe Somersets.

Lucy.

Dann Gott, schau gnädig auf Held Talbots Seele,
Und seines Sohns John, den, zwei Stunden sinds,
Ich auf der Reise traf zum edlen Vater!
Acht Jahr, daß Talbot seinen Sohn nicht säh;
Sie treffen sich, dann ist ihr Stündlein da.

York.

Ach, was für Lust denkt ihr, daß Talbot habe,
Beut er dem jungen Sohn Willkomm zum Grabe!
Fort! Jammer nagt das Herz mir, daß den Bund

Getrennter Freund', erneut die Todesstund! —
Lucy, leb' wohl! ich weiß nun keinen Rath,
Als, dem zu fluchen, der mir wehrt die That. —
Um Maine, Blois, Tours und Poitiers ists geschehn,
All das durch Somerset und sein Vergehn.
(Er geht ab.)

Lucy.

So, weil der Geier der Empörung nagt
Am Herzen solcher mächtigen Gebieter,
Verräth die träge Säumnis dem Verlust
Das Werk des kaum erkalteten Erobrers,
Des ewig blüh'nden und denkwürd'gen Manns,
Des fünften Heinz. Weil der dem stört den Sinn,
Stürzt Leben, Ehre, Land und alles hin.
(Er geht ab.)

Vierte Scene.

Eine andre Gegend in Gascogne.

Somerset mit seinen Truppen; ein Offizier von Talbots Heer.

Somerset.

Zu spät; ich kann sie jezt nicht senden mehr.
Dies Unternehmen ward von York und Talbot
Zu rasch entworfen. Unsre ganze Macht
Hätt' einem Ausfall aus der Stadt allein
Kaum Stirn geboten. Der tollkühne Talbot
Verdunkelt allen Glanz des vor'gen Ruhms
Durch den unsinn'gen, rasend wilden Zug.

York hezt' ihn auf zu Kampf und Tod mit Schmach,
Daß, Talbot todt, als Held bloß York sei nach.

Officier.

Hier ist Sir William Lucy, der mit mir
Vom hartbedrängten Heer nach Hülfe zog.
(Sir William Lucy trit auf.)

Somerset.

Wie nun, Sir William? Wer hat euch gesandt?

Lucy.

Wer, Mylord? der verrathene Lord Talbot,
Der, rings umdrängt von drohender Gefahr,
Anfleht die Edlen, York und Somerset,
Den Tod zu wenden ihm vom schwachen Heer.
Und weil der ehrenwerthe Feldherr dort
Tropft blut'gen Schweiß aus kriegerschöpften Gliedern,
Sich nur mit Müh hinhält, und Hülf' ersehnt,
Steht ihr, sein falscher Trost, Englands Vertraun,
Entfernt aus unanständ'ger Eifersucht.
Laßt nicht besondren Zwist ihm vorenthalten
Die Hülfsmacht, die geworben ward für ihn,
Da er, der ruhmvoll edle Lord, sein Leben
Dahingiebt einer Welt von Uebermacht.
Der Bastard Orleans, Karl und Burgund,
Alençon, Reignier, schließen rings ihn ein,
Und Talbots Untergang ist eure Schuld.

Somerset.

York trieb ihn an; York mußt' ihm Hülfe leihn.

Lucy.

Und York zürnt auf eur Gnaden eben so,
Und schwört, ihr hältet ihm zurück das Heer,
Das angeworben ist für diesen Zug.

Somerset.

York lügt; hätt' er geschickt, die Reiter hätt' er.
Ich schuld' ihm wenig Dank, noch wen'ger Lieb',
Und acht' es Schimpf, ihm schmeichelnd sie zu senden.

Lucy.

Englands Betrug, nicht Frankreichs Macht hat jezt
Verstrickt den edelmütigen Lord Talbot.
Nach England nicht kehrt lebend er zurück;
Er stirbt, eur Groll verrieth ihn dem Geschick.

Somerset.

Geht nur, die Reiter send' ich ab sofort,
Und in sechs Stunden sind sie schon am Ort.

Lucy.

Zu spät; gefangen ist er, oder todt.
Denn fliehn nicht konnt' er, wenn er wollt' auch fliehn,
Und fliehn nicht wollte Talbot, konnt' er auch.

Somerset.

Todt? Nun fahr wohl, du Held, an Tugend reich!

Lucy.

Sein Ruhm lebt in der Welt, sein Schimpf in euch.
(Sie gehn ab.)

Fünfte Scene.

Das engländische Lager bei Bordeaux.

Talbot und John Talbot, sein Sohn.

Jüngling, John Talbot! ich berief dich her,
Dich auszubilden in der Kriegeskunst,
Daß Talbots Nam' aufleben möcht' in dir,
Wenn kraftlos Alter und Hinfälligkeit
Den Vater festhielt' an den Krankenstuhl.
Doch — o bösartiges Unheilgestirn! —
Zu einem Fest des Todes kommst du nun,
Zu schrecklich unvermeidlicher Gefahr.
Drum, theures Kind, besteig' mein schnellstes Pferd;
Ich zeige dir, wie du entkommen kannst
Durch rasche Flucht: komm, zaudre nicht, fort, fort!

John.

Wie? heiß' ich Talbot? bin ich euer Sohn?
Und Ich soll fliehn? O, wenn ihr liebt die Mutter,
Entehrt nicht ihren so ehrvollen Namen,
Da ihr zum Bastard und zum Knecht mich macht.
Die Welt spricht dann: Der ist nicht Talbots Blut,
Der schnöde floh, wo Talbot stand mit Mut.

Talbot.

Flieh, räche meinen Tod, werd' ich gefällt.

John.

Wer so entflieht, kehrt nie zurück als Held.

Talbot.

Wenn beide bleiben, sind wir beide hin.

John.

Ich bleibe denn, und, Vater, ihr müßt fliehn.
Eur Werth ist groß, werd' er so auch geschäzt;
Mich kennt kein Mensch, mein Werth ist leicht ersezt.
Mit meinem Tod prahlt wenig wol der Frank,
Mit eurem viel; sterbt ihr, liegt alles krank.
Die Flucht, — nicht fleckt sie euch bewährten Ruhm,
Doch mir, dem Neuling noch im Ritterthum.
Eur Fliehn war Klugheit, das kann jeder sehn,
Weich' Ich, so heißt's, es sei aus Furcht geschehn.
Wer hoft wol, daß ich jemals halte Stand,
Wenn in der ersten Stund' ich fortgerannt.
Hier auf den Knien fleh' ich um raschen Tod,
Mehr als um Leben, wenn ihm Schande droht,

Talbot.

Soll deiner Mutter Hofnung fahn Ein Grab?

John.

Eh' auf die Mutter Schande komm' herab.

Talbot.

Bei meinem Segen heiß' ich fort dich gehn.

John.

Nicht, vor dem Feind zu fliehn, wol ihm zu stehn.

Talbot.

Ein Theil vom Vater kann fortblühn in dir.

John.

Kein Theil von ihm, der nicht wird Schand' in mir.

Talbot.

Ruhm war nie dein, nicht kannst du Ruhm verlieren.

John.

Eur Ruhm war meiner; soll ihn Flucht miszieren?

Talbot.

Des Vaters Ausspruch macht dich rein vom Fleck.

John.

Nicht könnt ihr Zeugnis geben, seid ihr weg.
Laßt beid' uns fliehn, wenn Tod so sicher droht.

Talbot.

Und ließ' ich hier mein Volk zu Kampf und Tod?
Nie ward mein Alter so befleckt von Schmach.

John.

Und meiner Jugend ging' Unehre nach?
Nicht mehr von euch nun könnt' ich sein getrennt,
Als ihr euch in zwei Stücke theilen könnt.
Bleibt, geht, thut was ihr wollt, ich thu's gesellt;
Nicht leben will Ich, wenn mein Vater fällt.

Talbot.

So nehm' ich hier den Abschied, theurer Sohn,
Geboren, heut vor Nacht zu sterben schon.
Komm, Seit' an Seite lebend hier und todt;
Und Seel' an Seele wall' empor zu Gott.

(Sie gehn ab.)

Sechste Scene.

Ein Schlachtfeld.

Schlachtlerm. Angriffe. Talbots Sohn ist umzingelt. Talbot befreit ihn.

Talbot.

Sankt Georg' und Sieg! Kämpft, ihr Soldaten, kämpft!
Der Lord Regent hielt nicht dem Talbot Wort,
Und gab uns Preis des Feindes wildem Mord.
Was macht mein John? — Verschnaufe dich, ruh aus,
Ich gab dir Leben aus des Todes Graus.

John.

O zwier mein Vater! zwier bin ich dein Sohn!
Das erst verliehne Leben war entflohn,
Als dein beherztes Schwert, troz dem Geschick,
Ein neues Leben aufthat meinem Blick.

Talbot.

Als aus des Dauphins Helm dein Schwert Feur schlug
Flog deines Vaters Herz den stolzen Flug
Ruhmfroher Siegsbegier. Mein träges Blut
Ward wild von Jugendhiz' und Kämpfermut.
Hin streckt' ich Burgund, Orleans, Alençon,
Und schirmte dich vor Gallia's Stolz, mein Sohn.
Der Bastard Orleans, deß grimme Kraft
Dir Blut entzog, und nahm die Jungfrauschaft
Von deinem Erstlingskampf; bald traf ich den,
Und meinem Schwert mußt' er zu Buße stehn
Mit seinem Bastard-Blut. Rasch, ohne Glimpf,

Fuhr ich ihn an: „Unedler, dein in Schimpf
„Und Schmach erzeugtes Blut verschütt' ich dir,
„Dein wüstes für das reine Blut, das mir
„In meinem tapfern Knaben du vergossen.“ —
Hier wollt' ich den Bastard zu Boden stoßen;
Da kam ihm Rettung. Sprich, du theurer Sohn,
Was machst du denn? bist du nicht müde, John?
Sprich, willst du jezt dich retten, Kind, durch Flucht,
Da du als Held ruhmvollen Kampf versucht?
Flieh, räche meinen Tod, wann todt ich bin,
Ein Mann ja bringt mir kärglichen Gewinn.
O, gar zu thöricht ists, wann in der Noth
Wir all' uns wagen in ein kleines Boot.
Wenn heut des Franken Wut verschont mein Haupt,
Schon morgen hat schwach Alter mich geraubt.
An mir gewinnt er nichts; des Todes Schlag
Kürzt mir das Leben nur um Einen Tag.
In dir stirbt deine Mutter, unser Same,
Die Rache meines Tods, und Englands Name.
All dies, und mehr, wir wagens, wenn du weilst;
All dies, wir rettens, wenn von hier du eilst.

John.

Das Schwert des Orleans machte nicht mir Schmerz;
Von euren Worten blutet mir das Herz.
Weg Vortheil, den erkauft Schmach solches Tands,
Die für den Leib losschlägt des Ruhmes Glanz,
Eh Talbots Sohn vom alten Talbot flieht,
Soll mir mein feiges Roß hinsinken müd',
Und ich will Frohnknecht sein im Frankenland,
Der Schande Ziel, des Unheils Gegenstand!
Bei aller Ehre, die euch ward zum Lohn!
Flieh' ich von euch, ich bin nicht Talbots Sohn.

Sprecht denn nicht mehr von Flucht, mir zum Verdruß!
Wenn Talbots Sohn, sterb' ich vor Talbots Fuß.

Talbot.

So folg' dem hofnungslosen Kreterherrn,
Mein Ikarus, du, meines Lebens Stern.
Begehrst du Kampf, kämpf', wo dein Vater kämpft;
Und kommt der Tod, er find' uns ungedämpft.
(Sie gehn ab.)

Siebente Scene.

Ein andrer Theil des Schlachtfeldes.

Schlachtlerm. Angriffe. Talbot, verwundet, wird von einem Diener geführt.

Talbot.

Wo ist mein andres Ich? Meins ist entflohn.
O, wo ist Talbot, wo mein tapfrer John?
Du stolzer Tod, ich dein Gefangner hier,
Johns Tapferkeit macht, daß ich lächle dir. —
Als er mich sinken sah, ermattet schier,
Sein blutig Schwert da schwang er über mir,
Und wie ein hungrig wilder Leu, voll Wut
Und starrem Ingrimm, focht er bis aufs Blut.
Doch als mein zorn'ger Wächter stand allein,
Voll Sorg' um mich, und niemand mehr drang ein,
Riß Schwindelwut und wild Unmutsgefühl
Von meiner Seit' ihn plözlich ins Gewühl
Des Frankenschwarms, der dicht um ihn sich häufte.

Er dort, in einem See voll Blut, ersäufte
Die allzu kühne Rachgier; und da starb
Mein Ikarus, so jung, so rosenfarb.

(Soldaten kommen mit der Leiche John Talbots.)

Diener.

O theurer Lord, da bringt man euren Sohn!

Talbot.

Du Schalksnarr Tod, belachst uns hier zum Hohn.
Doch bald, von deinem Uebermut befreit,
Vereinigt durch das Band der Ewigkeit,
Entschwingen sich durch Aetherräume weit
Zwei Talbots, dir zum Troz, der Sterblichkeit.
Du, dem der Tod starrt aus den Wunden schon,
Sprich mit dem Vater, weil du athmest, Sohn.
Beut, sprechend, Troz dem Tod' und Gegenwehr;
Denk' dir, ein Franzmann, und dein Feind sei er.
Arm Kind! Er lächelt, scheints, und spricht erfreut:
Wär' Tod ein Frank, Tod wär' erschlagen heut.
Kommt, kommt, und legt ihn in des Vaters Arm,
Mein Geist erträgt nicht länger diesen Harm.
Lebt, Krieger, wohl! Ich bat, der Himmel gab:
Mein alter Arm ist nun John Talbots Grab.

(Er stirbt.)

(Schlachtlerm. Die Soldaten gehn, die beiden Leichen zurücklassend. Es kommen Karl, Alençon, Burgund, der Bastard, die Pucelle, und Truppen.)

Karl.

Wenn York und Somerset Beistand geschickt,
Für uns geworden wär's ein blut'ger Tag.

Bastard.

Wie Talbots junger Leu in grimmer Wut
Getränkt sein Knabenschwert mit Frankenblut!

Pucelle.

Ich traf ihn auf dem Feld' einmal, und sagt':
O Jüngling, sei besiegt von einer Magd.
Doch er, mit majestätisch stolzem Hohn,
Erwiederte: „Des großen Talbots Sohn
„Soll nicht die Beute frecher Dirnen sein."
Und, stürzend in der Franken dichte Reihn,
Verließ er stolz mich, ungezückt das Schwert.

Burgund.

Gewiß, er hätt' als Ritter sich bewährt.
O seht, da liegt er, eingesargt im Arm
Des blut'gen Pflegers von all seinem Harm.

Bastard.

Haut sie in Stücken, reißt entzwei das Paar,
Das Englands Glorie, Frankreichs Wunder war.

Karl.

O nein, laßt ab. Vor dem ihr alle floht,
So lang' es lebt', entehrt es nicht im Tod.
(Sir William Lucy tritt auf mit Gefolge; ein französischer Herold geht vor ihm her.)

Lucy.

Herold,
Führt mich zum Zelt des Dauphin, daß mein Ohr
Vernehme, wer den Siegsruhm heut errang.

Karl.

Welch unterwürf'gen Antrag bringst du uns?

Lucy.

Was? Unterwerfung ist ein fränkisch Wort;
Der Krieger Englands weiß nicht, was das heißt.
Ich will Bescheid, wen du gefangen nahmst,
Und der Gefallnen Leichnam' Uebersicht.

Karl.

Gefangen nahm? Die Höll' hält sie gefangen.
Doch sage, wen du suchst.

Lucy.

Wo ist der große Herkules des Felds,
Der tapfre Talbot, Jarl von Shrewsbury?
Ernannt für sein ausnehmend Waffenglück
Zum Jarl von Wexford, Waterfort und Valence,
Lord Talbot von Goodrig und Urchinfield,
Lord Strange von Blackmere, Lord Verdun von Alton,
Lord Cromwell von Wingfield, Lord Furnival von Sheffield,
Der höchst sieghafte Lord von Falconbridge,
Ritter vom edlen Orden Sankt Georgs,
Sankt Michaels und von dem goldnen Fließ;
Heinrichs des sechsten Oberfeldhauptmann
Für alle seine Krieg' im Frankenreich?

Pucelle.

Ein seltsam prahlerischer Stil fürwahr!
Der Türk, der zwei und funfzig Reiche hat,
Schreibt keinen so langweilig breiten Stil. —
Er, den du schmückst mit all dem Titelprunk,
Liegt modernd und beschmeißt zu Füßen uns.

Lucy.

Ist Talbot todt, der Franken einz'ge Geißel,
Graun eures Lands und schwarze Nemesis?
O, daß die Augen mir Stückkugeln würden,
Ich schösse wütend sie euch ins Gesicht!
O, könnt' ich nur die Todten da erwecken,
Gnug wär's, zu ängstigen ganz Frankenland.
Wenn nur sein Bildnis nachblieb' unter euch,
Den Stolzesten verwirrt' es von euch allen.
Gebt mir die Leichen, daß ich fort sie trag',
Und sie bestatte, wie ihr Werth es heischt.

Pucelle.

Der Pilz ist wol des alten Talbots Geist.
Wie sprâch' er sonst so stolz gebieterisch?
Um Gott, laßt ihn sie haben! Hier bewahrt,
Vergiften sie die Luft nur mit Gestank.

Karl.

Geht, nehmt die Leichen weg.

Lucy.

Fort trag' ich sie.
Doch hört: dereinst aus ihrer Asche lebt
Ein Fönix auf, vor dem ganz Frankreich bebt.

Karl.

Sind wir nur ihrer los, macht was ihr wollt.
Jezt nach Paris, da Siegerglut uns treibt;
Nichts widersteht, nun Talbot ist entleibt.

(Sie gehn ab.)

Fünfter Aufzug.

Erste Scene.

London. Ein Zimmer im Palast.

König Heinrich, Gloster, und Exeter.

K. Heinrich.

Habt ihr die Briefe durchgesehn vom Pabst,
Vom Kaiser, und dem Grafen Armagnac?

Gloster.

Ja, gnäd'ger Fürst, und ihr Inhalt ist der:
Sie bitten demutsvoll eur Majestät,
Daß zwischen England und der Franken Reich
Geschlossen werd' ein Friede guter Art.

K. Heinrich.

Und wie gefällt eur Gnaden dies Gesuch?

Gloster.

Wohl, bester Herr; es ist der einz'ge Weg,
Zu hemmen den Verguß von Christenblut,
Und Ruhe zu begründen beiderseits.

K. Heinrich.

Ja freilich, Oheim; denn ich dachte stets,
Es sei so frevelhaft, wie unnatürlich,

Daß solche Grausamkeit, solch blut'ger Zwist
Hersch' unter Eines Glaubens Gläubigen.

Gloster.

Zunächst, Herr, — daß so eher sei bewirkt,
Und daurender geschürzt der Freundschaftsbund, —
Der Graf von Armagnac, Karls naher Sipp,
Ein Mann, deß Ansehn hoch in Frankreich steht,
Trägt eurer Majestät die einz'ge Tochter
Zur Eh' an, mit schwerreicher Ausstattung.

K. Heinrich.

Zur Eh', — Ach, Oheim, ich bin noch zu jung,
Und Fleiß und Bücher passen mehr für mich,
Als üpp'ge Tändelei mit einer Braut.
Doch, ruft die Abgesandten, und ertheilt,
Wie's euch beliebt, die Antwort jeglichem.
Recht soll mir jede Wahl sein, zielt sie nur
Auf Gottes Ehr', und meines Landes Wohl.

(Ein Legat kommt mit zwei Gesandten, nebst Winchester in Kardinalstracht.)

Exeter.

Was? ist Mylord von Winchester erhöht
Zur Ehrenstaffel eines Kardinals?
Dann seh' ich, das wird in Erfüllung gehn,
Was einst der fünfte Heinrich profezeit:
„Wenn der einmal gelangt zum Kardinal,
„Der macht noch seinen Hut der Krone gleich."

K. Heinrich.

Ihr Herrn Gesandten, eure Wünsche sind
Allseits erwogen und wohl überlegt.
Eur' Absicht ist sehr gut und sehr vernünftig;
Drum haben wir uns ernsthaft vorgesezt,
Bedingungen des Friedens zu entwerfen,

Die Mylord Winchester aus unsrer Hand
Sogleich nach Frankreich überbringen soll.

Gloster.

Und das Erbot belangend eures Herrn,
Dem König legt' ichs so ausführlich dar,
Daß, um des Fräuleins reine Sittsamkeit,
Und ihre Schönheit, und der Mitgift Glanz,
Er sie begehrt zu Englands Königin.

K. Heinrich, zu den Gesandten.

Zum Zeichen und Beweise des Vertrags
Bringt dies Juwel ihr, meiner Neigung Pfand. —
Und so, Mylord Protektor, schaft mit sicherm
Geleit nach Dover sie; wo dann im Schif
Ihr sie vertrauen mögt dem Glück des Meers.
(Es gehn ab König Heinrich mit Gefolge, Gloster, Exeter und die Gesandten.)

Winchester.

Halt, Herr Legat; erst nehmet in Empfang
Die Summe Goldes, die ich angelobt
Zu übermachen seiner Heiligkeit
Für die Bekleidung mit dem Ehrenschmuck.

Legat.

Ich warte, bis ihr Muße habt, Mylord.

Winchester.

Nun wird sich Winchester nicht beugen, traun!
Noch Untrer sein dem stolzesten der Pairs.
Humphrey von Gloster, merken sollst du wohl,
Daß weder an Geburt, noch an Gehalt,
Der Bischof nachsteht deiner Hochgewalt.

Dich zwing' ich, daß gebeugt dein Knie mir sei,
Wo nicht, schüttl' ich das Land durch Meuterei.
(Sie gehn ab.)

Zweite Scene.

Frankreich. Ebene in Anjou.

Karl, Burgund, Alençon und Pucelle mit Truppen im Marsch.

Karl.

Die Botschaft, Herrn, frisch' uns die matten Geister:
Die trozigen Pariser fallen ab,
Und wenden sich zurück zum tapfern Franken.

Alençon.

Geht auf Paris denn, königlicher Karl,
Laßt nicht eur Heer die Zeit vertändeln hier.

Pucelle.

Fried' ihnen, kehren sie zurück zu uns;
Sonst brech' in ihre Burgen der Ruin!
(Ein Bote kommt.)

Bote.

Glück sei mit unserm tapfern General,
Und alles Heil mit seinen Kampfgenossen.

Karl.

Was melden unsre Späher? sage schnell.

Bote.

Das Heer von England, das gesondert war
In zwei Partein, ist jezt geschaart in Eins,
Und denkt euch Schlacht zu bieten ungesäumt.

Karl.

Etwas zu plözlich kommt die Warnung, Herrn;
Doch rüsten wir uns gleich zur Gegenwehr.

Burgund.

Ich hoffe, Talbots Geist ist nicht dabei;
Fort ist er, Herr, drum seid von Furcht ihr frei.

Pucelle.

Der schnöden Trieb' abscheulichster ist Furcht.
Gebeut dem Siege, Karl, und er ist dein;
Zürn' Heinrich auch, murr' alle Welt auch drein.

Karl.

Auf denn, ihr Herrn, und Frankreich sei beglückt!
(Sie gehn ab.)

Dritte Scene.

Vor Angers.

Schlachtlerm. Angriffe. Die Pucelle kommt.

Pucelle.

Englands Regent siegt, und die Franken fliehn. —
Nun helft, ihr Zaubersprüch' und Talisman',

Und ihr Machtgeister, die ihr Rath ertheilt,
Und mir entschleiert, was die Zukunft birgt!
(Es donnert.)
Ihr schleun'gen Helfer, zugeordnete
Des kalten Nordpols stolzem Oberherrn,
Erscheint, und helft bei dem Vorhaben mir!
(Es erscheinen böse Geister.)
Dies schleunige Erscheinen giebt Beweis,
Daß ihr, wie sonst, mir willig seid zum Dienst.
Nun, ihr vertrauten Geister, auserwählt
Aus mächt'gen Schaaren unterhalb der Erd',
Helft mir noch eins, daß Frankreich habe Sieg.
(Sie gehn umher und reden nicht.)
O haltet mich mit Schweigen nicht zu lang'!
Wo ich euch sonst genährt mit meinem Blut,
Hau' ich ein Glied mir ab, und geb' es euch
Zum Handgeld fernerer Wohlthätigkeit,
Wenn ihr euch hergebt, mir zu helfen jezt
(Sie hängen die Köpfe.)
Gar keine Hofnung mehr? Mein Leib zahl' euch
Vergelt, wenn ihr die Bitte mir gewährt.
(Sie schütteln die Köpfe.)
Kann nicht mein Leib, kann nicht Blutopfer euch
Bewegen zur gewohnten Förderung,
Nehmt meine Seele denn: Leib, Seel' und alles,
Eh' England über Frankreich Sieg erhält.
(Sie verschwinden.)
Seht, sie verlassen mich. Nun kommt die Zeit,
Daß Frankreich senkt den stolzbebuschten Helm.
Und fallen läßt sein Haupt in Englands Schooß.
Die alten Zaubereien sind zu schwach,
Die Hölle mir zu stark, mit ihr zu ringen. —
Nun, Frankreich, deine Glorie sinkt in Staub.
(Sie geht ab.)

(Schlachtlerm. Franzosen und Engländer kommen fechtend; die Pucelle und York werden handgemein; Pucelle wird gefangen; die Franzosen fliehn.)

York.

Nun, Frankreichs Dirn', ich denk', euch hab' ich fest.
Löst eure Geister nun mit Zaubersprüchen,
Und prüft, ob ihre Macht euch Freiheit bringt. —
Ein schöner Fang, gut für des Teufels Huld!
Seht, wie die garst'ge Hexe kräust die Stirn!
Ob sie, wie Circe, mich verwandeln will?

Pucelle.

Verwandlung machte dich nicht häßlicher.

York.

O, Karl der Dauphin ist ein schmucker Mann;
Ein Bild, wie seins nur rührt eur ekles Aug.

Pucelle.

Pest und Verderben treffe Karl und dich!
Und werdet beid' einst plözlich überrascht
Durch Mordhand, wann ihr schlaft in eurem Bett!

York.

Boshafte Bannerin! du Hexe, schweig!

Pucelle.

Laß doch mich fluchen eine Zeitlang nur.

York.

Fluch', Unhold, wenn man dich zum Richtplaz führt.
(Sie gehn ab.)

(Schlachtlerm. Suffolk kommt, mit Prinzessin Margareta an der Hand.)

Suffolk.

Sei, wer du willst, du bist Gefangne mir.
(Er betrachtet sie.)
O holde Schönheit, fliehe nicht aus Furcht!
Dich rühr' ich nur mit ehrerbiet'ger Hand.
Die Finger küss' ich hier zu ew'gem Frieden,

Und lege sanft sie an den zarten Leib.
Wer bist du? sprich, damit du Ehr' empfahst.

Margareta.

Margreta heiß' ich, eines Königs Tochter,
Königs von Napel: sei du, wer du seist.

Suffolk.

Ein Jarl bin ich, und Suffolk ist mein Name.
Sei nicht beleidigt, Wunder der Natur;
Dein Loos ist, mir Gefangene zu sein.
So schüzt der Schwan der Schwänlein weiche Schaar,
Die er gefangen mit den Flügeln hält.
Doch wenn die Sklaverei dein Herz beschwert,
Geh, und sei frei, und halte Suffolk werth.

(Sie wendet sich, als wollte sie gehn.)

O bleib! — Mir fehlt die Kraft, sie gehn zu lassen;
Die Hand befreit sie gern, das Herz sagt nein.
So spielt die Sonn' auf dem krystallnen Bach,
Und funkelt sich ein stralend Abbild nach:
So scheint die hehre Schönheit meinem Aug'.
Sehr gerne würb' ich, doch mein Mund verstummt;
Der Feder Schrift denn meld' ihr meinen Sinn.
Pfui, de la Poole, entwürd'ge nicht dich selbst.
Hast keine Zung'? ist sie nicht hier in Haft?
Was? du verzagst beim Anblick eines Weibs?
Ja wohl, der Schönheit stolze Majestät
Verwirrt die Zung', und macht die Sinne stumpf.

Margareta.

Sag', Jarl von Suffolk (wenn du so dich nennst),
Was zahl' ich Lösegeld, eh ich kann gehn?
Ich sehe ja, ich bin Gefangene.

Suffolk, beiseit.

Wie weißt du, ob sie abschlägt dein Gesuch,
Eh du um ihre Liebe dich bewirbst?

Margareta.

Du redest nicht. Was zahl' ich Lösegeld?

Suffolk, beiseit.

Sie ist so schön; und drum begehrlich wohl;
Sie ist ein Weib; drum wohl eroberlich.

Margareta.

Nun, nimst du Lösegeld? Ja, oder nein?

Suffolk, beiseit.

O Thor! Bedenke, du hast eine Frau;
Wie kann denn Margaret dein Liebchen sein?

Margareta.

Das beste wär', ich ging'; er hört ja nicht.

Suffolk, beiseit.

Das ist die Karte, die mein Spiel verderbt.

Margareta.

Er spricht ins Wilde; traun, der Mann ist toll.

Suffolk, halblaut.

Und doch wird Ehescheidung wol ertheilt.

Margareta.

Und doch wollt' ich, ihr gäbet Antwort mir.

Suffolk, halblaut.

Ich will das Fräulein hier gewinnen. Wem?
Ei, meinem Herrn. Sacht! das war hölzern Ding.

Margareta.

Er spricht von Holz. Wol gar ein Zimmermann.

Suffolk, beiseit.

Doch meiner Neigung thät' ich so Genüg',

Und schafte Fried' in dies und jenes Reich
Indeß auch hierin bleibt ein Zweifel noch.
Denn ist ihr Vater gleich von Napel König,
Herzog von Maine und Anjou, er ist arm,
Und unser Adel wird scheel sehn dem Bund.

Margareta.

Hört ihr, Herr Hauptmann? Habt ihr keine Zeit?

Suffolk, beiseit.

So soll es sein, man murre, wie man will.
Heinrich ist jung, und giebt sich bald darein. —
Fräulein, ich hab' euch etwas zu vertraun.

Margareta, beiseit.

Ward ich Gefangne schon, er scheint ein Ritter,
Und wird mir keineswegs Unehre thun.

Suffolk.

Fräulein, geruhet mir Gehör zu leihn.

Margareta, beiseit.

Vielleicht befreien mich die Franken noch;
Dann brauch' ich nicht zu flehn um seine Gunst.

Suffolk.

Mein Fräulein, hört mich an in einer Sache —

Margareta, beiseit.

Ei, Frauen hat man sonst gefangen schon.

Suffolk.

Fräulein, weswegen sprecht ihr so?

Margareta.

Verzeiht mir das, es war ein Quid pro quo.

Suffolk.

Prinzessin, sagt: ob ihr glückselig priest
Ein Band, durch das ihr würdet Königin?

Margareta.

Was? Königin in Banden? schlechter ists,
Als Sklave sein in schnöder Dienstbarkeit,
Denn Fürsten sollten frei sein.

Suffolk.

Das sollt ihr,
Wenn Englands königlicher Herr ist frei.

Margareta.

Nun, was geht mich denn seine Freiheit an?

Suffolk.

Ich mache dich zu Heinrichs Königin,
Füg' in die Hand ein goldnes Zepter dir,
Sez' eine reiche Krone dir aufs Haupt,
Wenn du mit Huld geruhst, zu sein mein —

Margareta.

Was?

Suffolk.

Sein Traut.

Margareta.

Ich bin nicht würdig, Heinrichs Weib zu sein.

Suffolk.

Nein, theures Fräulein; ich nur bin nicht würdig
Ihm solche Schönheit anzufrein als Weib,
Und selbst nicht Theil zu haben an der Wahl.
Was sagt ihr, Fräulein? — Ist euch das so recht?

Margareta.

Wenn nur mein Vater will, mir ist es recht.

Suffolk.

Ruft unsre Führer denn und Fahnen vor;
Und, gnäd'ge Frau, vor eures Vaters Burg
Werd' er von uns geladen zum Gespräch.

(Man bläst. Reignier erscheint auf den Mauern.)

Suffolk.

Sieh, Reignier, sieh, gefangen hier dein Kind.

Reignier.

Bei wem?

Suffolk.

Bei mir.

Reignier.

Suffolk, welch Mittel da?
Ich bin ein Kriegsmann, und nicht weinen kann ich,
Noch jammern über Wankelmut des Glücks.

Suffolk.

O ja, da ist noch Mittels gnug, Mylord.
Gieb, ja um deiner Ehre Willen, gieb
Dein Kind zur Ehegattin meinem Herrn,
Den ich mit Müh zu dieser Wahl vermocht;
Und diese flüchtige Gefangenschaft
Bringt deiner Tochter königliche Freiheit.

Reignier.

Spricht Suffolk, wie er denkt?

Suffolk.

Margreta weiß,
Daß Suffolk nicht arglistig sich verstellt.

Reignier.

Wohl, auf dein fürstlich Wort steig' ich hinab,
Zur Antwort auf dein billiges Begehr.

(Er geht von der Mauer ab.)

Suffolk.

Und hier erwart' ich dich.

(Trompetenschall. Reignier kommt.)

Reignier.

Willkommen, tapfrer Jarl, in unsern Landen;
Befehlt in Anjou, was eur Herz begehrt.

Suffolk.

Dank, Reignier, glücklich durch solch holdes Kind,
Geschaffen zur Genossin eines Königs.
Was sagt eur Hoheit mir auf mein Gesuch?

Reignier.

Da du sie würdigst, bei so kleinem Werth,
Der Ehre, Braut zu sein solch hohem Herrn;
Auf die Bedingung denn, daß ich in Ruh
Genieß' als Eigenthum Anjou und Maine,
Frei von Bedrückung oder Kriegsgewalt,
Sei sie vermählt mit Heinrich, wenn er will.

Suffolk.

Das ist ihr Lösegeld; nehmt sie zurück.
Und beider Länder, das verbürgt mein Wort,
Sollt ihr in Ruh genießen, gnäd'ger Herr.

Reignier.

Ich gebe nun, in König Heinrichs Namen,
Dir, als Gesandten des erlauchten Herrn,
Hier ihre Hand, zum Pfand gelobter Treu.

Suffolk.

Reignier, empfang' hier königlichen Dank,
Da dies der Handel eines Königs ist.

(Beiseit.)

Und dennoch, dünkt mir, möcht' ich lieber noch
Mein eigner Anwalt sein in diesem Fall. —
Ich will nach England mit der Nachricht da,
Und vorbereiten das Vermählungsfest.
Leb' wohl denn, Reignier; diesen Demant schleuß
In Goldpaläste, denn das ist er werth.

Reignier.

Sei mir umarmt, wie ich umarmen möchte
Den Christenkönig Heinrich, wär' er hier.

Margareta.

Lebt wohl, Herr! Gute Wünsche, Lob, Gebet,
Wird Suffolk stets von Margaret' empfahn.

(Sie will gehn.)

Suffolk.

Lebt wohl, lieb Fräulein! Doch, Margreta, hört:
Kein fürstlicher Empfehl an meinen Herrn?

Margareta.

Sagt ihm Empfehle, wie es einer Magd,
Jungfrau, und seiner Dienerin geziemt.

Suffolk.

Anmut'ge Wort', und sittsamlich gestellt.
Doch, Fräulein, noch einmal fall' ich zur Last:
Kein Liebespfand für seine Majestät?

Margareta.

Ja, guter Herr, ein unbeflecktes Herz,
Noch stets von Liebe rein, send' ich dem König.

Suffolk.

Und dies dazu.

(Er küßt sie.)

Margareta.

Das für dich selbst. — Fern mir die Dreistigkeit,
Solch kindisch Pfand zu senden einem König.

(Margareta und Reignier gehn.)

Suffolk.

O wärst du für mich selbst! — Doch, Suffolk, halt;
Du darfst nicht wandeln in dem Labyrinth,
Wo Minotaur und arge Tücke laurt.
Füll' Heinrichs Ohr mit ihrem Wunderlob;
Denk' ihre Seelenschönheit, unerreicht
Den kunstlos wilden Reizen der Natur;
Erneu' ihr Bildnis oft dir auf der See,
Damit, wenn du zu Heinrichs Füßen kniest,
Du ihn beraubst der Sinne vor Entzücken.

(Er geht ab.)

Vierte Scene.

Das Lager des Herzogs York in Anjou.

York, Warwick und Andre.

York.

Bringt her die Zauberin, verdammt zum Feur.

(Die Pucelle, von Wache begleitet, und ein Schäfer.)

Schäfer.

Ach, Hannchen! dies bricht deines Vaters Herz.

Hab' ich durchsucht die Lande fern und nah,
Und nun das Glück mich führt auf deine Spur,
Schaun muß ich deinen früh grausamen Tod?
Ach, lieb Kind Hannchen, ich will mit dir sterben!

Pucelle.

Verlebter Wicht! Elender Bauerkerl!
Ich bin entsprossen aus weit edlerm Blut,
Du bist nicht Vater, noch Verwandter mir.

Schäfer.

Pfui, pfui! — Ihr Herrn, erlaubt, dem ist nicht so.
Das ganze Kirchspiel weiß, sie ist mein Kind.
Die Mutter, die noch lebt, kann sie bezeugen
Als Erstling meiner Junggesellenschaft.

Warwick.

Ruchlose, deine Herkunft leugnest du?

York.

Dies zeigt, wie arg und gottlos sie gelebt,
Und arg und gottlos wird ihr End' auch sein.

Schäfer.

Pfui, Hannchen! daß du so hartnäckig bist!
Gott weiß, du bist ja Fleisch von meinem Fleisch;
Und deinethalb vergoß ich manche Thräne.
Verleugne mich doch nicht, mein theures Kind.

Pucelle.

Fort, Bauer, pack dich! Ihr bestacht den Mann,
Um zu verdunkeln mir des Adels Krone.

Schäfer.

Ja, eine Kron' empfing von mir der Pfaff,
Den Morgen, da ich ihre Mutter nahm.
Knie hin, und laß dich segnen, gutes Kind.

Du willst nicht? Nun denn, sei verflucht die Zeit,
Da du zur Welt kamst! Wollt' ich doch, die Milch,
Die du an deiner Mutter Brüsten sogst,
Wär' Rattengift gewesen deinethalb!
Und wenn du meine Lämmer triebst ins Feld,
Wollt' ich, ein Raubwolf hätte dich verzehrt!
Verläugnest du den Vater, ruchlos Ding?
Verbrennt, verbrennt sie! Hängen ist zu gut.
(Er geht.)

York.

Führt sie hinweg; sie lebte schon zu lang',
Die Welt zu füllen mit Sündhaftigkeit.

Pucelle.

Erst laßt euch sagen, wen ihr habt verdammt,
Nicht mich, erzeugt von Hirten auf der Flur,
Nein abgestammt aus königlichem Blut;
Fehllos und heilig, auserwählt von droben,
Durch Gottes himmlische Begeisterung,
Zu wirken hohe Wunder auf der Welt.
Niemals hatt' ich Verkehr mit bösen Geistern.
Doch ihr, versenkt in eurer Lüste Pfuhl,
Besudelt mit der Unschuld reinem Blut,
Verderbt und angesteckt von tausend Lastern, —
Weil ihr der Gnad' entbehrt, die andern ward,
Stracks achtet ihrs für ein unmöglich Ding,
Ein Wunder wirken ohne Teufelsmacht.
Nein, ihr Betrognen! Jeanne d'Arc war stets
Jungfrau, von ihrer zarten Kindheit an,
Selbst in Gedanken keusch und makellos;
Und ihr jungfräulich Blut, grausam verströmt,
Wird schrein um Rache vor des Himmels Thor.

York.

Ja, ja; — hinweg mit ihr zur Hinrichtung.

Warwick.

Und hört doch, Leute, weil sie Jungfrau ist,
Spart nicht des Reisigs, gebet ihr genug,
Stellt Tonnen Pechs auch um den Todespfahl,
Daß so die Marter ihr werd' abgekürzt.

Pucelle.

Will nichts erweichen denn eur Kieselherz?
Nun, Jeanne, so gieb deine Schwachheit kund,
Die dem Geseze nach dich schüzen muß.
Ich trag' ein Kind, blutdürst'ge Schlächter ihr.
Drum mordet nicht die Frucht in meinem Schooß,
Wenn ihr auch mich schleppt mit Gewalt zum Tod.

York.

Verhüt' es Gott! die heil'ge Magd ein Kind?

Warwick.

Das größte Wunder, das ihr je vollbracht!
All eure strenge Zucht lief da hinaus?

York.

Sie und der Dauphin hielten Schäferstund';
Ich dachte, was die Ausflucht würde sein.

Warwick.

Schon gut, schon gut! Uns soll kein Bastard leben,
Zumal, wenn Karl für Vater gelten muß.

Pucelle.

Ihr irret euch, mein Kind ist nicht von ihm;
Alençon wars, der meine Gunst genoß.

York.

Alençon, der ruchtbare Machiavel!
Es stirbt, und hätt' es tausend Leben auch.

Pucelle.

O nicht gezürnt! ich hab' euch angeführt.
Es war nicht Karl, noch der genannte Fürst;
Nein Reignier, König Napels, nahm mein Herz.

Warwick.

Ein Ehemann! das ist das schlimmste noch.

York.

Ei, welch ein Mädchen! sie weiß selbst nicht recht,
(So mancher wars) wen sie verklagen soll.

Warwick.

Ein Zeichen, daß sie willig war und frei.

York.

Und doch, wahrhaftig, reine Jungfrau noch! —
Mezlein, dein Wort verdammt den Balg und dich.
Thu keine Fürbitt', alles ist umsonst.

Pucelle.

So bringt mich weg; — euch lass' ich meinen Fluch.
Nie leucht' herab der Sonne Stralenglanz
Auf den Bezirk, der euch zum Wohnsiz dient!
Sei Dunkelheit und düstrer Todesschatten
Um euch, bis Unheil und Verzweifelung
Euch treibe zum Halsbrechen oder Hängen!

(Sie wird von der Wache abgeführt.)

York.

Brich du in Stück', und werd' ein Aschenhaufe,
Du tief verfluchte Höllendienerin!

(Kardinal Beaufort mit Gefolge.)

Kardinal.

Mylord Regent, ich grüß' eur Herlichkeit
Mit einem Vollmachtbrief vom Könige.

Denn wißt, Mylords, die christlichen Gebiete,
Voll Unmuts über den schmachvollen Streit,
Verlangen ernstlich Frieden zwischen uns
Und dem aufstrebenden Franzosenvolk.
Gleich ist der Dauphin da, und sein Gefolg',
Um zu verhandeln über dies Geschäft.

York.

Ist das all unsrer Arbeit einz'ge Frucht?
Nach der Ermordung so viel hoher Pairs,
So vieler Hauptleut', Helden und Soldaten,
Die überwältigt sind in diesem Streit,
Und ihren Leib verkauft zum Wohl des Lands,
Soll man zulezt abschließen Weiberfrieden?
Verloren wir die meisten Städte nicht
Durch Hinterlist, durch Falschheit und Verrath,
Die unsre großen Ahnherrn einst erkämpft?
O Warwick, Warwick! traurend sieht mein Geist
Den gänzlichen Verlust des Frankenlands.

Warwick.

Seid ruhig, York; kommt es zum Friedensschluß,
So streng' und hart sein unsre Fodrungen,
Daß wenig der Franzos daran gewinne.
(Karl mit Gefolge, Alençon, der Bastard, Reignier und Andre.)

Karl.

Ihr Lords von England, da genehmigt ist,
Daß Friede werd' erklärt im Frankenreich,
So kommen wir zu hören von euch selbst,
Was für Bedingungen der Bund erheischt.

York.

Sprich, Winchester; denn heißer Zorn verstopft

Den hohlen Durchgang meines gift'gen Lauts,
Beim Anblick der gehäß'gen Feinde da.

Kardinal.

Karl und ihr andern, so ists ausgemacht:
Da König Heinrich sichs gefallen läßt,
Aus bloßem Mitleid und aus sanfter Mild',
Eur Land vom harten Kriege zu befrein,
Und euch zu gönnen süße Friedensruh,
Sollt ihr Lehnsleute seiner Krone sein.
Und Karl, auf die Bedingung, daß du schwörst
Teibut zu zahlen, und zu huldigen,
Sollst du, als Vicekönig unter ihm,
Genießen deiner königlichen Würde.

Alençon.

So wär' er denn ein Schatten seiner selbst?
Die Schläfe schmückt' er sich mit einer Kron';
Und doch, dem Ansehn und dem Wesen nach,
Hat er die Rechte nur des Einzelmanns?
Der Vorschlag ist verkehrt und ungereimt.

Karl.

Man weiß, daß ich bereits hab' in Besiz
Mehr als das halbe gallische Gebiet,
Und drin als ächter König werd' erkannt.
Soll ich, des unbezwungnen Restes halb,
An meinem Vorrecht so viel kürzen mir,
Des Ganzen Vicekönig nur zu heißen?
Nein, Herr Gesandter, lieber halt' ich fest
Das, was ich hab', als daß die Sucht nach mehr
Mich brächt' um den Besiz von allem noch.

York.

Trozhafter Karl! hast du dir ingeheim
Vermittlung ausgewirkt zu einem Bund,
Und nun die Sache zur Besprechung kommt,

Hältst du entfernt dich mit Vergleichungen?
Entweder nim den angemaßten Titel
Als Gnadenlehn aus unsres Königs Hand,
Und nicht als dein rechtmäßig Eigenthum,
Sonst plagen wir dich mit rastlosem Krieg.

Reignier.

Mein Prinz, ihr thut nicht wohl, daß ihr so starr
Auf eurem Sinn besteht bei dem Vergleich.
Versäumen wir ihn nun, zehn gegen eins,
Ein zweiter wird nicht dargeboten uns.

Alençon, leise.

Frei zu gestehn, die Klugheit fodert es,
Eur Volk von solchem Blutbad zu befrein,
So grausem Mezeln, als man täglich sieht
Beim Fortgang unserer Feindseligkeit.
Nehmt also den Vertrag des Friedens an;
Ihr könnt ihn brechen ja, wanns euch beliebt.

Warwick.

Was sagst du, Karl? soll die Bedingung stehn?

Karl.

Sie solls; —
Mit Vorbehalt, daß ihr nicht Anspruch macht
Auf eine Stadt, worin Besazung liegt.

York.

So schwöre Lehnspflicht seiner Majestät,
Auf Ritterwort, du wollst, allstets getreu,
Nie dich empören wider Englands Thron,
Du und dein Adel, wider Englands Thron.
(Karl und die Uebrigen machen die Zeichen des Huldigungseides.)
So, nun entlaßt eur Kriegsheer, wann ihr wollt;
Hängt auf die Fahnen, laßt die Trommeln ruhn;
Wir schlossen feierlichen Friedensbund.
(Sie gehn ab.)

Fünfte Scene.

London. Ein Zimmer im Pallast.

König Heinrich tritt auf, im Gespräch mit Suffolk. Gloster und Exeter folgen.

K. Heinrich.

Der wunderseltnen Schildrung, edler Jarl,
Von Margareta's Schönheit staunt mein Ohr.
Ihr innrer Werth, geschmückt mit äußrem Reiz,
Entzündet Liebesglut in meiner Brust.
Und wie des Sturmwinds tobende Gewalt
Den stärksten Kiel entgegendrängt der Flut;
So treibt auch mich der Hauch von ihrem Ruf,
Daß ich muß scheitern, oder landen dort,
Wo ihrer Liebe Vollgenuß mir winkt.

Suffolk.

Still, theurer Fürst! der flüchtige Bericht
Ist bloß die Vorred' ihres würd'gen Lobs.
O dieser Holdin Reiz' und Tugenden,
Hätt' ich Geschick, sie auszusprechen ganz,
Ein Buch wär's voll verführerischer Zeilen,
Die wol entzückten auch den dumpfen Sinn.
Und was noch mehr: sie, die so göttlich ist,
So voll der seltensten Annehmlichkeit,
Sie will, bei tiefer Demut des Gemüts,
Sich fügsam zeigen euerem Befehl;
Befehl, mein' ich, so reiner Absicht, daß
Sie lieb' und ehr' in Heinrich ihren Herrn.

K. Heinrich.

Und andres wird von Heinrich nie begehrt.

Darum, Mylord Protektor, willigt ein,
Daß Margareta steig' auf Englands Thron.

Gloster.

So willigt' ich darein, gölts Sünde thun.
Ihr wißt, mein Fürst, eur Hoheit ist verlobt
Mit einem andern Fräulein hohes Rangs.
Wie können wir auflösen den Vertrag,
Ohn' euch die Ehre zu entwürdigen?

Suffolk.

So wie ein Herscher bei fuglosem Schwur;
Wie einer, der gelobt hat im Turnier
Sich zu versuchen, doch verläßt die Schranken,
Weil unter ihm zu tief sein Gegner steht.
Des armen Grafen Tochter steht zu tief,
Drum bricht man unbedenklich mit ihr ab.

Gloster.

Wie? was ist Margareta mehr als das?
Ihr Vater ist nichts besser als ein Graf,
Obschon er mit erhabnen Titeln prangt.

Suffolk.

Ja, werther Lord; ihr Vater ist ein König,
König von Napel und Jerusalem,
Und hat in Frankreich ein so großes Ansehn,
Daß dieses Band den Frieden stärken wird,
Und in der Treu fest halten Frankreichs Volk.

Gloster.

Das kann ja auch der Graf von Armagnac,
Weil er ein naher Vetter ist von Karl.

Exeter.

Zudem verbürgt sein Reichthum großen Brautschaz,
Da Reignier eher wohl empfängt als giebt.

Suffolk.

Brautschaz, Mylords? entehrt nicht so den König,
Daß er so niedrig sei, so schlecht und arm,
Nach Geld zu wählen, nicht nach Herzensliebe.
Heinrich macht reich wol seine Königin,
Uud sucht nicht, welche reich kann machen ihn.
So feilscht der niedre Bauersmann sein Weib,
Wie Marktbesucher Ochs und Schaf und Pferd.
Heirat ist eine Sache von mehr Werth,
Als daß man handle drum durch Mäklerei.
Nicht, die ihr wollt, nein, die sein' Hoheit liebt,
Sei die Genossin seines Ehebetts.
Drum, Lords, weil sie am meisten ihm gefällt,
Zumeist von allen Gründen zwingt uns das,
In unsrer Meinung auch sie vorzuziehn.
Was ist gezwungne Eh' als Höllenqual,
Ein Leben voller Zwist und Zänkerei?
Wogegen freie Wahl Glücksquelle wird,
Und Vorbild ist der Himmelsseligkeit.
Wer kann gemäß dem König Heinrich sein,
Als Margareta, Königstochter sie?
Der Schönheit Zauber, neben der Geburt,
Zeigt, sie gehör' allein für einen König.
Ihr tapfrer Mut und unerschrockner Geist,
Mehr als an Weibern wir gewöhnlich sehn,
Entspricht der Hofnung auf ein Königskind.
Denn Heinrich, Sohn des Landeroberers,
Gewiß erzeugt er mehr Eroberer,
Wenn einer Gattin von so hohem Mut,
Wie Fräulein Margaret', er sich gesellt.
Gebt nach, Mylords, und sprecht in meinem Sinn,
Margreta nur sei Englands Königin.

K. Heinrich.

Ob es der Eindruck eurer Worte macht,

Mein edler Lord von Suffolk, oder weil
Mein zartes Alter niemals noch gerührt
Von Regungen entflammter Liebe war,
Ich weiß nicht; aber deß bin ich gewiß:
So scharfen Zwiespalt fühl' ich in der Brust,
So wilden Kampf der Hofnung und der Furcht,
Daß krank mich macht das innere Gewühl.
Drum geht zu Schif, Mylord, eilt, eilt nach Frankreich,
Nehmt jegliche Bedingung an, und dringt
In Fräulein Margareta, daß sie bald
Nach England hersteur', und die Kron' empfang'
Als Heinrichs treues und gesalbtes Weib.
Für euren Kostenaufwand zum Ersaz
Nehmt einen Zehenden von unsrem Volk.
Geht, sag' ich euch; denn bis ihr wiederkehrt,
Bleib' ich umdrängt von Sorgen ohne Zahl. —
Und ihr, mein Ohm, verbannet jeden Groll.
Wenn ihr nach dem mich richtet, was ihr wart,
Nicht, was ihr seid, gewiß entschuldigt ihr
Die rasche Ausführung von meinem Willen.
Und so erlaubt, daß ich in Einsamkeit
Nachhangen möge meinem stillen Gram.

(Er geht mit Exeter.)

Gloster.

Ja, Gram! — ich fürchte, jezt und immerdar.

(Er geht.)

Suffolk.

So siegte Suffolk, und so geht er hin,
Wie Jüngling Paris ging nach Griechenland.
In Liebe hoff' ich ähnlichen Erfolg,
Doch beßren Ausgang, als dem Troer ward.
Margreta soll beherschen nun den König,
Ich aber sie, den König, und das Reich.

(Er geht ab.)

Anmerkungen zu König Heinrich dem fünften.

Nach dem Ableben Heinrichs des vierten war die Begeisterung für den Prinzen von Wales so allgemein, daß die Unterthanen noch vor der Krönung ihm den Huldigungseid schwören wollten. Dies schlug er aus. Er ermahnte das Volk zum Guten, und bat Gott, ihn sogleich aus der Welt zu nehmen, wenn seine Herschaft nicht bestimmt wäre, das Wohl des Reiches zu fördern. Seine lustigen Kamraden, die auf ansehnliche Stellen gerechnet hatten, verwies er in die gehörige Ferne, jedem ein ansehnliches Jahrgehalt gebend, und das Versprechen einer Beförderung, sobald er sich gebessert zeigte. Allen, die in den Tagen seiner Wildheit ihm Einhalt gethan hatten, verzieh er öffentlich; verdächtige Personen entfernte er, selbst aus hohen Aemtern, und sezte unbescholtene an ihren Plaz. Er bewies einen rührenden Schmerz über den Tod Richards des zweiten, ließ ihn feierlich in der Westminsterabtei neben seiner ersten Gattin Anna beisezen (IV, 1), erbat sich dann vom Pabst eine Freisprechung von seines Vaters Schuld, und unterwarf sich freudig der vorgeschriebenen Buße. Hierauf vollzog er die Leichenfeier seines Vaters mit großer Pracht in der Stadt Canterbury.

Schon unter Heinrich dem vierten hatte das Parlament den Vorschlag gethan, die unermeßlichen Kirchengüter zu einer fortdauernden Quelle von Hülfsgeldern für den König zu machen, deren Zahlung das Volk nicht mehr leisten konnte. Damals war der Vorschlag nicht durchgegangen; jezt erneuerte man ihn zur großen Unruhe der Geistlichkeit. „Die dicken Aebte," sagt Hal, „fingen an zu schwizen, die „stolzen Priore die Stirn zu runzeln, die arme Mönche

„zu fluchen, die albernen Nonnen zu weinen; und die „Kirchenmäkler fürchteten, Babel würde untergehn“ (I, 1). In dieser Noth machte die Geistlichkeit den Antrag anderer Abgaben durch den Bischof von Canterbury, der dem Könige, um ihn auf andre Gedanken zu bringen, einen Krieg mit Frankreich dringend anrieth, und beinah zur Sache Gottes machte (I, 2).

Frankreich war damals durch Parteiungen zerüttet, und diese Zeit schien dem König die passendste, wieder zu den alten Besizungen zu gelangen. Er schickte demnach Gesandte nach Paris, und bot dem König beständige Freundschaft an; verlangte aber Katharina, Karls Tochter, zur Gemahlin, zwei Millionen Kronen Mitgift, die Zahlung von anderthalb Millionen, als den Rückstand vom Lösegelde des Königs Johann, und den freien Besiz der Normandie und der übrigen an Frankreich verlorenen Länder, nebst der Oberherschaft über Bretagne und Flandern. Der französische Hof, obgleich in seiner bedrängten Lage dem Kriege abgeneigt, sezte diese Bedingungen sehr herab: er bewilligte bloß die Prinzessin mit 800,000 Livres Mitgift, und die Zurückgabe von Guyenne, Perigord, Saintonge, Angoumois und einiger anderen Provinzen. Heinrich, der kaum so viel erwartet hatte, versammelte darauf eine starke Flotte nach Southampton, wohin seine ruhmentbrannten Brüder und die Barone des Reichs mit Beisteuern an Geld und Kriegern strömten, laut jubelnd über den nahen Besiz des schönen Frankreichs, das sie schon erobert glaubten. (Prolog zum zweiten und dritten Aufzuge.)

Unter den Franzosen verbreitete sich Angst vor solchen Zurüstungen. Was ihrer Kraft nicht erreichbar schien, sollte nun durch List und Geld bewirkt werden. Durch ansehnliche Summen bestochen, fielen die Schottländer in England ein, wurden aber vom tapfern Sir Robrrt Umfrevile zurückgeschlagen. Bald darauf endeckte man eine von Frankreich aus geleitete Verschwörung gegen das Leben des Königs, an deren Spize drei Männer standen, denen der König das größte Vertrauen bewiesen hatte. Sie wurden verhaftet, und nach dem Bekenntnis ihrer Schuld zum Tode verurtheilt (II, 2).

Nun ging der König zur See und landete in Frankreich mit 6000 Wehrmännern und 24000 Bogenschüzen. Den ersten Angrif machte er auf die Stadt Harfleur, die anfangs tapferen Widerstand bot, dann aber wegen Schwäche der Besazung sich zu ergeben versprach, wofern sie binnen fünf Wochen nicht Entsaz erhielte. Der bestimmte Tag kam, und kein Entsaz erschien. Da dennoch die Besazung fortfuhr, sich zu vertheidigen, eroberte Heinrich die Stadt mit Sturm (III, 1. 3.).

Unterdeß war das engländische Heer durch Anstrengung und Sommerhize so ermüdet, daß Heinrich auf einen Rückzug dachte. Um nach Calais zu kommen, mußte er über die Somme gehn. Dies ward ihm überall von den Franzosen erschwert, die troz ihren inneren Spaltungen sich doch jezo zur Vertilgung des Feindes verbunden hatten. Endlich gelang es ihm, bei Sankt Quentin sich einer Furth zu bemächtigen, die von den Franzosen nicht gehörig besezt war und durch Hülfe einiger Brücken sein Heer hinüberzuführen (III, 5. 6.). Schrecklich war der Zustand seiner Krieger. Die Vorräthe waren aufgezehrt; Hunger und Krankheit, starke Tagesmärsche und kalte Nächte hatten zwei Drittheile des Heers aufgerieben; für die Lebenden ward in den Wäldern kümmerliche Nahrung gesucht. Doch wirkte das Beispiel Heinrichs so viel, daß sie den Mut nicht verloren. So kamen sie zur Ebene bey Agincourt, wo sie von Franzosen dergestalt sich umringt sahen, daß an ein Weiterziehen ohne Gefecht nicht zu denken war.

Hier standen nun beide Heere gegen einander, auf der einen Seite an 12,000 ausgehungerte Engländer, auf der andern über 60,000 wohlgenährte Franzosen. Am 20. October kam der französische Herold, auf nächsten Sonabend Schlacht anzusagen. König Heinrich wandte alles an, bei den Soldaten das Vertraun auf Gott zu erhalten; alle gelobten ihm, zu siegen oder zu fallen. Die übermütigen Franzosen dagegen sprachen von nichts als vom Beutemachen, und wie sie mezeln wollten, und bloß den König verschonen, der im Triumf sollte nach Paris geführt werden. In allen benachbarten Städten ließen sie Freudenfeuer ansagen für den bevorstehenden Sieg. Ihr Hohn ging so weit, daß sie den König Heinrich durch den Herold fragen ließen, „wie viel er für seine Auslösung geben wolle.“ Der Herold brachte die Antwort zurück, „in Kurzem sollten die „Franzosen in solchem Zustande sein, daß nur sie an Aus„lösung zu denken hätten.“ (Der vierte Aufzug.)

Die Nacht vor dem entscheidenden Tage ward von

den Franzosen mit Jubelgelagen und Verhöhnungen des armseligen Feindes verbracht; von den Engländern mit weisen Anordnungen und mit feierlichem Gebet, unter dem mutregen Schalle kriegrischer Instrumente. Am Morgen standen beide Heere lange Zeit unschlüssig, wer anfangen sollte. Als Heinrich das sahe, rief er mit heiterem Gesicht: „Kommt, Freunde, geben Wir ein Beispiel; die hochgelobte Dreieinigkeit sei unser Schutz!“ Und damit begann die Schlacht. Unter Jubelgeschrei drangen die Engländer vorwärts; ihre Schüzen thaten Wunder. König Heinrich war überall; den ermunterte er, dem stand er bei. Achzehn französische Ritter, die seinen Tod beschlossen hatten, sprengten auf ihn zu: einer betäubte ihn durch einen Schlag mit der Streitaxt, dann fielen alle über ihn her. Als er im Begrif war, zu erliegen, kann ihm ein edler Walliser, David Gam, zu Hülfe; bald lagen die Ritter todt niedergestreckt. Heinrichs Mut schien nun immer zu wachsen. Die Franzosen wurden in einen engen Raum gedrängt; Ein endloser Wirwar entstand; Leichen sanken auf Leichen. Was den Engländern den Sieg erleichterte, war, daß sie die Sonne im Rücken hatten, die den Franzosen die Augen blendete. (S. Malone zu Loves labour lost, am Schluß des vierten Aufzuges.) Mehr Gefangene machte Heinrich, als er Soldaten hatte, und das zwang ihn, viele hinrichten zu lassen. Unter den Gefangenen waren die Herzoge von Bourbon und Orleans, denen Heinrich mit Würde begegnete. Ueber zehntausend Franzosen waren geblieben, von den Engländern etwa vierzig. Nach der Schlacht dankte der König seinen Soldaten, und erklärte, nicht Menschenkraft habe gesiegt, sondern der Himmel habe für die Sache der Gerechtigkeit gefochten. Eine Kirchenfeier endigte den ruhmvollen Tag. Es war der 25. Oktober des Jahrs 1415. (IV, 8.)

Hierauf sezte der König seinen Rückzug nach Calais fort, wo er sein Heer und die Gefangenen einschifte, und dann glücklich in Dover landete. Das Volk empfing ihn am Meerufer mit Jubel. In Canterbury kamen ihm Erzbischof, Abt und Mönche im reichsten Ornat entgegen. Wie er durch Londons Gassen zog, sah er an beiden Seiten kostbare Teppiche mit seinen Großthaten gestickt, und hörte Siegspsalmen singen. Doch jede Huldigung, die ihm geschah, wieß er ab; alle Ehre legte er auf Gott. In der

Paulskirche verrichtete er seine Andacht, und ging nach Westminster. Drauf besorgte er die Gedächtnißfeier der rühmlich Gefallenen, besonders des Herzogs von York und des Grafen von Suffolk, deren Leichname er mitgebracht hätte. (Prolog zum fünften Aufzuge.)

Durch die Bemühung des Kaisers Sigismund ward ein Waffenstillstand zwischen Frankreich und England eingeleitet, der indeß nicht zu Stand kam. Denn bald gaben die Franzosen durch die Belagerung von Harfleur die Losung zu einem neuen Kriege. In der Mitte des Jahrs 1417 landete Heinrich, vom Parlamente reichlich unterstüzt, mit 1500 Schiffen in der Normandie, von wo aus er bald große Eroberungen machte, und stark genug ward, einen entscheidenden Angrif auf die Krone zu wagen. Frankreich war damals ein Schauplaz von Ermordungen und Verwüstungen. Der Herzog von Orleans, Vater des Kriegsgefangenen, war von Herzog von Burgund hinterlistig aus dem Wege gerafft worden, dieser wieder durch die Verrätherei des damaligen Dauphins Karl. Der Sohn des Herzogs von Burgund, um seines Vaters Tod am Dauphin zu rächen, trat in ein Bündnis mit Heinrich, der unterdeß in seinen Eroberungen weit vorgerückt war. Die Stadt Rouen hatte er eingenommen; nun bedrohte er Paris, und nöthigte den Hof, sich nach Troyes zu flüchten. Hier kam Heinrich mit seinem Bundesgenossen, dem Herzog von Burgund zusammen, und beide brachten den für Frankreich so nachtheiligen Vertrag zu Stande, den die Geschichte den Vertrag von Troyes nennt (V, 2).

Die von Heinrich vorgeschriebnen Bedingungen waren: Heinrich sollte sich mit Prinzessin Katharina vermählen; König Karl sollte den Königstitel zeitlebens behalten, Heinrich aber, zum Kronerben ernannt, schon jezt die Verwaltung übernehmen, und der Dauphin von der Regierung ausgeschloßen sein; Frankreich und England sollten auf immer unter Einem Könige vereint bleiben, jedes Reich aber seine besonderen Geseze behalten; König Karl und der Herzog von Burgund sollten ihre Waffen mit Heinrichs Waffen vereinigen, um den Dauphin und seinen Anhang zu vernichten (1420).

Nach Unterzeichnung dieses Vertrages heiratete Heinrich Katharina, nahm Besiz von Paris, und kehrte seine Waffen gegen den Dauphin, der, auch von seiner Mutter verfolgt, in seinem Erblande als Fremdling umherirrte.

Heinrich hatte nicht Hülfsgelder genug, um den Krieg mit dem Dauphin fortsezen zu können. Er ging also nach England zurück, von seiner Gemahlin begleitet, die in der Westminsterabtei unter großen Feierlichkeiten gekrönt ward (1421). Das Parlament bewilligte dem König neue Summen, aber erst nach lebhaftem Widerspruche; denn allgemein fürchtete man, der Siz des Reiches sollte nach Frankreich verlegt werden. — Aufs neue landete Heinrich in Calais mit 28,000 Mann (1421).

Unterdeß hatte der Dauphin den Staatsverweser von Schottland vermocht, ihm 8000 Mann Beistand unter Anführung des Grafen Bucham zu senden. Dieser erhielt, in Heinrichs Abwesenheit, über den Herzog von Clarence einen entscheidenden Sieg. Vielleicht wären schon jezt alle Eroberungen in Frankreich wieder verloren gegangen, hätte nicht Heinrich noch zur rechten Zeit sich hinübergemacht. Bei dessen Annäherung nahm der Dauphin die Flucht, und ward bald jenseit der Loire getrieben. Fast alle nördlichen Provinzen, so viele ihrer es noch mit dem Dauphin gehalten hatten, fielen von ihm ab, und selbst in den südlichen Gegenden ward er verfolgt und mit gänzlichem Untergange bedroht. — Heinrich schlug in Paris seinen Siz auf, wo neben ihm der fast blödsinnige Karl als Schattenkönig ohne Ansehn lebte. — Noch eine entscheidende Schlacht wollte er vereint mit dem Herzoge von Burgund dem Dauphin liefern, als er plözlich an einer nicht gefährlichen Krankheit durch die Ungeschicklichkeit seiner Aerzte in seinem 34 Lebensjahre starb (1422). Auf seinem Todbett ernannte er, während der Minderjährigkeit seines neunmonatlichen Sohns Heinrich, seinen Bruder Bedford und den Herzog von Burgund zu Regenten in Frankreich; seinen Bruder Gloster aber und seinen Oheim Exeter zu Protectoren in England. Er empfahl den Großen, als eine Sache von höchster Wichtigkeit, die fortdauernde Freundschaft mit dem Herzoge von Burgund, hieß sie die hohen Gefangenen Frankreichs nicht losgeben, bis sein Sohn die Jahre der Herschfähigkeit erreicht haben würde, und unter keiner andern Bedingung mit dem Dauphin je Frieden zu schließen, als daß die Normandie Eigenthum der englischen Krone bliebe.

Kurz nach Heinrichs Tode starb auch der König Karl,

und hinterließ einen leeren Thron, den der Dauphin eben so hizig zu gewinnen trachtete, als die Vormünder des jungen Heinrichs bemüht waren, ihn zu behaupten.

Das Schauspiel Heinrich der fünfte umfaßt einen Zeitraum von etwa 8 Jahren, vom ersten Jahre seiner Thronbesteigung an bis zur Vermählung mit Katharina. Der Dichter hat sich genau an die Chronik von Holinshed gehalten. Fast wörtlich entlehnt aus dieser ist die Rede des Erzbischofs von Canterbury, worin er dem König die Rechtmäßigkeit seiner Ansprüche auf Frankreich entwickelt; desgleichen die Verurtheilung der drei Verschworenen, und Heinrichs Antwort an den Gesandten nach der Einnahme von Harfleur. Die spöttische Botschaft des Dauphins an den König findet sich nicht bei Holinshed. Der Dichter nahm sie entweder aus Balladen, oder aus einem alten Schauspiele gleiches Inhalts und Namens, welches, einzelne Kleinigkeiten abgerechnet, von allen, die es lesen, als ein werthloses Stück geschildert wird.

Prolog zum ersten Aufzuge.

a. Nach wandelten, wie Koppelhund' ihm, Hunger, Schwert und Feur, um Arbeit schmeichelnd.] (S. 7) Dies Bild des kriegerischen Heinrich gleicht sehr Montfaucons Beschreibung des zu Bresse endeckten Mars, der einen Löwen und eine Löwin an der Leine führt, die um Arbeit schmeicheln. Tollet. Bei Holinshed (p. 597) sagt König Heinrich V, die Göttin der Schlachten, Bellona, habe drei allzeit geschäftige Dienerinnen, Blut, Feuer und Hunger. Steevens. Diese werden auch in dieses Aufzugs zweiter Scene genannt:

> Mit Blut und Schwert und Feur zum Sieg für Recht.

S. Heinrich d. viert. erst. Th. (II, 4, p.)

b. In dieses O von Holz —] (S. 7) O, d. i. kleiner Kreis (Sommern. III, 2, h). Hahnkampfs-Raum (cock-pit) heißt verächtlich die Schaubühne, als unfähig, die Schlachten Heinrichs darzustellen. Der Dichter fodert die Fantasie der Zuhörer auf, das mangelhafte zu ersezen, und Heil seinem Zeitalter, daß er nicht zu tauben Ohren sprach.

c. Getrennt vom graunhaft engen Ocean.] (S. 7) The perilons narrow Ocean. Meerengen sind der Schiffahrt gefährlich: S. Prolog z. zweit. Aufzuge:

— Die enge See, gebannt durch uns,
Giebt sanfte Fahrt euch.

Im Kaufm. v. Vened. sagt Solanio (III, 1); „Dem Antonio ist „ein Schif mit reicher Fracht gestrandet in der Meerenge." Unrecht hat also Steevens, der perilous als komisches Verstärkungsmittel nimt.

Erster Aufzug. Erste Scene.

a. Der Erzbischof von Canterbury.] (S. 8) Heinrich Chicheley, ein Karthäusermönch, der kürzlich erst Erzbischof geworden war. — Der Bischof von Ely hieß John Fortham; er ward Bischof 1388 und starb 1426.

b. Das will bedacht sein —] (S. 9) Der Uebersezer las:

It must be thought on. If it pass, we lose
The better half of our possession.

c. Niekam die Besserung geströmt, und schwemmt in solchem Sturz Untugenden hinweg.] (S. 10) Eine Anspielung auf die Art, wie Herkules die berühmten Ställe reinigte, indem er einen Fluß hindurch leitete. Der Dichter denkt noch an Herkules, wenn er gleich darauf die Hydra nennt. Johnson.

d. Die Luft, durch Vorrecht Lermerin —] (S. 10) So in Wie e. e. gefällt (II, 7):

— — — Dann fodr' ich Freiheit auch,
So große Freiheit, als der Wind, zu blasen
Auf wen ich will.

Und im Othello (V, 2):

Nein, ich will reden, frei wie Sturm aus Nord.

Erster Aufzug. Zweite Scene.

a. Gar kein Hindernis —] (S. 14) Diese Rede ist fast wörtlich aus Holinsheds Chronik genommen.

b. In terram Salicam —] (S. 14) Eigentlich lauten die Worte des Gesezes: De terra vero Salica nulla portio hereditatis mulieri veniat; sed ad virilem sexum tota terrae hereditas perveniat. S. Schilteri Thes. antiqq. Teuton. T. II. p. 91.

c. Gab sich als Erben aus von Lady Lingar —] (S. 15)

Nach Ritson kommt bei keinem französischen Schriftsteller der Name dieser Prinzessin vor. Solche Personen wurden künstlich in die Stammbäume gesezt, um „Ansprüche zu beschönigen,“ die „in Wahrheit faul und nichtig“ waren. Heinrich hatte keinen Anspruch an das französische Land, nicht einmal an sein eigenes; er befolgte bloß den Rath seines sterbenden Vaters (Heinr. IV. zweit. Th. IV, 4):

Beschäftige die Schwindelgeister stets
Mit fremdem Zwist; daß Kriegsthat, fern von hier,
Auslösche die Erinnrung vor'ger Zeit.

Die künstliche Beredsamkeit der Bischöfe, sein Gewissen deshalb zu beschwichtigen, ist dem Könige eben so erwünscht, als ihnen sein Vorsaz, ins Ausland zu gehn, weil er daheim ihre Goldtruhen geleert hätte.

d. Des schwarzen Prinzen, der dort in Frankreich spielt' ein Trauerspiel —] (S. 16) Die Schlacht bei Cressy ward 1346 von Edward, dem nach seiner Rüstung benannten schwarzen Prinzen von Wales, dem Vater Richards II, gewonnen. Eine der ruhmvollsten Schlachten der Engländer auf französischem Boden. Die Engländer hatten nur 30,000 Mann, die Franzosen 120,000; aber bei den Engländern war reger, ruhiger Mut und die vollkommenste Kriegsordnung, bei den Franzosen blinder Ungestüm, und dabei Ermattung vom Tagemarsch. Die genuesischen Bogenschüzen in Frankreichs Solde mußten den Angrif machen; ein Plazregen erschlafte ihre Bogensennen, daß die Schüsse unwirksam wurden. Die englischen Schüzen dagegen, die ihre Bogen aus dem Futterale zogen, gossen einen Pfeilregen auf den Feind, und brachten ihn in Unordnung. Nun lenkte der junge Prinz von Wales den einen Theil des Heeres zum Angrif; während ein anderer, ohne mitzufechten, beim König blieb. Der Feind hatte sich unterdeß erhohlt, und fing an, die Engländer einzuschließen. Von dichten Schaaren umringt, focht der Prinz mit einer Herzhaftigkeit, die auch alte Soldaten in Bewunderung sezte. Lange Zeit blieb der Sieg zweifelhaft. Als aber der Prinz in Gefahr kam, schickte der Graf von Warwick zum Könige, und foderte Beistand. Edward, der unterdeß dem Treffen aus einer hochliegenden Windmuhle ruhig zugesehn hatte, fragte, ob sein Sohn todt oder verwundet sei. Auf die Antwort, er lebe noch, sagte der König: „Nun denn, von mir erhält er keinen Beistand, „die Ehre des Tages soll ihm sein, und ich weiß, er gewinnt sie.“ Das befeuerte den Prinzen und die Seinen mit neuem Mut. Sie stürzten auf den Feind, und der tapferste Feldherr der Franzosen, der Graf von Alençon, ward erlegt. Drauf erfolgte allgemeine Unordnung und ein gräßliches Blutbad; keines Franzosen Leben ward geschont. Die Fliehenden wurden verfolgt, bis die Nacht dem Gemezel ein Ende machte. Dem schwarzen Prinzen ward der Helmbusch des Königs von Böhmen zum Lohne ertheilt, und die Straußfedern auf demselben, zum Andenken des Sieges für ihn und seinen Nachfolger, in sein Wappen gesezt. (S. Heinr. IV. erst. Th. IV, 1.) Mit Nachdruck erwähnt der Dichter diese Schlacht hier und in des dritten Aufzugs vierter Scene, weil er sie als ein glänzendes Vorbild zu der noch glänzenderen Schlacht bei Agincourt betrachtet, die seinen Helden verherlichen soll.

e. Sie sehn, mein Fürst hat Grund —] (S. 17) Nach Monk Masons Unterscheidung:

> They know, your grace hath cause; and means and might,
> So hath your highness.

Wer mit den Ausgaben nach cause ein Komma sezt, und nach might ein Semikolon, gewinnt in so hath your highness eine schleppende Wiederhohlung des schon Gesagten.

f. Und Fällelein, zu fahn die Diebelein.] (S. 19) Nach der ursprünglichen Lesart:

> And pretty traps to catch the pretty thieves,

worin Steevens ohne Grund petty thieves änderte.

g. Denn guter Staat hält hoch und tief und tiefer gestufte Theil' in Einer Harmonie.] (S. 19) Sic ex summis et mediis et infimis interjectio ordinibus, ut sonis — — Cicero. Theobald.

h. Die Bienlein, nach Naturtrieb, lehren uns anordnen künstlich ein bevölkert Reich —] (S. 19) Ein Seitengemälde zum virgilischen (Landb. IV, 153 —):

> Sie nur haben gemein der Kinder Geschlecht, und vereinbart
> Häuser und Stadt, und leben beherscht von großen Gesezen;
> Heimat kennen nur sie, und eigenes Herdes Penaten;
> Und vom nahenden Sommer gewarnt, arbeitet im Sommer
> Aemsig, ein jeder für all', und verwahrt den gemeinsamen Vorrath.
> Einige wachen für Nahrung und Kost nach getroffenem Bündnis
> Weit durchschaltend die Flur; ein Theil im Gehege der Häuser
> Legt die Narcissusthrän', und zähen Leim aus der Rinde
> Unten zuerst dem Gewirk zu Gründungen, hängt dann darunter
> Zellen von bindendem Wachs; theils pflegen sie dort des Geschlechtes
> Hofnung, die wachsende Brut; noch andere häufen den klarsten
> Honigseim, und dehnen mit lauterem Nektar die Speicher.
> Manchen auch fiel das Loos, die Thore der Burg zu bewachen:
> Diese spähn abwechselnd die Güss' und Gewölke des Himmels;
> Oder empfahn die Lasten der Kommenden; oder in Heerschaar
> Wehren sie ab die Dronen, das träge Vieh, von den Krippen.

n. Geehrt nicht durch ein wächsern Epitaf.] (S. 21) Nicht einmal durch ein wächsernes Epitaf, geschweige durch ein marmornes.

o. Lederbäll', o Herr.] (S. 22) Blasen, mit Haaren ausgestopft und mit Leder überzogen. S. der L. M. umsonst (IV, 2, b.).

p. Dauphin.] (S. 22) Dies ist der Dauphin Louis, nach Holinshed ein windiger übermütiger und ruhmrediger Prinz, der bald nach der Schlacht bei Agincourt an der Ruhr starb. Dann ward auf kurze Zeit Prinz Johann Dauphin, und nach dessen frühzeitigem Tode Prinz Karl, den wir im ersten Theile Heinrichs des sechsten finden werden.

q. Wir lebten fern ihm —] (S. 22) D. i. dem Throne Englands, in dem Sinne, wie Prospero sagt (Sturm I, 2):

> Die Staatsleitung gab ich dem Bruder ab,
> Fremd meinem Lande.

Daß der Prinz manchmal drei Monate vom Hofe entfernt lebte, und sich in Wirtshäusern und Schenken herumtrieb, beklagt Bolingbroke in Richard d. zweiten (V, 2); hier aber ist mehr die innere Entfremdung gemeint, als die äußere.

r. Die Bäll' ihm zu Steinkugeln.] (S. 23) Bei der ersten Einführung des Grobgeschüzes brauchte man nicht eiserne Kugeln, sondern Steinkugeln. Johnson. Des groben Geschüzes bedienten sich zuerst die Engländer in der Schlacht bey Crezy.

Prolog zum zweiten Aufzuge.

a. Die Weide schlägt man los —] (S. 24.) Vor Begier, dem König zu folgen. S. K. Johann (II, 1, d).

b. Denn nun schwebt die Erwartung in der Luft, und birgt ein Schwert mit Kronenglanz —] (S. 24) Die Erwartung des auf die höchste Höhe getriebenen Ehrgeizes sieht nicht Gefahr, sondern Ruhm; ihr Schwert ist schon ganz mit Kronen bedeckt, die es erst erfechten soll. Auf alten Tapeten oder Gemälden (sagt Steevens) sieht man oft Schwerter, mit Schif = oder Mauerkronen besteckt; und Tollet erzählt, daß im Zeughause des Tower König Edward III. zu sehen sei, mit zwei Kronen auf dem Schwert, in Bezug auf die beiden Reiche England und Frankreich, von denen er Kronerbe war. — Ein Holzschnitt ähnliches Inhaltes steht, nach Henley, vor der ersten Ausgabe des Holinshed. — Crowns imperial, crowns und coronets,

Königskronen, Kronen und Krönlein. Die crowns und coronets sind für die vornehmsten Unterthanen, für seine Fürsten, und Grafen bestimmt. Die selbige Zusammenstellung finden wir in Antonius und Kleopatra (V. 2):

In his livery
Walkd crowns and coronets. —

c. Drei Bestochene —] (S. 25) Richard, Graf von Cambridge war der jüngere Sohn Edmund Langleys, Herzogs von York (den wir aus Richard II kennen), und Vater des berühmten Herzogs von York, der späterhin seine Ansprüche auf den Thron geltend machte, und den blutig langwierigen Krieg mit dem Hause Lancaster herbeiführte. Die Gattin des Grafen von Cambridge war Anna Mortimer, Schwester des Edmund Mortimer, dem Heinrich der vierte die Krone vorenthielt. S. Heinr. IV erst. Th. (I. 3) und die Stammtafel zu Heinr. des sechst. erst. Th. (II. 5). — Der zweite der Bestochenen war Lord Scroop von Masham, Großschazmeister im Reich. Der dritte hieß Sir Thomas Grey, geheimer Rath beim Könige. — Sie hatten von Frankreich eine Million Franken erhalten, um den König zu ermorden; und zugleich wollten sie Edmund Mortimer auf den Thron sezen. Alle drei wurden nach Entdeckung ihres Plans zum Tode geführt.

d. Niemand hat Uebelkeit —] (S. 25) Anspielung auf die Seekrankheit. Johnson.

Zweiter Aufzug. Erste Scene.

a. Und das ist der Humor davon.] (S. 26) And there's the humour of it. So muß gelesen werden, und nicht mit der Folioausgabe: an there's an end; weil Nym beständig das Wort humour im Munde führt, und auch dort es ankleckst, wo es weder Sinn noch Bedeutung hat. In den lustigen Weibern (II. 1) sagt Herr Page von Nym: „Das ist ein Bursch, der den Humor „noch vor Schrecken toll macht."

b. Dann wollen wir alle drei Herzensbrüder nach Frankreich.] (S. 26) Man lese: And we'll all three sworn brothers to France. Die gewöhnliche Lesart, we'll be all etc. sagt etwas, das hieher nicht paßt. In sworn brother sucht Whalley mehr als darin liegt. Es bedeutet, wie anderswo im Shakspeare, nichts weiter als Duzbruder.

c. Du Islands-Hund!] (S. 27) Unter Heinr. V hatten die Engländer Fischereien in Norwegen und Island, und von

Island aus wurden durch solche Gelegenheit viele Hunde nach England gebracht. Steevens.

d. Ich bin kein Barbason.] (S. 28) Der Name eines bösen Geistes. Lust Weib. II. 2. Der Bombast Pistols erinnert Nym an die Sprache der Teufelbeschwörer.

e. Du Kreta's Hund.] (S. 29) D. i. Bluthund. S. Sommernachtstr. (IV. 1, k).

f. Den Aussaz-Balg von Kressida's Gezücht, die Fummel-Doris.] (S.) Kressida steht hier als Urmutter aller Buhlerinnen. Doris Schleißlaken ward im vorigen Stücke eine Heerstraße genannt.

g. Ein Nobel (S. 30) ist acht Schillinge.

Zweiter Aufzug. Zweite Scene.

a. Als eure Hoheit; wol kein Unterthan.] (S. 33) Der Sechsfüßler.

Than is your majesty; there's not, I think, a subjcet,

kann so geheilt werden:

— — — — there's, I think, no subject.

b. Doch zu viel Sicherheit.] (S. 34) Im Macbeth (III, 5) sagt Hekate:

Ihr alle wißt ja, Sicherheit
Verlockt die Sterblichen in Leid.

c. Wie Hund' auf ihren Herrn —] (S. 35) So Arthur im K. Johann (IV, 1):

So wie ein Hund, genöthiget zum Kampf,
Schnappt nach dem eignen Herrn, der fort ihn hezt.

d. Wenn dieser Dämon —] (S. 36) Anspielung auf die Worte der Schrift: „Der Teufel geht herum, wie ein brüllen-„der Löwe."

e. Nicht handelnd nach dem Aug', eh zeugt das Ohr.] (S. 37) Der König nennt Scroop einen vorsichtigen Mann, der, unbestochen durch ein glänzendes Aeußere nicht dem Blick eines Menschen traute, bis er ihn erprobt hatte durch Nachfrage und Gespräch. Johnson.

f. Meiner Schuld, nicht meinem Leib verzeiht.]

(S. 38) Parry, der vom Pabst begünstigte Verschwörer, gegen das Leben der Königin Elisabeth, schrieb ihr nach der Endeckung: Discharge me a culpa, but not a poena, good lady. Dieser Brief, sagt Johnson, ward damals (1585) viel gelesen, und der Dichter, ohne Zweifel, entlehnte aus ihm. — Der Graf von Cambridge schrieb nach der Verurtheilung einen rührenden Brief an den König, bewirkte aber nichts weiter, als daß er mit Sir Grey enthauptet ward. Lord Scroop erlitt die schmähliche Strafe des Hängens und Viertheilens.

Zweiter Aufzug. Dritte Scene.

a. Grad' als die Ebb' eintrat.] (S. 40) Es war eine alte Meinung, welche Mead, de imperio solis, gläubig anführt, daß kein Mensch anders sterbe als zur Zeit der Ebbe. Die Hälfte der Todesfälle in London widerlegt den Wahn; indeß findet man, daß er unter den Weibern ehemals sehr gemein war. Johnson.

b. Haltfest, das ist der wahre Hund.] (S. 41) Ein Sprichwort lautete: Prahl (Brag) ist ein guter Hund; aber Haltfest ist der bessere.

Zweiter Aufzug. Vierte Scene.

a. Pfingsttags-Mohrentanz.] (S. 43). S. Der Liebe Müh umsonst (II, 2, d.).

b. Sein Vater stand, ein Berg, auf einem Berg, hoch in der Luft, gekrönt mit Sonnengold.] (S. 44) Das Bild eines Riesen, der die Sonne als Krone trägt. So in Calderons Brücke von Mantible.

c. Für die des Kriegs heißhungrig Scheusal nun aufsperrt den weiten Schlund.] (S. 46) Im K. Johann sagt der Bastard von diesem Scheusal (II, 2):

Der Krieger Schwerter sind ihm Zähn' und Klaun;
Nun schmaust es fort, einschnappend Menschenfleisch
Im unentschiednen Zwist der Könige.

Vgl. Heinr. VI. erst. Th. IV, 5.

d. So sagt mein Herr: Wenn —] (S. 47) Shakspeare schrieb:

Thus says my king: An if your fathers highness —.

Die Herausgeber verderbten And, if.

Prolog zum dritten Aufzug.

a. Der König biet' ihm Katharina —] (S. 49) S. d. Einleitung.

Dritter Aufzug. Erste Scene.

a. Noch eins zur Bresch' —] (S. 49) K. Heinrich sagt:

Once more unto the breach, dear friends, once more;
Or close the wall up with the English dead.

„Hier," sagt Johnson, „ist eine offenbare Lücke. Eine Zeile „wenigstens ist mit dem ersten Theil des Entweder=Oder verlo„ren gegangen. Der König will sagen:, Siegt, oder stopft die „Maur mit Leichnamen." Die Lücke kann nicht verkannt, und kaum durch Auslegung verdeckt werden. Vielleicht schrieb der Dichter:

Win, or close up the wall with English dead.

Oder näher den Ausgaben, wiewohl härter:

Win, or clase the wall up with th'English dead.

b. Vordach dem vermorschten Fuß, tief ausgespült vom Schwall des Oceans.] (S. 50) So im Sturm (II, 1):

An den Strand, der über ausgespülten Grund
Sich neigt.

Dritter Aufzug. Zweite Scene.

a. Ich gäb' all meinen Ruhm für einen Krug Ael.] (S. 51) Der Bursche hat zugelernt bei Falstaf. S. dessen Selbstgespräch über die Ehre, in Heinr. des viert. erst. Th. (V, 3).

b. Ich schloß daraus, sie würden auch wol einen Tusch mit der Kohle hinnehmen.] (S. 53) To carry coals (S. Rom. u. Jul. I, 1) hieß ehemals Beleidigungen einstecken. Vom Anschwärzen des Gesichtes: wie Nase drehn, scheeren, Esel bohren.

c. Der Jegner is selbst eingegraben vier Ellen tief unter die Conterminen.] (S. 53) Fluellen meint in seiner unbeholfenen Sprache, der Feind habe sich Conterminen gegraben, vier Ellen unter den Minen. Johnson. — Der ehrliche, umständliche, auf Alterthumskenntnis verseßene Walliser Fluellen, der hitzige Irländer Macmorris, und der schwerfällige Schotte Jamy, die alle bei Shakspeare in ihrer eigenthümlichen

Mundart reden, zeigen durch Anhänglichkeit, wie der kriegrische Geist dieses Königs auch ausserhalb dem eigentlichen England die Gemüter anzuziehn und zu beherschen wußte.

Dritter Aufzug. Dritte Scene.

a. Uebt Gnad' an allen.] (S. 59) Die Stadt ward mit Sturm erobert, und die Besazung niedergehaun, bis auf wenige, von welchen man Lösegeld erwartete. Als aber Heinrich in die Stadt einzog, bewies er sich demütig und milde. Barfuß ging er in die Martinskirche, um Gott für den Sieg zu danken. Er untersagte, bei Androhung der härtesten Strafe, jede Gewaltthätigkeit gegen Geistliche und Frauen. Greise, Kinder, Kranke und Arme wurden aus der Stadt verjagt, weil Heinrich die Stadt zu einer englündischen Festung machen wollte; aber alle durften mitnehmen, was sie wollten und konnten, und jeder erhielt noch vom König einen Zehrpfenning auf den Weg. Dann geschah ein Aufruf an die Engländer, daß, wer Lust hätte, sich in Harfleur anzusiedeln, Wohnungen für sich und seine Erben erhalten sollte. Worauf denn nicht wenige hinströmten, und in der französischen Stadt eine engländische Colonie gründeten.

Dritter Aufzug. Vierte Scene.

a. Alice, tu as été en Angleterre —] (S. 59) Ohne den mindesten Grund hat Hammer, dem Warburton und andre gern beitreten möchten, diese Scene als flach, abgeschmackt, mit einem Wort als unshakspearisch aus dem Text gestoßen. Johnson dagegen lobt sie als ein getreues Bild der damaligen französischen Knechtelei und Windigkeit; und das mit Recht, wenn man sie mit aller Lebendigkeit des Minen- und Geberdenspiels und einer ausdrucksvollen Betonung dargestellt denkt. Daß eine Prinzessin und baldige Heldenbraut läppische Dinge schwazt, kann nicht auffallen, wenn man erwägt, wie viel dieser Heldenbraut fehlte, um auch Heldenmutter zu werden. „Alles, sagt Aug. Wilh. Schlegel, „was auf diese Verbindung Bezug hat, ist im Schauspiel ironisch „gemeint. Die Frucht derselben, von welcher sich zwei Nationen „eine so schöne Zukunft versprachen, war eben jener schwache Hein„rich der sechste, unter welchem alles so kläglich verloren ging. „Man glaube daher ja nicht, es sei ohne Wissen und Willen des „Dichters geschehn, daß ihm ein Heldenschauspiel unter den Hän„den zum Lustspiel wird, und nach Art der Lustspiele mit einer „Convenienzheirat endigt."

Dritter Aufzug. Fünfte Scene.

a. Verfangner Mähren Trank.] (S. 64) Man pflegt überrittenen oder fieberhaften Pferden den Bodensaz des Malzes mit heißem Wasser vermischt zu geben. Darauf geht die Anspielung. Johnson.

b. Da ein frostig Volk.] (S. 64) Der Vers lautet im Originale:

> Upon the houses thatch, whiles a more frosty people. —

Offenbar ist a more ein Zusaz der Schauspieler, den der Vers getilg tfodert.

Dritter Aufzug. Sechste Scene.

a. Kommt ihr von der Brücke?] (S. 66) Die Brücke, die den Engländern zum Uebergang über die Some diente.

b. Mit eener Pinde vor den Oogen.] (S. 67) Diese Schilderung ist aus der alten Historie vom Fortunatus, wo Fortuna beschrieben wird als eine schöne Frau mit einer Binde vor den Augen. Farmer.

c. Er stahl ein' Hostienbüchs', und wird gehängt.] (S. 67) König Heinrich hatte Befehl gegeben, keinen Kirchenraub zu begehn, kein Frauenzimmer zu beleidigen, und alle Lebensmittel für baares Geld zu kaufen. Diese zum Theil auf Klugheit gegründete Milde wirkte so auf das französische Volk, daß es die ausgehungerten Engländer, troz dem scharfen Verbote des französischen Königs, oft mit Vorräthen unterstüzte. — Ein närrischer Soldat (sagt Holinshed) stahl aus einer Kirche eine Hostienbüchse, und ward darob ergriffen. Der König wollte nicht von der Stelle gehn, bis die Büchse herausgegeben und der Thäter mit dem Strange erwürgt war. — Warum der Dichter den Bardolf zum Thäter machte? Theils um nicht neue Personen einzuschieben, wo die alten ausreichten; theils um zu zeigen, daß der Nichtsnuzige, wenn auch spät, doch endlich von der Gerechtigkeit ereilt wird. Falstaf entwischt ihr noch so eben durch eine Art von Reue in der halbseligen Todesstunde; seine Seele scheint wirklich, wie Frau Hurtig meint, in Arthurs Schooß einzugehn; aber mit einigen seiner Spießgesellen nimt es ein kläglich Ende. Nym und Bardolf werden gehängt, und Pistol, mit Schimpf und Schande beladen, verschwindet auf einem Wege, an dessen Ziele die Fantasie einen Galgen erblickt.

d. Die Feige Spania's.] (S. 68) Anspielung auf die Gewohnheit der Spanier und Italiener, mit Feigen zu vergiften. So in den Brüdern von Shirley: „Ich muß ihn vergiften; „eine Feige schickt ihn zum Erebus." Und in Vittoria Corombona (1612): „Nun erwart' ich täglich eine spanische Feige, oder einen italienischen Salat." Steevens.

e. Bart vom Schnitte des Generals.] (S. 69) Der Schnitt der Bärte war ehemals verschieden bei Soldaten, Bischöfen, Richtern, Rüpeln u. s. w. Der Schaufelbart (spade beard) gehörte für den Soldaten, vielleicht auch der Dolchbart (stilello-beard). Shakspeare's Patron der Graf von Southampton, welcher lange Soldat war, ist immer mit dem Stiletbart abgebildet, und sein Freund, Lord Essex, mit dem Schaufelbart. Malone. S. Wie es e. gefällt (II, 7, d.).

f. Sein ganz Gesicht is — Feurflamme.] (S. 70) Theokrit XIV, 23:

Χ' ἧφθα' εὐμαρέως κεν ἀπ' αὐτᾶς καὶ λύχνον ἅψαις.

g. Ihr kennt mich an der Kleidung.] (S. 71) Am Heroldsmantel. Als unverlezliche Person trug der Herold einen eigenen Mantel, der noch jezo bei gewissen Veranlassungen getragen wird. Johnson. Daß die Unterredung mit dem Herold in Versen sei, hat schon Pope erkannt.

h. Dies für deine Müh.] (S. 72) Jeder Herold empfing einen Lohn, er mochte nun Worte des Freundes bringen, oder des Feindes. Steevens. So der Herold in Hein. des sechst. dritt. Th. (III, 3.).

Dritter Aufzug. Siebente Scene.

a. Als wär' er mit Haar gestopft.] (S. 74) D. i. wie ein Ball, der mit Haar gestopft ist. S. Der Liebe Müh ums. (IV, 1, b.).

b. Es ist der Fürst der Prachtgaule.] (S. 74). Dies scheint galante Hofsprache gewesen zu sein, wie in Heinr. des viert. erst. Th. (IV, 1) Der Ausdruck: Du bist der Ehre König.

c. Ihr rittet, wie ein irländischer Kern ohn eure Pluderhosen in knappen Beinkleidern.] (S. 76) Die Kerns ritten ehemals ohne Hosen. Steevens. Die knappen Beinkleider sind die Häute, worin sie stecken.

d. **Ich denk', er frißt alle, die er tödtet.]** (S. 78) So im Viel L. um Nichts (I, 1): „Ich bitt' euch, wie viele hat „er erlegt und gefressen in diesem Streit? Doch nein, wie viele „hat er erlegt? Denn, in der That, ich versprach all sein Erleg„tes aufzufressen."

e. **Ein verkappter Falk ist seine Tapferkeit —]** (S. 79) Den Falken verhüllt man die Augen, so lange sie nicht zur Jagd gebraucht werden; nimt man die Hülle weg, so schlagen sie mit den Flügeln. Der Connetable will sagen, des Dauphins Tapferkeit sei noch nicht gegen einen Feind gebraucht; bei seinem ersten Versuche werde man ihn vor Furcht flattern sehn. **Johnson.**

f. **Eines Narren Bolz ist bald geschossen.]** (S. 79) D. i. Er giebt schnell seine Meinung kund. S. Viel L. um Nichts (I, 1, c.). Ein ähnlicher Sprichwortkampf, wie hier, ist in den Irrungen (III, 1.).

g. **Die Englischen sind garstig auf dem Trocknen mit Rindfleisch.]** (S. 81) Gewöhnlicher Franzosenspott über die Nationalkost der Engländer. So in Heinr. des sechst. erst. Th. (I, 2):

Sie daurt die Kraftbrüh, und ihr fett Rindfleisch.
Sie wollen gut verpflegt sein, Mäulern gleich,
Ihr Futter festgebunden vor das Maul;
Sonst sehn sie kläglich, wie ersofne Mäuse.

Oben (III, 1) sagt der König zu den Soldaten.

— — — — Und ihr, brav Landvolk,
Das groß erwuchs in England, zeigt uns hier,
Was Kraft und Nahrung that; laßt schwören uns,
Ihr seid der Pflege werth.

Der König will hier nicht sowohl die Derbheit seiner Landsoldaten schildern: die schon durch Mühseligkeit geschwächt war, als vielmehr ihnen einschärfen, was sie für erhaltene Pflege dem Mutterlande schuldig sind, für welches sie in Waffen stehn. Bei gleichem Anlaß' erinnert bei Aeschylos Eteokles seine Krieger an ihre Pflichten gegen die Mutter Erde. Sieben vor Thebe v. 17:

Denn sie, da jung ihr wanktet, hat auf mildem Schooß,
All übernehmend aller Kindespflichten Last,
Euch aufgenährt zu treuen, schildbewapneten
Einwohnern, daß bereit ihr wärt in Noth, wie jezt.

Vierter Aufzug. Erste Scene.

a. **Thomas Erpingham.]** (S. 84) Dieser kam mit Bolingbroke von Bretagne, und war einer der Abgeordneten an K. Richard bei dessen Thronentsagung. Zu Heinrich V Zeit war er Aufseher von Dower Castle, wo noch jezt seine Waffen aufbewahrt werden. Steevens.

b. Neu sich regt, entschlüpft dem Balg —] (S. 84) Wie die Schlange, die mit dem neuen Balge sich verjüng.

c. Ich küss' ihm seinen Dreckschuh.] (S. 85) Als wär er der Pantoffel des Pabstes. S. Sturm II, 2, n.

d. Ich schlag' ihm seinen Lauch ums Haupt am heil'gen Davidstag.] (S. 86) In der Schlacht bei Cressy, die am Davidstage des Jahrs 1346 gewonnen ward, thaten die Walliser gute Dienste in der Gegend eines Lauchgartens, aus dem sie sich schmückten. Seitdem blieb Lauch ein Ehrenzeichen am Davidstage. S. IV, 7. u. V, 1.

e. Französische Kronen.] (S. 93) D. h. Köpfe, kahl durch die Lustseuche. S. Sommern. I, 2, k.

f. Dem König auf! —] (S. 93) Es ist etwas sehr feierliches und rührendes in diesem Selbstgespräche, in welches der König sogleich ausbricht, wie er allein ist. Etwas ähnliches, bei geringeren Anlässen, hat jedes Herz empfunden. Nachdenken und Ernst dringen auf die Seele zu, wenn man sich von einer munteren Gesellschaft trennt, besonders, wann man gezwungen und wider Willen munter gewesen ist. Johnson.

g. Ich habe neu beerdigt Richards Leib.] (S. 96) Richards Leib war zu Langley in Hartfordshire begraben worden. Heinrich V ließ ihn von dort weg in ein prächtiges Monument der Westminsterabtei bringen. Hier ruht er neben Edward dem Bekenner und Edward dem dritten. Auf seinem Monumente prangt sein und seiner ersten Gattin Bildnis, und eine lateinische Inschrift rühmt seine Thaten und Tugenden.

h. Zwo Kapellen auch baut' ich.] (S. 96) Eine für Karthäusermönche, genannt Betlehem; die andere für Geistliche beides Geschlechtes aus dem Orden der heiligen Brigitte.

Vierter Aufzug. Zweite Scene.

a. Traun unser Falkenflug.] (S. 98) Der in den Lüften schwebende Falk erschreckt die Vögel unter sich, daß sie nicht auffliegen mögen, und oft mit der Hand können gefangen werden. Johnson.

b. Die Reiter sizen da, wie Leuchter fest.] (S. 98) Man hatte eine Art von Leuchtern, welche Krieger in Rüstung vorstellten, und in den ausgestreckten Händen die Lichtröhren hielten. Steevens.

Vierter Aufzug. Dritte Scene.

a. Zu schaun des Feindes Heer.] (S. 99) David Gam, Anführer eines Wallisertrupps, ward hingesandt, die Stärke des Feindes zu erspähn. Er brachte die Antwort: „Genug sie zu „tödten, genug sie zu fangen, genug zum Weglaufen." Er fiel in der Schlacht (IV, 8). — Die Angabe, fünf Franzosen gegen einen Engländer, ist historisch begründet.

b. Heut feiert man das Fest Sankt Crispians.] (S. 101) Die Schlacht bei Agincourt geschah den 25 October, am Tage des heiligen Crispinus, dessen Legende folgende ist. Crispinus und Crispianus waren zwei Brüder, aus Rom gebürtig; von dort gingen sie (im J. 303) nach Soissons, die christliche Religion zu verbreiten. Um anderen nicht wegen des Unterhaltes lästig zu sein, trieben sie das Schusterhandwerk; allein der Statthalter in Soissons erfuhr, daß sie Christen wären, und ließ sie enthaupten. Jezt wurden sie Schuzheilige der Schuster. Gray.

c. Soll adeln seinen Stand.] (S. 102) König Heinrich V untersagte jedem, der nicht durch Erbrecht oder besondere Vergünstigung dazu befugt wäre, den Gebrauch des Adels, diejenigen ausgenommeu, die mit ihm in Agincourt gefochten hatten; und diese empfingen auch den Ehrensiz bei Gastmahlen und öffentlichen Zusammenkünften. Tollet.

d. Der mit uns kämpft' am Sankt Crispinustag.] (S. 102) Diese Rede, wie manche andre in der rednerischen Gattung, ist zu lang. Wäre sie um die Hälfte verkürzt worden, sie hätte mehr Kraft erhalten, und keine ihrer Schönheiten verloren. Johnson. Nicht zu Westmoreland spricht der König, wiewohl er an ihn scheinbar das Wort richtet; bei diesem hätte weniger zugereicht; er spricht zum gesamten Volke; und jedes Wort, jede Zeile ist vom Dichter berechnet, die verzagenden Seelen mit Mut zu erfüllen. Man denke sich eine Schaar um den König stehend, und die übrigen im Hintergrunde: alle schweigend, nnd alle horchend. Welch ein lebendiges Geberdenspiel muß bei der Ausmalung des Crispinustages von den Nahstehenden an bis zu den Alleräußersten sich verbreitet haben! In den Worten des Königs erblicken wir, wie in einem Spiegel, die immer steigende freudigere Begeisterung des Volkes, die nothwendig war, wenn Gott das Wunder des Sieges bei Agincourt vollbringen sollte.

e. Will's Gott, Herr; o! daß ihr und ich allein, ohn' andre Hülf', ausföchten diesen Kampf! — Ei, weg nun wünschest du zwölftausend Mann.] (S. 102) Westmoreland ist durch Heinrichs Rede entflammt. Die Zuversicht, womit der König gesprochen, ist ihm ein Zeugnis, daß Gott, der Herr der Heerschaaren, auf Heinrichs Seite sei, und den Sieg herbeiführen werde, denn Heinrich selbst nachher ein Wunder nennt, wofür Gott allein die Ehre gebühre. In diesem Gefühle wünscht Westmoreland, der König und Er allein möchten unter des Allmächtigen Schuz den Kampf auszufechten haben. Unwillkührlich wird man an die Worte erinnert, die Odysseus zum zagenden Telemachos spricht (Odyss. XVI, 258):

Nun, ich sage dir an; du höre mein Wort, und vernim es.
Denke du selbst, ob uns beiden Athen' und der Vater Kronion
Gnügen mag, ob andre Vertheidiger noch ich ersinne.
Und der verständige Jüngling Telemachos sagte dagegen:
Machtvoll traun sind jene Vertheidiger, die du genannt hast,
Beid' als dort im Gewölk hochthronende! welche den andern
Menschen sowohl obherschen, wie auch unsterblichen Göttern.
Ihm antwortete drauf der herliche Dulder Odysseus:
Jene denn werden fürwahr nicht lange Zeit uns entfernt sein,
In dem entsezlichen Kampf, wann erst in meinem Palaste
Zwischen den Freiern und uns die Gewalt des Krieges entscheidet.

In des Königs Antwort liest der Grundtext:

Why, now thou hast unwish'd five thousand men.

In der lezten Scene ward das Verhältnis der Franzosen zu den Engländern, wie fünf gegen eins, und die Zahl der Franzosen zu 60,000 angegeben. Also hatten die Engländer 12,000 Mann. Die schwankenden Angaben der verschiedenen Chroniken gehören nicht hieher. Malone erklärt schüchtern, Westmoreland habe von den erst herbeigewünschten zehntausend jezt fünftausend zurückgewünscht, und so seinen Fehler halb wieder gut gemacht. Halb? Mehr als ganz, wenn er, ohn' alle sterbliche Hülfe, mit dem König allein Werkzeug Gottes zu sein wünschte. Die volle Zahl des Heeres muß genannt werden, was auch Johnson will. Nur legen wir die Ungenauigkeit, die er findet, lieber auf die Herausgeber, als auf den Dichter. Man lese:

Why, now thon hast unwish'd twelfe thousand men.

Und wie leicht konnte twelfe in five übergehn.

f. So bitt' ich, trag' mein vörig Wort zurück.] (S. 103) Auch diese Rede gilt nicht den Herold, den der König kürzer abfertigen konnte, sondern das engländische Heer. Es soll noch mehr in dem Glauben an Gott gestärkt, noch mehr zu kriegerischem Mut entflammt, und — mit Verachtnng erfüllt werden gegen den übermütigen Hohn des französischen Volkes. Zugleich läßt der Dichter in der demütigen Gottesergebenheit des Königs den für die Franzosen unglücklichen Ausgang der Schlacht ahnen. Denn nicht durch Minderzahl werden sie bei Agincourt aufgerieben, sie die fünfmal stärkeren, sondern durch Verkennung der Hand Gottes, die in Schwachen machtig ist, und durch gebläheten Hochmut, der dem tiefsten Fälle vorangeht. Furchtbar bewährt sich in ihrem Schicksale, was in des frommen Aeschylos Persern (v. 823—) der Geist des Dareios profetisch verkündiget.

Gehäufte Leichnam' auch im dritten Stammgeschlecht
Erklären sprachlos einst dem Blick der Lebenden,
Daß nicht der Hochmut, ihm wer sterblich ist, geziemt.
Denn schau, der Hoffart Blüte trägt als Aehrenfrucht
Das Weh, woher der Thränen Ernte wird gemäht.

Und Agincourt redet in Flammenworten, wie weiter geschrieben steht:

Zeus traun bestrafet alzu hochgeschwellten Rath
Des stolzen Sinns, und fodert strenge Rechenschaft.

g. Die, todt sogar, gleich grasendem Geschoß, auffährt.] (S. 103) Das Bild einer Kanonenkugel, die eine Zeit lang im Grase wühlt, und dann von Neuem auffährt, zu zerschmettern.

h. Nim, braver York.] (S. 104) Derselbige, der in Richard d. zw. Aumerle heißt, älterer Bruder des von Heinrich V. zum Tode verurtheilten Grafen von Cambridge. Er hieß Edward, und war damals Herzog von York.

Vierter Aufzug. Vierte Scene.

a. Erschleuß.] (S. 105) Man vergesse nicht, daß Pistol Sprache der Romantiker spricht.

b. Du stirbst vor meinem Sax.] (S. 105) Das Sax, Degen, Sarras.

c. Als dieser Brüllteufel —] (S. 108) In den allegorischen Schauspielen der alten Zeit, focht das Laster (Vice) mit einem hölzernen Degen auf den Teufel los (Heinr. IV. erst. Th. II,). Von diesem, der ein Brüllhans war, wie Pistol, glaubte man, er schneide sich absichtlich nie die Nagel; sie ihm abschneiden war ein Schimpf für ihn. S. Malone zu Was ihr wolt, am Schluß des vierten Aufzuges.

Vierter Aufzug. Sechste Scene.

a. Solch zärtliches Gefühl entnöthigte mir diesen Thau —] (S. 111) So Laertes im Hamlet (IV, 7):

Drum hemm' ich meiner Thränen Lauf. Und doch,
So treiben wir's! Natur verlangt ihr Recht,
Was Scham auch sagen mag. Sind die verrollt,
Dann ist das Weib heraus. —
Hier glüht ein Feuerwort; gern' flammt' es auf;
Doch diese Thorheit dämpft's.

In Heinrich dem V. spricht ein grauer Kriegsmann, dem Mitleid das Auge feuchtet; im Hamlet ein Jüngling, der nach Rache dürstet.

Vierter Aufzug. Siebente Scene.

a. Todt machen die Pupen und die Pagage!] (S. 112) Unwille über die Franzosen, welche die wehrlosen Knaben der Engländer gemordet hatten. S. den Schluß der vierten Scene. — König Heinrich hatte den Befehl gegeben, die Gefangenen der ersten Schlacht zu tödten, weil bei dem bevorstehenden, von Bourbon, Orleans u. a. erregten neuen Angrif (Fünfte Sc.) ihm Leute fehlten, sie zu bewachen. Zu jenen Gefangenen werden nun die Mörder der Knaben hinzugetödtet. — In dem neuen hizigen Angrif der Franzosen machten die Engländer neue Gefangene, unter diesen Bourbon und Orleans (S. d. achte Sc.). Dies ist der Zusammenhang; Johnson hat Verschiedenartiges durcheinander gerührt.

b. Als Alençon und ich uns faßten.] (S. 119) Heinrich ward vom Herzog Alençon auf den Boden geworfen, aber erhohlte sich, und schlug zwei aus des Herzogs Gefolge. Nachher ward Alençon durch des Königs Wache getödtet, wider Heinrichs Willen, der ihm das Leben erhalten wollte. Malone.

Vierter Aufzug. Achte Scene.

a. O Gott, dein Arm war hier! Nicht uns, wir danken deinem Arm allein dies alles!] (S. 126) Themistokles, nach der ruhmvollen Schlacht bei Salamis, sprach zu seinen Kriegern: „Diese Thaten haben nicht wir vollbracht, sondern „die Götter und die Heroen, denen misfällig war, daß Ein Mann „über Asia und Europa herschen sollte." (Herodot VIII, 109.) Fromm und erhebend ist die Gesinnung Heinrichs, den auf seinem Eroberungskriege Gott sichtbar vom Untergang rettete; erhebender ist die selbige Gesinnung aus dem Munde des Griechen, der nicht erobert, sondern das Vaterland und den heiligen Heerd der Freiheit gegen unrechtmäßige Eroberer vertheidigt hatte.

b. Non nobis —] (S. 126) Der König ließ, wie Hollinshed erzählt, nach dem Siege bei Agincourt den 114 Psalm: In exitu Israel de Aegypto anstimmen, in welchem, nach der Vulgata, der 115 Psalm: Non nobis Domine mit enthalten ist. Bei der Absingung der lezten Worte mußten alle Soldaten niederknien. Malone.

Prolog zum fünften Aufzuge.

a. Wenn jezt der Feldherr unsrer hohen Frau aus Irrland käm' —] (S. 128) Der Feldherr, zwar „kleiner als „Heinrich, doch geliebt," ist der berühmte Graf Esser, der das Glück hatte, durch Jugend, Schönheit und anmütige Gabe der Schmeichelei zum ersten Günstling der sechzigjährigen Vestalin Elisabeth sich zu erheben. „Wenige Edelleute seiner Zeit (sagt Warton) wurden so von den Dichtern gefeiert. Von Spenser bis zum „schlechtesten Versschmiede ward er mit Sonetten überhäuft. Ja „er durfte beim unnüzesten Anlasse nur England oder London verlassen, gleich waren allegorische Gesänge da, die ihm zu Ehren „auf den Gassen gesungen wurden." Im Jahre 1599 (zur Zeit der ersten Aufführung Heinrichs des fünften) war er nach Irland geschickt worden, um den rebellischen Grafen von Tyrone zu dämpfen. Zurück kam er, aber nicht „die Empörung an sein „Schwert gespießt." Schon im Jahre 1600 sank sein Haupt dem Henkerbeile.

b. Der Kaiser, der für Frankreichs Wohl Fried' auszumitteln strebt.] (S. 128) Die christlichen Fürsten Europa's wünschten den Frieden zwischen Frankreich und England hergestellt, damit alle gegen die Türken sich vereinigen möchten. Ihn zu vermitteln, ging Kaiser Sigismund (im Jahr 1416) nach Frankreich, und, als er den König Karl geneigt fand, von dort nach England. Heinrich nahm den Kaiser, seinen Verwandten, mit ausgezeichneter Ehrerbietung auf, und hörte ruhig seinen Antrag an. Er hätt' ihn vielleicht angenommen; aber da eben Nachricht kam, die Franzosen wären dabei, Harfleur zu entsezen, erlosch jeder Friedensgedanke, und Heinrich beschloß neuen Krieg. Er trat hierauf in ein Bündnis mit Kaiser Siegismund. Im Jahr 1417 landete er von Neuem in England, und verbreitete neues Schrecken.

Fünfter Aufzug. Erste Scene.

a. Nicht um Cawalladars Geißheerden] (S. 130) In Wallis sind bedeutende Ziegenheerden; weshalb in Heinrich des viert. erst. Th. (III, 1) Owen Glendower von seiner Geburtsstunde prahlt:

Bergunter lief die Geiß, und alles Vieh
Wehklagte seltsam durchs erschrockne Feld.

Einen Walliser Geiß oder Geißbock nennen, war ein großer Schimpf. Falstaf sagt in den lustigen Weibern (V, 5) zum wälischen Priester Ehrn Hugo Muz: „Auch von einer wälischen Ziege werd' ich angeschnauzt? Soll ich eine Narr'nkappe tragen aus wäl'schem Fries?"

b. **Ihr nanntet mich jestern Pergjunker; ich will euch heut pergab junkern.**] (S. 130) Die Berge von Wallis scheinen sprichwörtlich gewesen zu sein. In Heinr. des viert. erst. Th. (I, 3) sagt der König von dem in Wallis gefangenen Mortimer:

Nein, auf den kalten Berghöhn schmacht' er hin.

Pistol hat Fluellen einen mountainsquire, d. i. so viel als mountaneer, Freibeuter (Cymbel. IV, 2) genannt; dafür, sagt Fluellen, I'll maxe you a squire of low degree. Dies zielt, wie Steevens bemerkt, auf eine alte Romanze: It was a squire of low degree, auf die, nach Percy, schon Chaucer angespielt haben soll. Da squire bei Shakspeare immer ein Junker von niedrigem Range ist, meint Fluellen wol: Ich will dir den Junkerhochmut vollends nehmen, dich auf den Boden platt niederlegen.

c. **Lehnchen starb mir im Spital.**] (S. 132) News have I, that my Nell is dead i'the spital. So muß man lesen, nicht Doll, wie in älteren Ausgaben steht (S. II, 1.). Dortchen Schleißlaken und Pistol sind ja, wie bekannt, einander spinnenfeind.

Fünfter Aufzug. Zweite Scene.

a. **Wenn du und ich ein Knäblein fertigten, halb fransch, halb englisch, das nach Konstantinopel ging', und zupft' am Bart den Sultan?**] (S. 141) Wenn dies nicht Ironie vom Dichter ist, was ist Ironie? Heinrich der sechste, auf den hier profetisch hingewiesen wird, hatte nicht die Kühnheit der Fliege, die „auf den Lippen des Löwen ihre Mahlzeit verzehrt." — Der Anachronismus verschlägt wenig. Die Türken nahmen Konstantinopel erst im J. 1453 in Besiz, als Heinrich der fünfte schon ein und dreißig Jahre todt war; und dies war grade die Zeit, als Heinrich der sechste vom Herzog York so grausam am Barte gezupft ward.

b. **Was Städte schien wird Jungfrau** —] (S. 147) Anspielung auf ein Vexierbild: das bloße Auge sieht eine Menge Städte darauf; durch einen Tubus erblickt es die Gestalt einer Jungfrau. S. zu Richard d. zweit. (II, 2, a).

c. Praecarissimus.] (S. 148) In den Ausgaben steht Präeclarissimus: ein Druckfehler bei Holinshed, der wol ohne Schuld des Dichters in sein Schauspiel einwanderte.

d. Daß niemals Undienst —] (S. 149) Man lese:

That ne'er ill office, or fell jealousy,
Which troubles oft the bed of blessed mariage,
Thrust in between —.

Die Ausgaben bieten: That never may ill office —, ohne Versmaß.

Epilog.

a. Heinrich der sechste folgt', als Kind gekrönt —] (S. 150) Als dieser neun Monat' alt war, starb Heinrich V, im Jahr 1422. Seine Gemahlin Katharina heiratete bald darauf, zum Verdruß der Engländer und der Franzosen, einen walisischen Edelmann, Owen Tudor, dem sie drei Söhne gebar, Edmund, Jasper und Owen. Der älteste, Edmund, zum Grafen Richmond ernannt, heiratete eine Urenkelin des alten John von Gaunt, und ward durch sie Vater des berühmten jungen Richmond, der dem Streit der Häuser York und Lancaster ein Ende machte, und, unter dem Namen Heinrich des siebenten das Haus Tudor gründete. — Katharina starb im Jahr 1437.

Anmerkungen zu König Heinrichs des sechsten erstem Theile.

Der erste Theil von Heinrich dem sechsten faßt einen Zeitraum von etwa einundzwanzig Jahren, vom Tode Heinrichs des fünften an (im J. 1422) bis zur Verlobung Heinrichs des sechsten mit Margareta von Anjou (im J. 1443); doch ist der Tod Talbots, der im J. 1453 erfolgte, mit hineingezogen, und an dessen Siegsthaten gereiht. Die merkwürdigsten Ereignisse, welche der Dichter, künstlerischen Absichten gemäß, manchmal in eine von der Zeitfolge abweichenden Ordnung gebracht hat, sollen hier nach der Zeitordnung kurz erzählt werden.

Nach Heinrichs des fünften Ableben veränderte das Parlament den lezten Willen dieses Königs dahin, daß es den Herzog von Bedford zum Protektor Englands, und in dessen Abwesenheit als seinen Stellvertreter den Herzog von Gloster ernannte. Beiden ward ein Staatsrath zugeordnet, der ihre Beschlüsse vor der Ausführung erst genehmigen mußte. Erzieher des Prinzen waren Thomas, Herzog von Exeter, und dessen unehelicher Brüder Heinrich Beaufort, damaliger Bischof von Winchester, nachheriger Kardinal. Bedford lebte die meiste Zeit in Frankreich, wo er, in engem Bündnis mit den tapfern Herzogen von Burgund und von Bretagne, ein kräftiger Beschüzer der dortigen Eroberungen war; außerdem kamen etwas später dahin die Schrecken Frankreichs, Lord Talbot und der Graf von Salisbury, jeder mit einem Heere von wahren Helden aus der Kriegsschule des vorigen Königs.

Nach dem Tode Karls erklärte sich der Dauphin, unter dem Namen Karls des siebenten, für den Erben des französischen Throns, den er erst erobern mußte. Seine ersten Unternehmungen waren nicht glücklich. In der blutigen Schlacht bei Verneuil (1424), welche Bedford gewann, ward sein Bundesgenoß, der Herzog von Alençon, gefangen, den die Franzosen einige Jahre darauf (1426) für 200,000 Kronen wieder einlösten.

Diese Schlacht brachte den Dauphin in die schrecklichste Lage. Es fehlte ihm an Geld, sich neue Truppen zu schaffen, ja nur seine Tafel zu besezen. Alles fiel ab von ihm. Die Engländer nannten ihn, der fast auf die Provinz Berry beschränkt war, spottweis den König von Berry. Plözlich geschah ein Ereignis, das ihn allmählig wieder hob, und die Unterthanen zum alten Gehorsam zurückführte.

Jaqueline, Gräfin von Hennigau und Holland, und Erbin dieser Provinzen, hatte sich mit Johann dem vierten, Herzog von Brabant, vermählt, dem leiblichen Vetter des Herzogs von Burgund. Bald satt dieses Gemahls, flüchtete sie zum Herzog von Gloster, und bat ihn, zur Trennung dieser Ehe behülflich zu sein. Gloster, durch ihre Schönheit, wie durch ihren Reichthum angezogen, trug ihr die Ehe an, und drang auf schnelle Besiznahme ihrer Güter. Darüber zornig, zwang Burgund den Herzog von Brabant, sich zu widersezen; er wandte ihm viele von Jaquelinens Unterthanen zu, und unterstüzte ihn mit eigenen Hülfstruppen. Ein Krieg in den Niederlanden (1425) verschlang nun alles, was man in Frankreich an Geld und Soldaten brauchte, und rief den tapfern Bedford ab, dessen Gegenwart in Frankreich so nöthig war. Der Pabst mischte sich ein, und erklärte die neue Ehe für ungültig; worauf sich Gloster zur Ruhe begab, und sich durch die Heirat mit der stolzen Leonore von Cobham entschädigte (Heinr. des sechst. erst. Th. I, 1, zweit. Th. I, 2 ff.). — Wie sehr sich auch Bedford bemühte, Burgund mit Gloster zu versöhnen, es blieb bei Burgund eine Eifersucht zurück, die ihn immer mehr von seinen engländischen Bundesgenossen entfernte.

Als Bedford nach Frankreich zurückkehrte (1426) fand er, daß der Dauphin sich etwas erholt, und durch einige Vortheile, die Graf Dunois, La Hire, und der Bastard von Orleans bei Montargis über den Grafen Warwick davon getragen, neuen Mut geschöpft hatte. — Um ins südliche Frankreich zu dringen, ersah sich Bedford die Stadt Orleans, und übertrug die Belagerung derselben dem Grafen von Salisbury. Die Franzosen thaten alles, sie zu vertheidigen. Während Salisbury von einem Thurme die Vortheile des Ortes auskundschaftete, tödtete ihn eine Kanonenkugel (I, 4). An seine Stelle trat der Graf von Suffolk; er versuchte die Stadt auszuhungern, und schon war Hofnung dazu, als Hülfe kam, woher man sie am wenigsten vermutet hatte.

Johanne d'Arc, eine Dienstmagd im Dorf Domremi, von Schwärmerei und vermeintlichen Eingebungen getrieben, zugleich aber von den Gelehrten der hohen Schule für eine Gottgesandte erklärt, erbot sich gegen den Dauphin, die Stadt Orleans zu befrein, und ihn in Rheims zu krönen (I, 2 ff.). Die Begeisterung ihrer Worte, der die Begeisterung der That folgte, theilte sich allen Franzosen mit; selbst unter den Engländern war der Glaube, wo nicht an ihre Göttlichkeit, doch an ihre Gewalt, indem man sie ein Geschöpf der Hölle nannte. Von ihr angeführt, welche die geweihte Fahne trug, siegten die Franzosen; worauf die Jungfrau einen feierlichen Einzug in Orleans hielt. Suffolk mußte sich zurückziehn. Der Rest des engländischen Heeres ward beim Dorfe Patai angegriffen und zerstreut. Talbot und Scales wurden gefangen genommen; der sonst tapfere Fastolfe rettete sich durch die Flucht, wofür ihm nachher das Knieband genommen ward (I, 4. 5: IV, 1).

Nun führte die Jungfrau den Dauphin, der an der Spize von 1200 Mann stand, nach Rheims. Alle Städte auf dem Wege traten zu ihm. Dort ward, in Anwesenheit der Jungfrau, die Krönung feierlich vollzogen. Viele Eroberungen folgten: Laon, Soissons, Chateau-Thierri, Provins, und andere Städte und Festungen ergaben sich auf die erste Anfoderung (1429).

Von der Wiedereinahme Orleans durch Lord Talbot (II, 1. 2.), und vom Anschlage der Gräfin Auvergne auf das Leben dieses Feldherrn (II, 3.), schweigt die Geschichte. Der Dichter folgte zugleich Sagen über Lord Talbot, die wol manches Fabelhafte enthielten.

Bei solchen Fortschritten der Franzosen that Bedford alles, das verfallene Glück der Engländer aufzurichten. Er hatte ein wachsames Auge auf jeden Versuch der Franzosen zu einem Aufstande; die Pariser hielt er in Scheu, theils durch gute Worte, theis durch Strenge; sein ganzes Streben war, das schwanke Bündnis mit Philipp von Burgund zu befestigen. Am meisten glaubte er durch den Glanz der Krönung des jungen Heinrich, die in Paris durch den Kardinal von Winchester vollzogen ward (IV, 1), auf den Gehörsam der Franzosen zu wirkeu. Aber die meisten standen schon gegen ihn, und die übrigen warteten nur auf eine Gelegenheit, auch abzufallen.

Und diese fand sich. Bei der Belagerung von Compiegne durch die Herzoge von Suffolk und Burgund ward die Jungfrau gefangen genommen, und dem Herzog von Bedford ausgeliefert. Der Herzog machte ihr einen förmlichen Rechtshandel. Durch bestochene Prälaten vier Monate hindurch mit Fragen geängstigt, die sie anfänglich freimütig beantwortete, ward sie endlich (1430 am 14. Junius) als eine Teufelshexe auf öffentlichem Markte zu Rouen verbrannt (V, 4. 5).

Nach dieser Hinrichtung schien alles Glück von den Engländern gewichen. Der härteste Schlag für Bedford ward der Abfall Philipps von Burgund, der, durch den Vergleich zu Arras vollkommen mit Karl ausgesöhnt, die Engländer aus Frankreich zu treiben sich verpflichtete (III, 3. IV, 1). Wenige Tage nach diesem Vergleich (1435) starb Bedford (III, 2). Sein Nachfolger als Regent in Frankreich war Richard, Herzog von York, (der Sohn des enthaupteten Grafen von Cambridge. (S. Heinr. d. fünft. II, 2. Heinr. des sechst. erst. Th. II, 4. 5). Durch die Ränke des Herzogs von Somerset, der ebenfalls nach dieser Würde strebte, ward seine Abreise lange verzögert; als er endlich ankam, verrichtete er einige Thaten, die ihm zwar Ehre brachten, aber England keinen Vortheil; und nicht lange, so rief man ihn auf Betrieb Somersets, seines hartnäckigsten Feindes, nach England zurück.

Im Jahr 1436, noch ehe York in Frankreich landete, verloren die Engländer Paris. — Bald wurden beide Parteien des Kriegführens müde, und konnten doch nicht zu einem dauerhaften Frieden sich vereinigen. Bloß ein Waffenstillstand von 22 Monaten, im J. 1444. durch Pabst Eugen IV erwirkt (V, 4), ward von Zeit zu Zeit bis in das Jahr 1448 verlängert. Während dessen war König Karl thätig, die Kriegszucht zu verbessern, den Ackerbau herzustellen, und Meutereien zu ersticken. Dadurch gekräftigt, ergrif er den ersten Anlaß, den Stillstand zu brechen. Auf einmal bestürmten die Franzosen die Normandie. Alle Oerter ergaben sich, bis auf Rouen, das, vom Herzoge Somerset und dem alten Talbot vertheidigt, eine Zeitlang widerstand, aber zulezt auch erobert wurde. (Der Dichter hat die Belagerung dieser Stadt in die Zeit der Jungfrau verlegt, welche Rouen durch Verrath den Franzosen zugewandt haben soll. S. III, 2). Die ganze Normandie und Guienne gingen in Jahresfrist verloren. Zwischen Bordeaux und Castillon sank der achzigjährige Talbot 1453, der Achill Englands, und neben ihm sein Sohn John Talbot, der den Vater nicht überleben wollte (IV, 5. 6. 7). — Den Engländern blieb in Frankreich nur Calais, ein trauriger Ersaz für so viel Blutverguß.

Während dieser Unglücksfälle in Frankreich erschütterten auch im Inneren Englands ewige Meutereien und Zwistigkeiten die Ruhe des Throns. Der Herzog von Gloster, Staatsverweser von England in Bedfords Abwesenheit, hatte einen mächtigen Neider am Kardinal Beaufort, einem natürlichen Sohne Johanns von Gaunt. Dieser, ein Mann von großer Einsicht und Gelehrsamkeit, und noch größerer Ehrsucht, genügte sich nicht als Erzieher des jungen Königs; sein hochfahrender Geist trachtete nach den ersten Stellen im Reich. Dies verwickelte ihn in fast unaufhörlichen Streit mit dem Herzog von Gloster, und vergebens waren die Bemühungen des Parlamentes, sie auszusöhnen. Besonders, was Frankreich betraf, waren ihre Meinungen getrennt. Der Kardinal unterstüzte jeden Vorschlag zum Vergleich; Gloster dagegen verlangte alles verlorene durch neue Kriege hergestellt (I, 3. V, 4).

Bei all diesen Streitigkeiten blieb die Macht der Oberhäupter gleichgetheilt bis zu Heinrichs Mündigkeit. Eine dem Reich angemessene Heirat schien dem Kardinal ein Mittel, sein eigenes Ansehn zu verstärken; denn die Königin dacht' er für seine Plane zu gewinnen. Er schickte demnach Wilhelm de la Poole, den nachherigen Herzog Suffolk, nach Frankreich, um, unter dem Vorwande die Bedingungen des damals eingeleiteten Stillstandes zu besprechen, über Margareta von Anjou Erkundigungen einzuziehn, für deren Schönheit das Herz des jungen Königs schon vom Hörensagen entflammt war. Gloster seinerseits, um auch beim Könige seinen Einfluß zu behaupten, war geschäftig gewesen, ihm die reiche Tochter des Grafen von Armignac, und mit ihr eine Provinz in Frankreich zu gewinnen. Der Kardinal bestand auf Margareta von Anjou, die schöne, geistreiche und herzhafte Tochter Reigniers, der den stolzen Titel eines Königs von Sicilien, Neapel und Jerusalem führte, und dabei von Almosen lebte. Ihre Fähigkeiten, glaubte man, würden des Königs Mängel ersezen, der wol gutmütig war, aber schwachsinnig, abergläubisch und durchaus unköniglich. Die Heirat ward geschlossen, und dem Vater der Braut, nach dem Heiratskontrakte, der freie Besiz von Anjou und Maine bewilligt (V, 3. 5). Keiner ahnte damals, wie viel Blut diese Heirat dem armen England einst kosten würde, in dem unseligen Streite zwischen den Häusern Lancaster und York.

Ob die Erzählung vom Ursprunge dieses Streites, so wie Shakspeare sie erzählt, historisch verbürgt sei, oder nicht, verschlägt wenig für seine Leser. Nach Shakspeare erwählte, bei Gelegenheit einer über die Lösung eines Rechtsfalles entstandenen Parteiung, York mit seinem Anhang als Sinnbild die weiße Rose, und Somerset, dem nachher König Heinrich beitrat, die rothe. Der Dichter hat dadurch Yorks in der Folge so gefährlichen Haß gegen Somerset und das erste Aufkeimen seines Unwillens gegen Heinrich begründet. Diesen York scheint die Nemesis erweckt zu haben, um an Heinrich dem sechsten das Unrecht seines Großvaters gegen Richard den zweiten zu bestrafen. Als Neffe Mortimers (S. die Stammtafel zu II, 5), machte er, nach langer und tief gelegter Vorbereitung, dessen Ansprüche auf die Krone Englands geltend (S. Einl. zu Heinr. des viert. erst. Th.); und so begann der furchtbare Krieg zwischen den beiden Häusern, den der Dichter in den drei folgenden Schauspielen mit bewundernswerther Treue geschildert hat.

Erster Aufzug. Erste Scene.

a. Der Himmel traur' in Schwarz —] (S. 153) Anspielung auf die alte Bühneneinrichtung, die Scene mit schwarzem Flor zu behängen, wann ein Trauerspiel sollte gegeben werden.

Steevens. Heinrich V. starb in Frankreich, und sein Leichenbegängnis war eins der prächtigsten. Sein Leib, einbalsamirt und in Blei geschlossen, ward auf einen mit Goldbrokat behängten Prachtwagen gehoben, und in dem selbigen Wagen lag auf einem Bette ein Bildnis von ihm mit Königsgewand, Goldkron' und Zepter, wie ein triumfirender Monarch. Den Wagen zogen sechs Pferde, reich geschmückt, und mit den Waffen des heiligen Georg, Arthurs, Edwards u. a. belastet. Die größesten Männer des Reichs folgten als Leidträger. Fünfhundert Krieger in schwarzer Rüstung ritten mit gesenkten Speeren neben und vor dem Wagen. An diese schlossen sich dreihundert weißgekleidete Fackelträger und Lords, welche des Königs Wappen und Kriegsfahnen trugen. Hinterdrein kam die ganze Dienerschaft des Königs, und in einiger Entfernung die leidtragende Königin. So ging der Zug von Paris nach Rouen, nach Calais, dann übers Meer nach Dover, und nach London. In der Westminsterabtei ward der Sarg beigesezt, mit solcher Feierlichkeit, unter so inbrünstigen Gebeten der Geistlichen, und solchem Wehklagen von Adel und Volk, als noch nie geschehen war. Auf sein Grab ließ die Königin sein Bildnis in Lebensgröße aus übergoldetem Silber legen. So erzählt man gewöhnlich; allein nur der Kopf des Bildes war aus gediegenem Silber, und der ward unter Heinerich VIII., zur Zeit der Klosterplünderungen, bei Seite geschaft. Der Rumpf, nebst einer mönchischen Inschrift, ist noch jezo zu sehn.

b. Unhold' und Banner —] (S. 154). Man glaubte lange, es sei möglich, einem durch Zaubereien das Leben zu nehmen. Als der Aberglaube abnahm, legte man ihnen bloß die Gewalt über unvernünftige Thiere bei. Zu Shakspeare's Zeit war noch der Glaube, ein Irrländer könn' eine Raze todt singen. Johnson. S. Wie's euch gefällt (III, 2, f.).

c. Dein Weib fährt hoch —] (S. 155) Leonore von Cobham. S. Heinr. des sechst. zw. Th. (I, 2. ff.).

d. Ein lichtrer Stern wird deine Seele sein; als Julius Cäsar und des Drachen Schein.] (S. 155) Das Original hat:

A far more glorious star thy soul will make,
Than Julius Caesar, or bright. —

Wie? Shakspeare's Absicht wäre gewesen, durch einen plözlichen Bruch der Zeile, den die Dazwischenkunft des Boten nicht rechtfertigen kann, dem Hörer ein peinigendes Räzel zu geben? Unmöglich! Sinnreich, schon im Reim, ist Pope's Vermutung, der Dichter habe mit Francis Drake schließen wollen; und der Anachronismus stände nicht im Wege. Shakspeare aber pflegt, wo er Zeitgenossen eine Schmeichelei sagt, die Person lieber anzudeuten, als mit Namen zu nennen. So den Grafen Esser im Prolog zum lezten Aufzuge Heinrichs des fünften, und mehrmals die Königin Elisabeth, z. B. im Sommernachtstraun (II, 2); und in Heinrichs des viert. erst. Th. (III, 1.). Wie nun, wenn wir läsen?

Than Julius Caesar, or bright northern Drake.

Dann hätte der Redende den Drachen am Nordpol gemeint, der sich durch die beiden Bären schlingt, und die Zuhörer hätten zugleich an den wackern Franz Drake gedacht, den kühnen nordischen Weltumsegler, in dessen Schif Elisabeth speiste. Monk Mason bemerkt, zur Unterstüzung der popischen Lesart, daß zwei schimmernde Sterne zum Wappen der Drakischen Familie gehören.

e. Wein' um deines Elends unterbrochne Pein.] (S. 156) Das Elend Frankreichs, das durch Heinrichs Bestattung bloß auf kurze Zeit unterbrochen ist. Warburton.

f. Noch Piken vor die Bognerschaar zum Schuz. (S. 158) Schon in früheren Schlachten, z. B. bei Agincourt, kommen engländische Bogenschüzen vor, welche ihre Fronte mit Pallisaden bepflanzen, um den feindlichen Angrif zu brechen, und aus dieser Schuzwehr einen unwiderstehlichen Pfeilregen auf die Franzosen zu senden.

g. Wenn Sir John Fastolfe nicht gespielt die Memme.] (S. 158) Man verwechsele ihn nicht, wie selbst Engländer gethan, mit Falstaf, dem komischen Ritter in den vorangehenden Stücken. Sir John Fastolfe war Generallieutenant, Statthalter des Herzogs von Bedford in der Normandie, und Ritter vom Kniebande. Nach Holinshed ward ihm, wegen Feigheit, sein Band genommen. Doch gewann er es wieder, wie Andre erzählen, bei ehrenvoller Gelegenheit. Denkbar ist, daß Shakspeare das Geschöpf seiner Fantasie Falstaf nannte, um durch ihn an den feigen Fastolfe zu erinnern.

h. Jezt allgemein Hinsturz. —] (S. [illegible]) So im Cymbelin (V, 3):

— — — Drauf begann
Ein Halt beim Feind, ein Rückzug, alsobald
Gedräng, endloser Wirwar u. s. w.

Angenehm und belehrend ist der Vergleich beider Schlachtscenen.

Erster Aufzug. Zweite Scene.

a. Ich glaub', ein seltsam Uhrwerk voll Getrieb stellt ihm die Arme, daß es schlägt und schlägt.] (S. 162)

Die Arme (arms) sind wohl gemeint, und nicht die Waffen. So in der Schilderung Coriolans (II, 1):

— — — Ja, er kommt,
Vor sich Frohlocken, Thränen hinter sich!
Der schwarze Tod liegt ihm im starken Arm;
Hebt er ihn auf, und mäht, gleich sinkt ein Schwarm.

Ganz so spricht Heinrich der fünfte, als Prinz von Wales (Heinr. des viert. erst. Th. V, 4):

— — — Die Geister
Von Shirley, Staffort, Blunt sind mir im Arm.

Von welchem Helden oben gesagt ward:

Erhub er seinen Arm nur, er bezwang.

An unsrer Stelle ist angespielt auf einen wirklichen Glockenhans oder Hammerkunz. S. Tim. v. Athen (III, 6, d.).

b. Mich dünkt, eur Blick ist ernst —] (S. 162) Der Bastard sagt:

Methinks, your looks are sad, your cheer appall'd.

Man könnte vermuten, your cheek appall'd; aber cheer, welches M. Mason misverstand, ist ächt, und wird von Steevens richtig durch countenance, appearance umschrieben. So im Sommernachtstraum (III, 2):

All Fancy-sick she is, and pale of cheer,

c. Die neun Sibyllen Roms.] (S. 163) Es waren nicht neun Sibyllen, sondern neun Bücher sibyllinischer Weissagungen. Warburton.

d. Cäsarn und sein Glück.] (S. 166) Julius Cäsar ermunterte einen Seefahrer durch die Worte: „Fürchte nichts, du „führst Cäsarn und sein Glück."

e. Mahomet begeistert von der Taube.] (S. 166) Mahomet hatte eine Taube, „die er mit Weizen aus seinem Ohr „futterte; wenn sie hungrig war, flog sie ihm auf die Schulter, „und holte mit dem Schnabel ihr Frühstück: und Mahomet sagte „dann seinen Arabern, es sei der heilige Geist gewesen, der ihm „Offenbarungen eingeflüstert." – Aus Walter Raleighs Weltgeschichte.

f. Sankt Philippus Töchter.] (S. 166) Apostelgesch. XXI, 9: „Derselbige (Philippus) hatte vier Töchter, die waren „Jungfrauen, und weissageten."

Erster Aufzug. Dritte Scene.

a. Glatzköpf'ger Pfaf' — (S. 169) Man lese:

Pil'd priest, dost thou commend me be shut out;

nicht das verstörende der Ausgaben, to be shut out. So in der zweiten Scene dieses Aufzuges, nach Steevens Verbesserung:

And hunger will enfarce them be more eager.

Und im Sommernachtstraum (II, 2):

How long within this wood intend you stay?

Der Ausdruck piled, auf Winchester angewandt, dem Gloster oben vorwirft: thou lov'st the flesh, bedeutet noch mehr als die Tonsur, wie aus Maß für Maß (I, 2) erkannt werden kann.

b. Der Huren Ablaß giebt —] (S. 169) Die öffentlichen Häuser standen ehemals unter dem Bischof von Winchester. S. Troil. und Cressida, am Schluß.

c. Sei hier Damaskus —] S. 169). S. Maundrel's Travels, p. 131: „Etwa vier Meilen von Damaskus ist ein hoher Berg auf welchem, der Sage nach, Kain seinen Bruder Abel erschlug." Pope.

d. Nach Kolben ruf' ich.] (S. 171) Dies war der Schrei nach Hülfe bei einem Aufstande. Rom. u. Jul. I, 1, d.

Erster Aufzug. Vierte Scene.

a. Talbot, mein Herz, mein Heil —] (S. 173) Die heutigen Engländer, so weit ihre Stimmen ins Ausland gedrungen sind, sprechen von den drei Theilen Heinrichs des sechsten wie von ziemlich werthlosen Stücken, wiewohl sie den beiden lezten Theilen noch einige auffallende Schönheiten zugestehn. Den ersten Theil aber erklären sie für ganz untergeschoben, ohne die Frage zu lösen, wie Shakspeare in dem großen Cyklus von Richard dem zweiten an bis zu Richard des dritten Tode eine so bedeutende Lücke dulden konnte; ohne die weit schwierigere Frage zu erheben, wer denn wol der Verfasser gewesen sein möchte, der, im Ganzen, wie im Einzelnen, so tief in Shakspeare's Genius drang, der so ganz seine Sprache redete, und so fein alle Fäden ordnete, die dies Stück an die vier vorausgehenden, und die drei nachfolgenden festknüpfen. Den organischen Zusammenhang zwischen Richard dem dritten und den beiden lezten Theilen von Heinrich dem sechsten verkennt keiner. Auch über den völlig gleichen Werth dieser drei Stücke kann bei Unbefangenen kein Zweifel obwalten.

In allen ist der selbige Wechsel von anziehenden Begebenheiten, die selbige Fülle der Gedanken, die selbige Höhe und Innigkeit der Gefühle; — durch alle zieht das steigende Grausen des immer mehr zudunkelnden Gemähldes. Minder reich an rührenden Scenen und schaudervollen Ereignissen ist Heinrichs des sechsten erster Theil; und eben darauf scheint der Vorwurf der Tadler zu beruhn. Aber konnte der Dichter das Rührende und Schaudervolle willkührlich herbeischaffen, er, der nie die Geschichte ohne Grund verändert? er, der als weiser Künstler jedesmal die Darstellung nach dem Stof einrichtet? Und darf überhaupt das Ergreifende und das Erschütternde der Maaßstab einer gelungenen Dichtung sein, und nicht vielmehr das Gute und das Schickliche? In unserm verschrieenen Stücke schildert der Dichter mit gleicher Wahrheit die ernsthaften Parteiungen der Großen Englands, und das windige Treiben des Nachbarvolks. Ernst, Laune und Ironie halten sich neben einander in den vorgezeichneten Gränzen. Auch das Erhabene und Rührende ist nicht ausgeschlossen, z. B. in den Todesscenen Mortimers und Talbots. — Zum Beweise, wie weit richtiger Shakspeare's Zeitgenossen diese Dichtung zu würdigen wußten, als mancher Nachlebende, stehe hier folgende so warm als wahr ausgesprochene Stelle aus Pierce Pennilehs's Supplication to the Devil, von Nash, 1595. „Wie würde (sagt Nash) den wackern Talbot, „den Schrecken Frankreichs, der Gedanke erfreut haben, daß, „nachdem er zweihundert Jahre im Grabe gelegen, er noch einmal auf „der Bühne Triumf halten, und seine Gebeine neu bethaut haben „sollte mit den Thränen von zehntausend Zuschauern, die in dem „Schauspieler, welcher ihn darstellt, ihn frischblutend zu sehn „glauben.“

b. Pucelle und Dauphin —] (S. 176) Im Original: Pucelle or puzzel (d. i. liederliches Weibsbild), dolphin or dogfish (d. i. Meerschwein)!

Erster Aufzug. Fünfte Scene.

a. Blut will ich abziehn dir —] (S. 177) Wer, nach dem Aberglauben jener Zeit, einer Hexe Blut abzog, war frei von ihrer Gewalt. Johnsohn.

Erster Aufzug. Sechste Scene.

a. Adonis Gärten gleicht's —] (S. 178) Die Gärten des Adonis, in welchen er mit Venus sich erging, sind, wie mehrere Gärten des Alterthums, sprichwörtlich geworden, und haben der Fantasie späterer Dichter Anlaß gegeben, sie feenmäßig auszuschmücken. Plinius (XIX, 4) sagt von ihnen: Antiquitas nihil prius mirata est, quam Hesperidum hortos ac regum Adonidis et Alcinoi? In den jährlichen Gedächtnisfeiern des Adonis wurden sie durch irdene Töpfe, oder, wo es hoch herging, durch silberne Körbe voll aufkeimender Kräuter symbolisch dargestellt. S. Valck. zu Theokr. XV, 113.

d. Rhodope —] (S. 179) Steevens Aenderung Rhodope's of (statt or) Memphis scheint nothwendig. Nach Plinius war die von der Hure Rhodope erbaute Pyramide zwar die kleinste aber die schönste und vollendetste. — Herodot (II, 135) bringt gute Gründe vor, der Rhodope diese Pyramide abzusprechen; aber in kritische Untersuchungen ließ sich Shakspeare nicht ein: er folgte der tüchtigen Nachricht, wie er sie in seinem Plinius von Holland fand.

e. Juwelenkästchen des Darius.] (S. 179) Das bekannte reichbesezte Kästchen, worin Alexander nach des Darius Besiegung die Werke Homers, als sein Köstlichstes, bewahrte.

Zweiter Aufzug. Erste Scene.

a. Der Ausruf Talbot —) (S. 184) Einer Sage zufolge war Lord Talbot den Franzosen so fürchterlich, daß oft große Heere bloß durch die Nennung seines Namens in die Flucht geschlagen wurden, und daß die französischen Weiber, um ihre Kinder zuschrecken, nur zu sagen brauchten: Talbot kommt! Warton.

Zweiter Aufzug. Dritte Scene.

a. Herkommen, dacht' ich, würd' ein Herkules —] (S. 189) Die Frau Gräfin spricht, wie bei Homer (Odyss. IX, 513) der Kyklop:

> Doch erwartet' ich stets, ein großer und stattlicher Kernmann
> Sollte daher einst kommen, mit Kraft und Stärke gerüstet;
> Und nun hat so ein Ding, so ein elender Wicht, so ein Weichling
> Mir mein Auge geblendet.

Zweiter Aufzug. Vierte Scene.

a. Im Saal des Tempels.] (S. 192) Tempel heißt das große Rechtskollegium in London.

b. Nicht lieb' ich Schminke —] (S. 193) Colours hat den Doppelsinn von Schminke (dem natürlichen Weiß entgegengesezt, wie bei Horaz, Od. III, 5, 28), und Falschheit.

c. Er stüzt sich auf die Freiheit dieses Orts. (S. 196) Der Tempel, ein gottesdienstliches Haus, war eine Freistatt gegen Gewalt, Rache und Blutverguß. Johnson. Dagegen erinnert Ritson, der Tempel sei zu Shakspeare's Zeit kein Gotteshaus gewesen, sondern ein Aufenthalt der Rechtsgelehrten, wie jezt. Er meint daher, Shakspeare habe die Vorrechte des Tempels entweder willkührlich angenommen, oder sie von dessen ehmaligen Bewohnern, den Tempelherrn, abgeleitet. Ritson bedachte nicht, daß nach der alten gothischen Gesezordnung mehrere Pläze waren, quibus major reverentia et securitas debebatur, ut templa et judicia, quae sancta habebantur, arces et aula regis, denique locus quilibet praesente aut adventante rege. Diese Stelle fanden wir in einer Anmerkung von Reed (zu III, 4), nebst folgender aus den Commentaries p. 125: „Nach dem alten gemeinen Gesez war ein „Schlag oder Schwertzug in des Königs Gerichtshof ein Todes„verbrechen.“ Auch der Tower ward oben (I, 3) eine Freistatt genannt.

d. Am Hochverrath —] (S. 196) Steevens liest sehr wahrscheinlich:

For treason execute in our late king's days!

Execute für executed, welches verszerstörend in den Text schlich. S. K. Johann (V, 2. f.). Ueber Richard, Graf von Cambridge s. Heinr. d. fünft. Prol. zum zweit. Aufz.

Zweiter Aufzug. Fünfte Scene.

a. Es end' hier Edmund Mortimer.] (S. 199) Theobalds Bemerkung, Mortimer sei von Heinr. IV und Heinr. V sorgfältig im Gefängnis bewahrt worden, hat, wie Malone zeigt, keinen historischen Grund; indaß paßt sie zur Annahme des Dichters, der, wie wir zu Heinr. des viert. erst. Th. (I, 3) gesehen haben, in Rücksicht auf Mortimer einer halb mythischen Sage folgt. — Zur besseren Uebersicht der Streitigkeiten zwischen den Häusern Lancaster und York, die mit dieser Scene eingeleitet werden, diene folgende Stammtafel.

Edward der Dritte starb 1377.

- Edward, Prinz von Wales, st. 1376.
  - Richard II. abgesetzt im Jahr 1399.
- Ein früh gestorbener Prinz.
- Lionel, Herzog von Clarence.
  - Philippine, verm. mit Edmund Mortimer, Gr. v. March.
    - Roger, Gr. v. March.
      - Edmund Mortimer, und Anna, verm. mit Richard von York, Gr. v. Cambridge.
        - Richard, Herz. v. York, st. 1460.
          - Edward IV. st. 1483.
            - Edward V. st. 1483.
          - Richard III. st. 1485.
- Johann von Gaunt, Herz. von Lancaster, st. 1399.
  - Hein. IV. st. 1412.
    - Heinr. V. st. 1422.
      - Heinr. VI. st. 1472.
- Edmund, Herz. v. York, st. 1402.
  - Richard von York, Gr. v. Cambridge, verm. mit Anna Mortimer, enthauptet 1415.
    - Richard, Herz. v. York, st. 1460.
    - S. d. Nachkommenschaft des Prinzen Lionel.

b. Und zu bekleiden mit dem Diadem.] (S. 202) S. Heinr. V Prol. z. zweit. Aufz.

c. Erstickt vom Ehrgeiz der Geringeren.] (S. 203) Plantagenet meint den Ehrgeiz Bolingbroke's und seiner Nachkommen, die, als Unterthanen Mortimers, ihm die Krone entrafft.

Dritter Aufzug. Erste Scene.

a. Das Parlamenthaus.] (S. 204) Dies Parlament ward zu Leicester gehalten, wiewohl der Dichter es nach London verlegt. König Heinrich VI war nun im fünften Jahr seines Alters. Im ersten Parlamente, bald nach seines Vaters Tode, saß seine Mutter auf dem Throne des Parlamentsaales, mit dem Kinde auf dem Schooß. Malone.

b. Du Bastardbruder meines Vaters.] (S. 205) Der Bischof von Winchester war ein Sohn Johannes von Gaunt und der Katharina Swynford, welche der Herzog nachmals heiratete. Malone.

c. Steur' hin nach Rom.] (S. 206) Roam to Rome, Lauf nach Rom, war ein sprichwörtliches Buchstabenspiel jener Zeit, wahrscheinlich aus der Sprache der Landstreicher, die zu Tausenden nach Rom pilgerten, um Ablaß zu holen, und unterwegs zu gaunern unter dem Deckmantel der Religion.

d. Der Abfall unsrer Nägel.] (S. 209) The parings of our nails sind, nach Eschenburg, so viel als die niedrigsten, verworfensten Leute, die wir so wenig achten, als den Abfall der Nägel. — Auch mit Anspielung auf Verworfenheit, sagt im König Lear (I, 4) der Narr, als Goneril auftrit, here comes one o'the parings.

e. Heinrich von Monmouth —] (S. 213) Nach Halls Chronik sprach Heinrich V auf die Nachricht, ihm sei zu Windsor ein Sohn geboren, zu seinem Kämmerer, dem Lord Fitzhugh, die profetischen Worte: „Ich Heinrich, zu Monmouth geboren, werde „kurze Zeit herschen, und viel gewinnen; und Heinrich, zu Wind„sor geboren, wird lange herschen, und alles verlieren." Eine Profezeiung, die entstand, als die Sache längst geschehn war.

f. Daß Exeter sich wünscht, zu scheiden —] (S. 213) Der Wunsch des wackern Mannes ward erfüllt: er starb bald darauf (wiewohl der Dichter ihn noch fortleben läßt) (S. V, 1); und an seine Stelle, als Erzieher des Prinzen, trat Lord Warwick.

Dritter Aufzug. Zweite Scene.

a. In unsre Säcke sacken wir die Stadt.] (S. 214) Our sacks shall be a mean to sack the city. Ein ähnliches Wortspiel macht Falstaf in Heinr. des viert. erst. Th. (V, 3).

b. Es war voll Trespe.] (S. 216) „Trespe (sagt Gerard) blendet die Augen; man mag sie in Brotkorn bekommen, „oder in Getränk." Daher das alte Sprichwort: lolio victitare, von Blödsichtigen. So bei Ovid, Fast. I, 691:

Et careant loliis oculos vitantibus agri.

Pucelle meint, die Trespe habe die Thorwächter blind gemacht, sonst hätten sie den Feind unter der Verkleidung erkannt, und seine Kriegslist vereitelt. Steevens.

c. Der tapfre Pendagron.] (S. 218) Uther Pendagron war Bruder des Aurelius, und Vater des Königs Arthur. Von beiden, Aurelius und Pendagron, erzählt die Sage, was Shakspeare dem Pendagron zuschreibt. Steevens.

d. Mich zu retten durch die Flucht.] (S. 218) Fastolfe nahm in der Schlacht von Patay die Flucht (I, 1), aber nicht bei Rouen. Vielleicht sind alte Sagen und Romanzen benuzt, um der ersten Scene des vierten Aufzugs mehr Nachdruck zu geben, wo Talbot dem Falstaf das ritterliche Knieband entreißt.

e. Nun fahr' im Frieden, Seele —] (S. 912) Luc. II, 29: „Herr, nun lässest du deinen Diener im Friede fahren, „wie du gesagt hast; denn meine Augen haben deinen Heiland „gesehen." — Der Herzog von Bedford, ehemals Prinz Johann von Lancaster; starb zu Rouen im September 1435, aber nicht vor der Stadt, wie hier erzählt wird. Die Engländer bewundern mit Recht seine Tapferkeit, seinen Vaterlandssinn, und die kluge Gewandheit, womit er sich noch immer in Frankreich hielt, als Englands Sache längst im Sinken war. Schon seine Titel sprechen für ihn: er war Regent von Frankreich, Herzog von Bedford, Alençon und Anjou, Graf von Maine, Richmond und Kendale, und Hochconstabel von London. Doch nichts hebt ihn so hoch, als das Lob Ludwigs XI, des nächstfolgenden Königs von Frankreich. Als diesem Fürsten Höflinge den Rath gaben, des Herzogs prächtiges Grabmal in Rouen zu schleifen, antwortete der König: „Welche Ehre kann es mir und euch bringen, wenn wir die Ge„beine des Mannes stören, den, da er lebte, mit aller Anstren„gung weder mein Vater, noch eure Vorfahren vertreiben konn„ten? Das Grabmal, statt zu gut für ihn zu sein, kommt noch

„lange nicht seinem Werth und seinen Verdiensten bei. Gottes „Ruhe seiner Seel', und Frieden seinem Gebein!" Leider war es dieser ausgezeichnete Mann, der die arme Jungfrau mit kalter Grausamkeit hinrichten ließ. — Shakspeare hebt in Heinrich IV. all seine treflichen Eigenschaften hervor; aber auch seinen Unfrohsinn, seine kaltherzige Strenge zeichnet er, und wie er schon als Jüngling eines schandbaren Verrathes fähig ist.

Dritter Aufzug. Dritte Scene.

a. Werd' angelockt der Herzog von Burgund.] (S. 221) Daß die Jungfrau durch eindringende Beredsamkeit den Herzog von Burgund den Engländern entzogen habe, ist von des Dichters Erfindung. Der von Heinrich V so gefürchtete (s. Einl. zu Heinr. V), und den Engländern so gefährliche Uebertritt geschah fünf Jahre nach Johannens Hinrichtung. Schon lange war Burgund für die Sache Englands erkaltet, es schien, als ginge sein Groll gegen den Protector allmählich auf ganz England über. Dazu kamen die eifrigen Bemühungen Karls, ihn an sich zu ziehn, die vielen dem Schein nach zufälligen Botschafter, die dem Herzog beibrachten, wie der Dauphin ihn liebe, ihn verehre, und von ganzem Herzen bedaure, das Werkzeug von des alten Burgunds Tode gewesen zu sein (S. Einleit. zu Heinr. V). Dies und ähnliches bereitete eine Aussöhnung vor, die im Vergleiche zu Arras, kurz vor Bedfords Tode, vollzogen ward.

b. Frei gab man ihn ohn' alles Lösegeld.] (S. 223) Wiederum eine Vermischung der Zeiten und der Umstände. Noch im Jahr 1440, fünf Jahre nach Burgunds Abfall von den Engländern, war Orleans Kriegsgefangener in England; dann gab ihn der Staatsrath, troz der Warnung Heinrichs V auf dem Todbette, und troz dem Widerspruch Glosters, für 300,000 Kronen frei. Zwei Drittheile dieser Summe zahlte der Herzog von Burgund, dem Vorgeben nach, um seines Vaters Unrecht am Vater dem Sohne zu vergüten. Seine wahre Absicht war, er wollte sich durch Großmut einen mächtigen Beistand verbinden; daher er denn auch dem Herzog von Orleans die Vermählung mit der Tochter des Herzogs von Cleve, Burgunds Schwestertochter, zur Pflicht machte.

c. Franzmännisch Thun, sich drehn und wieder drehn!] (S. 224) Warburtons Vermutung, der Dichter habe dem Unwillen Elisabeths über Heinrich des vierten Religionswechsel dies Opfer gebracht, ist weit hergeholt. Johnson bemerkt, der Unbestand der Franzosen sei von jeher bei den Engländern ein Gegenstand der Satire gewesen, und gedenkt einer Abhandlung, worin bewiesen wird, daß sogar die Windfahnen erfunden sein, um die Franzosen wegen ihrer Veränderlichkeit lächerlich zu machen. —

Auch in König Johann und Heinrich V wird häufig der Franzwindigkeit gespottet.

Dritter Aufzug. Vierte Scene.

a. Recht wohl gedenkt michs, daß mein Vater sagte.] (S. 226) Als Heinrich V starb, war Heinrich VI, wie es auch in der Folge immer heißt, neun Monat' alt. Windbeutelt etwa der junge König, von pariser Luft angesteckt? Das verträgt sich nicht mit der Frömmigkeit seines Charakters, die er bis zur lezten Scene behauptet. Man muß dem Dichter, der, in Romeo und Julie (V, 5, i), die achtundzwanzigjährige Gräfin Kapulet zu einer hochbetagten Greisin macht, auch diesen Misgrif zu Gute halten.

b. Wer hier den Degen zieht —] (S. 226) Ein Gesez der Ina, Tochter des Königs der Westsachsen (693) lautete: „Wer in des Königs Hause ficht, dessen Hab' und Gut ist verfallen, und der König darf über sein Leben gebieten." S. II, 4, c.

Vierter Aufzug. Zweite Scene.

a. Meine drei Begleiter, Hohlhunger —] (S. 326) S. Prol. zu Heinr. des fünft. erst. Aufz.

Vierter Aufzug. Dritte Scene.

a. Weil der Geier der Empörung nagt. —] (S.] 240) Anspielung auf die Geier des Prometheus. Johnson.

Vierter Aufzug. Fünfte Scene.

a. Zu einem Fest des Todes kommst du nun.] (S. 243) D. i. zum Schlachtfelde, wo der Tod seinen Schmaus hält. Johnson. Im Hamlet, beim Anblick der königlichen Leichen, sagt Fortinbras.

Stolzer Tod!
Ha, welch ein Fest in deiner Höllenkluft,
Da Fürsten du so viel' in Einem Schuß
So blutig trafst!

Wobei Steevens die athenischen Choen hätte unerwähnt lassen sollen. Shakspeare dachte sich vielmehr den Krieg als ein „heiß-

„hungrig Scheusal, das den weiten Mund aufsperrt," wie Exeter in Heinr. des fünft. zweit. Aufz. viert. Scene sich ausdrückt.

b. Der ist nicht Talbots Blut —] (S. 243) Johnson, der nicht begreifen zu können gesteht, warum hier der Reim eintrit, möchte, wenn nicht auch in anderen Schauspielen reimlose und gereimte Verse auf gleiche Art gemischt wären, gern annehmen, diese Scenen sein ursprünglich für ein andres unvollendetes Gedicht bestimmt gewesen, und hier bloß, weil zum Wegwerfen zu gut, eingerückt worden. Ihm entging also die große Bedeutsamkeit der Gegensäze von Tod und Leben, Jugend und Alter, Ehre und Schmach u. s. w., die zwei Scenen hindurchgeführt werden, und allmählich in den Ausdruck feierlicher Wehmut übergehn, als der Vater seinen Heldensohn zum Sterben entschlossen sieht. All dies forderte den Reim (S. Vorr. LII), der noch eine Zeitlang schicklich fortdaurt in den Reden der französischen Sieger, welche die lezten fehlenden Züge zum heroischen Gemälde hinzufügen.

c. Theurer Sohn, geboren heut vor Nacht zu sterben schon.] (S. 245) Fair son, born to eclipse thy life this afternoon. Wortspiel mit son und sun. S. Rom. u. Jul. (III, 5, f.).

Vierter Aufzug. Sechste Scene.

a. Weg, Vortheil! —] (S. 247) Nach Theobalds Aenderung:

Out on that vantage —,

die dem Sinne giebt, was ihm gebührt. Der gewöhnlichen Lesart, on that adventage, ist kein erträglicher Sinn abzugewinnen.

Vierter Aufzug. Siebente Scene.

a. Du Schalksnarr Tod. —] (S. 249) Anspielung auf den Narren im Schauspiele, der ernstere Personen verspottet. Johnson.

b. Der tapfre Talbot, Jarl von Shrewsbury —] (S. 251) Diese Reihe von Titeln ist aus dem Epitafe, das ehemals am Grabe Talbots in Rouen befindlich war. Bei den Geschichtschreibern wird sie nicht angetroffen. Malone. Will Lucy durch Aufzählung all dieser Titel den Franzosen Stof zum Spott über Talbot geben, etwa wie in Aeschylos Persern die erschlagenen Feldherren des Xerres noch im Tode mit all ihren Ahnen sich blähn, während von den bescheidenen Siegern bei Salamis auch nicht Einer mit Namen genannt wird? Das kann man von diesem Ehrenmann nicht glauben, der oben zu York und Sommerset so warm über Talbot sprach. Jeder von diesen Titeln mußte ein Dolchstich für des Dauphins Seele sein, weil jeder an eine der bedeutenden Schlachten erinnerte, die ihn zum Schrecken Frankreichs gemacht hatten. Nur die übermütige Pucelle verkehrt so ernste Erinnerungen in Hohn und Spott, und will nichts als gemeinen Titelkram darin finden.

c. Der Türk, der zweiundfunfzig Reiche hat —] (S. 251) Der Dichter dachte wahrscheinlich an den Prunkbrief des Sultans, Solyman, an Kaiser Ferdinand (1562), worin all seine Titel aufgezählt werden. Grey.

Fünfter Aufzug. Erste Scene.

a. Wenn der einmal gelangt zum Kardinal —] (S. 254) Den Kardinalrang erkaufte sich der Bischof von Winchester vom Pabste im fünften Jahre Heinrichs VI, nachdem der vorige König, dessen hier angeführter Ausspruch historisch ist, seine Versuche deshalb mehrmals gestört hatte. Winchester erpreßte nun so viele Kirchengüter, daß man ihn fortan nur den reichen Kardinal nannte.

Fünfter Aufzug. Dritte Scene.

a. Ihr Zaubersprüch' und Talisman' —] (S. 257) Ye charming spells and periapts. — Periapts waren magische Mittel gegen Krankheiten, Mord und Hunger, gegen Diebe, böse Geister, Hexen, Biß der Schlangen, tolle Hunde u. s. w. Auch konnte, wer sie trug, einen Dorn aus der Wunde, oder einen Knochen aus der Kehle beschwören, Schlösser öfnen, Geheimnisse auskundschaften, die schwersten Martern ohne Zucken ertragen u. mehr dgl. Einer der wirksamsten Talismane, der Agnus Dei, ward beständig um den Hals getragen. Er bestand in einem Fladen, der auf der einen Seite das Gepräge des Lamms mit der Flagge, auf der andern eines Christkopfes, und in der Mitte eine Vertiefung hatte, worin, auf feines Papier sehr klein und eng geschrieben, das erste Kapittel von Johannes Evangelium steckte. Hiermit übte der Aberglaube Wunder über Wunder; doch die wenigsten gelangen. Ein Kardinal (wie Malone aus Wits, fits and faencies, 1595, berichtet) schalt einst einen Priester, der einen Knittel unter dem Chorrocke trug. „Ich brauch' ihn (entschuldigte dieser) bloß als „Schutzwehr gegen die Hunde in der Stadt." — „Was? (rief der „Kardinal) tragt ihr nicht Johannes Evangelium?" — „Ach, Mylord (sagte der Priester), die Hunde verstehn kein Latein."

b. Zugeordnete des kalten Nordpols stolzem Oberherrn.] (S. 258) Den Norden hielt man zu jeder Zeit für den Hauptsitz der bösen Geister. Milton versammelt daher die abgefallenen Engel im Norden. Johnson. So rühmt sich Lucifer (Jes. XIV, 14): „Ich will mich sezen an den Berg des Stiftes, an der Seite gegen Mitternacht.“ Steevens.

c. Die Finger küss' ich hier —]. (S. 259) Seine eigenen Finger küßt er, und legt sie dann ehrerbietig ihr an die Seite. S. D. Liebe M. umſ. V, 1, c. Gegen des Dichters Sinn ist die in neueren Zeiten gewagte Umstellung:

Dich will ich rühren mit ehrbiet'ger Hand,
Und sanft sie legen an den zarten Leib.
Die Finger küss' ich dir zu ew'gem Frieden.

Keinen Handkuß (wie Warwick der Prinzessin Bona in Heinr. des sechst. dritt. Th. III, 3) bietet Suffolk dem Fräulein, sondern, nach der Sitte jener Zeit, einen Mundkuß, wie am Schluß dieser Scene. S. Röm. u. Jul. I, 5, d.

Fünfter Aufzug. Vierte Scene.

a. Um zu verdunkeln mir des Adels Krone.] (S. 268) Im Original ein Wortspiel mit noble, edel, und noble, eine Münze.

b. Der ruchtbare Machiavel.] (S. 270) Machiavel wird hier etwas früher erwähnt, als er lebte; deswegen haben einige Herausgeber diesen Vers als unächt aus dem Text gestoßen. Johnson. Diese bedachten nicht, daß Shakspeare und seine Zeitgenossen den Namen Machiavel, wie den Namen Aristoteles in Troilus und Cressida, nicht historisch, sondern ganz sprichwörtlich nahmen.

c. Euch treibe zum Halsbrechen oder Hängen.] (S. 271) Shakspeare dachte vielleicht an die Häufigkeit der Selbstmorde unter den Engländern, die man gewöhnlich der düsteren Luft zuschreibt. Johnson.

[illegible]

[illegible]

[illegible]

Shakspeare's
Schauspiele

von

Johann Heinrich Voß

und dessen Söhnen

Heinrich Voß und Abraham Voß.

Mit Erläuterungen.

Fünften Bandes zweite Abtheilung.

Stuttgart,
in der J. B. Metzler'schen Buchhandlung.
1823.

Johann Heinrich Voß

und dessen Söhne

Heinrich Voß und Abraham Voß.

Mit Erläuterungen.

Fünften Bandes zweite Abtheilung.

Stuttgart,

der J. B. Metzler'schen Buchhandlung.

18[illegible]3.

König Heinrich der Sechste.

Zweiter Theil.

Von

Abraham Voß.

Personen.

König Heinrich der sechste.
Humphrey, Herzog von Gloster, sein Oheim.
Kardinal Beaufort, Bischof von Winchester, Großoheim des Königs.
Richard Plantagenet, Herzog von York.
Edward und Richard, seine Söhne.
Herzog von Somerset, }
Herzog von Suffolk, }
Herzog von Buckingham, } von des Königs Partei.
Lord Clifford, }
Der junge Clifford, sein Sohn. }
Graf von Salisbury, } von Yorks Partei.
Graf von Warwick. }
Lord Scales, Commandant des Towers.
Lord Say. Sir John Stanley.
Sir Humphrey Stafford, und sein Bruder. Matthias Gough.
Ein Schifshauptmann, der Patron und sein Gehülfe, und Seifart Whitmore.
Ein Herold. Vaux.
Hume und Southwell, zwei Priester.
Bolingbroke, ein Geisterbanner.
Thomas Horner, ein Waffenschmied. Peter, sein Lehrbursch.
Der Küster von Chatham. Der Maier von Sankt Albans.
Simpcox, ein Betrieger. Zwei Mörder.
Hans Cade, ein Rebell.
George Bevis, John Holland, Richard der Mezger, Smith der Weber, Michael, u. A., seine Anhänger.
Alexander Iden, ein Kentischer Landedelmann.
Margareta, Gemalin König Heinrichs VI.
Leonore, Herzogin von Gloster.
Grete Jordan, eine Hexe.
Simpcox's Frau.
Hofleute, Supplikanten, Aldermänner, ein Büttel, ein Sheriff und Beamte, Bürger, Lehrbursche, Falkenjäger, Wachen, Soldaten, Boten, Gefolge.

Der Schauplaz ist in verschiedenen Gegenden Englands.

Erster Aufzug.

Erste Scene.

London; das Staatszimmer im Schloß.

Trompetenschall; dann Hoboen. Von der einen Seite kommen König Heinrich, Herzog von Gloster, Salisbury, Warwick, und Kardinal Beaufort; von der andern Seite Königin Margareta, geführt von Suffolk; York, Somerset, Buckingham und Gefolge.

Suffolk.

Wie mir von Eurer höchsten Majestät
Der Auftrag ward, da ich nach Frankreich ging,
Als Stellvertreter Eurer Herlichkeit
Zu ehlichen Prinzessin Margaret';
So, in der altberühmten Reichsstadt Tours,
Vor Frankreichs König und Siciliens,
Dem Herzog Orleans, Kalabrien,
Bretagn' und Alençon, auch sieben Jarls,
Zwölf Freiherrn, zwanzig Obergeistlichen,
Vollzog ich mein Geschäft, und ward vermählt.
Und nun in Demut, auf gebeugtem Knie,

In Angesicht Englands und seiner Pairs,
Liefr' ich mein Anrecht an die Königin
In eure Hand, der ihr das Wesen seid
Des großen Schattens, den ich vorgestellt; —
Das reichste Pfand, das je ein Markgraf bot,
Die schönste Braut, die je ein Fürst empfing.

K. Heinrich.

Suffolk, steh auf. — Willkommen, Königin.
Nichts thut so innig meine Lieb' euch kund,
Als dieser Kuß. — Gott, der mir Leben lieh,
Leih mir ein Herz auch, voll von Dankbarkeit!
Du gabst mir ja in diesem Engelbild'
Ein Paradies von ird'schem Seelenheil,
Wenn Gleichgefühl vereinigt unser Herz.

K. Margareta.

Erhabner König Englands, gnäd'ger Herr;
Mein Geist, der schon Annäherung gewagt
(Bei Tag; bei Nacht, im Wachen und im Traum,
In Hofgesellschaft, oder beim Gebet)
An euch, mein vielersehnter Oberherr,
Macht jezt mich kühn, zu grüßen meinen König
Mit schlichtem Ausdruck, wie mein Wiz vermag,
Und Uebermaß der Freud' ihn opfern kann.

K. Heinrich.

Ihr Reiz entzückte; doch ihr hold Gespräch,
Gekleidet in der Weisheit Majestät,
Mein Staunen kehrts in Freude, welche weint;
So überschwänglich ist mein Herz beglückt. —
Einstimmig, Lords, ruft ihr Willkommen zu.

Alle.

Lang' lebe Margareta, Englands Heil!
(Trompetenschall.)

K. Margareta.

Dank allen euch.

Suffolk.

Mylord Protektor, wenns geliebt Eur Hoheit,
Hier sind die Friedenspunkte des Vertrags,
Den unser Herr und Frankreichs König Karl
Auf achzehn Monat' eingegangen sind.

Gloster; liest.

Imprimis.
Beschlossen hat mit Frankreichs König Karl,
Sir William de la Poole, Markgraf von Suffolk,
Gesandter Heinrichs, Königes von England,
Daß Heinrich sich vermählen soll dem Fräulein
Margreta, Reigniers Tochter, Königs von
Napel, Sicilien und Jerusalem,
Und krönen sie als Englands Königin,
Bevor verrinnt der dreißigste des Mais.
Item,
Die Fürstenthümer von Anjou und Maine
Sein übermacht dem König ihrem Va — —
(Er läßt das Papier fallen.)

K. Heinrich.

Oheim, was ist?

Gloster.

Verzeiht mir, gnäd'ger Herr,
Ein plözlich Uebelsein fällt mir auf's Herz,
Und trübt mein Aug'; — ich kann nicht weiter lesen.

K. Heinrich.

Oheim von Winchester, ich bitt' euch, lest.

Kardinal.

Item,
Die Fürstenthümer von Anjou und Maine

Sein übermacht dem König ihrem Vater;
Und sie werd' hergesandt bloß auf des Königs
Von England Kosten, ohne Heiratsgut.

K. Heinrich.

Die Punkte stehn uns an. Lord Markgraf kniet;
Sei hier ernannt zum ersten Herzog Suffolk,
Und mit dem Schwert umgürtet. —
Vetter von York, hiemit entlassen wir
Euch der Regentschaft in dem Frankenreich,
Bis achzehn Monde ganz verstrichen sind. —
Dank, Oheim Winchester, Gloster, Buckingham,
Salisbury, Somerset, Warwick und York,
Euch allen Dank für die erwiesne Gunst
Bei dem Empfang der hohen Königin.
Kommt, laßt uns gehn; und sorgt in aller Eil,
Daß wohl gefeiert werd' ihr Krönungsfest.
(Es gehn der König, die Königin und Suffolk.)

Gloster.

Ihr Edlen Englands, Pfeiler ihr des Staats,
Vor euch gießt Herzog Humphrey aus sein Leid,
Eur Leid, des Landes allgemeines Leid.
Wie? gab mein Bruder Heinrich Jugend hin,
Und Tapferkeit, und Geld, und Volk zum Krieg?
Hielt er so oft Quartier in ofnem Feld',
In Winterfrost, und dürrem Sonnenbrand,
Im Kampf um Frankreich, sein rechtmäßig Erb'?
Mein Bruder Bedford, strengt' er seinen Geist,
Klug zu behaupten, was Heinrich gewann?
Empfingt ihr selbst, Buckingham, Somerset,
Held York und Salisbury, sieghafter Warwick,
Schwerthieb' im Frankenreich und Normandie?
Hat wol mein Oheim Beaufort, hab' ich selbst,
Mitsamt dem einsichtsvollen Rath des Reichs,

Geforscht so lang', ans Rathhaus fest gebannt;
Von früh bis spät, erwägend hin und her,
Wie Frankreich und Franzvolk man hielt in Scheu?
Empfing Sein' Hoheit als unmündig Kind,
Die Krone zu Paris, dem Feind zum Troz;
Und all die Arbeit, all die Ehre stirbt?
Heinrichs Erobrung, Bedfords Wachsamkeit,
Eur Kriegsruhm, und all unser Rath, das stirbt?
O Pairs von England, Schmach ist dieser Bund,
Unglück die Heirat! Sie löscht euren Ruhm,
Streicht eure Namen im Gedenkbuch aus,
Verwischt die Schriftzüg' eures Heldenlobs,
Stürzt um die Denkmal' unsres Frankensiegs
Tilgt alles, als wär' alles ungeschehn.

Kardinal.

Neffe, was soll der heft'gen Red' Erguß,
Dies Wortgepräng', mit der Umständlichkeit?
Frankreich ist unser, und wir haltens fest.

Gloster.

Ja, Ohm, man will festhalten, wenn man kann.
Doch nun ist's ein unmöglich Ding für uns.
Suffolk, der neue Herzog, der gebeut,
Hat weggeschenkt die Lehn' Anjou und Maine
Dem Bettelkönig Reignier, deß Prunktitel
Schlecht stimmt zu seiner Börs' Armseligkeit.

Salisbury.

Nun, bei dem Tod deß, der für alle starb,
Die Schlüssel waren das zur Normandie: —
Doch warum weint Warwick, mein tapfrer Sohn?

Warwick.

Aus Gram, daß sie dahin sind rettungslos.
Denn hofft' ich noch Eroberung, mein Schwert

Vergöße Blut, und nicht mein Auge Thränen.
Anjou und Maine! Ich selbst gewann sie beid',
Und zu Provinzen schuf sie dieser Arm;
Was? Städte, die mit Wunden ich erwarb,
Giebt man mit Friedensworten nun zurück?
Mort Dieu!

York.

Der Herzog Suffolk — ha! der Schuft im Volk,
Der unsres Heldeneilands Ehre trübt.
Frankreich hätt' eh mir ausgedreht das Herz,
Eh' mir wär' abgedrungen der Vergleich.
Englands Beherscher, sonst empfingen sie
Viel Gold und Heiratsgut mit ihren Fraun;
Und unser Heinrich giebt sein Gut hinweg
Für eine Gattin, die nicht Vortheil bringt.

Gloster.

Ein art'ger Spaß, und unerhört bisher,
Daß Suffolk fodern darf ein Funfzehntheil
Bloß für die Kosten ihrer Ueberfahrt!
Sie mocht' in Frankreich bleiben und verhungern,
Bevor —

Kardinal.

Lord Gloster, allzu hizig werdet ihr!
Es war der Wille seiner Majestät.

Gloster.

Lord Winchester, wohl faß' ich euren Sinn;
Nicht meine Red' ists, die euch misbehagt,
Nur meine Gegenwart ist lästig euch.
Groll will heraus. Hochmüt'ger Pfaf, dein Blick
Zeigt deinen Ingrimm; bleib' ich hier, aufs Neu
Beginnen unsre alten Raufereien.

Lebt wohl, ihr Lords, und sagt, gleich wann ich ging,
Ich profezeit' es — hin ist Frankreich bald.

(Er geht.)

Kardinal.

Da geht der Herr Protektor fort in Grimm.
Euch blieb nicht unbekannt, er ist mein Feind,
Noch mehr, ein Feind euch allen insgesamt,
Und nicht sehr Freund, fürcht' ich, dem König auch.
Denkt, Lords, er ist sein nächster Blutsgenoß,
Und erbt vermutlich Englands Kron' einmal.
Wenn Heinrichs Eh' einbrächt' ein Kaiserthum,
Und alles Gold der Königreich' im West,
Grund fänd' er doch, drob misvergnügt zu sein.
Lords, hütet euch, daß nicht sein glatt Geschwäz
Bethör' eur Herz; seid weis', und seht euch um.
Ist ihm schon günstig das gemeine Volk,
Nennt „Humphrey" ihn, den „guten Herzog Gloster",
Klatscht in die Händ', und ruft aus lauter Brust:
„Jesus beschirm' eur königliches Haupt",
Nebst; „Gott erhalt' den guten Herzog Humphrey!",
Doch fürcht' ich, Lords, bei all dem Schmeichelglanz,
Er wird uns ein gefährlicher Protektor.

Buckingham.

Wie ist er denn Protektor unserm Herrn,
Der alt genug ist, anzuordnen selbst?
Vetter von Somerset, schließt euch mit mir,
Und allesamt dem Herzog Suffolk an;
Schnell heben wir Lord Humphrey aus dem Siz.

Kardinal.

Dies große Werk gestattet nicht Verzug;
Ich will zum Herzog Suffolk ungesäumt.

(Er geht.)

Somerset.

Vetter von Buckingham, ob Humphreys Stolz
Und hohes Amt uns schon zu sorgen giebt,
Doch sei bewacht der troz'ge Kardinal.
Sein Uebermut ist unerträglicher,
Als aller Prinzen in dem Lande sonst.
Wenn Gloster wird entsezt, er wird Protektor.

Buckingham.

Du oder ich, Freund, einer wird Protektor,
Troz Herzog Humphrey und dem Kardinal.
(Buckingham und Somerset gehn.)

Salisbury.

Stolz ging voran, Ehrgeiz folgt hinterdrein.
Weil diese ringen für Selbstförderung,
Ziemt uns zu ringen für das Königreich.
Nie sah ich noch, daß Humphrey Herzog Gloster
Sich nicht betrug als ächter Edelmann.
Oft sah ich, daß der troz'ge Kardinal,
Mehr wie ein Kriegsmann, als ein Geistlicher,
So kühn und stolz, als wär' er Herr von Allem,
Flüch' ausstieß wie ein Raufer, und sich nahm
Ungleich dem Lenker des gemeinen Wohls. —
Warwick, mein Sohn, Trost meines Alters du!
Dein Ruhm, dein Biederherz, dein Wirtschaftssinn,
Gewannen dir die höchste Gunst im Volk,
Das vorzieht bloß den guten Herzog Humphrey. —
Und, Bruder York, dein Ruhm in Irland, wo
Du hergestellt Eintracht und Bürgerruh;
Die lezten Feldzüg' auch in Frankreichs Herz,
Als du Regent warst unserm Oberherrn,
Erwarben Furcht und Ansehn dir beim Volk. —
Stehn wir zusammen für des Staates Wohl,
Mit Macht zu zügeln und zu bändigen

Den Hochmut Suffolks und des Kardinals;
Auch Somersets Ehrsucht und Buckinghams;
Und fördern emsig Herzog Humphreys Thun,
So lang' es abzielt auf das Wohl des Volks.

Warwick.

Gott schüze Warwick, wie der liebt sein Volk,
Und seines Landes allgemeines Wohl.

York, beiseit.

Das sagt auch York; denn ihn am meisten drängt's.

Salisbury.

Dann frisch gesät, daß wir, wann's reif ist, mähn!

Warwick.

Wann's reif ist, mähn? O Vater, Maine ist hin,
Dies Maine, das Warwick nahm mit Mann und Roß,
Der Frankreichs Roß gern hielt an dieser Mähne.
Ans Mähen denkt ihr, Vater, ich an Maine;
Zurück nehm' ichs; sonst soll der Tod mich mähn.
(Warwick und Salisbury gehn.)

York.

Anjou und Maine gab man den Franken Preis;
Paris ist fort; der Stand der Normandie
Steht auf gar schwachem Fuß, da sie sind hin.
Suffolk schloß die Artikel des Vergleichs,
Den Pairs gefiel das, und Heinz tauschte gern
Zwei Herzogthümer für ein Herzogfräulein.
Nicht tadl' ich sie darum; was trift es sie?
Deins geben sie hinweg, nicht eignes Gut.
Seeräuber schlagen wohlfeil los den Raub,
Und kaufen Freund', und streun an Dirnen aus,
Und schwelgen hoch, bis alles ist verthan;
Derweil des Gutes Eigner, schwer gekränkt,
Darüber weint, trostlos die Hände ringt,

Und senkt sein Haupt, und zitternd schaut von fern,
Weil alles wird vertheilt und fortgeschleppt,
Und, fast verhungernd, nicht anrührt sein Gut.
So sizt nun York, und knirscht und beißt die Zunge,
Weil man sein Land verhandelt und verkauft.
Mich dünkt, England, Frankreich und Irland sind
Von solcher Wirkung auf mein Fleisch und Blut,
Wie einst Althea's unheilschwangrer Brand
Aufs Herz des Fürstensohns von Kalydon.
Anjou und Maine, an Frankreich weggeschenkt!
Herzkränkung mir! Auf Frankreich stand mein Sinn,
So wie er steht auf Englands Segensflur.
Es kommt ein Tag, da York anspricht, was sein;
Und darum tret' ich zu den Nevils nun,
Und stelle mich gar hold dem stolzen Humphrey.
Doch, reift die Zeit, die Krone sprech' ich an.
Das ist der goldne Punkt, da ziel' ich hin!
Nicht soll mir Lancaster entziehn mein Recht!
Weg ihm das Zepter aus der Kindeshand!
Weg ihm das Diadem, vom Haupte weg,
Deß Pfaffenlaune nicht zur Krone paßt.
Drum, York, sei ruhig, bis die Zeit bequem.
Du lausche wachsam, wann rings alles schläft,
Und späh' in die Geheimnisse des Staats;
Bis Heinrich, übersatt von Liebsgenuß,
Mit Englands theurerkaufter Königsbraut,
Und Humphrey mit den Pairs sich überwirft.
Dann will ich die milchweiße Ros' erhöhn,
Die durch die Luft süß athme Wohlgeruch;
Dann trag' ich im Panier das Wappen Yorks,
Und ringe mit dem Hause Lancaster.
Er soll mir schlechterdings herab vom Thron,
Deß Buchgewalt warf Englands Ruhm in Hohn.

(Er geht ab.)

Zweite Scene.

Ebendaselbst. Ein Zimmer im Hause des Herzogs von Gloster.

Gloster und die Herzogin von Gloster.

Herzogin.

Was so gebeugt, Herr, wie schwerreifes Korn,
Das Haupt gesenkt von Ceres Segenslast?
Was macht dem großen Humphrey kraus die Stirn,
Als schaut' er düster auf die Gunst der Welt?
Was haftet so dein Aug' am trüben Grund,
Anstarrend, was zu dunkeln scheint den Blick?
Was siehst du dort? Des Königs Diadem,
Gefaßt in allen Ehrenglanz der Welt?
Wenn das, nun starr', und kriech' auf dem Gesicht,
Bis dir das Haupt umzirkelt ist davon.
Streck' aus den Arm nach dem glorreichen Gold? —
Ist er zu kurz? verlängern soll ihn meiner.
Und wann nun beide wir's heraufgerückt,
Dann heben beide wir das Haupt zum Himmel;
Und niemals senkt sich unser Aug' hinfort,
Zu würdigen nur Eines Blicks den Grund.

Gloster.

O Herzens-Len', ist lieb dir dein Gemahl,
Fort, Eiterfraß ehrgeiziger Gedanken!
Mag der Gedanke, der mir übel denkt
Auf meinen Herrn, den Biederneffen Heinz,
Der lezte Hauch sein meines Lebens hier!
Mein banger Traum heut Nacht trübt mir den Geist.

Herzogin.

Was träumt' euch, Herr? Sagt mirs, und nehmt zum Lohn
Die süße Meldung meines Morgentraums.

Gloster.

Mir schien's, den Stab da, meines Hofamts Pfand,
Zerbrach man mir; wer's that? ich weiß nicht mehr;
Doch, wo mir recht ist, war's der Kardinal;
Und auf den zwei Bruchstücken schien gesteckt
Hier Edmunds Haupt, Herzogs von Somerset,
Dort Williams de la Poole, Herzogs von Suffolk.
So träumt' ich: was der Traum anzeigt, Gott weiß.

Herzogin.

Ha, dieses war nichts anders, als ein Wink,
Daß, wer in Glosters Walde bricht ein Reis,
Mit seinem Haupt die Frechheit büßen soll.
Doch horcht auf mich, mein Humphrey, theurer Lord.
Mir schien's, ich saß auf majestät'schem Siz,
Im Dome von Westminster, auf dem Stuhl,
Wo wird gekrönt König und Königin.
Heinrich und Margareta knieten mir,
Und sezten auf mein Haupt das Diadem.

Gloster.

Dann, Leonor', ausschelten muß ich dich
Hochmüt'ge Frau, zuchtlose Leonor'!
Bist du nicht zweite Frau im Königreich,
Und des Protektors Frau, geliebt von ihm?
Steht nicht die Lust der Welt dir zu Gebot,
Mehr als erreicht und fassen kann dein Wunsch?
Und willst du stets fortschmieden Hochverrath,
Zu stürzen deinen Ehmann und dich selbst
Vom Haupt der Ehre zu der Schande Fuß?
Mir weg, sogleich, nichts hören will ich mehr!

Herzogin.

Wie, wie, mein Lord, seid ihr so ärgerlich,
Bloß weil Lenor' euch ihren Traum erzählt?
Hinführo will ich träumen für mich selbst,
Und ungeschmält sein.

Gloster.

Nun, sei nicht bös; ich bin schon wieder gut.

(Ein Bote kommt.)

Bote.

Mylord Protektor, Seine Hoheit wünscht,
Daß ihr zur Fahrt euch rüstet nach Sankt Albans;
Woselbst das hohe Paar hält Falkenjagd.

Gloster.

Sogleich. — Komm, Lehnchen, fährst doch auch mit uns?

Herzogin.

Ja, mein Gemahl, ich folg' euch ungesäumt.

(Gloster und der Bote gehn.)

Ja, folgen muß ich, kann nicht gehn voran,
Da Gloster noch so klein und niedrig denkt.
Wär' ich ein Mann, Herzog, zunächst' an Blut,
Weg räumt' ich diese Strauchelblöck', und machte
Mir ebne Bahn auf Rümpfen ohne Kopf!
Und selbst als Weib, nicht säumig will ich sein,
Zu spielen meine Roll' im Spiel des Glücks. —
Nun, seid ihr da, Sir John? Nicht bange, Freund,
Wir sind allein; niemand als du und ich.

Hume, hervortretend.

Gott schüz' eur königliche Majestät!

Herzogin.

Was, Majestät? Nein, Gnaden bin ich nur.

Hume.

Durch Gottes Gnad' indeß, und Hume's Betrieb,
Wird bald eur Gnaden Titel stark vermehrt.

Herzogin.

Was sagst du, Freund? Hast du schon überlegt
Mit Margaret Jordan, der schlauen Hex',
Und Roger Bolingbroke, dem Zauberer?
Und wollen sie mir gerne thun den Dienst?

Hume.

Gern wollen sie eur Hoheit einen Geist
Aufbannen aus der Erde tiefstem Schooß,
Der gut auf jede Frag' antworten wird,
Was auch eur Hoheit ihm vorlegen mag.

Herzogin.

Es ist genug; auf Fragen will ich denken.
Wann von Sankt Albans wir zurückgekehrt,
Werd' alles aufs vollständigste besorgt.
Hier, Hume; zum Dank dies; nun, sei lustig, Freund,
Samt den Genossen an dem großen Werk.
(Sie geht.)

Hume.

Hume, nun sei lustig mit der Dame Gold! —
Poz Welt! ich will's. Wie weiter, Sir John Hume?
Fest euren Mund! und keinen Laut als — Mum;
Die Sache fodert Still' und Heimlichkeit.
Gold giebt die Dam', ein Herlein schaff' ich ihr;
Gold kommt nicht unrecht, wär' auch Teufel sie.
Doch hab' ich Gold, das fliegt noch sonst wo her:
Nicht heißen darf's — vom reichen Kardinal,
Und von dem unerhöhten Herzog Suffolk;
Und doch ist's so; denn grad' heraus, die zwei,
Bekannt mit Leonor's herschsücht'gem Geist,

Erkauften mich, zu untergraben sie,
Und in ihr Hirn zu blasen diesen Spuk.
Man sagt, ein schlauer Schelm braucht keinen Mäkler,
Doch bin ich Suffolks und des Pfaffen Mäkler.
Hume, nehmt euch ja in Acht, nah seid ihr dran,
Zu nennen beid' ein schlaues Schelmenpaar.
So steht es denn; am Ende, fürcht' ich, wird
Hume's Schelmerei der Herzogin Garaus;
Und ihr Hochstreben wird dann Humphreys Fall.
Gehs, wie es will, Gold zieh' ich überall.

(Er geht ab.)

Dritte Scene.

Ebendaselbst. Ein Zimmer im Schloß.

Peter und Andere mit Bittschriften.

Erster.

Ihr Herrn, rückt vor; Mylord Protektor wird
Hier gleich vorbeigehn, und dann können wir
Ihm überreichen die Bittschriften da.

Zweiter.

Fürwahr, der Herr beschüz' ihn, denn er ist
Ein guter Mann. Gott segn' ihn!

(Es kommen Suffolk und Königin Margareta.)

Erster.

Da kommt er, glaub' ich, und die Kön'gin auch.
Ich will zuerst hin.

Zweiter.

Narr, zurück; das ist
Der Herzog Suffolk, nicht Mylord Protektor.

Suffolk.

Was giebts, mein Freund? willst du etwas von mir?

Erster.

Ich bitte, Mylord, wollt verzeihn; ich nahm
Euch für Mylord Protektor.

K. Margareta liest.

„An Mylord
„Protektor". — Was? sind die Bittschriften an
Mylord? Laßt mich sie sehn. Was ist die deine?

Erster.

Mein' ist, vergönnt mir, wider Johann Gutmann,
Des Kardinals Knecht, der mir vorenthält
Haus, Land und Weib und alles.

Suffolk.

Auch dein Weib?
Traun, das ist unrecht. — Was habt ihr? — Sieh da.
(Er liest.)
„Wider den Herzog Suffolk, um Einhegung
„Der Weidepläz' in Melford." — Was, Herr Schurk?

Zweiter.

Ach Gott, Herr, nur ein arm Gesuch bring' ich
Von unserm Stadtvolk.

(Peter überreicht eine Bittschrift.)

Wider meinen Herrn,
Toms Horner, weil er sagt, daß Herzog York
Rechtmäß'ger Erbe sei von Englands Krone.

K. Margareta.

Was sagst du? Hat der Herzog York gesagt,
Er sei rechtmäß'ger Kronerb' Englands?

Peter.

Wie?
Mein Herr sei's? Nein, fürwahr, mein Herr; der sagt,
Er sei es, und der König schob sich ein.

Suffolk.

Heda!

(Diener kommen.)

Packt diesen Kerl, und gehe stracks
Ein Häscher mit zu seinem Herrn. — Wir wollen
Von eurem Ding mehr hören vor dem König.

(Die Diener gehn ab mit Peter.)

K. Margareta.

Was euch belangt, die ihr Protektion
Sucht unterm Gnadenflügel des Protektors,
Schreibt die Gesuche neu, und sucht bei ihm!

(Sie zerreißt die Bittschriften.)

Fort, ihr Holunken! — Suffolk, heißt sie gehn.

Alle.

Kommt, laßt uns gehn.

(Sie gehn.)

K. Margareta.

Mylord von Suffolk, sagt, ist das die Art,
Ist das die Sitte so an Englands Hof?
Ist das die Ordnung in Britannien,
Und das die Macht, die Albions König übt?
Was? König Heinrich bleibt ein Mündel stets
Unter des finstern Glosters Vormundschaft?
Und Ich, nach Rang und Titel Königin,
Muß werden einem Herzog unterthan?

Dir sag' ich, Poole, als im Turnier zu Tours
Du kämpfend feirtest meiner Liebe Fest,
Und Frankreichs Damen weg die Herzen stahlst;
Da glaubt' ich, König Heinrich gliche dir
An Mut, an Artigkeit und Leibeswuchs.
Doch all sein Trachten ist nur Heiligthun;
Er zählt Ave-Marie's am Rosenkranz;
Ihm Ritter sind — Profeten und Apostel,
Ihm Waffen heil'ge Sprüch' aus Gottes Wort;
Sein Zimmer ist ihm Rennbahn, seine Liebsten
Sind ehrne Bilder von Geheiligten.
Recht wir's, das Kardinalkollegium
Wählt' ihn zum Pabst, und holt' ihn ab nach Rom,
Und sezt' ihm die dreifache Kron' aufs Haupt.
Das wär' ein Stand für sein andächtig Herz.

Suffolk.

Fürstin, seid ruhig. Wie eur' Hoheit ich
Geschaft nach England, also schaff' ich euch
In England völlige Zufriedenheit.

K. Margareta.

Zunächst dem stolzen Gloster steht uns Beaufort,
Der Herscher-Pfaf, Buckingham, Somerset,
Der Murrkopf York; und der geringste dieser
Kann mehr in England, als der König selbst.

Suffolk.

Und wer von allen da das meiste kann,
Der kann nicht mehr in England als die Nevils.
Salisbury und Warwick sind nicht bloße Pairs.

K. Margareta.

Nicht all die Lords sind mir halb so zur Last,
Als jene Herrin, des Protektors Weib.
Sie fegt euch durch den Hof mit Schaaren Fraun,

Als Kaiserin, nicht als Lord Humphreys Weib.
Der Fremd' am Hof wähnt, sie sei Königin.
Sie trägt ein Herzogthum an ihrem Leib,
Und höhnt im Herzen unsrer Dürftigkeit.
Erleb' ichs nicht, daß mir wird Rach' an ihr?
Schandbar, gemeines Mezlein, wie sie ist,
Hat sie geprahlt bei ihren Schäzchen jüngst,
Die Schlepp' an ihrem schlechtsten Rocke sei
Mehr werth als meines Vaters Land, eh Suffolk
Zwei Herzogthümer für die Tochter gab.

Suffolk.

Fürstin, ich selbst legt' eine Leimrut' ihr,
Und stellt' ein Chor Lockvögel, so voll Reiz,
Daß sie sich senkt, zu horchen dem Gesang,
Und nie mehr steigend euch Unruhe macht.
Drum laßt sie ruhn, und hört mich, gnäd'ge Frau;
Denn dreist bin ich zu rathen euch hierin:
Obwohl uns nicht behagt der Kardinal,
Doch halten wirs mit ihm und mit den Lords,
Bis Herzog Humphrey wir zum Fall gebracht.
Was Herzog York belangt, — die neue Klag'
Ist seinem Glück wol nicht sehr förderlich.
So jäten wir sie nach einander aus,
Und ihr, ihr selber, steurt am Segensheft.

(König Heinrich, York und Somerset im Gespräch mit ihm, Herzog und Herzogin von Gloster, Kardinal Beaufort, Buckingham, Salisbury und Warwick.)

K. Heinrich.

Für mein Theil, edle Lords, gleichviel wer's wird,
Ob Somerset, ob York. Mir ist's all eins.

York.

Wenn York in Frankreich übel sich betrug,
Nicht sei ihm die Regentschaft anvertraut.

Somerset.

Wenn Somerset des Amts unwürdig ist,
Mag York Regent sein, gerne tret' ich ab.

Warwick.

Ob würdig sei eur Gnaden, oder nicht,
Bleib' außer Streit; York ist der würdigste.

Kardinal.

Ehrsücht'ger Warwick, schweig, wenn Obre reden.

Warwick.

Der Kard'nal ist nicht Obrer mir im Feld.

Buckingham.

All', all umher sind Obre, Warwick, dir.

Warwick.

Von Allen wird leicht Warwick-Oberster.

Salisbury.

Still, Sohn; — und zeig' uns Gründe, Buckingham,
Warum hier Somerset sei vorzuziehn.

K. Margareta.

Nun, weil der König es so haben will.

Gloster.

Fürstin, der König ist selbst alt genug
Sich zu erklären. — Dies ist kein Fraungeschäft.

K. Margareta.

Wohl, ist er alt genug, was braucht eur Gnaden
Zu sein Protektor seiner Herlichkeit?

Gloster.

Fürstin, ich bin des Reichs Protektor ihm;
Wann er's verlangt, entsag' ich meinem Plaz.

Suffolk.

Entsag' ihm denn, und deinem Uebermut.
Seit du warst König (denn wer ist's, als du?)
Sank das Gemeinwohl täglich mehr in Schutt.
Der Dauphin hat die Macht jenseit des Meers,
Und alle Pairs und Edlinge des Reichs
Sind wie Leibeigne deines Herschertums.

Kardinal.

Das Volk hast du gezwackt; der Klerisei
Hast du die Beutel schlank gepreßt und leer.

Somerset.

Dein prachtvoll Baun, und deines Weibes Prunk
Hat aufgeräumt im öffentlichen Schaz.

Buckingham.

Die Grausamkeit, womit du Schuldige
Hast abgestraft, ging über das Gesez,
Und giebt dich preis der Willkühr des Gesezes.

K. Margareta.

Wie Aemter du verkauft, und Städte Frankreichs, —
Wär' es bekannt, nicht sehr verdächtig nur,
Gar bald wol sprängst du ohne Kopf herum.
(Gloster geht. Die Königin läßt ihren Fächer fallen.)
Den Fächer her! Ei, Püppchen, könnt ihr nicht?
(Sie giebt der Herzogin eine Ohrfeige.)
O, um Verzeihung, gnäd'ge Frau; wart ihrs?

Herzogin.

War ichs? ja Ich wars, stolze Franzmännin.
Käm' ich an eur schön Antliz mit den Nägeln,
Ich schrieb' euch meine zehn Gebot' hinein.

K. Heinrich.

Still, liebste Muhm'; sie hat's nicht gern gethan.

Herzogin.

Nicht gern? O König, gieb wohl Acht beizeit;
Sie drillt und läßt dich hopsen, wie ein Kind.
Wenn hier, wer meist Herr ist, nicht Hosen trägt,
Doch schlug die nicht Frau Lenor' umsonst.

(Sie geht.)

Buckingham.

Lord Kardinal, ich folge Leonoren,
Und lausch' auf Humphrey, wie er geht zu Werk.
Sie ist gereizt, ihr Mut braucht keinen Sporn;
Schon wild genug gallopt sie zum Verderb.

(Er geht.)

Gloster, zurückkommend.

Nun, Lords, da meine Galle sich gekühlt,
Durch einen Gang um dieses Viereck her,
Komm' ich zu reden über Staatsgeschäft.
Was ihr so falsch als höhnisch habt gerügt,
Beweist es, und ich stehe dem Gesez.
Doch Gott soll meiner Seele gnädig sein,
Wie mir mein König lieb ist und mein Land!
Jedoch zur Sache, die jezt vor uns liegt. —
Ich sag', o Fürst, York ist der tauglichste
Für euch Regent zu sein im Frankenreich.

Suffolk.

Bevor zur Wahl wir gehn, sei mir vergönnt,
Mit Gründen, die nicht schwach sind, darzuthun,
York sei vor allen der untauglichste.

York.

Suffolk, vernim, was mich untauglich macht.
Erst, weil ich nicht kann schmeicheln deinem Stolz;
Dann, falls ich für die Stell' auch werd' ernannt,
Doch hält Mylord von Somerset mich hier,
Ohn' Abschluß, ohne Geld und Ausrüstung,

Bis weg ist Frankreich in des Dauphins Hand.
Jüngst tanzt' ich folgsam seinem Pfif, bis man,
Paris berannt, aushungert' und gewann.

Warwick.

Dem geb' ich Zeugnis, und mit schnöd'rer That
Hat nie ein Landsverräther sich befleckt.

Suffolk.

Schweig, Tollkopf Warwick?

Warwick.

Du Bild des Stolzes, schweigen ich? Warum?
(Bediente Suffolks führen Horner und Peter vor.)

Suffolk.

Weil hier ein Mann ist des Verraths beklagt.
O möchte Herzog York sich reinigen!

York.

Klagt irgend wer York als Verräther an?

K. Heinrich.

Was meinst du, Suffolk? Sag mir, wer sind die?

Suffolk.

Beliebts eur Majestät, das ist der Mann,
Der seinen Herrn anklagt um Hochverrath.
Sein Wort war dies: daß Richard, Herzog York
Rechtmäß'ger Erbe sei von Englands Kron',
Und eure Hoheit, sagt' er, schob sich ein.

K. Heinrich.

Sprich, Mann, war das dein Wort?

Horner.

Beliebts eur Majestät, niemals sagt ich,

Noch dacht' ich so was. Gott sei Zeuge mir,
Falsch hat mich angeklagt der Schurke der!

Peter.

Bei den zehn Knöcheln, Mylords, er sprach so
(Er hält seine Hände auf.)
Zu mir einst in der Dachstub' Abends, als
Wir dem Mylord von York die Rüstung puzten.

York.

Du niedrig Kothgeschöpf, Handfröhner nur,
Mir büßt dein Kopf für dein Verrätherwort.
Ich bitt' eur königliche Majestät,
Nach aller Strenge fühl' er das Gesez.

Horner.

Ach, Mylord, hängt mich, wenn ich jemals sprach
Solch Wort. Mein Kläger ist mein Lehrbursch, Herr.
Als ich ihn züchtigte für ein Vergehn
Erst neulich, da gelobt' er auf den Knien,
Vergelten woll' ers mir. —
Gut Zeugnis kann ich stellen; daher bitt' ich
Eur Hoheit, nicht den Ehrlichen verwerft
Auf Anklag' eines Schurken.

K. Heinrich.

Oheim, was sagen wir dazu nach Recht?

Gloster.

Dies Urtheil, Herr, wenn ich frei reden darf.
Laßt Somerset Regent in Frankreich sein,
Weil wider York dies doch Verdacht erregt.
Und denen da sei anberahmt ein Tag,
Zu kämpfen Zweikampf am bestimmten Plaz.
Denn er hat Zeugen für des Lehrlings Bosheit.
Dies ist das Recht, dies Herzog Humphreys Spruch.

K. Heinrich.

Dann sei es so. Mylord von Somerset,
Ihr seid ernannt mir Frankreichs Lord Regent.

Somerset.

In Demut dank' ich eurer Majestät.

Horner.

Und ich bin zu dem Zweikampf gern bereit.

Peter.

Ach, Herr, ich kann nicht fechten; o um Gott!
Erbarmt euch mein! Der Groll des Manns dringt durch,
Entgegen mir. O Gott, erbarm' dich mein!
Ich kann nicht fechten, auch nicht Einen Stoß.
Ach Gott, mein Herz!

Gloster.

Bursch, du mußt fechten, oder wirst gehängt.

K. Heinrich.

Fort schaft sie ins Gefängnis; und der Tag
Des Zweikampfs sei der lezt' im nächsten Mond. —
Komm, Somerset, die Vollmacht zu empfahn.
(Sie gehn ab.)

Vierte Scene.

Ebendaselbst. Gartenhaus des Herzogs von Gloster.

Margareta, Jordan, Hume, Southwell, und Bolingbroke.

Hume.

Kommt, Leute; die Herzogin, sag' ich euch, erwartet die Erfüllung eures Versprechens.

Bolingbroke.

Herr Hume, wir sind darauf gerüstet. Will Ihro Gnaden ansehn und hören unsre Beschwörungen?

Hume.

Ja, was sonst? sorgt nicht wegen ihres Muts.

Bolingbroke.

Ich habe mir sagen lassen, sie ist eine Frau von unerschütterlicher Herzhaftigkeit. Aber es wird dienlich sein, Herr Hume, ihr seid bei ihr oben, und wir indeß beschäftigen uns unten; und so bitt' ich euch, geht in Gottes Namen, und laßt uns allein. — (Hume geht.) Mutter Jordan streckt euch vorwärts hin, und krabbelt an der Erde. — John Southwell, lest ihr; und somit an unser Werk.

(Die Herzogin erscheint oben.)

Herzogin.

Das macht ihr gut, Leute, seid alle willkommen. Frisch dran, je eher, je besser.

Bolingbroke.

Geduld, Frau! Zaubrer kennen Stund' und Zeit. —
Tiefdunkle Nacht, todstilles Graun der Nacht,
Die Zeit der Nacht, als Troja's Flammen stieg.
Die Zeit, wann Uhu ruft, und Hofhund heult,
Wann Geister ziehn, und umgeht Gräberspuck:
Das ist die Zeit, die paßt für unser Werk.
Frau, sezt euch, zagt nicht: Wer gerufen steigt,
Wird fest gebannt in unserm Zauberkreis.

(Sie verrichten ihre Ceremonien, und machen den Kreis. Southwell liest: Conjuro te ꝛc. Es donnert und blizt fürchterlich; dann steigt der Geist auf.)

Geist.

Adsum.

Mutter Jordan.

Asmath,
Beim ew'gen Gott, deß Namen und Gewalt
Du schaudernd fühlst, antwort' auf meine Fragen;
Denn, bis du sprichst, sollst du nicht fort von hier.

Geist.

Frag', was du willst. — O hätt' ich's abgethan!

Bolingbroke liest von einem Zettel.

Zuerst vom König. Was geschieht mit dem?

Geist.

Schau, wie der Herzog lebt, den Heinrich stürzt,
Ihn überlebt, und stirbt gewaltsamlich.

(Wie der Geist redet, schreibt Bolingbroke die Antwort auf.)

Bolingbroke.

Welch Schicksal harrt des Herzogs Suffolk?

Geist.

Seefahrt bringt Tod ihm.

Bolingbroke.

Welch Schicksal trift den Herzog Somerset?

Geist.

Er meide Burgen.
Behaltner wird er auf Sandebnen sein,
Als dort, wo Burgen stehn gethürmt. —
Mach' Ende stracks: denn mehr ertrag' ich kaum.

Bolingbroke.

Steig' ab in Graunnacht, und zum Feuerpfuhl.
Erzfeind, hinweg!

(Es donnert und blizt. Der Geist versinkt).

(York und Buckingham mit Begleitern stürzen herein.)

York.

Legt Hand an die Verräther, und den Jux.
Altfrau, ich mein', euch faßten wir aufs Haar! —
Was, gnäd'ge Frau, seid ihr da? Fürst und Land
Sind höchst verpflichtet euch für solche Müh.
Mylord Protektor wird, nicht zweifl' ich dran,
Euch wohl belohnen für solch gut Verdienst.

Herzogin.

Nicht halb so schlimm, wie deins um Englands Herrn,
Schmähsücht'ger Herzog, der ohn' Ursach droht.

Buckingham.

Recht, gnäd'ge Frau, ohn' Ursach. Kennt ihr dies?

(Er zeigt ihr das Protokoll.)

Fort mit dem Volk! Sperrt sie in enge Haft,
Und wohl gesondert. — Ihr, gnäd'ge Frau, mit uns. —
Stafford, nehmt sie zu euch. —

(Die Herzogin entfernt sich von oben.

All' euer Kram soll nun an Tageslicht. —
Hinweg!

(Die Wache geht ab mit Southwell, Bolingbroke und den Andern.)

York.

Lord Buckingham, das hieß gut aufgepaßt!
Ein feiner Plan, recht hübsch um drauf zu baun!
Nun, lieber Lord, laßt sehn die Teufelsschrift.
Wie lautet sie? (Er liest.)
„Schau, wie der Herzog lebt, den Heinrich stürzt,
„Ihn überlebt, und stirbt gewaltsamlich."
Nun das ist ganz:
Ajo te, Aeacida, Romanos vincere posse.
Gut, weiter nun:
„Sag' mir, welch Schicksal laurt auf Herzog Suffolk?
„Seefart bringt Tod ihm. –
„Welch Schicksal trift den Herzog Somerset?
„Er meide Burgen.
„Weit sichrer ist er auf Sandebenen,
„Als dort, wo Burgen stehn gethürmt."
Kommt, kommt, ihr Herrn.
Derlei Orakel werden schwer erlangt,
Und schwer verstanden auch.
Der König geht so eben nach Sankt Albans,
Mit ihm der Ehmann dieser holden Frau.
Dorthin soll dies, so schnell ein Pferd es trägt,
Ein traurig Frühstück für Mylord Protektor.

Buckingham.

Mylord von York, gebt mir Erlaub, daß ich
Eilbote sey, in Hofnung gutes Lohns.

York.

Wie's euch beliebt, mein werther Lord. —
Ist jemand da? he! —
(Ein Diener kommt.)
Lad' ein die Lords von Salisbury und Warwick,
Mit mir zu speisen morgen Nacht. — Nun kommt.
(Sie gehn ab.)

Zweiter Aufzug.

Erste Scene.

Sankt Albans.

König Heinrich, Königin Margareta, Gloster, der Kardinal und Suffolk, mit Falkenjägern, die ein Jagdgeschrei machen.

K. Margareta.

Glaubt, Mylords, keine Flugjagd im Gesümpf,
Von besserm Fang, sah ich seit Jahr und Tag.
Doch mit Erlaub, der Wind war ziemlich stark;
Zehn gegen Eins war's, ob Hans stiege nur.

K. Heinrich.

Doch welchen Saz, Mylord, eur Falke nahm!
Zu welcher Höh' er über alle flog!
Wie Gott in seinen Kreaturen wirkt!
Ja, Mensch und Vogel schwingt sich gerne hoch.

Suffolk.

Kein Wunder, mit eur Majestät Erlaub,
Daß des Protektors Falk so treflich steigt.
Er weiß, sein Herr liebt obenan zu sein,
Und trägt den Sinn weit über Falkenflug.

Gloster.

Mylord, unedel denkt und niedrig, wer
Nicht höher aufstrebt, als ein Vogel steigt.

Kardinal.

Das dacht' ich; über Wolken möcht' er gern.

Gloster.

Ja, Mylord Kardinal, wie dünkt euch das?
Wär' es nicht gut, ihr flögt bis in den Himmel?

K. Heinrich.

Den reichen Hort der ew'gen Herlichkeit!

Kardinal.

Dein Himmel ist auf Erden; Aug' und Sinn
Stehn auf die Krone, deines Herzens Hort.
Verderblicher Protektor, arger Pair,
Der so mit Gleiße König teuscht und Volk.

Gloster.

Was? ist eur Priesterthum so unverzagt?
Tantaene animis coelestibus irae?
Ein Pfaf so jach? Mein Oheim, bergt den Groll!
Was hat mit solcher Frommheit der zu thun?

Suffolk.

Kein Groll da, Sir; nur so viel, als verlangt
Solch guter Streit, und solch grundschlechter Pair.

Gloster.

Als wer, Mylord?

Suffolk.

Nun, als ihr selbst, Mylord,
Mit Gunsten eurer Lord-Protektorschaft.

Gloster.

O Suffolk, England kennt schon deinen Troz.

K. Margareta.

Und deinen Ehrgeiz, Gloster.

K. Heinrich.

Still, lieb Weib,
Und reize nicht die zu zu heft'gen Pairs;
Denn selig die Friedfertigen auf Erden.

Kardinal.

Mir Seligkeit, wenn Fried' ich fertige
Mit meinem Schwert hier, wider den Protektor!

Gloster, leise zum Kardinal.

Traun, frommer Ohm, ich wolt', es käm' dahin!

Kardinal, leise.

Mein'twegen, wenn du's wagst.

Gloster, leise.

Nicht Rotten aufgewiegelt für die Sache;
Dein eigner Leib rechtfert'ge dein Vergehn.

Kardinal, leise.

Ha, dort, wo du nicht hin dich wagst; jedoch,
Wagst du, heut Abend sei's, ostwärts dem Wald.

K. Heinrich.

Wie nun, Mylords?

Kardinal.

Glaubt mir, mein Vetter Gloster,
Verhüllt' eur Knecht den Falken nicht so schnell,
Es gab mehr Jagd. — (leise.) Bring mit dein Doppelschwert.

Gloster, leise.

Gut, Oheim.

Kardinal, leise.

Habt ihr's vernommen? — Dort ostwärts dem Wald?

Gloster, leise.

Kard'nal, ich treff' euch.

K. Heinrich.

Nun, was giebt's, Ohm Gloster?

Gloster.

Gespräch vom Vogelfang; nichts weiter, Herr. —
(leise.)
Nun, bei Gott's Mutter, Pfaf, ich scher' euch kahl,
Wird nicht mein Mannsinn schlaf.

Kardinal, leise.

Medice teipsum!
Protektor, Acht; protektort nun euch selbst.

K. Heinrich.

Der Wind stürmt auf, so auch eur Zorn, ihr Lords.
Wie leidig die Musik wirkt auf mein Herz.
Aus solchem Miston wer hoft Harmonie?
Laßt, liebe Lords, mich endigen den Zwist.
Ein Einwohner von Sankt Albans kommt, und schreit
He! ein Mirakel!

Gloster.

Was will der Lerm? —
Hör', Freund, was für ein Wunder rufst du aus?

Einwohner.

He! ein Mirakel! ein Mirakel!

Suffolk.

Komm' her zum König, sag' ihm, welch Mirakel.

Einwohner.

Ein Blinder, denkt, hat an Sankt Albans Schrein.

In dieser Stund' erhalten sein Gesicht,
Ein Mann; der niemals sah sein Lebelang.

K. Heinrich.

Nun, Preis sei Gott, der gläub'gen Seelen Licht
Im Finstern giebt, Trost in Verzweifelung!

(Der Maier von Sankt Albans, und seine Brüder; Simpcox wird von zwei Personen auf einem Sessel getragen; Simpcox Frau, und ein Haufen Volks, folgen nach.)

Kardinal.

Da kommt die Bürgerschaft im Feierzug,
Und bringet eurer Majestät den Mann.

K. Heinrich.

Groß ist sein Trost in diesem Jammerthal,
Ob sein Gesicht schon seine Sünde mehrt.

Gloster.

Zurück, ihr Leute, bringt ihn vor den Köuig,
Sein' Hoheit fodert ein Gespräch mit ihm.

K. Heinrich.

Komm, Freund, erzähl' uns alles, wie's geschäh,
Damit für dich wir Gott verherrlichen.
Sprich, warst du lange blind, und bist geheilt?

Simpcox.

Blind von Geburt, beliebts eur Gnaden.

Frau.

Ja wohl, das war er.

Suffolk.

Wer ist diese Frau?

Frau.

Sein Weib, gefällt's eur Gnaden.

Gloster.

Wärst du ihm Mutter, du gäbst beßres Zeugnis.

K. Heinrich.

Und dein Geburtsort?

Simpcox.

Berwick im Norden, Herr, mit eurer Gunst.

K. Heinrich.

Arm' Seele! Gottes Gnad' ist groß an dir.
Sei Tag und Nacht rastlos dein frommer Dank,
Und stets erwäge, was der Herr gethan.

K. Margareta.

Sag', guter Mensch, kamst du von Ungefähr,
Oder aus Andacht, zu dem heil'gen Schrein?

Simpcox.

Gott weiß, aus reiner Andacht; denn mich rief
Der gute Sankt Alban wol hundertmal
Im Schlaf, und öfter: „Simpcox", rief er, „komm!
„Komm, bet' an meinem Schrein; dann helf' ich dir."

Frau.

Ganz wahr, in Wahrheit; mehrmals auch und oft
Vernahm' ich selbst, daß eine Stimm' ihn rief.

Kardinal.

Was, bist du lahm?

Simpcox.

Ja, Gottes Allmacht helf mir!

Suffolk.

Wie kam dir das?

Simpcox.

Im Fall von einem Baum.

Frau.

Von einem Pflaumbaum, Herr.

Gloster.

Wie lange bist du blind?

Simpcox.

Herr, von Geburt.

Gloster.

Und kletterest auf einen Baum?

Simpcox.

Mein' Lebtag' nur auf den, als junger Mensch.

Frau.

Ja, und sein Klettern kam ihm theur zu stehn,

Gloster.

Gern mogtst du Pflaumen, dich zu wagen so.

Simpcox.

Ach Herr, mein Weib bekam nach Zwetschen Lust,
Und hieß mich klettern mit Gefahr des Lebens.

Gloster.

Ein schlauer Spizbub'! Aber das hilft nichts. —
Laß sehn die Augen: — Drück zu, — nun mach auf. —
Nach meiner Meinung siehst du noch nicht recht.

Simpcox.

Klar, wie der Tag, Dank Gott und Sankt Alban.

Gloster.

So sagst du? Welcher Farb' ist dieser Mantel?

Simpcox.

Roth, Herr, ja roth wie Blut.

Gloster.

Gut so. Von welcher Farb' ist dieser Rock?

Simpcox.

Schwarz, wahrlich, kohlschwarz wie Achat.

K. Heinrich.

Du kennst also die Farbe des Achats?

Suffolk.

Indeß vermut' ich, sah er nie Achat.

Gloster.

Doch Röck' und Mäntel gnug vor diesem Tag.

Frau.

Niemals vor diesem Tag, sein Lebelang.

Gloster.

Sag', Bursch, wie ist mein Nam'?

Simpcox.

Ach, Herr, ich weiß nicht.

Gloster.

Wie ist sein Nam'?

Simpcox.

Ich weiß nicht.

Gloster.

Auch nicht seinen?

Simpcox.

Nein, auch nicht, Herr.

Gloster.

Wie ist dein eigner Name?

Simpcox.

Saunder Simpcox, zu eurem Dienst, o Herr.

Gloster.

Dann, Saunder, siz da, du lugvollster Schelm
Der Christenheit. Wärst von Geburt du blind,
So leicht all' unsre Namen wüßtest du,
Als du die Farben unsrer Kleider nennst.
Das Aug' kann Farben unterscheiden, doch
Sie nennen auf einmal, das ist unmöglich. —
Mylords, ein Wunder that hier Sankt Alban.
Dünkt euch nicht groß ein Kunstsinn, der wol gar
Dem armen Krüppel auf die Beine hilft?

Simpcox.

O Herr, wenn ihr dies könntet!

Gloster.

Ihr Herrn von Sankt Albans, habt ihr nicht Büttel
In eurer Stadt, und was man so nennt — Peitschen?

Maier.

Ja, Herr, zu eurer Gnaden Dienst.

Gloster.

Dann schickt sogleich nach einem.

Maier.

He, Bursch, geh, hol' den Büttel her sogleich.
(Einer aus dem Gefolge geht.)

Gloster.

Nun holt mir einen Schemel her, geschwind. —
(Ein Schemel wird gebracht.)
Nun, Freund, wenn ihr der Peitsche wollt entgehn,
Springt über 'n Schemel weg, und lauft davon.

Simpcox.

Oh! nicht vermag ich nur zu stehn allein.
Da wollt' ihr mich abquälen so umsonst.
(Es kommt ein Büttel mit einer Peitsche.)

Gloster.

Nun, man muß sehn, Freund, daß ihr Beine kriegt.
He, Büttel, peitscht ihn, bis er drüber springt.

Büttel.

Das will ich, Herr. —
Kommt, Kerl, herunter mit dem Wams, geschwind!

Simpcox.

— Was soll ich thun? ich kann nicht einmal stehn.
(Nach dem ersten Streich springt er über den Schemel und läuft davon. Das Volk läuft nach, und schreit: „He, ein Mirakel!")

K. Heinrich.

O Gott, du siehst dies, und erträgst so lang'?

K. Margareta.

Ich mußte lachen, wie der Bube lief.

Gloster.

Ihm nach, dem Schelm, und schleppt dies Mensch hinweg.

Frau.

Ach, Herr, wir thaten's bloß aus Noth.

Gloster.

Peitscht sie durch alle Flecken bis zurück
Nach Berwick, wo sie hergekommen sind.
(Es gehn ab der Maier, Büttel, Simpcox, Frau u. s. w.

Kardinal.

Der Herzog Humphrey that ein Wunder heut.

Suffolk.

Ja wohl, der Lahme sprang ihm, und floh weit.

Gloster.

Ihr thatet, Herr, wol größre Wunder schon,
Dem ganze Städt' an Einem Tage flohn.
(Buckingham kommt.)

K. Heinrich.

Was bringt uns Neues Vetter Buckingham?

Buckingham.

Was euch mein Herz mit Zittern nur enthüllt.
Ein Pack nichtsnuz'ger Menschen ärgster Art,
Dem Schuz vertrauend und dem Einverständnis
Frau Leonorens, der Protektorin,
Der Rädelsführerin der ganzen Meut,
Ersann Gefährliches für euren Staat,
Mit Hexen in Verkehr und Zauberern.
Wir haben sie ertappt auf frischer That:
Sie bannten böse Geister aus der Tief',
Und forschten König Heinrichs Lebensziel,
Und andrer Männer vom geheimen Rath,
Wie eur Hoheit umständlich hören soll.

Kardinal, beiseit zu Gloster.

Und so, Mylord Protektor, muß in London
Sich eure Frau noch stellen vor Gericht.
Die Zeitung, denk' ich, hemmt den Degen euch;
Vielleicht, daß Mylord jezt nicht Stunde hält.

Gloster.

Ehrsücht'ger Priester, martre nicht mein Herz.
Wehmut und Gram besiegt all meine Kraft;
Und so besiegt, geb' ich gewonnen dir,
Und dem gemeinsten Knecht.

K. Heinrich.

O Gott, welch Unheil stiften doch die Bösen,
Und häufen Schimpf und Schmach aufs eigne Haupt!

K. Margareta.

Gloster, sieh da, besudelt ist dein Nest;
Sei du nur selbst im Herzen rein und fest.

Gloster.

Fürstin, von mir ist Gott dem Herrn bekannt,
Wie lieb mir ist der König und mein Land.
Von meiner Frau, nicht weiß ich, wie's da steht.
Mit Kummer hör' ich, was ich da gehört.
Von Adel ist sie; doch wenn sie vergaß
Standsehr' und Tugend, und sich hielt zu Volk,
Das, gleichwie Pech, anschmuzt ein adlich Haus,
So stoß' ich sie von Bett und Umgang aus.
Gesetzesstreng' und Schmach treff' ungestört
Ihr Haupt, die Glosters Ehre hat entehrt.

K. Heinrich.

Wohlan, wir wollen diese Nacht hier ruhn,
Und morgen früh nach London wiederum;
Dort sehn wir diesem Handel auf den Grund,
Und laden die Verbrecher zum Verhör.
Werd' in des Rechts Wagschale dies gelegt,
Die gleichschwebt, und zur Wahrheit überschlägt.
(Trompetenschall. Sie gehn ab.)

Zweite Scene.

London. Des Herzogs von York Garten.

York, Salisbury, und Warwick.

York.

Nun, werthe Lords von Salisbury und Warwick,
Nach unsrer schlichten Abendkost erlaubt,
Indeß wir einsam wandeln, daß ich frei

Euch frage, was ihr meint zu meinem Recht
An Englands Krone, das untrüglich ist.

Salisbury.

Mylord, gern hört' ich das genau.

Warwick.

Sprich, lieber York; und ist dein Anspruch gut,
Die Nevils sind gehorsam deinem Wort.

York.

Dann so: —
Edward der dritte hatte sieben Söhne.
Erst, Edward Prinz von Wales, der schwarze Prinz;
Der zweite, William Hatfield; und der dritte,
Lionel, Herzog Clarence; dem zunächst
War John von Gaunt, der Herzog Lancaster;
Der fünfte, Edmund Langley, Herzog York;
Der sechste, Thomas Woodstock, Herzog Gloster.
William von Windsor schloß als siebenter.
Edward, der schwarze Prinz, starb vor dem Vater.
Und hinterließ Richard, als einz'gen Sohn,
Der, nach dem dritten Edward, König war,
Bis Heinrich Bolingbroke, Herzog Lancaster,
Der älteste Sohn und Erbe Johns von Gaunt,
Gekrönt als vierter Heinrich, an sich zog
Das Reich, entsetzte den rechtmäß'gen König,
Die Königin zur Heimat Frankreich sandt',
Und ihn nach Pomfret, wo, wie beid' ihr wißt,
Der gute Richard treulos ward ermordet.

Warwick.

Vater, der Herzog redet wahr; —
So kam das Haus von Lancaster zur Krone.

York.

Und hält sie durch Gewalt nun, nicht durch Recht.

Als Richard, Sproß vom ersten Sohne starb,
War an der Reih des nächsten Sohns Geschlecht.

Salisbury.

Doch William Hatfield starb ohn' einen Erben.

York.

Der dritte, Herzog Clarence, dem entstammt
Die Kron' ich heische, war Philippa's Vater,
Der Gattin Edmund Mortimers, Jarls von March.
Edmund erzeugte Roger, Jarl von March,
Und Roger Edmund, Anna und Lenore.

Salisbury.

Der Edmund, zu den Zeiten Bolingbroke's,
Wie ich gelesen, strebte nach der Kron',
Und hätte sie erlangt, doch Owen Glendowr
Hielt ihn gefangen bis an seinen Tod.
Doch eilt zum Schluß.

York.

Sein' ält'ste Schwester Anna,
Mir Mutter, Thronerbin, ward Richards Frau,
Des Jarls von Cambridge, eines Sohns von Edmund
Langley, Edwards des dritten fünftem Sohn.
Sie giebt mir Recht zur Krone: sie war Erbin
Von Roger, Jarl von March; der war der Sohn
Von Edmund Mortimer, dem Mann Philippa's,
Der einz'gen Tochter Lionels von Clarence.
So, wenn des ältern Sohns Nachkommenschaft
Den Rang hat vor des jüngern, bin ich König.

Warwick.

Welch klarer Fall kann klarer sein als der?
Fürst Heinrich heischt die Kron' um John von Gaunt,
Den vierten Sohn; York heischt sie um den dritten.

Bis Lionels Stamm erlischt, steht seiner nach.
Noch nicht erlosch er; nein, er blüht in dir
Und deinen Söhnen, edlen Sprößlingen. —
Drum, Vater Salisbury, laßt beid' uns knien,
Und hier am stillen Ort die ersten sein,
Die huldigen dem ächten Oberherrn,
Wie's sein Geburtsrecht an die Kron' es will.

Beide.

Heil unserm König Richard, Englands Herrn!

York.

Habt Dank, ihr Lords. Doch König bin ich erst,
Wann ich gekrönt bin, und roth ward mein Schwert
Von Herzblut aus dem Hause Lancaster.
Und das ist nicht auf einmal ausgeführt;
Das fodert Klugheit und Verschwiegenheit.
Thut ihr, wie ich in Tagen der Gefahr.
Seid blind bei Herzog Suffolks Uebermut,
Bei Beaufords Stolz, beim Ehrgeiz Somersets,
Bei Buckingham, und dem gesamten Troß;
Bis sie umstrickt den Hirten jener Schaar,
Den tugendhaften Fürsten, Herzog Humphrey.
Dies trachten sie, und finden, trachtend so,
Den eignen Tod, wenn York kann profezein.

Salisbury.

Mylord, brecht ab; wir sind nun eingeweiht.

Warwick.

Mein Herz verbürgt mir: daß der Jarl von Warwick
Einst noch den Herzog York zum König macht.

York.

Und, Nevil, dies verbürg' ich selber mir:

Richard dereinst erhebt den Jarl von Warwick
Zum größten Mann in England, nach dem König.
(Sie gehn ab.)

Dritte Scene.

Ebendaselbst. Ein Gerichtssaal.

Trompetenschall. König Heinrich, Königin Margareta, Gloster, York, Suffolk und Salisbury. Von der Wache werden herbeigeführt die Herzogin von Gloster, Grete Jordan, Southwell, Hume und Bolingbroke.

K. Heinrich.

Kommt, Frau Lenore Cobham, Glosters Weib.
Vor Gott und uns ist eur Verbrechen groß.
Empfangt den Ausspruch des Gerichts für Sünden,
Die Gottes heil'ge Schrift bestraft mit Tod. —
Ihr vier hinweg zum Kerker wiederum,
Und dann von dort zum Plaz des Hochgerichts.
Die Hex' in Smithfield sei verbrannt zu Asche,
Und ihr drei seid erdrosselt an dem Galgen. —
Ihr, Dame, weil ihr edler von Geburt,
Sollt', eurer Ehr' entwürdigt Lebenslang,
Nachdem drei Tag' ihr öffentlich gebüßt,
In eurem Land' hinfort im Banne leben,
Mit Sir John Stanley, auf der Insel Man.

Herzogin.

Recht kommt der Bann, recht käme mir der Tod.

Gloster.

Frau, das Gesez, du siehst, verurtheilt dich;
Nicht kann ich, wens verdammt, rechtfertigen.
(Die Herzogin und die übrigen Gefangenen werden abgeführt.)
Mein Aug' ist thränenschwer, mein Herz voll Gram.
Ah, Humphrey, diese Schand' in deinem Alter
Bringt noch dein Haupt mit Jammer in die Gruft! —
Ich bitt', o Herr, gebt mir Erlaub zu gehn;
Der Gram will Tröstung, und das Alter Ruh.

K. Heinrich.

Wart, Humphrey, Herzog Gloster; eh du gehst,
Gieb deinen Stab; Heinrich will nun sich selbst
Protektor sein; und Gott sei mein Vertraun,
Sei Stüz' und Stab, sei Leuchte meinem Fuß!
Nun geh in Frieden, Humphrey; gleich geliebt,
Als da du warst Protektor deinem Herrn.

K. Margareta.

Seltsam, warum, ein münd'ger König sei
Zu gängeln vom Protektor, wie ein Kind. —
Gott lenk' und Heinrich Englands Heft zugleich:
Sir, gebt den Stab, dem König gebt sein Reich.

Gloster.

Den Stab? — Hier, edler Heinrich, ist mein Stab.
So willig kann ich ihn abgeben, schaut,
Wie ihn eur Vater Heinrich mir vertraut.
So willig leg' ich ihn hier euch zu Füßen,
Als mancher ihn würd' ehrsuchtsvoll begrüßen.
Lebt wohl, mein Fürst. — Ist längst mein Geist entflohn,
Walt' Ehr' und Fried' um euren Herscherthron!
(Er geht ab.)

K. Margareta.

Ja, nun ist Heinrich Herr, Margreta Herrin;
Und Humphrey, Herzog Gloster, kaum er selbst,

So arg verstümmelt, zwei Stöß' auf einmal:
Sein Weib verbannt; und abgehaun ein Glied.
Der Stab des Ehrenamts — hier nehm' er Stand,
Wo er am besten steht, in Heinrichs Hand.

Suffolk.

So neigt die hohe Tann' ihr welkes Haupt;
So sinkt Lenorens Stolz, noch jung, entlaubt.

York.

Lords, laßt ihn gehn. — Mit eurer Hoheit Gunst,
Dies ist der Tag, zum Zweikampf anberahmt;
Und schon stehn Kläger und Beschuldigter,
Der Wehrschmied und sein Bursch am Gitterplan,
Geruht eur Hoheit anzusehn den Kampf.

K. Margareta.

Ja, mein Gemahl; denn grade zu dem Zweck
Kam ich vom Hof, zu schaun des Streits Versuch.

K. Heinrich.

In Gottes Namen; fertiget den Plan;
Hier laßt sie's enden; schüze Gott das Recht!

York.

Nie sah ich einen Kerl, so schlecht bestellt,
So bange sich zu schlagen, als den Kläger,
Den Burschen dieses Waffenschmieds, Mylords.

(Es kommen von der einen Seite Horner, und seine Nachbarn, die ihm so zutrinken, daß er betrunken ist; vor ihm her geht eine Trommel; er trägt eine Stange mit einem Sandbeutel dran. Von der andern Seite kommt Peter mit einer ähnlichen Stange, eine Trommel vor ihm; Lehrbursche trinken ihm zu.)

Erster Nachbar.

Hier, Nachbar Horner, trink' ich euch zu mit einem Becher Sekt. Nicht bange, Nachbar, ihr macht es schon gut genug.

Zweiter.

Und hier, Nachbar, hier ist ein Becher Charneko.

Dritter.

Und hier ist ein Krug gut Doppelbier, Nachbar; trinkt, und fürchtet nicht euren Burschen.

Horner.

Nur her, meiner Seel! ich thu' euch Allen Bescheid; und Pfui dem Peter!

Erster Lehrbursch.

Hier, Peter, ich trinke dir zu, und sei nicht bange.

Zweiter.

Lustig, Peter, und fürchte nicht deinen Meister; schlage dich für die Ehre der Lehrburschen.

Peter.

Ich dank' euch allen. Trinkt und betet für mich, ich bitt' euch; denn ich denk', ich nahm meinen lezten Schluck in dieser Welt. — Hier, Robin, wenn ich sterbe, geb' ich dir mein Schurzfell; und Wilm, du kriegst meinen Hammer; und hier, Tom, nim alles Geld, das ich habe. — Herr, Herr, segne mich, o lieber Gott! denn nimmermehr nehm' ich es auf mit meinem Meister; er hat's schon so weit im Fechten gebracht.

Salisbury.

Kommt, laßt das Trinken, und geht zum Schlag. Du da, wie heißst du?

Peter.

Peter, mein Treu.

Salisbury.

Peter, und dann?

Peter.

Puff!

Salisbury.

Puff! so puffe du deinen Meister brav.

Horner.

Ihr Herren, ich komme hieher, so zu sagen, auf meines Burschen Anreizung, zu beweisen, er sei ein Schuft, und ich ein ehrlicher Mann; und anbelangend den Herzog von York — ich will darauf sterben, niemals dacht' ich was Schlimmes von ihm, noch dem König, noch der Königin. Und darum Peter, sei gefaßt auf einen recht gründlichen Schlag, so gründlich wie Bevis von Southhampton zuschlug auf Ascapart.

York.

Macht fort; dem Schurken lallt die Zunge schon.
Trompeten, blas't, und muntert auf zum Kampf.

(Trompeten. Sie fechten, und Peter schlägt seinen Herrn zu Boden.)

Horner.

Halt, Peter, halt! Ich bekenn', ich bekenne Verrätherei.

York.

Nehmt sein Gewehr ihm weg. — Bursch, danke Gott,
Und dem Getränk in deines Meisters Kopf.

Peter.

O Gott! —
Besiegt' ich meinen Feind vor diesen Herrn?
O Peter, du wardst Obermann im Recht!

K. Heinrich.

Kommt, nehmt den Sünder aus den Augen uns;
An seinem Tod' ersehn wir seine Schuld.

Und Gott, der Rächer, hat uns aufgedeckt
Die Treu' und Unschuld dieses armen Wichts,
Den der zu morden dacht' höchst freventlich. —
Komm, Bursch, und folg' uns, zu empfahn den Lohn.
(Sie gehn ab.)

Vierte Scene.

Ebendaselbst. Eine Gasse.

Gloster, und eine Schaar Diener, in Trauermänteln.

Gloster.

So manchmal hat der hellste Tag Gewölk,
Und auf den Sommer folgt der Winter stets,
Kahl, öd', umschaurt von grimmig scharfem Frost.
So fluten Leid und Freud' im Zeitenstrom. —
Was ist die Glock', ihr Leute?

Diener.

Zehn, Mylord.

Gloster.

Zehn ist die Stunde, die mir ward bestimmt,
Zu harren auf mein büßend Ehgemahl.
Kaum wol erduldet sie den Kieseldamm,
Wo jeden Tritt scharf fühlt ihr zarter Fuß.
Wie, Herzens-Len', erträgt dein Adelssinn
Verworfnes Volk, das in's Gesicht dir gaft?
Mit häm'schem Blick hohnlacht es deiner Schmach,
Das ehmals folgte deinem Prachtgespann,
Wenn im Triumf du durch die Gassen fuhrst.

Doch still! mir dünkt, sie kommt; nun rüste sich
Mein thränenfeuchtes Aug', ihr Leid zu schaun.

(Die Herzogin von Gloster kommt in weißem Hemde, ein Papier auf dem Rücken, baarfuß, und mit einer brennenden Kerze in der Hand. Sir John Stanley, ein Sherif und Gerichtsdiener.)

Diener.

Erlaubt, Herr, wir entreißen sie dem Sherif.

Gloster.

Bei Leibe, rührt euch nicht; laßt sie vorbei.

Herzogin.

Kommt ihr, Gemahl, um meine Schmach zu sehn?
Nun thust du Buße mit. Schau, wie's da gafft!
Sieh, wie die wankle Schar mit Fingern weist,
Nickt mit dem Kopf, und wirft ihr Aug' auf dich!
Ach, Gloster, birg' dich dem haßvollen Blick;
Einsam im Zimmer klag' um meine Schmach,
Und fluch' auf deine Gegner, mein' und deine!

Gloster.

Geduld, mein Lehnchen, und vergiß dein Leid.

Herzogin.

Ach, Gloster, sage mir: vergiß dich selbst!
Wenn ich bedenk', ich bin dein Ehgemahl,
Und du ein Fürst, Protektor dieses Reichs,
Mich dünkt, nicht sollt' ich wandeln solchen Gang,
Umhüllt mit Schmach, mit Zetteln auf dem Rücken,
Und hinter mir Gesindel, das sich labt
An meinen Thränen, meinem Angstgeseufz.
Der rauhe Kiesel rizt den zarten Fuß;
Und, zuck' ich auf, dann lacht das häm'sche Volk,
Und heißt mich ja vorsichtig sein im Tritt.
Humphrey, wie trag' ich dies schmachvolle Joch?

Glaubst du, daß je ich anschaun kann die Welt,
Und selig preisen, wem die Sonne scheint?
Nein, Dunkel sei mir Licht, und Nacht mir Tag,
Und meines Pomps Andenken Hölle mir.
Mein Wort ist: Ich bin Herzog Humphrey's Weib,
Und Er ein Fürst, und Lenker dieses Reichs;
Doch solch ein Lenker, solch ein Fürst, daß er
Dabeistand, als ich arme Herzogin
Ein Wunderthier und Ziel des Spottes ward
Jedwedem Schuft, der uns nachschlenderte.
Sei mild denn, nicht erröth' um meine Schmach,
Dich rege nichts auf, bis das Todesbeil
Hängt über dir, und, traun, in kurzem wird's!
Denn Suffolk, er, der all' und jedes kann
Bei der, die dich haßt, und uns alle haßt,
Und York, und Beaufort, der verruchte Pfaff,
All' haben dir Leimruthen hingelegt;
Und flieg' hin, wo du kannst, sie fangen dich.
Doch furchtlos bleib, bis sich dein Fuß verstrickt,
Und suche nie den Feinden vorzubaun.

Gloster.

Ach, Lene, halt: du zielst da gänzlich fehl;
Mishandeln muß ich, eh mich Mackel trift.
Und hätt' ich zwanzigmal so viele Feind',
Und jeder hätte zwanzigmal mehr Macht,
Sie alle könnten mir nichts Leides thun,
So lang' ich redlich bin, schuldlos und treu.
Willst du, ich soll dich retten von dem Schimpf?
Dir wäre doch dein Schandfleck nicht entwischt,
Und Ich gefährdet durch Gesezes Bruch.
Am besten dient dir Ruhe, liebes Weib.
O daß dein Herz sich füge zur Geduld!
Dies Aufsehn wen'ger Tage legt sich bald.

(Ein Herold kommt.)

Herold.

Ich lad' eur Gnaden zu dem Parlament,
Das seine Hoheit halten will zu Bury,
Am ersten des zukünft'gen Monds.

Gloster.

Und meine Beistimmung nicht erst gefragt?
Das nenn' ich heimlich. — Wohl, ich komme hin.
(Der Herold geht.)
Lieb Weib, hier nehm' ich Abschied; — und, Herr Sherif,
Straft nur, so weit der König Auftrag gab.

Sherif.

Erlaubt, o Herr, hier ist mein Auftrag aus,
Und Sir John Stanley hat nunmehr Befehl,
Sie mitzunehmen nach der Insel Man.

Gloster.

Habt ihr, Sir John, in Obhut mein Gemahl?

Stanley.

So ward mir aufgetragen, gnäd'ger Herr.

Gloster.

Seid nicht gestrenger ihr, drum weil ich bitt'
Um Milderung. Die Welt kann wieder lächeln,
Und ich dereinst euch Gutes thun, wenn ihr
Es ihr gethan. Und so, Sir John, lebt wohl.

Herzogin.

Geht mein Gemahl, und sagt mir kein Lebwohl?

Gloster.

Sag' es die Thrän', ich eile stumm hinweg.
(Er geht ab mit den Dienern.)

Herzogin.

Weg gingst auch du? Geh aller Trost mit dir;

Denn keiner bleibt bei mir: mich freut nur — Tod.
Tod, dessen Nam' oft mich durchschauderte,
Weil ich in dieser Welt wünscht' Ewigkeit. —
Stanley, ich bitt' dich, geh, und nim mich weg;
Gleichviel wohin, nicht bitt' ich ja um Gunst;
Nur führe mich, wohin man dir's befahl.

Stanley.

Wohl, gnäd'ge Frau, das ist zur Insel Man,
Wo man euch halten wird nach eurem Stand.

Herzogin.

Dann schlecht genug; ich bin ja lauter Schimpf.
Und soll man denn mich schimpflich halten dort?

Stanley.

Als Herzogin, als Herzog Humphreys Frau.
So standsgemäß wird man euch halten dort.

Herzogin.

Sherif, leb' wohl; und besser als ich leb',
Obgleich du warst Anführer meiner Schmach.

Sherif.

Es ist mein Amt; verzeiht mir, gnäd'ge Frau.

Herzogin.

Ja, ja, leb' wohl; dein Amt ist nun vollbracht. —
Kommt, Stanley, gehn wir?

Stanley.

Die Büßung ist gethan; werft ab dies Hemd,
Und gehn wir, euch zu kleiden für die Fahrt.

Herzogin.

Die Schmach wird nicht gewechselt mit dem Hemd;
Nein, hangen wird sie auch am Prachtgewand',
Und sichtbar sein, wie sehr ich prunken mag.
Laßt gehn uns; mich verlangt in meine Haft.

(Sie gehn ab.)

Dritter Aufzug.

Erste Scene.

Die Abtei zu Bury.

Es versammeln sich zum Parlament König Heinrich, Königin Margareta, Kardinal Beaufort, Suffolk, York, Buckingham und Andre.

K. Heinrich.

Ei, warum fehlt Mylord von Gloster hier?
Nicht pflegt er sonst der lezte Mann zu sein.
Was für ein Vorfall ihn abhalten mag!

K. Margareta.

Könnt ihr nicht sehn? wollt ihr nicht merken, Herr,
Wie fremd sein Antliz sich umwandelte?
Mit welcher Hoheit er einher sich trägt,
Wie aller Schen seit kurzem er vergaß.
Wie stolz, wie herrisch, und ungleich sich selbst?
Uns denkt der Zeit, da war er mild und freundlich;
Und streifte nur fernher ein Blick von uns,
Stracks war er auf sein Knie gesenkt, daß rings
Der Hof mit Staunen seine Demut sah.
Doch treft ihn nun, und sei es früh am Tag,
Wann jedermann doch beut den Morgengruß,

Er kräust die Braun', und zeigt ein zornig Aug',
Und geht vorbei, steif, ungebeugt das Knie,
Die Pflicht verschmähend, die uns doch gebührt.
Den Kläffer läßt man, achtlos, wann er knurrt,
Doch Männer zittern, wann der Löwe brüllt,
Und Humphrey ist kein kleiner Mann in England.
Erst merkt, daß er euch nah ist an Geburt,
Und, wenn ihr fallt, der nächste, der dann steigt.
Mich dünkt daher, es ist nicht klug gethan,
(Erwägt man, welchen Groll sein Innres birgt,
Und wie sein Vortheil eurem Scheiden folgt),
Daß ihr zu eurer fürstlichen Person
Ihm Zutritt gönnt, und zu eur Hoheit Rath.
Durch Schmeichelei fing er des Volkes Herz;
Und wann's ihm einfällt, Aufstand zu erregen,
So darf man fürchten, alles folg' ihm nach.
Nun ist es Lenz, das Unkraut wurzelt flach;
Läßt man es stehn, — es überwächst den Garten,
Und würgt das Kraut, weil gute Wirtschaft fehlt.
Die ehrerbiet'ge Sorg' um meinen Herrn
Wies mir im Herzog solcherlei Gefahr.
Ist's Fantasie, so nennt es Weiberfurcht.
Wird diese Furcht durch beßre Gründ' erstickt,
Gern räum' ich ein, ich that dem Herrn zu nah.
Mylord von Suffolk, Buckingham und York,
Stoßt um, was ich geredet, wenn ihr könnt,
Wo nicht, gebt meinen Worten Gültigkeit.

Suffolk.

Eur Hoheit weiß den Herzog zu durchschaun;
Wär' mir zuerst die Meinung abgefragt,
Gesprochen hätt' ich, wie eur Hoheit sprach.
Die Herzogin begann, so wahr ich leb',
Auf seinen Antrieb, ihre Teufelein.
Nahm er auch nicht an der Verruchtheit Theil,

Doch hat sein Troz auf höhere Geburt,
Daß nach dem König er Thronerbe sei,
Und solch Großthun mit seiner Ahnherrn Ruhm,
Gereizt die tollhausreife Herzogin,
Gottlos zu hexen unsers Königs Fall.
Glatt rinnt das Wasser, wo der Bach ist tief,
Und in so schlichtem Schein birgt er Verrath.
Der Fuchs bellt nicht, wann er beschleicht das Lamm.
Nein, nein, mein König, Gloster ist ein Mann,
Noch unergründet, und voll tiefes Trugs.

Kardinal.

Hat er nicht, der Gesezesform zum Hohn,
Furchtbare Tod' erdacht für klein Vergehn?

York.

Und, als Protektor, hat er nicht im Reich,
Gehoben große Summen Gelds für Sold
Des Heers in Frankreich, und nie abgesandt?
Weshalb die Städt' abfielen Tag vor Tag.

Buckingham.

Pah, kleine Fehler bei verborgnen, die
Am glatten Humphrey bringt ans Licht die Zeit!

K. Heinrich.

Mylords, mit eins: die Sorge, die ihr tragt,
Die Dornen wegzumähn vor unserm Fuß,
Ist lobenswerth. Doch soll ich's redlich sagen?
Ohm Gloster ist so rein von tückischem
Verrath an unsrer fürstlichen Person,
Wie ein sanft Täublein, und ein saugend Lamm.
Der Herzog, brav und sanft, ist viel zu gut,
Er träumt kein Arg, und sucht nicht meinen Sturz.

K. Margareta.

Ach, was ist schlimmer, als solch blind Vertraun?

Ein Täublein Er? die Federn sind verborgt;
Inwendig schlägt ein scheuslich Rabenherz.
Ist er ein Lamm? Sein Fell ist dann geliehn;
Denn von Natur ist er dem Raubwolf gleich.
Leicht stiehlt sich einen Schein, wer sinnt auf Trug.
Nehmt euch in Acht, Herr; unser aller Wohl
Hängt an der Wegräumung des falschen Manns.

Somerset, auftretend.

Gott schüze meinen gnäd'gen Oberherrn!

K. Heinrich.

Willkommen, Somerset. Was giebt's aus Frankreich?

Somerset.

All euer Antheil an den Landen dort
Ist völlig euch entrungen; alles hin

K. Heinrich.

Herzkränkung, Somerset! Doch wie Gott will.

York, beiseit.

Herzkränkung mir! Auf Frankreich stand mein Sinn,
Wie fest er steht auf Englands Segensflur!
So sind die Blüt' im Knospen mir versengt,
Und Raupenbrut zehrt mir das Laub hinweg.
Doch still, dem Handel steur' ich nächstens, oder
Den Anspruch geb' ich um ein rühmlich Grab.

Gloster, auftretend.

Heil sei und Glück dem König, meinem Herrn!
Verzeiht, mein Lehnherr, ich komm' etwas spät.

Suffolk.

Nein, Gloster, wisse, du kommst noch zu früh.
Du seist denn etwa treuer, als du bist.
Dich nehm' ich in Verhaft um Hochverrath.

Gloster.

Wohl, Suffolk, nicht erröthen siehst du mich,
Noch wechseln eine Mien' um den Verhaft;
Nicht leicht erschrickt ein makelloses Herz.
Der reinste Quell ist nicht so frei von Schlamm,
Als ich bin rein von meines Herrn Verrath.
Wer wagt die Anklag'? und weß zeiht man mich?

York.

Man glaubt, Mylord, ihr nahmt von Frankreich Geld,
Und ließt, Protektor! unbezahlt das Heer,
Wodurch sein' Hoheit nun Frankreich verlor.

Gloster.

Man glaubt es nur? Wer sind sie, die das glauben?
Niemals entzog ich seinen Sold dem Heer,
Und nahm auch keinen Pfenning je von Frankreich.
So helfe Gott mir, wie nachtwachend ich,
Ja Nacht vor Nacht, gesorgt für Englands Wohl!
Der Deut, den je ich abgepreßt dem König,
Der Grot, den ich gesammelt mir zum Nuz,
Werd' am Gerichtstag gegen mich gestellt.
Nein, manches Pfund von meinem Eigenthum,
Um nicht zu schatzen das bedrängte Volk,
Hab' ich gezahlt an die Besazungen,
Und meinen Vorschuß nie zurück verlangt.

Kardinal.

Euch ziemt es wohl, Mylord, zu sagen das.

Gloster.

Ich sage nur, was wahr ist, so mir Gott!

York.

Als ihr Protektor wart, ersannet ihr

Ganz unerhörte Martern für Verbrecher,
Daß England ward verschrien um Grausamkeit.

Gloster.

Nun, jeder weiß, daß, als ich war Protektor,
Mitleid der einz'ge Fehler war an mir.
Denn ich zerschmolz bei des Verbrechers Thrän',
Ein Wort der Demut war Ersaz für Schuld.
War's nicht ein blut'ger Mörder, oder Dieb,
Der ruchlos arme Reisende gerupft,
Nie gab ich die verdiente Züchtigung.
Mord zwar, die Blutschuld, straft' ich peinlicher,
Als Diebstahl oder sonstiges Vergehn.

Suffolk.

Herr, leicht sind solche Fehl', und schnell beseitigt;
Doch größre Frevel legt man euch zur Last,
Wovon ihr schwerlich könnt euch reinigen.
Ich sag' euch Haft an in des Königs Namen,
Und überliefr' euch dem Lord Kardinal
Zur Obhut, bis auf ferneres Verhör.

K. Heinrich.

Mylord von Gloster, fest vertraut mein Herz,
Ihr werdet ganz euch läutern von Verdacht;
Mein klar Bewußtsein spricht von Schuld euch frei.

Gloster.

Ah, gnäd'ger Herr, die Zeit ist voll Gefahr.
Die Tugend wird von Ehrsucht schlau umstrickt,
Und Menschlichkeit wird übermannt von Groll;
Anschwärzung und Anstiftung walten vor,
Und Billigkeit räumt eurer Hoheit Land.
Ich weiß, ihr Anschlag steht mir nach dem Leben;
Und wenn mein Tod dem Eiland brächte Glück,
Und stellt' ein Endziel ihrer Tyrannei,

Ich gäb' es hin mit aller Willigkeit.
Doch ist mein Tod Prolog nur ihres Stücks;
Ein Tausend mehr von nichts argwöhnenden,
Führt nicht zum Schluß den Plan des Trauerspiels.
Beauforts roth funkelnd Aug schwazt Bosheit aus,
Und Suffolks Wolkenstirn sturmvollen Haß.
Der scharfe Buckingham hebt mit der Zunge
Der Misgunst Last weg, die schwer drückt sein Herz.
Der Gnarrer York, der auflangt bis zum Mond,
Deß stolz=vermeßnen Arm ich riß zurück,
Falsch klagend zielt er nach dem Leben mir. —
Auch ihr, erhabne Fürstin, samt dem Rest,
Habt grundlos Unehr' auf mein Haupt gelegt,
Und aufgereizt mit eifrigstem Bemühn
Den theursten Oberherrn, zu sein mir Feind.
All' ihr, die Köpfe stecktet ihr zusammen
(Ich weiß von eurer Winkel=Raunerei),
Bloß um mein schuldlos Leben abzuthun!
Mich zu verdammen giebt's falsch Zeugnis schon,
Und gnug Verrath zu mehren meine Schuld.
Das alte Sprichwort wird nun wahr an mir:
Ein Stock fehlt nie, zu schlagen einen Hund.

Kardinal.

Mein Fürst, sein Schmälen ist nicht auszustehn.
Wenn sie, die eurer fürstlichen Person
Schuz vor Verrath sind und Verrätherdolch,
Bloß stehn der Schmähung und Hohnlästerung,
Und der Beleidiger frei reden darf,
Das macht den Eifer für eur Hoheit kühl.

Suffolk.

Hat er nicht unsre hohe Frau gezwackt
Mit frecher Red', an Stellung künstlerisch,

Als hätte sie wen angestellt zum Schwur
Auf falsche Meldung, die ihn stürzen soll?

K. Margareta.

Mag der Verlierer schmähn nach Herzenslust.

Gloster.

Sehr wahr, mehr als ihr's meint. Ja, ich verliere; —
Fluch den Gewinnern, denn sie spielten falsch!
Wer so verliert, frei reden darf er schon.

Buckingham.

Er hält mit Wortdrehn uns den Tag hindurch. —
Lord Kardinal, er ist in eurer Haft.

Kardinal.

Ihr, führt den Herzog fort in sichrer Hut.

Gloster.

Ach, so wirft Heinrich seine Krück' hinweg,
Eh stark die Bein' ihm sind, den Leib zu tragen.
So wird der Schäfer weggeschlagen dir,
Und Wölfe knurren, wer zuerst dich nage.
Ach, meine Furcht, ach wäre sie doch Wahn!
Denn, Heinrich, deinen Unfall seh' ich nahn.
(Er geht mit der Wache ab.)

K. Heinrich.

Mylords, was eurer Klugheit rathsam dünkt,
Beschließt, verwerft, als wär' ich selbst alhier.

K. Margareta.

Was nun? eur Hoheit räumt das Parlament?

K. Heinrich.

Ja, Margaret', mein Herz versinkt in Gram,
Deß Flut anschwellend mir ins Auge steigt.
Umringt mit Elend ist ringsum mein Leib.

Denn was wol ist elender als Verdruß?
Ach, Oheim Humphrey, zeigt doch dein Gesicht
Das Bild der Ehre, Wahrheit, Biederkeit.
Ja, Humphrey, kommen soll die Stunde noch,
Wo du mir falsch erschienst und ungetreu.
Welch düstrer Stern sieht scheel nun deinem Glück,
Daß diese hohen Lords und mein Gemahl
Ausgehn zu tilgen dein harmloses Leben?
Nie thatst du ihnen weh, thatst keinem weh.
Und wie der Fleischer nimt das Kalb, und bindet
Das arme Thier, und schlägt's, wenn's seitwärts will,
Es schleppend zu der blut'gen Mezgerbank;
So, ohn' Erbarmen, schleppen sie ihn fort.
Und wie die Mutter brüllend läuft umher,
Hinschauend, wo ihr harmlos Kälblein geht,
Und nichts kann thun, als jammern um ihr Kind;
So jammr' ich um des guten Glosters Fall
Mit Thränen hofnungslos, und trübes Augs
Seh' ich ihm nach, und kann nichts thun für ihn.
So mächtig sind, die ihm Verderb geschworen.
Sein Loos bewein' ich denn, und seufze schwer:
„Wer ist Verräther? Gloster? nein, nicht der."
(Er geht.)

K. Margareta.

Freiherrn, vor Sonnenglut schmilzt kalter Schnee.
Heinrich, mein Ehgatt', ist in Großem kalt,
Zu voll des blöden Mitleids. Glosters Schein
Bethört ihn, wie das Krokodil mit Klag'
Und Winseln fängt weichherz'ge Wanderer
Und wie die Schlang' am Blumenbord sich ringelnd,
Mit glänzend bunter Haut, den Knaben sticht,
Der, weil sie schön ist, auch grundgut sie wähnt.
Glaubt, Lords, wenn niemand klüger wär' als ich,
(Zwar hierin trau' ich meiner Klugheit noch)

Der Gloster würde bald los dieser Welt,
Uns los zu machen unsrer Furcht vor ihm.

Kardinal.

Ja, daß er sterb', ist wahre Politik;
Doch braucht sein Tod uns noch Beschönigung.
Er muß verurtheilt sein nach Rechtesform.

Suffolk.

Doch, mein' ich, wäre dies nicht Politik.
Der König wird sich mühn, ihn zu befrein,
Das Volk vielleicht aufstehn, ihn zu befrein;
Noch haben wir nur nichtigen Beweis,
Bei Argwohn ihn zu zeigen werth des Tods.

York.

Demnach begehrt ihr seinen Tod nicht sehr.

Suffolk.

Ah, York, kein Mensch auf Erden wünscht ihn mehr.

York.

York ist's, dem mehr an seinem Tode liegt. —
Doch, Mylord Kardinal, und ihr, Lord Suffolk,
Sagt, wie ihr denkt, und sprecht aus freier Brust:
Wär' es nicht eins, man stellt den Aar, der darbt,
Zum Schuz des Küchleins vor des Habichts Gier,
Und Humphrey zum Protektor unsres Herrn?

K. Margareta.

Dem armen Küchlein wär' gewiß der Tod.

Suffolk.

Ja, gnäd'ge Frau. Und wär's nicht Wahnsinn denn,
Dem Fuchs die Hut der Hürde zu vertraun?
Würd' er verklagt als schlauer Mordgesell,
Nur eitel wäre die Entschuldigung,

Daß er den Vorsaz doch nicht ausgeführt.
Nein, laßt ihn sterben, weil er ist ein Fuchs,
Erbfeind der Heerd' aus Antrieb der Natur,
Eh ihm den Rachen Purpurblut gefleckt.
So von Natur ist Humphrey Feind des Herrn.
Nicht lange sucht Fündlein, zu tödten ihn.
Es sei durch Schling' und Fall' und Pfiffigkeit,
Im Schlaf, im Wachen, nichts verschlägt das Wie,
Wenn er nur stirbt: denn das ist guter Trug,
Festsezen den, der's angelegt auf Trug.

K. Margareta.

Höchst edler Suffolk, mannhaft sprecht ihr da.

Suffolk.

Mannhaft nicht eher, bis es ward gethan.
Oft wird gesagt was, und nicht oft gemeint.
Doch, daß dem Mund' einstimmig sei das Herz, —
Weil es verdienstlich solche That erkennt,
Und abzuwehren meinem Herrn den Feind, —
Sagt nur ein Wort, ich will sein Priester sein.

Kardinal.

Ich aber wünsch' ihn todt, Mylord von Suffolk,
Eh' ihr euch recht könnt weihn dem Priesterthum.
Sagt, ihr stimmt ein, und nennet gut die That,
Und ich besorg' ihm seinen Opferer;
So werth ist mir die Sicherheit des Herrn.

Suffolk.

Hier meine Hand, die That ist thuenswerth.

K. Margareta.

Das sag' auch ich.

York.

Und ich, und nun wir's alle drei gesagt,
Liegt wenig dran, wer ansicht unsern Spruch.

(Ein Bote kommt.)

Bote.

Ihr Lords, von Irland her, eil' ich im Flug,
Euch kund zu thun, Empörer standen auf,
Die Englischen anfallend mit dem Schwert.
Schickt Beistand, Lords, und hemmt die Wut beizeit,
Bevor die Wunde ganz unheilbar wird;
Noch ist sie frisch, und Heilung abzusehn.

Kardinal.

Ein Riß, der schleunig ausgestopft sein will!
Was rathet ihr bei diesem wicht'gen Fall?

York.

Daß Somerset gesandt werd' als Regent.
Den glücklichen Anführer brauche man,
Dem Zeugnis giebt sein Glück im Frankenreich.

Somerset.

Wenn York, mit all der feinen Politik,
Statt meiner war Regent im Frankenreich,
Nie hätt' er ausgeharrt so lange da.

York.

Nie, zu verlieren alles, so wie du.
Verloren hätt' ich eh mein Leben früh,
Als eine Last von Unehr' heimgebracht,
Durch Harren, bis verloren alles war.
Zeig' Eine Narb' auf deiner Haut, o Mann!
Nicht leicht, daß Mannsfleisch, heil wie das, gewann.

K. Margareta.

Traun, aus den Funken da tobt Glut empor,
Wenn Wind und Feurung ihn zu nähren kommt.
Halt, guter York; Freund Somerset, seid still.
Dein Schicksal, York, wenn du dort warst Regent,
Es wäre leicht weit schlimmer noch denn seins.

York.

Schlimmer denn arg? Nun denn, Schmach Allen, Schmach!

Somerset.

Und mit den Allen, du Schmachwünscher, dir!

Kardinal.

Mylord von York, erprobt denn euer Glück.
Die rohen Kerns von Irland stehn in Wehr,
Und mischen Lehm mit Blut der Englischen.
Nach Irland wollt ihr führen eine Schaar
Erles'ner Kriegsmannschaft aus jedem Gau,
Und euch versuchen gegen irisch Volk?

York.

Ja, Herr beliebt es seiner Majestät.

Suffolk.

Nun, unser Ausspruch ist ja sein Belieb.
Und was wir festgesezt, dem giebt er Kraft.
Drum, edler York, nim du den Feldherrnstab.

York.

Ich nehm' ihn denn. Schaft mir Soldaten, Lords,
Indeß ich ordne, was mich selbst betrift.

Suffolk.

Ein Amt, Mylord, das ich besorgen will.
Zurück nun auf den falschen Herzog Humphrey.

Kardinal.

Nichts mehr von ihm; mit dem verfahr' ich so,
Daß er nicht fürder soll im Weg' uns stehn.
Und nun brecht ab; der Abend senkt sich schon.
(zu Suffolk.)
Lord, ihr und ich, wir sprechen mehr davon.

York.

Mylord von Suffolk, binnen vierzehn Tagen
Erwart' ich nun zu Bristol meine Schaar.
Einschiffen werd' ich dort nach Irland sie.

Suffolk.

Besorgen werd' ich's treu, Mylord von York.
(Alle gehn, außer York.)

York.

Jezt oder nie, York, stähle deinen Sinn,
Und wandle Mistraun in Entschlossenheit.
Sei, was du hofst zu sein, sonst, was du bist,
Gieb preis dem Tod; nicht ist's Genusses werth.
Blaßschau'nde Furcht haus' in dem niedern Mann,
Nicht wohne sie in königlicher Brust.
Wie Frühlingsschauer strömt Gedankenstrom,
Und kein Gedanke, der nicht Hoheit denkt.
Mein Hirn, geschäft'ger als die ämsge Spinne,
Webt mühsam Schlingen zu der Feinde Fang.
Gut, Edle, gut! sehr staatsklug handelt ihr,
Daß ihr mich heißt abziehn mit einem Heer.
Ich sorg', ihr wärmt nur die erstarrte Schlange;
Gehegt am Busen, sticht sie euch in's Herz.
Ja, Männer braucht' ich, und ihr gebt sie mir.
Ich nehm' es dankbar an; doch seid versichert,
Ihr legt scharf Eisen in des Tollen Hand.
Weil ich in Irland halt' ein mächtig Heer,
Erreg' ich euch in England schwarzen Sturm,
Der stürmen soll zehntausend Seelen fort,
Zu Himmel oder Höll'; und der Orkan
Soll toben, bis der Goldreif um mein Haupt,
Gleichwie der hehren Sonne Stralenkranz,
Bezähmt des wildempörten Stoßwinds Wut.
Zum Werkzeug meines Planes ward von mir

Verleitet ein tollkühner Mann aus Kent,
John Cade aus Ashford,
Zu stiften Aufruhr, was gar wohl er kann,
Unter dem Namen von John Mortimer.
In Irland sah ich den starrköpf'gen Cade
Die Spize bieten einem Trupp von Kerns;
Er focht so lang', bis ihm die Schenkel voll
Wurfspieße starrten wie ein Stachelschwein.
Zulezt, befreit, sprang aufrecht er herum,
Wild, wie ein Mohr im Tanz, und schüttelte
Die blut'gen Darden, wie der sein Geläut.
Oft, wie ein rauhumhaarter schlauer Kern,
Ließ er sich in Gespräch ein mit dem Feind;
Und unentdeckt kam er zu mir zurück,
Und gab mir Kenntnis ihrer Büberein.
Der Teufel sei mein Stellvertreter hier,
Denn dem John Mortimer, der todt nun ist,
Ist er an Sprach' und Gang und Antliz gleich.
So nehm' ich die Gesinnung wahr des Volks,
Ob hold es sei dem Haus und Anspruch Yorks.
Sezt, man ergreif' ihn, quäl' und folter' ihn,
Ich weiß, kein Schmerz, den man ihm anthun kann,
Entpreßt ihm, Ich sei's, der ihn wapnete.
Sezt, ihm geling's, und allen Anschein hat's,
Von Irland dann komm' ich mit meiner Macht,
Und ernte, was der Bub' hat ausgesät.
Wenn Humphrey todt ist, — und bald soll er's sein, —
Und Heinrich weggeschafft; dann alles mein.

(Er geht ab.)

Zweite Scene.

Bury. Ein Zimmer im Schloß.

Zwei Mörder eilen herbei.

Erster Mörder.

Lauft zu Mylord von Suffolk; meldet ihm,
Wir lieferten den Herzog nach Befehl.

Zweiter Mörder.

O wär' es noch zu thun! Was thaten wir?
Sahst du je einen Mann bußfertiger?

(Suffolk tritt auf.)

Erster Mörder.

Da kommt Mylord.

Suffolk.

Nun, Leute, habt ihr abgethan dies Werk?

Erster Mörder.

Ja, Mylord, er ist todt.

Suffolk.

Das hör' ich gern. Nun, geht nur in mein Haus;
Ich will euch lohnen für die kecke That.
Der König und die Pairs erscheinen gleich.
Ist schmuck gelegt das Bett? ward alles wohl
Bestellt, so völlig, wie ich's ordnete?

Erster Mörder.

Ja, bester Herr.

Suffolk.

Fort, packt euch fort!

(Die Mörder gehn.)

(Es kommen König Heinrich, Königin Margareta, Kardinal Beaufort, Somerset und Andre.)

K. Heinrich.

Geht, ladet unsern Ohm vor uns sogleich.
Sagt ihm, wir wollen einsehn heut am Tag',
Ob er sei schuldig, wie man ausgesprengt.

Suffolk.

Ich lad' ihn alsobald, mein edler Fürst.
(Er geht.)

K. Heinrich.

Sezt euch, ihr Lords. — Ich bitt' euch allzumal,
Verfahrt nicht strenger gegen unsern Ohm,
Als er nach klar befundnem Augenschein
Strafbar in Red' und Wandel sich erwies.

K. Margareta.

Verhüte Gott, daß Bosheit das vermöchte,
Verdammen schuldlos einen Edelmann!
Gott geb', er spreche frei sich vom Verdacht!

K. Heinrich.

Dank dir. Nun wohl, dies Wort erfreut mich sehr. —
(Suffolk kommt zurück.)
Was ist? warum so bleich? was zitterst du?
Wo ist mein Oheim? — Was geschah? Sprich, Suffolk?

Suffolk.

Herr, todt in seinem Bett; Gloster ist todt.

K. Margareta.

Ha! Gott bewahr' uns!

Kardinal.

Gott, wie geheim du strafst! Mir träumte heut,
Eur Ohm sei stumm, und spreche nicht ein Wort
(Der König sinkt in Ohnmacht.)

K. Margareta.

Wie, mein Gemahl? Helft, Lords, der König stirbt.

Somerset.

Ihn aufgerichtet! zupft ihn an der Nase.

K. Margareta.

Lauft, geht, helft, helft! — O Heinrich, aufgeblickt!

Suffolk.

Er kommt zu Athem; ruhig, Königin.

K. Heinrich.

O großer Gott!

K. Margareta.

Wie geht es, mein Gemahl?

Suffolk.

Getrost, mein Fürst! getrost, mein gnäd'ger Heinrich!

K. Heinrich.

Was? jezo spricht Lord Suffolk mir von Trost?
Kam er nicht erst und sang ein Rabenlied,
Deß grauser Miston mich entgeisterte?
Und denkt er, des Zaunkönigleins Gezirp,
Indem es Trost anstimmt aus hohler Brust,
Könn' überschrein den erst vernommnen Laut?
Birg' nicht dein Gift in solche Zuckerworte.
Leg' nicht die Händ' auf mich; weg, sag' ich, weg!
Ihr Druck entsezt mich, wie der Schlange Stich.
Du gift'ger Bote, fort mir aus dem Blick!
Auf deinen Augen thront Mordtyrannei
In grauser Majestät, zum Schreck der Welt.
Schau mich nicht an; dein Auge blickt verwundend. —
Und dennoch geh nicht weg! — Komm, Basilisk,
Und blick' ihn todt, wer harmlos auf dich gaft!
Denn in des Todes Schatten find' ich Ruh;
Im Leben zwiefach Tod, seit Gloster starb.

K. Margareta.

Was scheltet ihr auf Mylord Suffolk so?
Obgleich der Herzog bittrer Feind ihm war,
Doch wahrhaft christlich traurt er seinen Tod.
Ich selbst, — wie sehr er mich anfeindete —
Wenn Thränenflut, herzklemmendes Geächz,
Blutzehrend Grämen ihn ins Leben rief',
Ich wollte blind mich weinen, krank mich ächzen,
Bleich sehn wie Primeln, vom Blütsauger Gram,
Nur daß der edle Herzog kehrt' ins Leben.
Was weiß ich, wie die Welt nun denkt von mir?
Denn, wie bekannt, war unsre Freundschaft hohl.
Kann sein, man glaubt, ich räumt' ihn aus dem Weg.
Dann sticht der Lästrung Zunge meinen Ruf,
Und Fürstenhöf' erfüllet meine Schmach.
Das bringt sein Tod mir. Ach, Elendeste!
Ich Königin gekrönt mit Schand' und Schmach!

K. Heinrich.

Weh, weh um Gloster! ach, den armen Mann!

K. Margareta.

Wehklag' um mich, die ärmer ist denn er.
Was wendest du und birgst dein Angesicht?
Ich bin kein ekler Aussaz, schau mich an.
Was? wurdest du, gleichwie die Natter, taub?
Sei giftig auch, und beiß dein arm Gemahl.
Ist all dein Trost gesenkt in Glosters Grab?
O dann war nie Margreta deine Lust.
Dann bild' aus Marmor ihn, und bet' ihn an,
Aus meinem Bildnis mach' ein Bierhausschild.
War deshalb ich im Meer dem Schifbruch nah,
Als zweimal Gegenwind von Englands Küste
Zurück mich trieb zur heimatlichen Flur?
Wie warnend! Schien wohlmeinend nicht der Wind

Zu sagen: Flieh das Skorpionennest,
Und fuße ja nicht auf dem rohen Strand?
Ich aber fluchte den wohlthät'gen Stürmen,
Und dem, der sie entließ aus ehrner Kluft,
Und hieß sie wehn nach Englands Segensstrand,
Wo nicht, uns treiben an ein Felsenrif.
Doch nicht wollt' Aeolus ein Mörder sein,
Dir überließ er solch verhaßtes Amt.
Die hohe See verwarf's, mich zu ersäufen;
Sie wußt', am Strand ersäuftest du mich in
Seesalzen Thränen, durch Unfreundlichkeit.
Der scharfe Fels senkt' in den Sand sich tief,
Und wollte nicht mich schmettern am Gezack;
Daß dein Granitherz, härter noch als er,
In deinem Schloß zermalmte Margareta:
So weit ich deine Kreid'höhn konnte schaun,
Als der Orkan vom Strand zurück uns schlug,
Stand ich auf dem Getäfel in dem Sturm.
Und als die Dämmrung mein starrgaffend Aug'
Um deines Lands Anblick schon halb betrog,
Nahm ich ein köstlich Kleinod mir vom Hals
(Ein Herz war's, eingefaßt in Diamant),
Und warf's dem Lande zu. Die See nahm's an,
Und so, wünscht' ich, möcht' auch dein Leib mein Herz.
Indem verlor ich Englands holde Schau,
Und wies die Augen fort, wohin das Herz;
Und blinde Dämmerbrillen nannt' ich sie,
Weil ihnen schwand mein theures Albion.
Wie hab' ich Suffolks Zung' oft angereizt,
Die Botin deines leid'gen Flattersinns,
Mich zu bezaubern, wie Askanius
Wann er der tollen Dido meldete
Des Vaters Thatenreih seit Troja's Brand!
Bin ich nicht toll gleich ihr? du falsch gleich ihm?

Weh mir, ich kann nicht mehr! Stirb, Margareta!
Denn Heinrich weint, daß du so lange lebst.

(Man hört ein Getöse draußen. Salisbury und Warwick treten auf. Das Volk drängt sich herein.)

Warwick.

Es geht die Rede, mächt'ger Oberherr,
Der gute Humphrey sei meuchlings ermordet
Durch Suffolks und des Kardinals Betrieb.
Das Volk, wie ein erzürnter Bienenschwarm,
Dem fehlt sein Führer, tummelt auf und ab,
Und fragt nicht, wen es stech' in seinem Grimm.
Selbst dämpft' ich ihres Wahnsinns Meuterei,
Bis es vernimt den Hergang seines Tods.

K. Heinrich.

Sein Tod ist, guter Warwick, nur zu wahr;
Doch wie er starb, Gott weiß, nicht Heinrich. —
Geht in sein Zimmer, schaut den Leichnam an,
Und dann erklärt euch seinen jähen Tod.

Warwick.

Das will ich thun, mein Fürst. Bleibt, Salisbury,
Beim rohen Schwarm, bis ich zurückgekehrt.

(Warwick geht ins innere Zimmer, und Salisbury tritt ab.)

K. Heinrich.

Allrichtender, o hemme mir den Trieb;
Den Trieb, der zu bereden strebt mein Herz,
Gewaltsam sei an Humphrey Hand gelegt!
Wenn falsch mein Argwohn ist, verzeih mir, Gott!
Denn das Gericht gebühret dir allein.
Gern küßt' ich warm die bleichen Lippen ihm
Mit zwanzigtausend Küssen, strömte gern
Auf sein Gesicht ein salzes Thränenmeer;
Gern spräch' ich Liebe dem todtstarren Leib,

Und drückt' ihm fühlend die fühllose Hand;
Doch eitel ist die schwache Zärtlichkeit;
Und die erstorbne Erdhüll' anzuschaun,
Was wär' es, als vergrößern meinen Gram?

(Die Flügelthür eines hinteren Zimmers öfnet sich, und man sieht Gloster todt in seinem Bette. Warwick und Andre stehen daneben.)

Warwick.

Kommt, gnäd'ger Fürst, und seht die Leiche hier.

K. Heinrich.

Das heißt nur sehn, wie tief mein Grab sich höhlt;
Mit seiner Seel' entfloh mein irdisch Heil;
Da seh' ich nur, mein Leben ist im Tod.

Warwick.

So wahr als meine Seel' einst Leben hoft
Beim hehren König, der Mensch ward wie wir,
Uns zu befrein von seines Vaters Zorn,
Ich glaub', es ward gewaltsam Hand gelegt
Ans Leben dieses allgepriesnen Herrn.

Suffolk.

Ein grauser Eid, in feierlichem Ton!
Wodurch bewährt Lord Warwick seinen Schwur?

Warwick.

Seht, wie das Blut ihm drang ins Angesicht!
Oft sah ich eine reif verschiedne Leich',
Aschfarbig, mager, bleich und ohne Blut,
Weil alles hinzog ums angstvolle Herz,
Das in des Todeskampfs Anstrengungen
Es ruft zum Beistand wider seinen Feind,
Wo's mit dem Herzen kalt wird, und nie kehrt,
Mit schönem Roth die Wange zu durchglühn.
Doch ihm ist schwarz und blutreich das Gesicht;

Die Augen mehr heraus, als da er lebt',
Und gräßlich starrt er, dem Erwürgten gleich;
Das Haar gestraubt, die Nüstern weit vom Ringen,
Die Händ' abwärts gestreckt, wie wem, der zuckt'.
Und grif nach Leben, und bewältigt sank.
Schaut auf die Locken, seht sein Haar, es klebt,
Sein wohlgelegter Bart, rauh und zerzaust,
Wie Sommerkorn, vom wilden Sturm gestreckt.
Nicht anders, traun! er ward gemordet hier;
Das kleinst' all dieser Zeichen wär' Erweis.

Suffolk.

Nun, Warwick, wer betrieb des Herzogs Tod?
Ich selbst und Beaufort hielten ihn in Schuz,
Und wir sind, hoff' ich, keine Mörder, Herr.

Warwick.

Doch beid' ihr wart Humphreys geschworne Feinde;
Ihr hattet ja den Herzog in Verwahr.
Vermutlich ward er nicht als Freund gepflegt,
Und augenscheinlich fand er einen Feind.

K. Margareta.

So scheint's, ihr argwöhnt, diese hohen Lords
Sein Schuld an Herzog Humphreys frühem Tod.

Warwick.

Wer find't die Starke todt und blutend noch,
Sieht dicht dabei den Mez'ger mit dem Beil,
Und argwöhnt nicht, der hab' es abgethan?
Wer find't das Rebhuhn in des Geiers Nest,
Und bleibt im Zweifel, wie der Vogel starb,
Fliegt schon der Geier mit unblut'gem Schnabel?
Ganz so verdächtig ist dies Trauerspiel.

K. Margareta.

Seid ihr der Mez'ger, Suffolk? wo eur Beil?
Heißt Beaufort Geier? wo sind seine Klaun?

Suffolk.

Kein Beil trag' ich, zu mezeln wen im Schlaf,
Doch hier ein Rachschwert, rostend schon durch Ruh;
Das scheur' ich im boshaften Herzen deß,
Der mit des Mords Blutmaal mir fleckt den Ruf. —
Sag' wenn du's darfst, Großherr von Warwickshire,
Ich trage Schuld an Herzog Humphreys Tod.

(Der Kardinal, Somerset und Andre gehen.)

Warwick.

Was darf nicht Warwick, wenn Suffolk ihm trozt!

K. Margareta.

Nicht darf er zügeln den Verläumdungssinn,
Noch abstehn von vermeßner Tadelsucht,
Und troz' ihm Suffolk zwanzigtausendmal.

Warwick.

Sacht, gnäd'ge Frau, mit Ehrfurcht bitt' ich drum;
Denn jedes Wort von euch zu Gunsten ihm
Ist eurer königlichen Würd' ein Fleck.

Suffolk.

Stumpfsinn'ger Lord, unedel im Betragen!
Wenn je ein Weib so kränkte den Gemahl,
So stieg in deiner Mutter schmachvoll Bett
Ein grober Knoll, und sezt' auf edlen Stamm
Ein Wildlingsreis, deß herbe Frucht du bist,
Nicht aus der Nevils edler Ahnenschaft.

Warwick.

Nur, daß die Schuld des Mordes dich beschirmt,
Und ich den Henker brächt' um seinen Lohn,
Löst' ich dich so von tausendfacher Schmach;
Und daß des Königs Gegenwart mich kühlt:
Sonst solltest du, Dolchfuchtler, auf den Knien
Abbitte thun für deine Red', und sagen,

Nur deine Mutter habest du gemeint,
Von der du selbst ausgingst ein Bastardsproß;
Dann, nach der angstentpreßten Huldigung,
Zahlt' ich den Sold, zur Hölle führest du,
Blutsauger, der die Leut' abthut im Schlaf!

Suffolk.

Du sollst ganz wach sein, zapf' ich dir dein Blut,
Sofern du's wagst, hinauszugehn mit mir.

Warwick.

Fort, fort sogleich! sonst schlepp' ich dich hinaus!
Unwürdig zwar bist du, doch steh' ich dir,
Und tröst' ein wenig Herzog Humphreys Geist.

(Sie gehn

K. Heinrich.

Welch stärkrer Harnisch als ein schuldlos Herz!
Dreimal bewafnet ist, wer kämpft für Recht,
Und der ist nackt, obschon gehüllt in Stahl,
Deß Inneres von Unrecht ward befleckt.

(Man hört draußen einen Lerm.)

K. Margareta.

Was für ein Lerm?

(Suffolk und Warwick kommen mit entblößtem Degen zurück.)

K. Heinrich.

Wie nun, ihr Lords? grimmvolle Wehr gezückt
In unserm Beisein? Was vermeßt ihr euch?
Ha, welch ein wüst Aufruhrgeschrei ist hier?

Suffolk.

Der Frevler Warwick samt dem Volk von Bury,
Stürmt alles auf mich ein, erhabner Fürst.

(Man hört das Geräusch des Volkes. Salisbury kommt.)

Salisbury.

Still da! dem König meld' ich eur Begehr. —
Durchlaucht'ger Herr, das Volk erklärt durch mich,
Wenn nicht Lord Suffolk stracks gerichtet wird,
Wenn nicht verbannt aus Englands schönem Reich,
Gewaltsam reiß' es ihn aus eurem Schloß,
Und foltre todt ihn mit langsamer Qual.
Es sagt, der Herzog Humphrey starb durch ihn;
Auch fürcht' es, sagt's, eur Hoheit Tod durch ihn.
Und bloßer Trieb der Lieb' und Bürgertreu,
Frei von verstockter Widerspenstigkeit,
Als wollte Troz es bieten eurem Wunsch,
Heißt es so eifrig dringen auf Verbann.
Es sagt, aus Sorge für eur fürstlich Haupt,
Wenn eure Hoheit schlafen wollt', und streng'
Befohl', euch nicht zu stören in der Ruh,
Bei eurer Ungnad', und bei Todesstrafe;
Doch ohne Rücksicht auf solch scharf Verbot,
Wenn eine Schlange mit gespaltner Zung',
Heimtückisch anschlich' eure Majestät,
Nothwendig wär's durchaus, zu wecken euch,
Damit nicht euren Schlummer voll Gefahr
Der Todeswurm ausdehnt' in ew'gen Schlaf.
Und darum schreit das Volk, troz dem Verbot,
Es woll' euch hüten, wollt ihr oder nicht,
Vor solcher Schlangenbrut, wie Suffolk ist;
Durch deß vergifteten, graunvollen Biß
Eur lieber Oheim, zwanzigmal ihn werth,
So sagt's, des Lebens schändlich ward beraubt.

Volk draußen.

Antwort vom König, Mylord Salisbury!

Suffolk.

Mag sein, das Volk, der rohe Bauernschwarm,
Schickt solche Botschaft seinem Oberherrn;

Doch ihr, Mylord, nahmt gern den Antrag an,
Zu zeigen euch in hübscher Redekunst.
Doch aller Ruhm, den Salisbury erwarb,
Ist, daß er Großbotschafter eines Packs
Von Kesselflickern an den König war.

Volk draußen.

Antwort vom König! oder man bricht ein!

K. Heinrich.

Geht, Salisbury, und allen sagt von mir
Für seine zärtliche Besorgnis Dank;
Und wär' ich auch nicht aufgefodert so,
Ich hätte doch gethan nach ihrem Wunsch.
Denn, traun, mein Innres weissagt stündlich mir
Unheil, das Suffolk androht meinem Reich.
Und darum schwör' ich bei deß Majestät,
Dem ich unwürdiger Statthalter bin,
Nicht soll sein Hauch verpesten diese Luft,
Mehr als drei Tage noch, bei Todesstrafe!
(Salisbury geht ab.)

K. Margareta.

Laß flehn mich, Heinrich, für den edlen Suffolk!

K. Heinrich.

Unedle Fürstin, edel heißt dir der?
Nicht weiter, sag' ich, redest du für ihn,
Du bietest nur mehr Nahrung meinem Zorn.
Hätt' ich's gesagt bloß, traun, ich hielte Wort,
Doch wenn ich schwör', unwiderruflich bleibt's.
Wenn nach drei Tagen man dich hier entdeckt
Auf einem Grundstück, wo ich Herscher bin,
Die ganze Welt nicht löst dein Leben ein. —
Komm, Warwick, komm, mein Warwick; geh mit mir,
Ich habe Großes mitzutheilen dir.
(Beide gehn mit Gefolge. Bloß Suffolk und die Königin bleiben.)

K. Margareta.

Unglück und Kummer mög' hingehn mit euch!
Ja Herzensgram und herbe Kümmernis
Sein als Gespielen stets euch zugesellt!
Zwei seid ihr da; Satan sei dritter Mann!
Dreifache Rache folg' euch auf den Fuß!

Suffolk.

Halt, edle Frau, mit den Verwünschungen;
Laß deinen Suffolk scheiden wehmutsvoll.

K. Margareta.

Fui, zages Weib, feigherziges Geschöpf!
Rufst du nicht herzhaft deinen Feinden Fluch?

Suffolk.

Die Pest auf sie! Was soll mein Fluchen hier?
Wär' Fluchen tödtlich wie Alraungeächz,
So bittre Wort' ersänn' ich, so geschärft,
So rauh, so harsch, so schauerlich dem Ohr,
Durch die geknirschten Zähn' hervorgetobt,
Mit so viel Zeichen grimmes Hasses, wie
Der hagre Neid in seiner grausen Kluft.
Die Zunge strauchelte vor Ungestüm,
Das Auge funkte mir wie Kies am Stahl,
Mein Haar starrt' aufwärts, wie dem Rasenden;
Ja, jedem Glied entführe Fluch und Bann.
Und eben jetzt bräch' harmvoll mir das Herz,
Wenn ichs nicht ausflucht'. O sei Gift ihr Trank!
Gall', über Gall', ihr leckerster Genuß!
Ihr holder Schatten ein Cypressenhain!
Ihr Wonnanblick ein grauser Basilisk!
Ihr sanft Gefühl schmerzhafter Eiderbiß!
Und Schlangenzischen gräßliche Musik!
Und Unglücks-Uhu'n tön' in vollem Chor!
Die Schrecken all' im dunkeln Höllenpfuhl. —

K. Margareta.

Genug, mein Suffolk, du zerquälst dich selbst;
Dies Fluchen, wie die Sonn' auf Spiegelglas,
Wie überladne Büchsen, prallt zurück,
Und wendet seine Vollkraft auf dich selbst.

Suffolk.

Ihr hießt mich fluchen; jezt verbietet ihrs?
Nun, bei dem Land' hier, draus ich bin verbannt,
Durchfluchen könnt' ich eine Winternacht,
Ständ' ich schon nackt auf eines Berges Höh',
Wo scharfer Frost nie wachsen läßt nur Gras,
Und dächt', ein Augenblick wär' hingescherzt.

K. Margareta.

Laß dich erflehn, hör' auf! Gieb mir die Hand,
Daß ich sie neze mit der Wehmut Thau.
Hier traufe nie des Himmels Regen hin,
Um wegzuspülen meiner Wehmut-Mal.
(Sie küßt seine Hand.)

O prägte sich der Kuß auf deine Hand,
Daß dich das Siegel mahnt' an diese da,
Die tausend Seufzer ausgehaucht für dich!
Jezt geh, daß ich ganz kenne meinen Gram.
Stehst du mir nahebei, ich ahn' ihn nur,
Wie, wer im Ueberfluß an Mangel denkt.
Zurück dich ruf' ich, oder, sei gewiß,
Ich wag' es drauf, verbannt zu werden selbst:
Verbannt schon bin ich, wenn getrennt von dir.
Geh, sage mir kein Wort mehr; geh jezt gleich. —
O, geh noch nicht! So herzt sich ein Paar Freund'
Am Richtplaz, und nimt Abschied tausendmal,
Und bangt weit mehr vor Trennung als vor Tod.
Doch nun fahr wohl; fahr wohl mit dir mein Leben!

Suffolk.

So wird denn Suffolk ach! zehnmal verbannt,
Einmal vom König, dreimal drei von dir.
Ich achte nicht dies Land, wärst du hinweg;
Die rauhste Wildnis ist volkreich genug,
Wenn Suffolk lebt in deiner Himmelsnähe.
Denn wo du bist, da ist die Welt ja selbst,
Mit aller Freud' und jeder Lust der Welt,
Und wo du nicht bist, öde Wüstenei.
Ich kann nicht mehr, leb' und sei lebensfroh;
Ich selbst bin froh zu nichts, als daß du lebst.

(Vaux kommt.)

K. Margareta.

Wohin so eilig, Vaux? Sag' an, was giebt's?

Vaux.

Um anzukünden seiner Majestät,
Daß Kardinal Beaufort liegt im Todeskampf.
Denn plözlich stieß ihm schwere Krankheit zu,
So daß er keucht, und starrt, und schnappt nach Luft,
Und lästert Gott, und flucht den Sterblichen.
Bald spricht er, als ob Herzog Humphreys Geist
Zur Seit' ihm stände; bald ruft er den König,
Und flistert in sein Kissen, als wär' ers,
Der überladnen Brust Geheimnisse.
Und melden soll ich seiner Majestät,
Daß eben jezt er laut aufschreit nach ihm.

K. Margareta.

Geh, bring' die Trauerbotschaft deinem Herrn.

(Vaux geht.)

Weh mir! was ist die Welt? — Welch eine Zeitung!
Doch warum rührt mich einer Stunde Schmerz,
Da Suffolk ist verbannt, mein Seelentrost?
Was, Suffolk, klag' ich nicht allein um dich,

Und eifr' in Thränen mit dem Südgewölk,
Das thaut Wachsthum der Erd', Ich meinem Leid?
Nun, eile fort. — Der König, weißt du, kommt;
Wenn man dich trift bei mir, es ist dein Tod.

Suffolk.

Bin ich getrennt von dir, nicht leben kann ich,
Vor deinem Aug' hinsterben, wär' es mehr,
Als ein süß Schlümmerchen in deinem Schooß?
Hier könnt' ich meine Seel' in Luft verhauchen,
So sanft und leise, wie das Wiegenkind,
Das hinstirbt mit der Mutter Brust im Mund.
Doch fern dir, würd' ich rasend wild nach dir
Ausschrein, daß du zudrücktest meine Augen,
Und mit den Lippen schlössest meinen Mund.
So hemmtest du die Seel' im Fluge mir,
Wo nicht, sie haucht' ich so in deinen Leib,
Dann lebte dort sie im Elysium.
Der Tod bei dir wär' nur ein Tod in Scherz,
Fern dir, der Tod wär' Marter, mehr denn Tod.
O laß mich bleiben, folge was da will.

K. Margareta.

Hinweg!
Ist Trennung schon ein schmerzhaft fressend Mittel,
Sie dient für eine Todeswunde doch.
Nach Frankreich, theurer Suffolk! — Schreib mir bald;
Sei wo du magst auf diesem Weltbezirk,
Durch eine Iris wirst du ausgeforscht.

Suffolk.

Ich geh'.

K. Margareta.

O nim mein Herz mit dir!

Suffolk.

Ein theur Juwel im wehevollsten Kästchen,
Das je ein köstlich Kleinod in sich schloß.
Wie ein zerspaltnes Schif, so scheiden wir.
Diesseits winkt mir der Tod'

K. Margareta.

Und diesseits mir.

(Sie gehn nach verschiedenen Seiten ab.)

Dritte Scene.

London. Des Kardinals Schlafzimmer.

König Heinrich, Salisbury, Warwick, und Andre. Der Kardinal, im Bette liegend; Diener um ihn her.

K. Heinrich.

Was macht Mylord? Sprich, Beaufort zu dem König.

Kardinal.

Bist du der Tod, dir geb' ich Englands Schäze,
Genug zum Ankauf noch so einer Insel,
Wenn du mir Leben schenkst, und ohne Pein.

K. Heinrich.

Ach, welch ein Zeichen ist's von bösem Leben,
Erscheint des Tods Annahn so fürchterlich!

Warwick.

Beaufort, dein König ist's, der zu dir spricht.

Kardinal.

Bringt zum Verhör mich, wann es euch gefällt.
Er starb auf seinem Bett? wo sollt' er denn?
Kann ich zum Leben zwingen, wer nicht will? —
O foltert mich nicht mehr, ich will bekennen! —
Er aufgelebt? So zeigt mir, wo er ist.
Ich gebe tausend Pfund, ihn nur zu sehn. —
Er hat nicht Augen mehr, Staub macht sie blind. —
Kämmt schlicht sein Haar; seht, seht, es starrt empor;
Leimruten gleich hemmt's meiner Seele Flug! —
Gebt einen Trunk; der Apotheker bringe
Das starke Gift, das ich gekauft von ihm.

K. Heinrich.

O du, der ewig Erd' und Himmel lenkt,
Wirf einen Gnadenblick auf diesen Wurm!
O treib hinweg den dreist geschäft'gen Feind,
Der stark belagert hält des Armen Seel',
Und nim das Graun ihm der Verzweifelung!

Warwick.

Seht, wie die Todesangst ihn grinsen macht!

Salisbury.

O stört ihn nicht, er fahr' in Frieden hin.

K. Heinrich.

Fried' in die Seel' ihm, wenn Gott gnädig will! —
Lord Kardinal, denkst du an Himmelsheil,
Heb' auf die Hand, gieb Zeichen, daß du hoffst. —
Er stirbt, und macht kein Zeichen. — Gott vergieb ihm!

Warwick.

Solch böser Tod verräth ein scheuslich Leben.

K. Heinrich.

Kein Richten! Alle sind wir Sünder ja. —
Schließt ihm die Augen, zieht den Vorhang zu;
Und laßt uns alle still nachdenken dem.

(Sie gehn ab.)

Vierter Aufzug.

Erste Scene.

Kent. Die Seeküste bei Dover.

Man hört Schüsse von der See her. Drauf steigen aus einem Boote der Schifshauptmann, der Patron und sein Gehülfe, Seifart Whitmore und Andre; mit ihnen Suffolk und andre Edelleute als Gefangene.

Schifshauptmann.

Der bunte, plaudernde, weichherz'ge Tag
Verkroch sich in den Schooß des Oceans,
Und laut Geheul von Wölfen weckt die Mähren,
Die mühsam schleppen die schwermüt'ge Nacht,
Und ihre trägen Flügel, laß und welk
Auf Gräber senken, und dem Nebelschlund'
Enthauchen faulen Pestqualm in die Luft.
Drum bringt die Männer, die wir beuteten;

Denn, weil die Jacht uns ankert an den Dünen,
Hier sollen sie sich lösen auf dem Kies,
Wo nicht, mit Blut roth färben diesen Strand. —
Patron, hier den Gefangnen schenk' ich dir; —
Du, sein Gehülfe, nim zur Beute den;
Und der ist, Seifart Whitmore, dir beschert.
(Er zeigt auf Suffolk.)

Erster Edelmann.

Was ist mein Lösegeld, Patron? sagt an!

Patron.

Ein tausend Kronen, sonst fliegt euch der Kopf.

Gehülfe.

Und so viel gebt auch ihr, sonst fliegt er euch.

Schifshauptmann.

Zwei tausend Kronen denkt ihr, das sei viel,
Und nennt euch doch und schautragt edle Herrn? —
Hals ab den beiden Schurken! Fort zum Tod!
Das Leben derer, die uns nahm der Kampf,
Wird nicht ersetzt durch solch ein Lumpengeld.

Erster Edelmann.

Ich zahle, Herr; drum schenkt das Leben mir.

Zweiter Edelmann.

Ich auch, und schreibe gleich nach Haus deshalb.

Whitmore, zu Suffolk.

Mein Aug' verlor' ich als wir enterten;
Um das zu rächen nun, sollst du mir dran,
Auch sollten's die, ging es nach meinem Wunsch.

Schifshauptmann.

Seid nicht so rasch; nehmt Lösung, laßt ihn leben.

Suffolk.

Sieh mein Georgskreuz, ich bin Edelmann;
Schäz' mich, so hoch du willst, dir wird gezahlt.

Whitmore.

Das wird mir schon; mein Nam' ist — Seifart Whitmore.
Was? warum zuckst du auf? Schreckt dich der Tod?

Suffolk.

Dein Name schreckt mich, dessen Schall ist Tod.
Mir stellt' ein weiser Mann das Horoskop,
Und sagte, daß mir Seefahrt brächte Tod.
Doch das nicht mache dich blutdürstiger;
Dein Nam' ist Siegfried, richtig ausgesprochen.

Whitmore.

Siegfried und Seifart, beides gilt mir gleich.
Noch nie hat Schimpf besudelt unsern Namen,
Daß unser Schwert nicht abgewischt den Fleck.
Drum, wenn ich Rache nun ausfeilschen kann,
Zerbrecht mein Schwert, zerreißt mein Wappenschild,
Und ruft mich aus als Memme durch die Welt.
(Er ergreift Suffolk.)

Suffolk.

Halt, Whitmore, dein Gefangner ist ein Prinz,
Der Herzog Suffolk, William de la Poole.

Whitmore.

Der Herzog Suffolk, so vermummt in Lumpen!

Suffolk.

Ja, doch die Lumpen sind kein Theil vom Herzog;
Verkleidet ging wohl Zeus; warum nicht ich?

Schifshauptmann.

Doch nie ward Zeus erschlagen, wie nun du.

Suffolk.

Nichtswerther Bauer! König Heinrichs Blut,
Das ehrenvolle Blut von Lancaster,
Darf nicht vergießen solch ein Kerl vom Stall.
Gabst du nicht Kußhand, hieltst den Stegreif mir?
Liefst barhaupt meinem Saumthier an die Seit',
Und warst beglückt schon, wenn ich nickte nur?
Wie oft hast du den Becher mir gereicht,
Gezehrt vom Abhub, hingekniet am Tisch,
Wann Schmaus ich hielt mit Kön'gin Margareta?
Dran denk', und laß es senken dir den Kamm,
Und dämpfen den unzeit'gen Uebermut.
Wie oft im leeren Vorsaal standest du,
Demütig harrend, bis heraus ich kam?
Hier meine Rechte schrieb zu deinem Besten;
Drum feßle sie die freche Zunge dir.

Whitmore.

Sprecht, Hauptmann, stech' ich den Verworfnen ab?

Hauptmann.

Erst soll mein Wort ihn stechen, wie er mich.

Suffolk.

Schandbube, stumpf sind deine Wort', und du.

Hauptmann.

Schaft weg ihn, und am Bord des langen Boots
Haut ab den Kopf ihm.

Suffolk.

Wagst du deinen drau?

Schifshauptmann.

Ja, Pool'.

Suffolk.

Poole? Wie, Pool'?

Schifshauptmann.

Nun Pool', Sir Pool', Lord Pool'!
Mistjauche, Pfuhl, Kloak, deß Koth und Schlamm
Trüb macht den Silberquell, wo England trinkt.
Nun stopf' ich dir dein aufgesperrtes Maul,
Das so verschlang den Schaz des Königreichs;
Dein Kußmund, hold der Kön'gin, schleif' im Staub,
Und Lächler bei des guten Humphrey's Tod,
Nun grinse du fühllosem Wind umsonst,
Der wie verachtend dir entgegen zischt.
Verehlicht sei mit Teufelshexen du,
Der keck verlobt hat einen mächt'gen Herrn
Der Tochter eines winz'gen Königleins
Ohn Unterthanen, Gut und Diadem.
Durch Politik des Satans wardst du groß,
Und, gleich dem kühnen Sylla, überfüllt
Mit blut'gen Bissen aus der Mutter Herzen.
Anjou und Maine hast du verkauft an Frankreich;
Die Normannsmeuter wild durch dich verschmähn,
Uns Herrn zu nennen; und die Picardie
Schlägt ihre Vögte, fällt in unsre Burgen,
Und schickt das nackte Volk mit Wunden heim.
Der edle Warwick und die Newils alle,
Die nie umsonst furchtbare Schwerter ziehn,
Aus Haß auf dich erhoben sie die Wehr.
Auch nun das Haus von York, entdrängt dem Thron,
Durch eines wackern Königs schnöden Mord,
Und stolz emporgeschwollne Tyrannei, —
Flammt Rach', und führt auf hofnungsreichen Fahnen
Die halbe Sonne, die vorbrechen will,
Worunter steht: — invitis nubibus.
Das Volk in Kent hier stand gewafnet auf.
Mit Einem Wort, Schand' und Armseligkeit
Sind eingeschlichen in des Königs Haus,
Und alles das durch dich. Fort! schaft ihn weg!

Suffolk.

O daß ich wär' ein Gott, und schösse Donner
Auf dies elende, niedre Bettlervolk!
Klein Ding macht Knechte stolz. Der Bube da,
Herr einer Jacht, droht mehr als Bargulus,
Der mächtige illyrische Korsar.
Die Drohne saugt nicht Adlerblut, sie raubt
Vom Bienenstock. Unmöglich, daß ich sterbe
Durch solchen niedern Lumpenkerl wie du,
Dein Wort regt Wut nur, und nicht Reu in mir.
Nach Frankreich sendet mich die Königin.
Dir sag' ich, schaff mich sicher durch den Sund.

Schifshauptmann.

Seifart, —

Whitmore.

Komm, Suffolk, schaffen muß ich dich zum Tod.

Suffolk.

Gelidus timor occupat artus; —
Du bist es, den ich fürchte.

Whitmore.

Du findest Grund zur Furcht, eh wir uns trennen.
Wie? zagt ihr nun? Wollt ihr euch bücken gleich?

Erster Edelmann.

Mein gnäd'ger Lord, fleht ihn um Mitleid an.

Suffolk.

Suffolks Gebieterzung' ist hart und rauh,
Befehlen kann sie, nicht um Gnade flehn.
Fern sei von uns, zu ehren solch ein Pack
Mit niedrem Flehn. Nein, eher sei mein Haupt
Gebeugt dem Block, eh wem mein Knie sich beugt
Als Gott im Himmel nur, und meinem König;

Ja schweben soll's vielmehr auf blut'ger Stang',
Als unbedeckt stehn einem Pöbelkerl.
Der ächte Adel ist frei aller Furcht;
Mehr halt' ich aus, als ihr Herz habt zu thun.

Schifshauptmann.

Schleppt ihn hinweg, und schwaz' er euch nicht mehr.

Suffolk.

Soldaten, kommt! zeigt eure Grausamkeit,
Damit mein Tod stets unvergessen sei!
Manch großer Mann schon starb durch Betteltroß.
Ein röm'scher Fechter und Bandit erschlug
Den Redner Tullius; Brutus Bastard-Hand
Stach Julius Cäsar: wildes Inselvolk
Den Held Pompejus: Suffolk sinkt Korsaren.
(Es gehn ab Suffolk, Whitmore und Andre.)

Schifshauptmann.

Von diesen, deren Lösung wir bestimmt,
Reis' einer ab, und hohle her das Geld.
Deshalb kommt ihr mit uns, und den laßt gehn.
(Alle gehn; der erste Edelmann bleibt.)

Whitmore, mit Suffolks Leiche.

Lieg' hier sein Haupt, und sein entseelter Leib,
Bis ihn begräbt sein Traut, die Königin.
(Er geht.)

Erster Edelmann.

Barbarisch ha! und blutig solche Schau! —
Den Leichnam bring' ich hin zum Könige.
Rächt der ihn nicht, es thun die Freund', es thut
Die Königin, der lebend er war theur.
(Er geht ab mit dem Leichnam.)

Zweite Scene.

Blackheath.

Georg Bevis und John Holland.

Georg.

Komm, und schaf dir ein Schwert, wenn auch von Holz; sie regen sich schon zwei Tage.

John.

Desto mehr bedürfen sie nun des Schlafs.

Georg.

Ich sage dir, Hans Cade der Tuchmacher will das Gemeinwohl aufstuzen; er will es wenden, und wieder aufrauhen.

John.

Des thut ihm Noth, denn es ist kahldrätig. Ja, das sag' ich, kein lustig Leben war mehr in England, seit die Edelleute aufkamen.

Georg.

O klägliche Zeiten! Tugend wird nichts geachtet an Handwerksleuten.

John.

Der Adel hält es für Schimpf, im Schurzfell zu gehen.

Georg.

Noch mehr, des Königs Räthe sind nicht gute Arbeiter.

John.

Leider; und doch steht geschrieben: arbeite in deinem

Beruf; das heißt so viel als: die Obrigkeiten sollen Arbeitsleute sein, und drum sollten wir Obrigkeiten sein.

Georg.

Getroffen! denn nichts besseres beweist tüchtigen Kopf, als harte Faust.

John.

Ich seh sie! ich seh sie schon! Da ist Bests Sohn, der Gerber von Wingham; —

Georg.

Der kriegt die Felle von unsern Feinden, und macht Hundsleder daraus.

John.

Und Dierk der Mezger, —

Georg.

So wird die Sünde vor den Kopf geschlagen wie ein Ochs, und die Ruchlosigkeit abgegurgelt wie ein Kalb.

John.

Und Smith der Weber, —

Georg.

Ergel, so ist ihr Lebensdrat abgespult.

John.

Komm, komm, rotten wir uns zu ihnen.

(Trommeln. Cade, Dierk der Mezger, Smith der Weber, und Andre in großer Anzahl.)

Cade.

Wir, John Cade, so genannt von unserm vermeintlichen Vater.

Dierk, beiseit.

Oder vielmehr, weil er stahl aus der Kate des alten Jonas.

Cade.

Denn unsre Feinde werden fallen, auf Latein cadere, wenn wir zuschlagen; wir getrieben vom Geist, abzusetzen Könige und Fürsten. — Befehlt Stillschweigen!

Dierk.

Still da!

Cade.

Mein Vater war ein Mortimer, —

Dierk, beiseit.

Er war ein ehrlicher Mann, und ein guter Maurer.

Cade.

Meine Mutter eine Plantagenet, —

Dierk, beiseit.

Ich kannte sie gut, sie war Hebamme.

Cade.

Meine Frau aus dem Hause der Lacies, —

Dierk, beiseit.

Freilich, sie war eines Hausierers Tochter, und verkaufte manchen Laz.

Smith, beiseit.

Doch seit kurzem, da sie nicht mehr mit dem Waatsack herumziehn kann, wäscht sie am Beuchkübel daheim.

Cade.

Folglich bin ich aus einem ehrenwerthen Hause.

Dierk, beiseit.

Ja, meiner Treu, das Feld ist aller Ehren werth;

und da ward er geboren, am Zaun; denn sein Vater hausete nie als im Hundeloch.

Cade.

Mut hab' ich.

Smith, beiseit.

Er muß wohl; zum Betteln gehört Mut.

Cade.

Ich kann viel aushalten.

Dierk, beiseit.

Keine Frage das; ich sah ihn gepeitscht drei Markttage nach einander.

Cade.

Ich fürchte nicht Schwert noch Feuer.

Smith, beiseit.

Er braucht nicht das Schwert zu fürchten; sein Rock versteht sich auf den Hieb.

Dierk, beiseit.

Aber mich dünkt, das Feuer sollt' er fürchten, da die Hand ihm gebrandmarkt ist für Schafdieberei.

Cade.

Seid also brav; denn euer Anführer ist brav, und gelobt eine Reform. Man soll in England sieben Halbpfennigbrote verkaufen um Einen Pfennig; eine Kanne von drei Maß soll halten zehn Maß; und ich will den Tod darauf setzen, wer Dünnbier trinkt. Das ganze Reich soll ein Gemeingut sein, und in Cheapside soll mein Zelter auf die Weide gehn. Und wenn ich König bin, — denn König werd' ich gewiß. —

Alle.

Gott erhalt' eure Majestät!

Cade.

Ich dank' euch, liebe Leute! — dann soll kein Geld mehr sein; alle essen und trinken auf mein Kerbholz; und alle kleid' ich in Eine Farbe, daß sie einig sein wie Brüder, und mich ehren als ihren Herrn.

Dierk.

Das erste, was uns zu thun ist, wir schlagen alle Advokaten todt.

Cade.

Ja, das denk' ich zu thun. Ist das nicht ein jämmerlich Ding, daß man aus der Haut eines unschuldigen Lammes Pergament macht? das Pergament, wenn es bekrizelt ist, einen um den Hals bringen kann? Man sagt sonst, die Biene sticht; ich sage, das thut Bienenwachs; denn nur Einmal untersiegelt' ich etwas, und nie seitdem bin ich mein eigner Herr. Nun, was giebt's? wer ist der?

(Es kommen Leute, die den Küster von Chatham vorführen.)

Smith.

Der Küster von Chatham; er kann schreiben und lesen, und versteht Rechnung.

Cade.

O abscheulich!

Smith.

Wir ertappten ihn, daß er den Jungen Vorschriften schrieb.

Cade.

Ha, der Schurke!

Smith.

Er hat ein Buch in der Tasche, sind rothe Buchstaben darin.

Cade.

Ja, dann ist er ein Hexenmeister.

Dierk.

Ja, er kann Verschreibungen machen, und malt Kanzeleischrift.

Cade.

Es thut mir leid, der Mann ist ein hübscher Mann, auf Ehre; find' ich nicht, er sei schuldig, so soll er nicht sterben. — Komm her, Freund, ich muß dich abhören. Wie heißest du?

Küster.

Emanuel.

Dierk.

Das schreiben sie gewöhnlich oben auf den Briefschaften. — Es wird hart hergehn mit euch.

Cade.

Laßt mich in Ruh! — Schreibst du deinen Namen in Buchstaben; oder hast du ein Zeichen dafür, wie ein ehrlicher Biedermann?

Küster.

Ich danke Gott, Herr, ich bin so gut erzogen, daß ich meinen Namen zu schreiben weiß.

Alle.

Er hat bekannt; fort mit ihm; Er ist ein Spizbub' und ein Verräther.

Cade.

Fort mit ihm, sag' ich; hängt ihn auf, mit Feder und Dintenfaß um den Hals.

(Es gehn einige mit dem Küster ab; Michel kommt.)

Michel.

Wo ist unser General?

Cade.

Hier bin ich, du närrischer Kerl.

Michel.

Flieht! flieht! flieht! Sir Humphrey Stafford und sein Bruder sind in der Nähe, mit des Königs Heeresmacht.

Cade.

Steh, Schurke, steh, oder ich strecke dich hin. Er soll einen Mann finden, so tüchtig wie er selbst. Er ist nichts mehr, als ein Ritter, he?

Michel.

Nichts mehr.

Cade.

Ihm gleich zu sein, will ich selbst auf der Stelle mich zum Ritter machen. Steh auf, Sir John Mortimer. Nun auf ihn los. Sind noch andre dabei, die Ritter sind?

Michel.

Ja, sein Buder.

Cade.

So kniee nieder, Dierk Mezger. — Steh auf Sir Dierk Mezger. — Nun rühr die Trommeln.

(Sir Humphrey Stafford und William, sein Bruder, kommen, mit Trommeln und Mannschaft.)

Stafford.

Aufrührisch Pack, ihr Koth und Abschaum Kents,
Reif für den Galgen. — streckt die Waffen hin!
Zurück in eure Hütten! laßt den Kerl!
Der König ist barmherzig, kehrt ihr um.

William Stafford.

Doch zornig, wutvoll, und geneigt zu Blut,
Wenn ihr so fortgeht. Weicht denn, oder sterbt.

Cade.

Was kümmern mich die Schelm' im Seidenrock?
Zu euch, ihr guten Leute, red' ich nur,
Die ich in Zukunft zu beherschen hoffe;
Da ich rechtmäß'ger Erbe bin des Throns.

Stafford.

Du Schuft, dein Vater war ein Mörteler;
Du selber ein Tuchscherer; bist du's nicht?

Cade.

Und Adam war ein Gärtner.

William Stafford.

Wozu das?

Cade.

Nun dazu: — Edmund Mortimer, Jarl von March,
Nahm Herzog Clarence's Tochter; that er's nicht?

Stafford.

Ja, Freund.

Cade.

Von ihr hatt' er zwei Kinder auf einmal.

William Stafford.

Das ist nicht wahr.

Cade.

Das fragt sich just; doch Ich sag', es ist wahr.
Der ältre nun, den man zur Pflege gab,
Ward weggestohlen durch ein Bettelweib;
Und unbekannt mit seinem hohen Rang,

Ward er ein Maurer, wie er kam zu Jahren.
Sein Sohn bin ich; das läugnet, wenn ihr könnt.

Dierk.

Nur allzu wahr; drum soll er König sein.

Smith.

Er hat 'n Kamin gebaut für meinen Vater;
Die Steine leben noch bis diesen Tag,
Die das bezeugen; darum leugnet's nicht.

Stafford.

Was? ihr bestätigt des Taglöhners Wort,
Der spricht, er weiß nicht was?

Alle.

Ja wohl, das thun wir; also packt euch nur.

William Stafford.

Hans Cade, der Herzog York belehrt' euch so.

Cade, beiseit.

Das lügt er; ich erfand es für mich selbst. —
Geht, guter Freund, dem König sagt von mir:
Um seines Vaters halb, Heinrichs des fünften,
Zu deß Zeit Bürschlein Heller warfen um
Franzkronen, sei mir's recht, er bleibe König,
Doch will ich über ihn Protektor sein.

Dierk.

Und dann verlangen wir den Kopf Lord Say's,
Weil er verhandelt hat die Herschaft Maine.

Cade.

Und das mit Recht, denn England ward dadurch
Gelähmt, und ging' am Stabe, wenn ich's nicht
Aufrecht erhielte. Ihr Mitkönige,
Ich sag' euch, der Lord Say da hat verschnitten

Den Staat, und zum Kastraten ihn gemacht;
Und mehr als das, er spricht Franzmännsch, und drum
Ist er Verräther.

Stafford.

O grob' und klägliche Unwissenheit!

Cade.

Na, Antwort gebt, wofern ihr könnt; die Franzen
Sind unsre Feind'; auf denn! ich frage nur:
Wer mit des Feindes Zunge spricht, kann der
Ein guter Rath sein, oder nicht?

Alle.

Nein, nein, und darum her mit seinem Kopf!

William Stafford.

Wohlan, da sanfter Zuspruch nichts vermag,
Sie angegriffen mit des Königs Heer!

Stafford.

Geh, Herold, und erklär' in jeder Stadt,
Verräther sei, wer sich empört mit Cade;
Und daß auch jeder Flüchtling aus dem Kampf,
Selbst vor der Frau und Kinder Angesicht,
An eigner Thür zur Warnung hangen soll.
Und ihr, die Königsfreunde sind, folgt mir.

(Die beiden Staffords gehn mit ihren Truppen ab.)

Cade.

Und ihr, die hold dem Volke sind, folgt mir.
Nun zeigt als Männer euch, denn Freiheit gilt's;
Kein Lord, kein Edelmann bleib' übrig uns.
Nichts schont, als die in derben Flickschuh'n gehn,
Denn das sind Biedermänner voll Betrieb,
Die, wenn sie dürften, gern beiträten uns.

Dierk.

Sie sind in Ordnung, und ziehn auf uns an.

Cade.

Erst dann sind wir in Ordnung, wann wir sind
Aus aller Ordnung. — Kommt vorwärts.

(Sie gehn ab.)

Dritte Scene.

Ein andrer Theil von Blackheath.

Schlachtlerm. Die beiden Parteien kommen und fechten; beide Staffords werden erschlagen.

Cade.

Wo ist Dierk, der Mezger von Ashford?

Dierk.

Hier, Sir.

Cade.

Sie fielen vor dir, wie Schaf' und Ochsen, und du betrugst dich, als wärst du im eigenen Schlachthause. Darum empfange mir diesen Lohn. Die Fastenzeit sei noch einmal so lang; und dir sei vergönnt, zu schlachten für hundert Mann, weniger Eins.

Dierk.

Ich verlange nicht mehr.

Cade.

Und, in Wahrheit, du verdienst nicht weniger. Dies

Andenken des Sieges will ich tragen, und die beiden Leichname soll mein Pferd nachschleifen, bis ich nach London komme; da lassen wir uns des Maiers Schwert vortragen.

Dierk.

Wollen wir gedeihn, und Gutes thun, brecht in die Kerker, und laßt die Gefangenen heraus.

Cade.

Sorge nicht, dir steh' ich dafür. Kommt nun, vorwärts nach London!

(Sie gehn ab.)

Vierte Scene.

London. Ein Zimmer im Schloß.

König Heinrich, der eine Bittschrift liest; der Herzog von Buckingham und Lord Say neben ihm; in der Entfernung Königin Margareta mit Suffolks Kopf.

K. Margareta.

Oft hört' ich, Gram erweiche das Gemüt,
Mit Furcht es füllend und Mutlosigkeit;
Drum denk auf Rach', und laß vom Weinen ab.
Doch wer wol läßt vom Weinen, schaut er dies?
Hier ruht sein Haupt mir an empörter Brust;
Doch wo der Leib, den ich umarmen sollte?

Buckingham.

Welch' Antwort giebt eur Hoheit den Rebellen?

K. Heinrich.

Ein frommer Bischof geh' als Mittelsmann.
Verhüte Gott, daß so viel arme Seelen
Umkommen durch das Schwert! Ich selber will,
Eh sie der blut'ge Krieg aufreiben soll,
Sprach' halten mit Hans Cade, der jene führt.
Doch still, durchlesen will ich's noch einmal.

K. Margareta.

Ha, Bluthund' ihr! Hat dies hold Angesicht
Beherscht mich, wie ein wandelnder Planet?
Und fehlte Macht ihm, die zu sänftigen,
Die werth nicht waren, nur es anzuschaun?

K. Heinrich.

Lord Say, Hans Cade beschwört, zu fahn dein Haupt.

Say.

Ich hoff' eur Majestät fäht eher seins.

K. Heinrich.

Nun, Königin?
Stets weinend und bejammernd Suffolks Tod?
Ich fürchte, Herz, wenn Ich gestorben wär',
Nicht hättest du so sehr getraurt um mich.

K. Margareta.

Nein, Herz, ich traurte nicht, ich stürb' um dich.
(Ein Bote kommt.)

K. Heinrich.

Wie nun? was giebt's? warum so eilig du?

Bote.

Die Meuter sind in Southwark; flieht, mein Fürst!
Hans Cade erklärt sich für Lord Mortimer,
Entstammt des Herzogs Clarence edlem Haus,

Und nennt eur Hoheit Throndieb, öffentlich,
Und schwört, sich krönen woll' er in Westminster.
Sein Heer ist ein zerlumpter Pöbelschwarm
Von Bauerkerlen, roh und ungeschlacht.
Sir Humphrey Staffords und Sir Williams Tod,
Gab ihnen Herz und Mut, so fortzugehn;
Gelehrter, Rechtsmann, Adelschaft und Hof,
Das nennt man falsch Geschmeiß, und schnaubt nur Tod.

K. Heinrich.

Ruchlose Leut'! unwissend was sie thun!

Buckingham.

Mein gnäd'ger König, zieht nach Kenelworth,
Bis man ein Heer schaft, sie zu bändigen.

K. Margareta.

Ach, wär' der Herzog Suffolk lebend nun,
Die kent'schen Meuter wären bald gedämpft.

K. Heinrich.

Lord Say, die Rotte trägt dir Haß;
Drum schleunig fort mit uns nach Kenelworth.

Say.

Das brächt' eur Majestät in Todsgefahr.
Mein Anblick ist ein Dorn in ihrem Aug';
Drum bleib' ich in der Stadt, nun und fortan,
Und lebe hier so heimlich, als ich kann.

(Ein andrer Bote trit auf.)

Zweiter Bote.

Hans Cade ist Herr der Londner Brücke schon;
Die Bürger fliehn, verlassend Haus und Hof.
Der niedre Pöbel, der nach Beute lechzt,
Schwärmt zum Verräther; und laut schwört der Schwarm,
Die Stadt zu plündern, samt dem Königshof.

Buckingham.

Nicht säumt denn, gnäd'ger Herr, auf, auf! zu Pferd!

K. Heinrich.

Margreta, komm; Gott, unsre Hofnung, schüzt uns.

K. Margareta.

Mir schwand die Hofnung, als mein Suffolk starb.

K. Heinrich, zu Lord Say.

Lebt wohl, Mylord; traut nicht den kent'schen Meutern.

Buckingham.

Traut keinem Mann; heimtückisch laurt Verrath.

Say.

Ich traue drauf, daß ich unschuldig bin;
Und darum bleib' ich mutvoll und getrost.

(Sie gehn ab.)

Fünfte Scene.

London. Der Tower.

Lord Scales und Andre auf den Mauern; dann unten einige Bürger.

Scales.

Nun, ist Hans Cade erlegt?

Erster Bürger.

Nein, Herr, auch wird er wohl nicht bald erlegt.
Er hat die Brück' erobert, und bringt um,
Was widerstrebt. Der Lord Mai'r bittet euch

Um Beistand, Herr, vom Tow'r, zum Schuz der Stadt
Vor den Rebellen.

Scales.

Was ich entbehren kann, steht euch zu Dienst;
Doch hier auch Unruh schaffen sie mir selbst;
Die Meute hat den Sturm des Towrs versucht.
Doch macht euch hin nach Smithfield, sammelt Volk;
Und dorthin send' ich euch Matthias Gough.
Kämpft für den König, kämpft für Land und Leib!
Und so fahrt wohl; denn ich muß wieder fort.

(Sie gehn ab.)

Sechste Scene.

Die Kanonenstraße in London.

Hans Cade mit seinen Leuten; er schlägt mit seinem Stabe an den Londner Stein.

Cade.

Nun ist Mortimer Herr dieser Sadt. Und hier sizend auf dem Londoner Stein, gebiet' ich und verordne, daß, auf der Stadt Kosten, nichts aus dem Seichrohr laufe als rother Wein, im ersten Jahr unseres Reichs. Und von nun an ist jeder schuldig des Hochverraths, wer mich anders nennt, als — Lord Mortimer.

(Es kommt ein Soldat gelaufen.)

Soldat.

Hans Cade! Hans Cade!

Cade.

Schlagt ihn todt da!

(Sie tödten ihn.)

Smith.

Wenn dieser Kerl klug ist, niemals nennt er euch Hans Cade mehr; ich mein', er hat einen recht hübschen Denkzettel.

Dierk.

Mylord, es hat sich ein Heer gesammelt in Smithfield.

Cade.

Kommt denn zum Gefecht mit ihnen. Doch erst geht, und steckt die Londoner Brück' in Brand; und, wenn ihr könnt, brennt auch den Tower ab. Kommt, ziehn wir ab.
(Sie gehn ab.)

Siebente Scene.

Smithfield.

Schlachtlerm. Von der einen Seite Cade und seine Schaar; von der andern Bürger und die königlichen Truppen, angeführt von Matthias Gough. Sie fechten; die Bürger werden in die Flucht geschlagen, und Gough fällt.

Cade.

So, Leute. — Nun geht, und reißt die Savoy nieder; andre zu den Gerichtshöfen; herunter mit allem da!

Dierk.

Ich hab' ein Gesuch an eure Lordschaft.

Cade.

Und sei es eine Lordschaft, sie ist dein für dies Wort.

Dierk.

Bloß, daß die Geseze Englands hervorgehn mögen aus eurem Mund.

John, beiseit.

Poz Kreuz, dann giebt's harsches Gesez; denn ihn traf in den Mund ein Speer, und noch ist es harsch, nicht heil.

Smith, beiseit.

Nein, John, es giebt stinkendes Gesez; denn sein Athem stinkt von geröstetem Käse.

Cade.

Ich hab' es in Bedenk genommen; es soll so sein. Fort, verbrennt alle Urkunden des Reichs; mein Mund soll das Parlament von England sein.

John, beiseit.

Dann scheint's, wir bekommen beißende Verordnungen, wenn man nicht die Zähn' ihm ausreißt.

Cade.

Und hinfort soll alles in Gemeinschaft sein.

(Es kommt ein Bote.)

Bote.

Mylord, ein Fang! ein Fang! Hier ist der Lord Say, der die Städte in Frankreich verhandelte; er, der uns zahlen ließ einundzwanzig Fünfzehner, und einen Schilling auf das Pfund, zur lezten Kriegssteuer.

(George Bevis kommt mit Lord Say.)

Cade.

Gut, er soll zehnmal dafür geköpft werden. — He,

du sämischer, du seehündischer, du saulederner Lord, nun bist du im weißen Punkt unsrer königlichen Gerichtsbarkeit. Wie kannst du dich rechtfertigen vor meiner Majestät, daß du die Normandie hingabst an Mosje Baisemoncu, den französischen Dauphin? Kund und zu wissen sei dir in Gegenwart dieser, absonderlich des Lord Mortimer, daß ich der Besen bin, der den Hof rein kehren muß von solchem Unrath wie du. Du hast höchst verrätherisch die Jugend des Reichs verderbt durch Errichtung einer lateinischen Schulmeisterei; und da zuvor unsre Voreltern kein andres Buch hatten, als Zechbrett und Kerbholz, so hast du das Drucken in Schwang gebracht, und hast, zum Nachtheil des Königs, seiner Kron' und Würde, eine Papiermühle gebaut. Man wird dir ins Gesicht beweisen, daß du Leute um dich hast, die tagtäglich reden von Nomen und Verbum, und dergleichen abscheulichen Wörtern, die zu hören kein Christenohr aushalten kann. Du hast Friedensrichter bestellt, die arme Leute vorfodern um Dinge, worauf sie nicht im Stande sind zu antworten. Ueberdies hast du sie ins Gefängnis gesteckt; und weil sie nicht lesen konnten, hast du sie aufgehängt, da doch, in der That, schon deswegen allein sie höchstwürdig waren zu leben. Du reitest auf einer tiefhangenden Schabracke, nicht wahr?

Say.

Nun, was mehr?

Cade.

Sapperment, du solltest nicht leiden, daß dein Pferd einen Mantel trägt, da ehrlichere Leute als du in Wams und Hose gehen.

Dierk.

Und sogar im Hemd arbeiten, wie Ich, zum Exempel, der ich Mezger bin.

Say.

Ihr Männer Kents, —

Dierk.

Was sagt ihr auf Kent?

Say.

Nichts mehr als: bona terra, mala gens.

Cade.

Fort mit ihm! fort mit ihm! er spricht Latein.

Say.

Hört nur, und bringt mich dann, wohin ihr wollt.
Kent heißt in dem Bericht, den Cäsar schrieb,
Das freundlichste Gebiet der ganzen Insel.
Schön ist das Land, weil voll Habseligkeit,
Das Volk ist edel, mannhaft, thätig, reich;
Drum, hoff' ich fest, ihr seid nicht mitleidslos.
Nicht hab' ich Maine verkauft, nicht Normandie;
Ja, um mein Leben tauscht' ich sie zurück.
Gerechtigkeit mit Milde pflegt' ich stets;
Mich rührte Bitt' und Thräne, nie Geschenk.
Wann hab' ich was erpreßt von eurer Hand,
Ich stets besorgt für König, Land und euch?
Geldsummen wandt' ich auf Gelehrsamkeit,
Weil Buchfleiß mich empfahl dem Könige,
Und weil Unwissenheit ist Fluch von Gott,
Weisheit der Fittig, der zum Himmel trägt.
Verblenden nicht der Hölle Geister euch,
Unmöglich ist's, nicht scheun den Mord an mir.
Die Zunge sprach vor fremden Königen
Für euren Nuz. —

Cade.

Oho! wann schlugst du Einmal zu im Feld?

Say.

Der Großen Arm reicht weit; oft schlug ich schon,
Die nie mein Auge sah, und schlug sie todt.

George.

Scheusal von Memme! Was, kommst hinterrücks?

Say.

Die Wangen wacht' ich bleich für euer Wohl.

Cade.

Ein Klaps ans Ohr macht sie schon wieder roth.

Say.

Lang Sizen für das Recht Nothleidender
Hat Krankheit und Beschwerden mir gehäuft.

Cade.

Euch helfe denn ein hänfner Magentrank,
Und Herzenstrost des Beils.

Dierk.

Was bebst du, Kerl?

Say.

Das Gliedweh, nicht die Furcht, erschüttert mich.

Cade.

Seht doch, er nickt uns zu, als wollt' er sagen:
Euch krieg' ich schon. Sehn will ich, ob sein Kopf
Wird fester stehn auf einer Stang', ob nicht.
Nehmt ihn hinweg, und köpft ihn.

Say.

Sagt mir, was doch verschuldet' ich zumeist?
Strebt' ich nach Reichthum oder Ehre? sprecht.
Sind meine Truhen voll erpreßtes Golds?
Ist meine Kleidung prachtvoll anzuschaun?
Wen kränkt' ich, daß ihr meinen Tod verlangt?

Die Hand vergoß niemals unschuldig Blut,
Die Brust herbergte nie Arglist und Trug.
O laßt mich leben!

Cade.

Ich fühle Reu' in mir, hör' ich ihn an;
Doch zügl' ich sie; er sterbe, wär's auch nur,
Weil er so treflich für sein Leben spricht.
Fort mit ihm! ein Hauskobolt lenket ihm
Die Zung'; er redet nicht in Gottes Namen.
Geht, führt ihn fort, schlagt ihm den Kopf ab gleich!
Und hierauf brecht in seines Eidams Haus,
Sir James Cromers: schlagt ihm ab den Kopf,
Und bringt sie beid' uns auf zwei Stangen her.

Alle.

Das soll geschehn.

Say.

Ach, Landesleute! wenn bei eurem Flehn
Gott wäre so verhärtet, wie ihr selbst,
Wie ging' es euren Seelen nach dem Tod?
Darum erbarmt euch noch, und schont mein Leben!

Cade.

Hinweg mit ihm, und thut, wie ich befahl.
(Einige gehn mit Lord Say.)
Kein stolzer Pair im Reich trägt mir den Kopf
Auf seinen Schultern, zahlt er nicht Tribut.
Kein Mädchen heirat' auch, zahlt sie nicht erst
Die Jungferschaft mir, eh der Mann sie kriegt.
Der Mann steh' unter mir in capite,
Und wir verordnen, seine Frau sei frei,
Wie nur das Herz wünscht, und die Zung' es sagt.

Dierk.

Mylord, wann sollen wir nach Cheapside gehn,
Und machen mit der Hellebart halb part?

Cade.

I nu, jetzt gleich.

Alle.

O herlich!

(Es kommen einige zurück mit den Köpfen des Lord Say und seines Eidams.)

Ist das nicht herlicher? — Laßt sie sich küssen,
Denn lebend liebten sie einander sehr.
Nun trennt sie wieder, sonst berathen sie,
Wie sie verschenken noch mehr Städt' in Frankreich.
Kriegsmänner schiebt die Plündrung auf bis Nacht.
Die laßt vor uns hintragen, statt der Zepter;
Wir ziehn die Stadt durch, und an jedem Eck
Küßt eins das andre. — Fort!

(Sie gehn ab.)

Achte Scene.

Southwark.

Schlachtlerm. Cade mit seinem Gesindel.

Cade.

Fischgass' hinauf! hinab Sankt Magnus Eck!
Spießt und schlagt todt! Werft in die Themse sie! —

(Man bläst zur Unterhandlung, dann zum Rückzug.)

Was für ein Lerm ist das? ist wer so keck,
Der Unterhandlung oder Rückzug bläst,
Wenn ich ruf' aus: schlagt todt?

(Es kommen Buckingham und der alte Clifford mit Truppen.)

Buckingham.

Ja wohl, wir sind so keck, dich zu verstören.
Horch, Cade, wir kommen abgesandt vom König
An die Gemeinen, die du hast verführt,
Und bringen jeglichem Begnadigung,
Wer dich verläßt, und ruhig geht nach Haus.

Clifford.

Was sagt ihr, Landesleute? gebt ihr nach,
Und nehmt die Gnad' an, während man sie beut?
Wie? oder führt Gesindel euch zum Tod?
Wer liebt den König, und Verzeihung will,
Schwing' auf die Kapp', und sag': Gott schütz' den König!
Doch wer ihn haßt, und nicht ehrt seinen Vater,
Den fünften Heinz, dem Frankreich zitterte,
Schwing' sein Gewehr auf uns, und geh' vorbei.

Alle.

Gott schüz' den König! Gott schüz' den König!

Cade.

Was? Buckingham und Clifford, ihr so tapfer? —
Schlecht Bauernvolk, ihr glaubt ihm? wollt durchaus
Gehängt sein, die Begnad'gung um den Hals?
Mein Schwert drang deshalb durch das Londner Thor,
Daß ihr mich jetzt verlaßt am weißen Hirsch
In Southwark?
Ich dacht', ihr würdet nicht ehr ruhn vom Kampf,
Bis ihr zurück erlangt die alte Freiheit,
Doch ihr seid all' Abtrünnige und Memmen,
Und freut euch, daß ihr lebt in Sklaverei
Des Adels. — Wohl denn, brech' er euch den Rücken
Mit Last, nehm' euch die Häuser über'n Kopf,
Entehr' euch Weib und Tochter vor den Augen.
Ich — sorge jezt für Einen nur; und so —
Gotts Fluch euch allen!

Alle.

Wir folgen Cade! wir folgen Cade!

Clifford.

Ist Cade der Sohn Heinrichs des fünften denn,
Daß ihr so aufschreit, ihr wollt gehn mit ihm?
Führt er euch wol durch Frankreichs Herz, und macht
Den kleinsten unter euch zum Jarl und Herzog?
Ach Gott! er hat nicht Haus, noch Zufluchtsort,
Und kann nicht anders leben, als durch Raub,
Indem er plündert eure Freund' und uns.
Welch eine Schmach, wenn, weil ihr lebt in Zank,
Die scheuen Franken, die ihr jüngst besiegt,
Die See durchsteu'rten, und besiegten euch?
Mich dünkt, schon jezt, in diesem Bürgerzwist,
Seh' ich sie junkern durch die Londner Gassen,
Laut: Villageois! zurufend jedem Mann.
Eh laßt zehntausend niedre Cades verderben,
Als ihr euch beuget unter Frankenjoch.
Nach Frankreich! Frankreich! Bringt verlornes ein!
Schont England, denn es ist eur Vaterland.
Heinrich hat Geld, ihr seid voll Mark und Kraft;
Gott ist mit uns; frisch! zweifelt nicht am Sieg!

Alle.

Heil, Clifford! Clifford! dem König folgen wir,
Und Clifford!

Cade.

Ward je ein Fläumchen so leicht hin und her
Geweht, als dieser Haufe da? der Name
Des fünften Heinz schleppt sie in vielfach Leid,
Und macht, daß sie mich in der Noth verlassen.
Ich seh', zusammen stecken sie die Köpf',
Um mich zu fahn. Schwert, bahne mir den Weg,
Hier ist nicht Bleibens. —

Troz allen Teufeln und der Höll', ich will
Durch euch recht mitten durch! und Gott und Ehre
Sein Zeugen, daß nicht Unentschlossenheit,
Nein, bloß der Freunde niederträchtige
Verrätherei mir flinke Beine macht.

(Er entflieht.)

Buckingham.

Was, ist er weggeflohn? Man sez' ihm nach;
Und er, der seinen Kopf dem König bringt,
Soll tausend Kronen baar zum Lohn empfahn. —

(Einige gehn.)

Folgt mir, Soldaten; Mittel finden wir,
Euch alle zu versöhnen mit dem König.

(Sie gehn ab.)

Neunte Scene.

Das Schloß zu Kenelworth.

König Heinrich, Königin Margareta und Somerset auf der Terrasse des Schlosses.

K. Heinrich.

War je ein König, dem sein ird'scher Thron
So wenig des Vergnügens bot, als mir?
Kaum meiner Wieg' entschlüpft, neun Monat' alt,
Ward ich schon König; doch nie sehnte sich
Ein Unterthan, zu sein ein König, so
Wie ich mich sehn', ein Unterthan zu sein.

(Es kommen Buckingham und Clifford.)

Buckingham.

Heil! frohe Zeitung eurer Majestät!

K. Heinrich.

Wie, Buckingham, fing man den Frevler Cade?
Sag', oder wich er nur, zu sammeln Macht?

(Es erscheint unten ein Haufe von Cade's Anhängern, mit Stricken um den Hals.)

Clifford.

Er floh, mein Fürst; sein Volk demütigt sich;
Und alles harrt mit Stricken um den Hals,
Ob sprech eur Hoheit Leben oder Tod.

K. Heinrich.

Dann, Himmel, schleuß die ew'gen Pforten auf,
Mein heißes Dankgelübde zu empfahn! —
Heut, o Soldaten, löstet ihr eur Leben,
Und zeigtet, wie euch werth ist Fürst und Land.
Verharret stets in dem so guten Sinn,
Und Heinrich, wenn er schon unglücklich ist,
Habt fest Vertraun, wird nie ungnädig sein.
Und somit dank' ich, und verzeih' euch allen,
Und lasse jeden in die Heimat gehn.

Alle.

Gott schüz' den König! Gott schüz' den König!

(Ein Bote kommt.)

Bote.

Eur Hoheit gönne mir ein huldreich Ohr:
Der Herzog York ist heimgekehrt von Irland,
Und mit gewaltigem und starkem Heer
Von Gallowglassen und handfesten Kerns
Zieht er hieherwärts in prachtvollem Zug.
Und wo er durchzieht, macht er kund, er führe
Die Wehr nur dazu, wegzuschaffen dir
Den Herzog Somerset, der sei Verräther.

K. Heinrich.

So steht mein Staat, von Cade und York bedrängt,

Gleich einem Schif, das, wann's entrann dem Sturm,
Stracks in der Windstill' entert ein Korsar!
Nur kaum ist Cade verjagt, sein Volk gesprengt,
Und schon ist York in Wehr, ihm beizustehn.
Ich bitt' dich, Buckingham, geh' ihm entgegen;
Frag' ihn, weshalb er zu den Waffen grif;
Sag', Herzog Edmund send' ich in den Tower. —
Und, Somerset, dort geb' ich dich in Haft,
So lange bis sein Kriegsheer er entläßt.

Somerset.

Mein Fürst, —
Mit Freuden werd' ich ins Gefängnis gehn,
Ja in den Tod, gilt's meines Landes Wohl.

K. Heinrich.

Auf jeden Fall, seid nicht zu rauh im Ton,
Denn er ist wild, und trägt kein hartes Wort.

Buckingham.

Das will ich, Herr, und hoff' es so zu lenken,
Daß alles ausgehn wird zu eurem Wohl.

K. Heinrich.

Komm, Frau, und lernen wir das Walten besser;
Denn noch darf England fluchen meinem Reich.

(Sie gehn ab.)

Zehnte Scene.

Kent. Idens Garten.

Cade, auftretend.

Fui auf den Ehrgeiz! und fui auf mich selbst!
Ich hab' ein Schwert, und bin am Hungertod!

Fünf Tage barg ich mich in Wäldern hier,
Und durfte nicht vorblicken; denn rings laurt
Auf mich das Land. Doch nun bin ich so hungrig,
Daß, wenn ich gleich mein Leben nähm' in Pacht,
Auf tausend Jahr, nicht länger hielt' ich's aus.
Drum über'n Steinwall klettert' ich herein,
Zu schaun im Garten, ob ich wo Salat
Kann pflücken, der den Magen kühlt dem Mann
Bei solcher Hiz', auch nur ein Hälmchen Gras.
Das Hälmchen, denk' ich, ist ein Wort des Heils;
Denn oft, wenn nicht geschirmt mich hätt' ein Helm,
Die Hellebard' hätt', ach! mein Hirn zerquetscht.
Und wann ich hellig war von bravem Marsch,
Bot mir der Helm als Feldflasch' einen Trunk;
Und jezo dient das Hälmchen mir zur Kost.

(Iden kommt mit fünf Dienern.)

Iden.

Gott, wer wol lebt' im Hofgetümmel gern,
Wenn er so still lustwandeln kann, wie hier?
Dies kleine Gut, vom Vater mir vererbt,
Dünkt meiner Gnügsamkeit ein Königreich.
Nicht such' ich höhern Stand durch Andrer Fall,
Noch samml' ich Reichthum mit achtlosem Neid.
Was Feld und Wald mir schaffen, das hält vor;
Der Arme geht vergnügt von meinem Thor.

Cade.

Da ist der Grundherr, der mich fangen will,
Als Räuber, weil ich seinen Hof betrat
So ohn Erlaub. — Ah, Schurk! willst mich verrathen,
Und tausend Kronen dir vom König ziehn,
Wenn meinen Kopf du bringst!
Doch erst friß Eisen, wie der Vogel Strauß,
Und schluck mein Kriegsschwert ein, wie eine Nadel,
Eh scheiden du und ich.

Iden.

Ei, grober Bursche du, wer du auch seist,
Dich kenn' ich nicht; wie sollt' ich dich verrathen?
Nicht gnug, daß du in meinen Garten brichst,
Und, wie ein Dieb, anfällst mein Eigenthum,
Die Mauern überkletternd mir zum Hohn?
Mußt du noch trozen mir mit frechem Wort?

Cade.

Dir trozen? Ja, beim besten Blut, das je
Gezapft ward, und das tüchtig. Schau mich an:
Nichts aß ich in fünf Tagen; doch komm du,
Und deine fünf da: lass' euch all' ich nicht
Hier liegen mausetödt, der Himmel geb',
Ich esse niemals Gras mehr!

Iden.

Nein, sage niemand, so lang' England steht,
Daß Alexander Iden, Squire von Kent,
Ungleichen Kampf bot einem Hungerleider.
Komm, richte dein starrofnes Aug' auf meins,
Sieh, ob dein Blick mich aus der Fassung bringt.
Sez' Glied an Glied, du bist weit, weit der Schwächre;
Ein Daum ist deine Hand zu meiner Faust,
Dein Bein ein Stock, verglichen mit dem Stamm;
Mein Fuß nimt's auf schon mit all deiner Kraft;
Und wenn mein Arm sich in die Luft erhebt,
Dein Grab ist dann gehöhlt im Erdenschooß.
Mehr Worte nicht auf dein hochstolzes Wort;
Mein Schwert verkünde, was mein Mund verschweigt.

Cade.

Bei meinem Mut, der ärgste Raufer, den
Ich je gehört. — Stahl, wenn du biegst die Schneid',
Und nicht zerhackst den Knochenberg Mazplump

In Kochstück, eh dir Ruh die Scheide giebt,
Hinknieend fleh' ich Gott, man mög' aus dir
Hufnägel machen. —

(Sie fechten; Cade fällt.)

Oh mir, ich sterbe! Hunger nur, sonst nichts,
Bringt mir den Tod. Stellt mir zehntausend Teufel,
Und gebt mir nur die zehn Mahlzeiten, die
Ich eingebüßt, mit allen nehm' ich's auf!
— — — Verdorr', o Garten;
Sei künftig ein Begräbnisplaz für alle,
Die wohnen hier im Haus; denn hier entfloh
Cade's unbesiegter Geist.

Iden.

Ist's Cade, den ich erschlug, der Hochverräther?
Schwert, mir geheiligt sei für solche That,
Und überm Grab mir hange nach dem Tod.
Nie sei dies Blut gewischt von deiner Spize;
Trag' es als einen Wappenrock fortan,
Den Ruhm zu künden, den dein Herr gewann.

Cade.

Iden, fahr wohl; sei stolz auf deinen Sieg.
Sag' Kent von mir, den besten Mann verlor's,
Und alle Welt ermahne, feig zu sein;
Denn ich, der nie wem bebte, bin besiegt,
Durch Hunger, nicht durch Mannskraft.

(Er stirbt.)

Iden.

Wie sehr du mir zu nah thust, richte Gott.
Stirb, Bösewicht, du deiner Mutter Fluch!
Und wie ich stoß' in deinen Leib mein Schwert,
So stieß' ich gern die Seele dir zur Hölle.
Dich schlepp' ich häuptlings an den Fersen fort
Auf einen Misthauf, der soll sein dein Grab.

Dort werd' ich abhaun dein gottloses Haupt;
Das trag' ich in Triumf zum Könige,
Und lasse deinen Rumpf den Krähn zum Fraß.

(Er geht ab.)

Fünfter Aufzug.

Erste Scene.

Ebne zwischen Dartford und Blackheath.

Des Königs Lager auf der einen Seite; auf der andern erscheint York, mit Trommeln und Fahnen; sein Heer in einiger Entfernung.

York.

Von Irland so kommt York, und sucht sein Recht;
Die Krone muß von Heinrichs schwachem Haupt.
Schallt, Glocken, laut; brennt, Feuer, klar und hell,
Zum Eintrittsgruß für Englands ächten König!
Ah, Majestät! Niemals zu theuer erkauft!
Gehorchen mag, wer nicht zu herschen weiß;
Die Hand ist da, zu fassen nichts als Gold.
Ich kann nicht Nachdruck geben meinem Wort,
Wenn Schwert und Zepter nicht anfüllt die Hand.
Ein Zepter wird ihr, ward mir eine Seele,
Und auf ihm schwing' ich Frankreichs Lilien.

(Buckingham kommt.)

Wer kommt da? — Buckingham, um mich zu stören?
Gewiß, der König sandt' ihn; ich muß heucheln.

Buckingham.

York, wenn du's wohl meinst, sei mir wohl gegrüßt.

York.

Humphrey von Buckingham, Dank deinem Gruß.
Bist du Gesandter, oder kommst du frei?

Buckingham.

Gesandter Heinrichs, unsers hohen Herrn,
Zu fragen, was Kriegszug im Frieden soll?
Weswegen du, ein Unterthan, wie ich,
Troz deinem Eid und der Vasallentreu,
So große Macht versammelst ohn' Erlaub,
Und führen darfst dein Heer so nah dem Hof?

York, beiseit.

Kaum kann ich sprechen, so entbrennt mein Zorn.
O spalten könnt' ich Felsen, haun auf Kiesel,
So sezt in Wut mich die Demütigung.
Gern jezt, wie Ajax Telamonius,
Auf Schaf und Ochs entlüd' ich meinen Grimm!
Ich, an Geburt weit edler als der König,
Bin königlicher an Gestalt und Sinn!
Doch gilt's, schön Wetter machen noch ein Weilchen,
Bis Heinrich schwächer ist, Ich stärker bin. —
O Buckingham, ich bitte dich, verzeih,
Daß ich nicht Antwort gab die ganze Zeit;
Den Geist umwölkte tiefe Schwermut mir.
Der Grund, weshalb ich hergebracht dies Heer,
Ist, Somerset vom König zu entfernen,
Der stolz sich auflehnt ihm, so wie dem Staat.

Buckingham.

Das ist zu viel Anmaßung deines Theils.
Doch zielt dein Kriegszug nicht auf andern Zweck,

Gewährt schon hat der König deinen Wunsch.
Der Herzog Somerset sizt in dem Tower.

York.

Auf deine Ehr', ist er Gefangener?

Buckingham.

Auf meine Ehr', er ist Gefangener.

York.

Dann, Buckingham, entlass' ich meine Macht. —
Soldaten, habet Dank; geht aus einander;
Kommt morgen zu mir auf Sankt Georgsfeld;
Ich geb' euch Sold, und alles, was ihr wünscht. —
Und wenn mein Herr, der fromme Heinrich mir
Abnimt den ältsten Sohn, ja alle Söhn',
Als Unterpfänder meiner Lieb' und Treu,
So freudig als ich lebe, send' ich sie.
Land, Habe, Roß und Rüstung, all mein Gut
Brauch' er als seins, wenn Somerset nur stirbt.

Buckingham.

York, Lob gebührt der sanften Unterwerfung.
Kommt, gehn wir beid' in seiner Hoheit Zelt.

König Heinrich mit Gefolge.

K. Heinrich.

Wie? Buckingham, sinnt York nichts Böses uns,
Daß so mit dir er wandelt Arm in Arm?

York.

In demutvoller Unterwürfigkeit
Stellt York sich selber eurer Hoheit dar.

K. Heinrich.

Was soll denn jene Heersmacht, die dir folgt?

York.

Wegschaffen den Verräther Somerset,

Und züchtigen den Schandrebellen Cade,
Der, hör' ich, schon ward überwältiget.

(Iden kommt mit Cades Kopf.)

Iden.

Wenn so ein Dorfmann, so geringes Stands,
Darf treten vor das Antliz eines Königs,
Bring' ich eur Hoheit ein Verrätherhaupt,
Das Haupt des Cade, den ich im Zweikampf schlug.

K. Heinrich.

Das Haupt des Cade? Gott, wie gerecht bist du? —
O laßt mich schaun deß Angesicht im Tod,
Der lebend mir so schweres Leid gebracht.
Sag' an, mein Freund, bist du's, der ihn erschlug?

Iden.

Ich war's, zu eurer Majestät Befehl.

K. Heinrich.

Wie ist dein Name? welches Rangs bist du?

Iden.

Herr, Alexander Iden ist mein Name,
Ein armer Squire von Kent, dem König treu.

Buckingham.

Mit eurer Gunst, o Herr, nicht unrecht wär's,
Wenn er ein Ritter würd' um solch Verdienst.

K. Heinrich.

Iden, knie dort. — Steh Ritter auf.
Empfah von uns zum Lohn ein tausend Mark,
Und sei fortan in unserem Gefolg.

Iden.

Leb' Iden, bis er werth ist solcher Gunst,
Und leb' er nie als redlich seinem Herrn.

K. Heinrich, zu Buckingham.

Schau, Somerset kommt mit der Königin.
Geh, Buckingham, sie berg' ihn schnell vor York.

Königin Margareta und Somerset.

K. Margareta.

Vor tausend Yorks soll er sein Haupt nicht bergen,
Nein stehn als Mann, und ins Gesicht ihm schaun.

York.

Wie nun? ist Somerset auf freiem Fuß?
Dann, York, entlaß aus langer Haft den Sinn,
Und sei die Zunge zwanglos wie das Herz.
Ausstehn soll ich den Anblick Somersets? —
Du falscher König, ha! du brachst dein Wort,
Und weißt, wie schwer ich duld' Unrechtlichkeit!
Dich nannt' ich König? nein, nicht König du!
Der ungeschickt Zucht hält im Volk, ja der
Nicht darf, nicht kann Zucht üben am Verräther!
Nicht einer Kron' ist dies dein Haupt gemäß.
Ein Pilgerstab mag anstehn deiner Hand,
Und nicht des Fürstenzepters Ehrenschmuck.
Umgürten muß der Goldreif meine Stirn,
Die sanft und drohend, wie Achilles Speer,
In ihrem Wechsel Tod und Heilung trägt.
Hier eine Hand, die halten kann ein Zepter,
Und damit Nachdruck geben dem Gesetz.
Mach' Plaz! Bei Gott, nicht sollst du mehr beherschen
Ihn, welchen Gott erschuf zum Herscher dir.

Somerset.

Ha Schandverräther! Dich verhaft' ich York,
Um Hochverrathes wider Kron' und König.
Gehorch, tollkühner Frevler, knie' um Gnade!

York.

Ich sollte knien? Erst frag' ich jene dort,
Ob sie es dulden, daß ich kniee wem. —
Ihr da, ruft meine Söhn' als Bürgen her.
(Einer aus dem Gefolge geht.)
Ich weiß, eh die mich lassen gehn zur Haft,
Ihr Schwert verpfänden sie zu meiner Lösung.

K. Margareta.

Ruft Clifford, heißt ihn kommen ungesäumt;
Er soll entscheiden, ob Yorks Bastardbrut
Bürgschaft soll leisten dem Verräthervater.

York.

O blutbesudelte Welschländerin!
Auswurf von Napel! Englands blut'ge Geißel!
Der Abstamm Yorks, hochbürtiger denn du,
Sei für den Vater Bürg', und würge sie,
Die meine Söhn' als Sicherheit verschmähn!
(Von der einen Seite kommen mit Truppen
Edward und Richard Plantagenet;
von der anderen, gleichfalls mit Truppen,
der alte Clifford und sein Sohn.)
Da kommen sie; traut mir, sie sagen gut.

K. Margareta.

Und hier kommt Clifford, der die Bürgschaft hemmt.

Clifford kniet.

Heil sei und Segnung, meinem Herrn, dem König.

York.

Dank, Clifford; sag', was bringst du neues da? —
Nein, nicht erschreck' uns dein zornvoller Blick.
Wir sind dein Lehnherr; Clifford, knie noch eins;
Daß du miskannt hast, wir verzeihn es dir.

Clifford.

Dies, York, mein König, euch miskenn' ich nicht;

Doch du miskennst mich sehr, wenn du so wähnst. —
Ins Tollhaus mit ihm! Ward der Mensch verrückt?

K. Heinrich.

Ja, Clifford, ein wahnsinn'ger Ehrsuchtsruck
Bringt ihn in Aufruhr wider seinen Herrn.

Clifford.

Ha, der Verräther! schaft ihn in den Tower,
Und schlagt ihm ab den meuterischen Kopf.

K. Margareta.

Er ist verhaftet, doch gehorcht er nicht;
Die Söhne, spricht er, sagen gut für ihn.

York.

Wollt ihr nicht, Söhne?

Edward.

Ja, edler Vater, gilt nur unser Wort.

Richard.

Und gilt das Wort nicht, unsre Waffe soll's.

Clifford.

Ei, welche Brut Verräther ist das hier!

York.

Schau in den Spiegel, nenne so dein Bild.
Ich bin dein König; du bist Erzverräther. —
Ruft her zum Pfahl mein tapfres Bärenpaar,
Das wol durch Schütteln ihrer Ketten schon
Angst bringt den tückischen Spürhunden da.
Ruft Salisbury und Warwick zu mir her.

Trommeln. Salisbury und Warwick mit Truppen.

Clifford.

Das deine Bären? Hezen wir sie todt,

Und schlingen den Bärführer in die Ketten,
Wenn du zur Hezbahn sie zu bringen wagst.

Richard.

Oft sah ich, daß ein hizig dreister Hund
Zurück sich dreht' und biß, weil man ihn hielt;
Der, wenn er nun des Bären Taz' empfand,
Den Schwanz nahm zwischen seine Bein', und schrie.
Dergleichen Sprünge werdet Ihr auch thun,
Wenn mit Lord Warwick ihr euch messen wollt.

Clifford.

Fort, Last des Zorns! roh ungeformter Klump,
So krumm an Sitte, wie krumm an Gestalt!

York.

Schon gut; wir heizen bald euch tüchtig ein.

Clifford.

Wenn nur nicht eure Hiz' euch selbst verbrennt.

K. Heinrich.

Nun Warwick, hat dein Knie verlernt sich beugen?
Greis Salisbury, — Scham deinem Silberhaar,
Der toll verleitet den hirnkranken Sohn! —
Wie? auf dem Todbett willst du schurkisch thun,
Und Herzeleid aufsuchen mit der Brille? —
O, wo ist Treue? wo Ergebenheit?
Wenn sie verbannt ist vom eisgrauen Haupt,
Wo findet sie Herberg' auf Erden noch? —
Gräbst du ein Grab, daß du ausspähest Krieg,
Und dein ehrwürdig Alter schimpfst mit Blut?
Was bist du alt, wenn dir Erfahrung fehlt?
Warum misbrauchst du sie, wenn du sie hast?
O Schmach! die Pflicht will, beuge mir dein Knie,
Das schon ins Grab sich krümmt durch Alterslast.

Salisbury.

O Herr, erwogen hab ich bei mir selbst

Den Anspruch des ruhmvollsten Herzogs hier;
Und nach Gewissen acht' ich seine Hoheit
Den ächten Erben unsers Königthrons.

K. Heinrich.

Wie? schwurst du nicht den Eid der Treue mir?

Salisbury.

Ich that's.

K. Heinrich.

Kannst du vor Gott dich solchem Eid entziehn?

Salisbury.

Schon große Sünd' ist's, wenn man schwört der Sünde;
Doch größre Sünd', hält man den sünd'gen Eid.
Wen bände wol ein feierlich Gelübd,
Zu üben Mordthat, auszuplündern wen,
Zu schänden einer Jungfrau Ehrbarkeit,
Zu rauben einer Wais' ihr Vatererb,
Der Witwe zu entdrehn ihr altes Recht;
Und zu der Unthat hätt' er keinen Grund,
Als daß ihn bänd' ein feierlicher Schwur?

K. Margareta.

Verrätherlist braucht des Sofisten nicht.

K. Heinrich.

Ruft Buckingham, er greife zu der Wehr.

York.

Ruf' Buckingham, und alle Freund' um dich;
Ich bin gefaßt auf Hoheit oder Tod.

Clifford.

Den Tod verbürg' ich dir, wenn Träume gelten.

Warwick.

Ei, geht zu Bett, und träumet noch einmal,
Um auszuweichen dem Orkan der Schlacht.

Clifford.

Ich bin gefaßt auf einen größern Sturm,
Als jeden, den du aufbannst diesen Tag;
Das will ich schreiben auf dein Helmgewölb,
Kenn' ich dich nur am Zeichen deines Stamms.

Warwick.

Nun bei des Vaters Zeichen, Nevils Schmuck,
Dem steilen Bär, geschnürt am Knotenpfahl!
Heut trag' ich stolz empor mein Helmgewölb,
Wie auf des Berges Haupt die Ceder ragt,
Die frisch ihr Laub bewahrt troz jedem Sturm,
Um dich zu schrecken durch den Anblick schon.

Clifford.

Und dir vom Helmdach reiß' ich deinen Bär,
Und tret' ihn in den Staub mit allem Hohn,
Zum Aerger dem Bärführer, der ihn schüzt.

Clifford Sohn.

Und so zur Schlacht, sieghafter edler Vater,
Zum Sturz der Meuter und Mitschuldigen.

Richard.

Fui! redet liebreich, nicht so barsch! sacht, sacht!
Denn mit Herrn Christus speist ihr heut zu Nacht.

Clifford Sohn.

Schandfleck des Ekels, wer weissagt dir das?

Richard.

Wo nicht mit Christus, speist mit Satanas.

(Sie gehn ab.)

Zweite Scene.

Sankt Albans.

Schlachtlerm. Angriffe. Warwick kommt.

Warwick.

Clifford von Cumberland, hör, Warwick ruft!
Wo du nicht scheu ausweichst dem grimmen Bär,
Jezt, da die Zorntrompete Lermen bläst,
Und Todeswimmern füllt des Aethers Raum;
Komm, Clifford, sag' ich, komm zum Kampf mit mir!
Stolzer Nordheld, Clifford von Cumberland,
Warwick ist heiser schon, dich aufzuschrein.

(York kommt.)

Was giebt's, mein edler Lord? warum zu Fuß?

York.

Cliffords Vertilgerhand erschlug mein Roß,
Doch Maß für Maß, ich hab's vergolten ihm;
Zur Beute dort Aaskrähn und Habichten
Macht' ich das wackre Thier, sein Lieblingsroß.

(Clifford kommt.)

Warwick.

Einem von uns ist nun die Stunde nah.

York.

Halt, Warwick, such' ein andres Weidwerk auf;
Ich selbst muß dies Damwild zu Tode jagen.

Warwick.

Dann, York, ficht tapfer; eine Krone gilt's. —

So wahr ich, Clifford, heut will glücklich sein,
Mich kränkt's, dich gehn zu lassen unbekämpft.
(Warwick geht.)

Clifford.

Was siehst du, York, an mir? was zauderst du?

York.

In dein mannhaftes Thun würd' ich verliebt,
Wärst du mir nicht ein so entschiedner Feind.

Clifford.

Auch deinem Mut gebührte Preis und Lob,
Zeigt' er sich nicht in schimpflichem Verrath.

York.

So helf' er jezt mir gegen dies dein Schwert,
Als ich bei Recht und Wahrheit ihn beweise!

Clifford.

Nun, Seel' und Leib sez' ich an dieses Werk!

York.

Ein furchtbar Wagstück! — Frisch daran sogleich!
(Sie fechten, Clifford fällt.)

Clifford.

La fin couronne les oeuvres.
(Er stirbt.)

York.

Krieg nun gab Frieden dir, nun ruhst du still.
Fried' auch mit deiner Seele, so Gott will!
(Er geht ab.)

Clifford Sohn, herankommend.

Schand' und Zerrüttung! alles ist gesprengt.
Furcht schaft Gewirr, Gewirr verwundet da,
Wo's schüzen sollt. O, Krieg, du Höllensohn,
Den sich der Zorn des Himmels wählt zum Diener,

Schütt' in die frost'gen Herzen unsrer Schaar
Die Glut der Rache! — Kein Soldat muß fliehn.
Wer sich mit Eifer hat geweiht dem Krieg,
Der hegt nicht Selbstlieb', und wer liebt sich selbst,
Dem wird nicht wahrhaft, nein zufällig nur,
Der Nam', ein Tapfrer. — End', o schnöde Welt,
(Er sieht seinen Vater.)
Und der verheißne Brand des jüngsten Tags
Mach' Eins aus Erd' und Himmel!
Nun halle des Gerichts Posaunenhall,
Daß aller Einzeltöne Winzigkeit
Verstumme! — War's verhängt dir, theurer Vater,
Zu leben jung in Ruh, und zu empfahn
Die Silbertracht der reifen Greisesjahr',
Und in der Ehr' und Ruhe Tagen so
Zu sterben Mördertodt? — Bei'm Anblick schon
Wird Stein das Herz mir; und so lang' mir's bleibt,
Soll's steinern sein. York schont nicht unsre Greise;
Ich auch nicht ihre Kindlein. Jungfrauenthränen
Sein mir hinfort, was Thau dem Feuer ist;
Und Schönheit, die Tyrannen oft erweicht,
Sei meinem Flammeningrimm Oel und Werg.
Fortan hab' ich mit Mitleid nichts zu thun.
Treff' ich ein Knäblein an vom Hause York,
In so viel kleine Bissen will ichs haun,
Als wild Mede' am Kind' Absyrtus that.
In Grausamkeit erweise sich mein Ruhm.
Komm, neuer Trumm vom alten Cliffords-Haus.
(Er nimmt den Leichnam auf.)
Wie einst Aeneas den Anchises trug,
So trag' ich dich auf meiner Mannesschulter.
Doch trug Aeneas da lebend'ge Last,
O, nichts so schwer als dies mein Herzeleid!
(Er geht.)
(Richard Plantagenet und Somerset
kommen fechtend; Somerset wird getödtet.)

Richard.

Da liege du! —
Denn unter einer Schenk' armsel'gem Schild,
Genannt Burg Sankt Albans, macht Somerset
Berühmt die Zaub'rin durch sein Todesbett. —
Schwert, bleib gestählt noch; Herz, Grimm thut dir Noth!
Der Pfaf fleht für den Feind, der Fürst schlägt todt.
(Er geht.)

(Schlachtlerm. Angriffe. König Heinrich, Königin Margareta und Andre, im Rückzug.)

K. Margareta.

Eilt, mein Gemahl! So langsam? schämt euch, eilt!

K. Heinrich.

Entrinnt man wol dem Himmel? Theure, weilt!

K. Margareta.

Wer seid ihr doch? wollt fechten nicht, noch fliehn.
Jezt ist es Tapferkeit, Klugheit und Schuz,
Dem Feinde weichen, und uns sicher stellen
Wodurch wir können, und das ist nur Flucht.
(Schlachtlerm in der Ferne.)
Wenn man euch finge, sähn wir auf die Neig'
All unsres Glückes; doch entrinnen wir,
Was wohl wir können, wenn nicht Ihr versäumt,
Nach London gehn wir hin, wo man euch liebt.
Und wo man diesen Riß in unser Glück
Ausfüllen kann gar bald.

Clifford Sohn, kommend.

Wär' nicht mein Herz auf künft'ges Leid gestellt,
Gott wollt' ich lästern eh', als fliehn euch heißen.

Doch fliehn müßt ihr; unheilbare Verwirrung
Herscht in den Herzen unsres ganzen Heers.
Fort, rettet euch! Und einst noch wird ihr Loos,
Wie groß auch, klein, und unser kleines groß.
Fort, gnäd'ger Fürst, fort, fort!

(Sie gehn ab.)

Dritte Scene.

Das Feld bei Sankt Albans.

Schlachtlerm und Rückzug. Trompeten. Dann kommen York, Richard Plantagenet, Warwick und Soldaten mit Trommeln und Fahnen.

York.

Von Salisbury, wer meldet mir von ihm,
Dem Winterlöwen, der, in Wut, vergißt
Des Alters Steifheit, und den Sturm der Zeit,
Und, gleich dem Jüngling in der Jugend Glanz,
Kraft leiht vom Anlaß? Dieser frohe Tag
Ist nicht er selbst; kein Fußbreit ward gewonnen,
Ist Salisbury dahin.

Richard.

Mein edler Vater,
Dreimal am Tag' heut half ich ihm aufs Pferd,
Verfocht ihn dreimal, führt' ihn dreimal weg,
Und widerrieth ihm ferneres Gefecht.
Doch stets, wo nur Gefahr war, traf ich ihn;
Und Prachttapeten gleich in armen Hütten,

War ihm der Will' im alten schwachen Leib.
Doch, edel wie er ist, seht, kommt er da.

Salisbury, kommend.

Beim Schwert hier! brav hast du gefochten heut,
Beim Kreuz! wir allesamt. — Ich dank' euch, Richard.
Gott weiß, wie lang' ich hier noch leben soll;
Und ihm gefiel es, daß ihr dreimal heut
Mich schüzen solltet vor dem nahen Tod. —
Wohl, Lords, wir haben noch nicht, was wir haben.
Nicht ist's genug, daß unsre Feinde flohn;
Sie sind zu leicht aufgrünender Natur.

York.

Das sicherste für uns, wir folgen nach;
Denn, wie man sagt, der König floh nach London,
Schnell zu berufen dort ein Parlament.
Ihm nachgesezt, bevor ausgehn die Schreiben. —
Was sagt Lord Warwick? woll'n wir ihnen nach?

Warwick.

Was, ihnen nach? nein, vor, wenn's möglich ist.
Bei meiner Treu, Lords, glorreich war der Sieg.
Sankt Albans Schlacht, erkämpft vom großen York,
Werd' hochgepreist durch alle Folgezeit. —
Auf, Kriegsmusik! — Nach London jezt in Eil',
Und mancher Sieg wie **der** werd' uns zu Theil!

(Sie gehn ab.)

König Heinrich der sechste.

Dritter Theil.

Von

Abraham Voß.

Personen.

König Heinrich der sechste.
Edward, Prinz von Wales, sein Sohn.
Ludwig der elfte, König von Frankreich.

Herzog von Somerset, Graf von Exeter, Graf von Orford, Graf von Northumberland, Graf von Westmoreland, Lord Clifford,	von des Königs Partei.

Richard Plantagenet, Herzog von York.

Edward, Graf von March, nachmals König Edward der vierte, Edmund, Graf von Rutland, Georg, nachmals Herzog v. Clarence, Richard, nachmals Herzog v. Gloster,	seine Söhne.

Herzog von Norfolk, Marquis von Montague, Graf von Warwick, Graf von Pembroke, Lord Hastings, Lord Stafford,	von des Herzogs von York Partei.

Sir John Mortimer, Sir Hugh Mortimer,	Oheime des Herzogs von York.

Heinrich, der junge Graf von Richmond.
Lord Rivers, Bruder der Lady Grey.
Sir William Stanley.
Sir John Montgomery.
Sir John Somerville.
Der Lehrer Rutlands.
Der Maier von York.
Zwei Förster.
Königin Margareta.
Lady Grey, nachmals Gemahlin Edward des vierten.
Bona, Schwester der Königin von Frankreich.
Soldaten und andres Gefolge K. Heinrichs und K. Edwards, Boten, Wächter u. s. w.

Der Schauplaz ist im dritten Aufzuge zum Theil in Frankreich, während des übrigen Stücks in England.

Erster Aufzug.

Erste Scene.

London. Das Parlamenthaus.

Trommeln. Einige Soldaten von Yorks Partei brechen ein. Hierauf kommen der Herzog von York, Edward, Richard, Norfolk, Montague, Warwick, und Andre mit weißen Rosen an den Hüten.

Warwick.

Mich wundert, wie der König uns entkam.

York.

Da wir des Nordlands Reiterei verfolgten,
Stahl er sich leise weg, und ließ sein Volk;
Allein der große Lord Northumberland,
Deß kriegrisch Ohr nie dulden konnte Flucht,
Sprach Mut der zagen Mannschaft; und er selbst,
Lord Clifford und Lord Stafford, dicht geschaart,
Bestürmten unsre Schlachtreihn, brachen ein,
Und sanken wie Gemeine durch das Schwert.

Edward.

Lord Staffords Vater, Herzog Buckingham,
Ist, wenn nicht todt auch, schwer verwundet doch.
Den Helm zertheilt' ihm mein senkrechter Hieb.
Daß dieses wahr ist, Vater, schaut sein Blut.

(Er zeigt ihm sein blutiges Schwert.)

Montague.

Und, Bruder, hier ist Graf von Wiltshire's Blut,
Auf den ich traf im hizigsten Gefecht.
(Er zeigt sein Schwert.)

Richard.

Sprich du für mich; sag' ihnen, was ich that.
(Er wirft Somersets Kopf hin.)

York.

Mein Richard ragt all meinen Söhnen vor. —
Eur Gnaden todt, Mylord von Somerset?

Norfolk.

Die Hofnung hat das Stammhaus Johns von Gaunt!

Richard.

So hoff' ich zu erschüttern Heinrichs Haupt.

Warwick.

Und ich mit euch. — Siegreicher Fürst von York,
Eh' ich erhöht dich seh' auf jenen Thron,
Den rechtlos hat das Haus von Lancaster,
Bei Gott dem Herrn! nie soll mein Auge ruhn.
Hier der Palast, des furchtbarn Königs Haus,
Und hier der Königsthron. Behaupt' ihn, York;
Erbherr bist du, nicht König Heinrichs Stamm.

York.

Steh mir nur bei, mein Warwick, und ich will's;
So weit sind wir gedrungen mit Gewalt.

Norfolk.

Wir alle stehn euch bei; wer flieht, der stirbt.

York.

Dank, lieber Norfolk. — Bleibt bei mir, Mylords;
Auch ihr, Soldaten, wohnt bei mir die Nacht.

Warwick.

Und wenn der König kommt, verfahrt nicht feindlich,
Er müßt' uns denn fortdrängen mit Gewalt.
(Die Soldaten ziehn sich zurück.)

York.

Die Königin hält hier heut Parlament,
Doch denkt wol nicht, Mitrathende sein wir.
Wort oder Hieb erkämpf' hier unser Recht.

Richard.

In voller Wehr behaupte man dies Haus.

Warwick.

Das blut'ge Parlament sei dies genannt,
Wo nicht Plantag'net, Herzog York, wird König,
Und Heinrich wird entsezt, deß Memmenherz
Uns macht zum Liedlein unsrer Feind' umher.

York.

Nicht denn verlaßt mich, Lords; seid unverzagt;
Ich fodre den Besiz von meinem Recht.

Warwick.

Selbst nicht der König, noch sein treuster Freund,
Der stolzeste, der ficht für Lancaster,
Wagt einen Flug, wenn Warwicks Glöcklein tönt.
Plantag'net pflanz' ich; reut' ihn aus, wer's wagt!
Mut, Richard, Mut! Fodr' Englands Krone dir.

(Warwick führt York zum Throne; der sezt sich darauf.)

(Trompetenklang. König Heinrich, Clifford, Northumberland, Westmoreland, Exeter; und Andre, mit rothen Rosen an den Hüten.)

K. Heinrich.

Mylords, da schaut, der trozige Rebel
Sizt auf dem Stuhl des Reichs! Es scheint, er will,
Verstärkt durch Warwicks Macht, des falschen Pairs,
Aufstreben zu des Königs Kron' und Stab.
Jarl von Northumberland, ihm sank dein Vater;

Und deiner, Clifford; beid' ihr schwurt ihm Rache,
Ihm, seinen Söhnen, Freunden, Günstlingen.

Northumberland.

Nehm' ich nicht Rache, nim sie, Gott, an mir!

Clifford.

Die Hofnung macht, daß Clifford traurt in Stahl.

Westmoreland.

Was? wir das leiden? Reißt herunter ihn!
Mein Herz entglüht vor Zorn; ich duld' es nicht.

K. Heinrich.

Geduldig, lieber Jarl von Westmoreland!

Clifford.

Geduld ist für Zagmaz', und das ist er.
Nicht säß' er dort, lebt' euer Vater noch.
Mein gnäd'ger König, hier im Parlament
Laßt uns zum Angrif auf die Freunde Yorks.

Northumberland.

Wohl das gesprochen, Vetter, sei es so.

K. Heinrich.

Ach, wißt ihr nicht, die Stadt begünstigt sie,
Und Schaaren Krieger stehn auf ihren Wink?

Exeter.

Doch, wenn der Herzog fällt, gleich fliehn sie weg.

K. Heinrich.

Fern sei's von Heinrichs Seele, daß er sollt'
Ein Schlachthaus machen aus dem Parlament!
Vetter von Exeter, Zorn, Wort und Drohn,
Das sei der Krieg, den Heinrich führen will.

(Sie nähern sich dem Herzog.)

Empörter Herzog York, herab vom Thron,
Und knie' um Gnad' und Huld zu Füßen mir!
Ich bin dein Herr.

York.

Du irrst; ich bin der deine.

Exeter.

Pfui, komm herab; er schuf dich Herzog York.

York.

Das war mein Erbtheil, wie das Königreich.

Exeter.

Dein Vater war Verräther an der Krone.

Warwick.

Du, Exeter, bist Verräther an der Krone,
Wenn du dem eingedrungnen Heinrich folgst.

Clifford.

Wem sollt' er folgen, als dem ächten König?

Warwick.

Wahr, Clifford; das ist Richard, Herzog York.

K. Heinrich.

Was? soll ich stehn, du sizen auf dem Thron?

York.

So muß und soll es sein; gieb dich zur Ruh.

Warwick.

Sei Herzog Lancaster, ihn laß König sein.

Westmoreland

König ist er und Herzog Lancaster;
Der Lord von Westmoreland behauptet das.

Warwick.

Und Warwick widerlegt das. Ihr vergeßt,
Wir, wir verjagten euch vom Feld, wir streckten
Todt eure Väter, wir im Fahnenwehn
Siegprangten durch die Stadt zum Pallastthor.

Northumberland.

Wohl, Warwick, denk' ich deß mir zum Verdruß;
Und, so mir Gott, dich und dein Haus soll's reun!

Westmoreland.

Plantagenet, der Leben nehm' ich dir,
Den Söhnen, Freunden und Verwandten, mehr,
Als Tropfen Bluts hielt meines Vaters Leib.

Clifford.

Davon nichts weiter; sonst, anstatt der Wort',
O Warwick, send' ich solchen Boten dir,
Der seinen Tod, eh' ich mich rege, straft.

Warwick.

Ach armer Clifford! und sein nichtig Drohn!

York.

Komm, zeigen wir, wer Recht zur Krone hat,
Wo nicht, im Feld' entscheid' es unser Schwert.

K. Heinrich.

Welch Recht, Verräther, hast zur Krone du?
Dein Vater war, wie du bist, Herzog York;
Deß Vater, Roger Mortimer, Jarl von March.
Ich bin der Sohn und Erb' Heinrichs des fünften,
Der einst den Dauphin und die Franken beugt',
Und in Besiz nahm ihre Städt' und Gaun.

Warwick.

Nicht nenne Frankreich, du verlorst es ganz.

K. Heinrich.

Der Lord Protektor that es, und nicht Ich;
Die Kron' empfing ich, kaum neun Monat' alt.

Richard.

Jezt alt genug zwar, scheint's doch, ihr verliert. —
Vater, die Kron' ab von des Frechen Haupt.

Edward.

Ja, lieber Vater; sezt sie euch aufs Haupt.

Montague, zu York.

Mein Bruder, so du liebst und ehrst den Krieg,
Ausfechten wir's, statt dieses Wortgezänks.

Richard.

Rührt nur die Trommeln, und der König flieht.

York.

Still, Söhn'!

K. Heinrich.

Still du, und König Heinrich red' alhier.

Warwick.

Plantagenet zuerst. — Hört ihn, o Lords;
Und ihr, seid ruhig und aufmerksam auch;
Denn, wer ihn unterbricht, hat ausgelebt.

K. Heinrich.

Denkst du, ich räume meinen Königsthron,
Drauf mein Großvater und mein Vater saß?
Nein, eh' entvölkre Krieg mein ganzes Reich,
Und ihr Panier, das oft in Frankreich flog,
Und jezt in England, uns zu schwerem Gram,
Sei mir ein Grabtuch. — Wie so mutlos, Lords?
Mein Recht ist gut, weit gültiger als seins.

Warwick.

Beweis' es, Heinz, und du sollst König sein.

K. Heinrich.

Heinrich der viert' eroberte die Krone.

York.

Das war durch Aufstand wider seinen Herrn.

K. Heinrich.

Was doch erwiedr' ich drauf? Mein Recht ist schwach.
Sprecht, darf ein König sich den Erben wählen?

York.

Und wenn?

K. Heinrich.

Wenn er es darf, bin ich rechtmäß'ger König.
Denn Richard, vor den Augen vieler Lords
Trat seine Kron' Heinrich dem vierten ab;
Deß Erbe war mein Vater, ich der seine.

York.

Er stand entgegen seinem Oberherrn,
Und ließ der Kron' entsagen ihn mit Zwang.

Warwick.

Sezt, Mylords, Richard that es ohne Zwang,
Denkt ihr, daß er der Krone was vergab?

Exeter.

Nein; denn nicht so konnt' er der Kron' entsagen,
Daß nicht der nächste Erb' ihm folgt' als Fürst.

K. Heinrich.

Du wider uns, Herzog von Exeter?

Exeter.

Sein ist das Recht, darum verzeiht mir Herr.

York.

Was flistert ihr, und gebt nicht Antwort, Lords?

Exeter.

Mir sagt mein Herz, er sei rechtmäß'ger König.

K. Heinrich.

Von mir fällt alles ab, und geht zu ihm.

Northumberland.

Plantagenet, was auch dein Anspruch sei,
Denk' nicht, daß Heinrich so wird abgesezt.

Warwick.

Ja, abgesezt, troz dir und aller Welt.

Northumberland.

Du irrst dich sehr; nicht deine Macht im Süden,
Aus Essex, Norfolk, Suffolk, und aus Kent,
Die dich so stolz und übermütig macht,
Sezt auf den Thron den Herzog mir zum Troz.

Clifford.

Heinrich, dein Anspruch sei recht oder nicht,
Lord Clifford schwört zu fechten dir zum Schuz.
Der Boden gähn', und schlinge lebend mich,
Knie' ich vor dem, der mir erschlug den Vater!

K. Heinrich.

O Clifford, wie belebt dein Wort mein Herz!

York.

Heinrich von Lancaster, entsag' der Krone. —
Was murmelt ihr? was sinnt ihr heimlich, Lords?

Warwick.

Thut Recht dem hohen Fürstherzog von York,
Sonst füll' ich mit Bewafneten das Haus,

Und über dem Prachtsessel, wo er sizt,
Schreib' ich sein Recht mit des Thronräubers Blut.
(Er stampft mit dem Fuß, und die Soldaten erscheinen.)

K. Heinrich.

Mylord von Warwick, nur ein einzig Wort:
Laßt für die Lebenszeit mich König sein.

York.

Bekräft'ge mir die Kron' und meinen Erben,
Und du sollst König bleiben, weil du lebst.

K. Heinrich.

Ich geh' es ein: Richard Plantagenet,
Nach meinem Tod' empfange du das Reich.

Clifford.

Welch Unrecht an dem Prinzen, eurem Sohn!

Warwick.

Welch ein Gewinn für England und ihn selbst!

Westmoreland.

Unedler Heinrich, furchtsam und verzagt!

Clifford.

Wie sehr beschimpfst du dich zugleich und uns!

Westmoreland.

Nicht bleib' ich, anzuhören den Vertrag.

Northumberland.

Ich auch nicht.

Clifford.

Kommt, Vetter, melden wir's der Königin.

Westmoreland.

Leb' wohl, schwachmüt'ger Fürst, entarteter!
Deß kaltes Blut kein Fünklein Ehr' enthält!

Northumberland.

Sei du ein Raub fortan dem Hause, York,
Und stirb in Banden für die Unmannsthat!

Clifford.

Im Graun des Kriegs sei überwunden du!
Im Frieden lebe freundlos und verachtet!

(Es gehn Northumberland, Clifford und Westmoreland.)

Warwick.

Schau hieher, Heinrich, achte nicht auf sie.

Exeter.

Aus bloßer Rachgier geben sie nicht nach.

K. Heinrich.

Ach, Exeter!

Warwick.

Was seufzet ihr, mein Fürst?

K. Heinrich.

Nicht für mich selbst, Lord, nein für meinen Sohn,
Der unnatürlich wird enterbt von mir. —
Doch komme, was da will; hier sei vermacht
Die Krone dir und deinem Stamm auf ewig,
Mit dem Beding, gleich schwörst du hier, du willst,
Abstehn vom Bürgerkrieg, mich lebenslang
Als König ehren und als Oberhaupt,
Und weder meuchlings noch gewaltsam mir
Entziehn die Obmacht, und Selbstherscher sein.

York.

Gern schwör' ich das, und halte fest den Eid.

(Er steigt vom Thron.)

Warwick.

Lang' lebe König Heinrich! — York, umarm' ihn.

K. Heinrich.

Lang' leb' auch du, und dies dein Kerngeschlecht!

York.

Nun ausgesöhnt sind York und Lancaster.

Exeter.

Verflucht sei, wer sie trachtet zu entzwein!

(Die Lords treten vorwärts.)

York.

Leb' wohl mein Fürst, ich will auf meine Burg.

Warwick.

Und ich beseze London mit dem Heer.

Norfolk.

Ich will nach Norfolk hin mit meiner Schaar.

Montague.

Und ich will auf die See, woher ich kam.

(Es gehn York und seine Söhne, Warwick, Norfolk, und Montague mit ihren Soldaten.)

K. Heinrich.

Und ich mit Gram und Kummer an den Hof.

(Die Königin Margareta und der Prinz von Wales.)

Exeter.

Dort kommt die Königin; ihr Blick sprüht Zorn;
Ich schleiche fort.

K. Heinrich.

Ich mit dir, Exeter.

K. Margareta.

Nein, geh nicht von mir; folgen will ich dir.

K. Heinrich.

Sei ruhig, bestes Weib, so bleib' ich da.

K. Margareta.

Wer bleibt wol ruhig bei dem Aeußersten?
Elender. Wohl mir, starb ich ehelos,
Sah niemals dich, gebar dir keinen Sohn,
Da du so lieblos dich als Vater zeigst!
Verlieren soll der sein Geburtsrecht so?
Hätt'st du nur halb ihn so geliebt als ich,
Gefühlt die Schmerzen, die ich einst für ihn,
Ihn so genährt, wie ich mit meinem Blut;
Du hätt'st verströmt dein theurstes Herzblut eh,
Als den grausamen Herzog dir erwählt
Zum Erben, und enterbt den einz'gen Sohn.

Prinz.

O Vater, mich enterben könnt ihr nicht.
Seid König Ihr, ich muß Nachfolger sein.

K. Heinrich.

Verzeih, Margareta; lieber Sohn, verzeih.
Jarl Warwick und der Herzog zwangen mich.

K. Margareta.

Dich zwang man! Du bist König, und man zwang?
Scham regt dein Wort mir. Ah, zaghafter Wicht!
Du hast verderbt dich, deinen Sohn, und mich.
Du giebst dem Hause York solch eine Macht,
Daß Fürst du bloß durch ihre Duldung bleibst.
Vermachen ihm und seinem Stamm die Krone,
Was heißt das, als dein eignes Grab dir baun,
Um drein zu schlüpfen lange vor der Zeit?
Warwick ist Kanzler, Herr auch von Calais;
Der rauhe Faulconbridge beherscht den Sund;
Der Herzog ist Protektor nun des Reichs;

Und du wärst sicher? Ganz so sicher ist
Ein zitternd Lamm, von Wölfen rings umdroht.
Wenn ich dabei war, ich einfältig Weib,
Der Krieger Lanzen hätten mich durchbort,
Eh' ich gefügt mich hätt' in den Vertrag.
Doch dir gilt mehr das Leben als die Ehre;
Und dies bemerkend, scheid' ich hier mich selbst
Von deinem Tisch, Heinrich, und deinem Bett,
Bis man den Parlamentschluß widerruft,
Wodurch mein Sohn enterbt wird seines Reichs.
Die nord'schen Lords, die dein Panier verläugnen,
Ziehn meinem nach, sobald sie's flattern sehn;
Und flattern soll es, zur Unehre dir,
Zum völligen Ruin dem Hause York.
So scheid' ich von dir. — Komm Sohn, laß uns gehn,
Das Heer steht fertig; komm, ihm nachgefolgt!

K. Heinrich.

Bleib, liebe Margaret', und hör' mich an.

K. Margareta.

Zu hören gabst du schon zu viel; geh fort.

K. Heinrich.

O Sohn, mein Edward, du bleibst doch bei mir?

K. Margareta.

Ja, daß ihn morde seiner Feinde Trug.

Prinz.

Wenn ich mit Sieg vom Feld' heimkehre, dann
Begrüß' ich euch; bis dahin folg' ich ihr.

K. Margareta.

Komm, Sohn, komm fort; nicht zaudern darf man so.
(Die Königin und der Prinz gehn.)

K. Heinrich.

Arm Weib! wie sie vor Herzensliebe da

Zu mir und ihrem Sohn ausbrach in Wut!
Ihr werde Rach' an dem verhaßten York,
Deß hochgesinnter Geist, beschwingt von Gier,
Packt meine Kron', und, ein fraßleerer Aar,
Sich lezt an meinem Fleisch und meines Sohns!
Der Weggang der drei Lords quält mir das Herz.
Ich schreib' an sie, und bitte hübsch und fein. —
Kommt, Vetter, denn ihr sollt der Bote sein.

Exeter.

Und hoffentlich versöhn' ich alle noch.

(Sie gehn ab.)

Zweite Scene.

Ein Zimmer in der Burg Sandal, bei Wakefield in Yorkshire.

Edward, Richard, und Montague.

Richard.

Bruder, obgleich ich jünger bin, vergönnt.

Edward.

Nein, ich bin fertiger im Redespiel.

Montague.

Doch ich weiß Gründe von Gewicht und Kraft.

York, auftretend.

Was ist das, Söhn' und Bruder? So im Streit?
Worüber zankt ihr? Wie begann der Zank?

Edward.

Kein Zank hier, nur ein angenehmer Zwist.

York.

Um was?

Richard.

Um, was eur Gnaden selbst angeht, und uns:
Um Englands Krone, Vater, die ja eur.

York.

Mein, Knabe? Nicht vor König Heinrichs Tod.

Richard.

Eur, gleichviel ob er lebend ist, ob todt.

Edward.

Ihr habt das Erbrecht, drum genießt es nun.
Schöpft wieder Luft das Haus von Lancaster,
Am Ende, Vater, läuft es euch zuvor.

York.

Ich schwur ihm, ruhig sollt' er König sein.

Edward.

Doch um ein Reich bricht man wohl jeden Eid;
Ich bräche tausend' Eid, ein Jahr zu herschen.

Richard.

Verhüte Gott, daß ihr meineidig seid.

York.

Das werd' ich, wenn ich fodr' in ofnem Krieg.

Richard.

Das Gegentheil beweis' ich, wenn ihr wollt.

York.

Du kannst nicht, Sohn: es ist unmöglich ja.

Richard.

Ein Eid ist ohne Kraft, wenn man nicht schwur
Vor einer recht bestallten Obrigkeit,
Die über den Gewalt hat, welcher schwört,
Und Heinrich war bloß eingedrungner Fürst.
Nun seht, da er's war, der euch schwören ließ,
Eur Eid, Mylord, ist leer und tändelhaft.
Drum in den Kampf! Und, Vater, denkt euch nur,
Wie wundersüß ist, tragen eine Kron',
In deren Umkreis blüht Elysium,
Und aller Dichtkunst Wonn' und Seligkeit!
Was zögern wir doch so? Ich kann nicht ruhn,
Bis ich die weiße Rose da gefärbt
In lauem Blut, in Heinrichs Herzensblut.

York.

Richard, genug. So sei's: Kron' oder Tod! —
Bruder, du sollst nach London alsobald,
Und Warwick spornen, daß er thätig sei. —
Ihr, Richard, sollt zum Herzog Norfolk hin,
Und ingeheim ihm melden unsern Plan. —
Ihr, Edward, sollt zu Mylord Cobham gehn,
Mit dem die Kenter gern aufstehn zum Kampf.
Auf sie vertrau' ich; denn Kriegsmänner sind's,
Klug, höflich, freier Denkart, voll von Mut. —
Derweil ihr dies betreibt, was bleibt mir noch,
Als spähn, wie man Aufstand errege so,
Daß nicht der König merke mein Geschäft,
Noch irgend wer vom Hause Lancaster?

(Ein Bote kommt.)

Doch halt; was giebt's? Wie kommst du so in Eil?

Bote.

Die Kön'gin, samt den nord'schen Jarls und Lords,
Will euch belagern hier in eurer Burg.

Sie ist nah bei mit zwanzigtausend Mann;
Deshalb befestigt euren Siz, Mylord.

York.

Ja, mit dem Schwert. Denkst du, wir fürchten sie?
Edward und Richard, ihr bleibt da bei mir; —
Ihr, Bruder Montague, sollt gleich nach London.
Den edlen Warwick, Cobham, und die sonst
Als Protektoren wir beim König ließen,
Heißt sich mit tapfrer Staatsklugheit versehn,
Und nicht des schwachen Heinrichs Eiden traun.

Montague.

Bruder, ich geh'; ah, die gewinn' ich schon.
Und so in Demut nehm' ich Abschied jezt.

(Er geht.)

(Sir John und Sir Hugh Mortimer.)

York.

Sir John und Sir Hugh Mortimer, ihr Ohme,
Ihr kommt nach Saudal zu gelegner Zeit;
Das Heer der Königin will uns belagern.

Sir John.

Nicht braucht sie das, wir gehn zu ihr ins Feld.

York.

Was? mit fünftausend Mann?

Richard.

O, mit fünfhundert, Vater, wenn es gilt.
Ein Weib ist Feldherr; was bedarf's der Furcht?

(Man hört einen Marsch in der Ferne.)

Edward.

Die Trommeln hör' ich; ordnen wir das Heer;
Ziehn wir hinaus, und bieten Schlacht sogleich.

York.

Fünf gegen zwanzig! Groß der Unterschied!

Doch zweifl' ich nicht. Oheim, au unserm Sieg.
Gewaun ich doch in Frankreich manche Schlacht,
Wenn schon der Feind war stark zehn gegen eins;
Warum nicht jezo hätt' ich den Erfolg?
(Schlachtlerm. Sie gehn ab.)

Dritte Scene.

Ebene vor der Burg Sandal.

Schlachtlerm. Angriffe. Es kommen Rutland und sein Lehrer.

Rutland.

Ah, wohin soll ich, fliehn aus ihrer Hand?
Ah, Lehrer, schau! der blut'ge Clifford kommt!
(Clifford trit auf mit Soldaten.)

Clifford.

Kaplan, hinweg! Dich schirmt dein Priesterthum;
Der Balg da vom verfluchten Hause York,
Deß Vater mir den Vater schlug, — der stirbt.

Lehrer.

Und ich, Mylord, Gesellschaft leist' ich ihm.

Clifford.

Soldaten, fort mit ihm!

Lehrer.

Ah, Clifford, morde nicht ein schuldlos Kind,
Daß nicht dir Haß nachtrage Gott und Mensch!
(Er wird von den Soldaten weggeschleppt.)

Clifford.

Was! ist er todt schon? oder ist es Furcht,
Was ihm die Augen schließt? — Ich öfne sie.

Rutland.

So starrt des Käfigs Leu sein Opfer an,
Das unter den raubgier'gen Klaun erbebt;
So schreitet er mit Hohntritt ob dem Raub;
So kommt er, zu zerreißen Glied vor Glied. —
Ah, bester Clifford, tödte mich mit Stahl,
Und nicht mit solchem grausam drohnden Blick.
O Guter, hör' ein Wort nur, eh' ich sterbe: —
Ich bin zu klein, zu wenig deinem Zorn;
Du üb' an Männern Rach', und laß mich leben.

Clifford.

Umsonst, arm Knäblein! Meines Vaters Blut
Hat mir verstopft vor deinem Wort das Ohr.

Rutland.

Laß meines Vaters Blut es wieder öfnen;
Er ist ein Mann; ihm Clifford, stelle dich.

Clifford.

Dein Leben, und der Brüder, hätt' ich sie,
Zur Rache mir wär's lange nicht genug.
Nein, grüb' ich deiner Ahnen Särg' hervor,
Und hängt' in Ketten auf den Modergraus,
Nicht fände Maß mein Zorn, noch Ruh mein Herz.
Der Anblick irgend weß vom Hause York,
Wie eine Furie plagt er meinen Geist;
Und bis ich ausrott' ihr verflucht Geschlecht,
Daß keiner nachlebt, leb' ich Höllenqual.
Darum —

(Er hebt die Hand auf.)

Rutland.

O laß mich beten, eh mich nimt der Tod!
Du lieber Clifford! bet' ich: Mitleid mir!

Clifford.

Solch Mitleid, wie die Degenspiz' es beut.

Rutland.

Nie that ich Leides dir; warum mich morden?

Clifford.

Dein Vater that's.

Rutland.

Eh' ich geboren war.
Dir blüht Ein Sohn, um ihn erbarm' dich mein;
Daß nicht zur Strafe (denn Gott ist gerecht)
Er kläglich werd' erschlagen, so wie ich.
Ach, halt mich fest im Kerker lebenslang,
Und geb' ich Anlaß dir zum Aergernis,
Dann tödte mich; jezt hast du keinen Grund.

Clifford.

Wie? keinen Grund?
Dein Vater schlug den Vater mir; drum stirb.
(Er ersticht ihn.)

Rutland.

Di faciant, laudis summa sit ista tuae!
(Er stirbt.)

Clifford.

Plantagenet! Ich komm', Plantagenet!
Dies, deines Sohns Blut, klebend mir am Stahl,
Soll rosten dran, bis ich dein Blut, erharscht
Mit diesem da, wegwischen kann zugleich.

Vierte Scene.

Ebendaselbst.

Schlachtlerm. York trit auf.

York.

Das Heer der Königin gewann das Feld;
Beid' Ohme sanken, mich loskämpfend hier;
Und all mein Kriegsvolk, vor dem hiz'gen Feind
Kehrt's um, und flieht, wie Schiffe vor dem Wind,
Wie Lämmer vor dem ausgezehrten Wolf.
Die Söhne — Gott weiß, welches Loos sie traf;
Das weiß ich nur, sie hielten Stand wie Männer,
Gemacht für Ruhm, im Leben oder Tod.
Dreimal hieb Richard weite Bahn zu mir,
Und rief dreimal: „Mut, Vater! ficht es aus!
Gleich oft auch kam Edward in meine Näh
Mit rothem Säbel, bis zum Heft gefärbt
Im Blut der heillos ihm Begegnenden.
Und als zurück die kühnsten Streiter flohn,
Schrie Richard: Drauf! gebt keinen Fußbreit nach!"
Schrie: — „Eine Krone, sonst ein ruhmvoll Grab!
„Ein Zepter, sonst ein Erden-Monument!"
Frisch nun schlug alles drauf; doch, oh des Wehs!
Wir schwankten wieder, so wie oft ein Schwan
Mit eitlem Drang' entgegen schwimmt der Flut,
Die Kraft vergeudend im zu mächt'gen Schwall.

(Kurzes Schlachtgetümmel in der Ferne.)

Ah, horch! die Todesdränger sezen nach.
Ich alzumatt, kann nicht entfliehn der Wut.
Und wär' ich stark, wie doch bestehn der Wut?

Der Sand verrinnt in meiner Lebensuhr;
Hier ist mein Halt, hier meiner Tage Ziel.

(Königin Margareta, Clifford, Northumberland und Soldaten.

Komm, Bluthund Clifford! Leu Northumberland!
Ich schür' eur lodernd Herz in neue Wut.
Ich bin eur Zweck, und harr' auf euren Schuß.

Northumberland.

Ergieb dich uns auf Gnad', o stolzer York.

Clifford.

Auf solche Gnade, wie sein grimmer Arm
Mit derber Zahlung meinem Vater bot.
Held Phaethon, gestürzt vom Wagen nun,
Macht Abend, da die Sonn' erst Mittag weist.

York.

Vielleicht aus meiner Phönix-Asch' erwächst
Ein Vogel, der mich rächt an allen euch.
In solcher Hofnung schau' ich auf zu Gott,
Verachtend, was ihr mögt mir thun zur Qual.
Nun, kommt ihr nicht? — Was! solche Meng', und Furcht?

Clifford.

So ficht der Feigling, der nicht fliehn mehr kann;
So hackt die Taub' auf scharfe Falken-Klaun;
So wirft der Dieb, verzweifelnd ganz am Leben,
Schimpfreden auf den Schergen des Gerichts.

York.

O Clifford, denk nur Einmal noch zurück;
Durchlauf' im Geist, wie's vormals war mit mir.
Kannst du vor Röthe, schau dies Antliz an,
Und beiß die Zunge, die den zaghaft nennt,
Vor dessen Zornblick du oft scheu gerennt.

Clifford.

Ich will nicht wechseln Wort um Wort mit dir;
Nein, Hiebe tausch' ich, zweimal zwei um eins.
(Er zieht.)

K. Margareta.

Halt, tapfrer Clifford! denn aus manchem Grund
Möcht' ich verlängern des Verräthers Leben. —
Grimm macht ihn taub; sprich du, Northumberland.

Northumberland.

Halt, Clifford; ehr' ihn nicht, daß du dir rizest
Den Finger nur, durchborst du auch sein Herz.
Wär's Tapferkeit, dem Köter, wenn er grinst,
Die Hand zu stoßen durch die Zähn' hinein,
Da man ihn fort kann schlenkern mit dem Fuß?
Der Krieg erlaubt jedweden Vortheil; und
Zehn gegen eins kränkt nicht die Tapferkeit.
(Sie legen Hand an York, der sich sträubt.)

Clifford.

Ja, ja, so sträubt die Schnepfe sich der Schlinge.

Northumberland.

So zappelt das Kaninchen in dem Nez.
(York wird gefangen genommen.)

York.

So jauchzen Dieb' ob der gestohlnen Beute;
So giebt ein Biedrer nach im Räuberschwarm.

Northumberland.

Was will eur Gnaden, daß wir jezt ihm thun?

K. Margareta.

Ihr Helden, Clifford und Northumberland,
Kommt, stellt ihn auf den Maulwurfshügel da,
Der Berge grif mit ausgestrecktem Arm,

Doch nur den Schatten theilte mit der Hand. —
Wart ihr's, der Englands König wollte sein?
Wart ihr's, der stürmt' in unser Parlament,
Und predigte von seiner Hochgeburt?
Wo ist eur Rudel Söhn', euch beizustehn?
Der üpp'ge Edward, und der muntre George?
Wo jenes tapfre Buckel-Ungethüm,
Richerz, eur Junge, der rauhgrunzend oft
Mut dem Papa einsprach bei Meuterein?
Wo mit den andern ist eur Liebling Rutland?
Sieh, York, dies Tuch befleckt' ich mit dem Blut,
Das Cliffords Heldenarm mit scharfem Stahl
Entströmen ließ des Knaben zarter Brust.
Und feuchtet sich dein Aug' um seinen Tod,
Da nim's, und trockne dir die Wangen ab.
Ach, armer York! wär' ich nicht todtfeind dir,
Beklagen möcht' ich deinen Jammerstand.
Sei traurig doch, daß ich mich freue, York!
Was hat dein feurig Herz dich so durchbrannt,
Daß nicht ein Thränlein fällt um Rutlands Tod?
Wie so geduldig, Mann? Sein mußt du toll;
Und um dich toll zu machen, höhn' ich so.
Stampf, tob' und knirsch, damit ich sing' und tanze!
Du foderst Lohn wol, daß du Spaß mir machst.
York redet nichts, eh' eine Kron' er trägt. —
Für York die Kron' her! — Lords, ihm neigt euch tief. —
Ihr haltet ihm die Händ', Ich krön' indeß. —

(Sie sezt ihm eine papierene Krone auf.)

Poz Wunder ja, nun blickt er königshaft!
Er ist's, der stieg auf König Heinrichs Thron;
Er ist's, der ihm Wahlerbe ward und Sohn. —
Allein, wie kommt's, daß Fürst Plantagenet
So schnell gekrönt ward, und den Eidschwur brach?
Mich dünkt, ihr solltet dann erst König sein,
Wann König Heinz die Hand gereicht dem Tod.

Eur Haupt umkreist schon Heinrichs Glorie,
Und seiner Stirn raubt ihr das Diadem,
Da er noch lebt, troz eurem heil'gen Eid?
O dies Vergehn ist zu zu unverzeihlich!
Die Kron' herab, die Kron' erst, dann das Haupt!
Wohlauf, im Nu das Leben ihm geraubt!

Clifford.

Das ist mein Amt, für meines Vaters Tod.

K. Margareta.

Nein, halt; erst hört, was für Gebet' er spricht.

York.

Franzwölfin, ärger als Franzwölf' an Grimm!
Von Zunge gift'ger als der Natter Zahn!
Wie ungeziemend doch für dein Geschlecht,
Zu jauchzen, wie ein Amazonenweib,
Beim Weh deß, den das Glück gebunden hält!
Wär' nicht dein Antliz larvengleich, todstarr,
Und fühllos durch Gewöhnung böses Thuns;
Du, Stolze, möchtest wol — erröthen mir.
Sagt' ich, woher du kamst, von wem du stammst,
Gnug wär's zum Schämen, wärst du nicht schamlos.
Dein Vater heißt von Napel und von beiden
Sicilien König und Jerusalem;
Doch reicher ist ein britt'scher Bürgersmann.
Gab dies arm Fürstlein Lehre dir im Spott?
Nicht hilft, nicht frommt dir's, stolze Königin,
Als daß das Sprichwort sich aufs neu bewährt:
Der Bettler, reitet er, jagt todt sein Roß.
Schönheit gewöhnlich macht die Weiber stolz;
Allein Gott weiß dein Antheil dran ist klein.
Die Tugend macht sie höchst bewunderungswerth;
Das Gegentheil macht staunen über dich.
Die Sittsamkeit macht sie gleich Himmlischen;

Der Mangel dran macht dich zum Abscheu ganz.
Du bist so abgekehrt von allem Guten,
Wie es die Antipoden sind von uns,
Und wie der Süden vom beeisten Nord.
O Tigerherz, gehüllt in Weibeshaut!
Auf fingst du, ha! des Kindes Herzblut, daß
Der Vater dran die Augen trocknete,
Und trägst noch eines Weibes Angesicht?
Weiber sind sanft, mitleidig, mild und biegsam;
Du starr, verhärtet, felsicht, rauh, gefühllos.
Du heißt mich rasen? Nun, dir ward dein Wunsch.
Du willst mich weinend? Nun, dein Will' ist da.
Denn ras't der Sturm, auf ziehn endlose Schauer;
Sobald er ausras't, fällt der Regen her.
Ihr Thränen ehrt, ah! meines Rutlands Tod;
Und jeder Tropfen rufe Rach' auf dich,
Grausamer Clifford, — und dich, falsche Franzin!

Northumberland.

Ich Thor! doch dies sein Leiden rührt mich so,
Daß kaum mein Auge sich der Thrän' erwehrt.

York.

Sein Antliz, nein, das hätt' ein Kanibal
Nicht angerührt; —
Nein, nicht befleckt die Ros' im ersten Blühn!
Doch ihr seid roher, unerbittlicher, —
O zehnmal mehr, — als Tiger aus Hyrkanien!
Schau, herzlos Weib, ein armer Vater weint.
Dies Tuch trank dir Blut meines süßen Kinds,
Und sieh! mit Thränen spühl' ich weg das Blut.
Behalt das Tuch, und prahle groß damit!
(Er giebt das Tuch zurück.)
Und meldest du die Leidgeschichte wahr,
Bei Gott, wer zuhört rings, weint Thränenflut;
Ja selbst mein Feind vergießt wol Thränenflut,
Und sagt: O Himmel, kläglich war die That! —

Da, nim die Kron', und nebst ihr meinen Fluch;
Und in der Noth, sei gleicher Trost auch dir,
Wie ich ihn ernt' aus deiner Wütrichshand! —
Hartherz'ger Clifford, nim mich von der Welt!
Mein Geist gen Himmel, mein Blut auf euer Haupt!

Northumberland.

Hätt' er gemordet mir mein ganz Geschlecht,
Doch, wär's mein Tod auch, müßt' ich mit ihm weinen,
Zu sehn, wie tiefer Schmerz die Seel' ihm nagt.

K. Margareta.

Was? reif zum Weinen, Lord Northumberland?
Denkt nur des Leids, das er uns allen that,
Dir trocknen wird es bald den Thränenthau.

Clifford.

Das für den Eid, das für des Vaters Tod.
(Er ersticht ihn.)

K. Margareta.

Und das für's Recht des sanften Königes.
(Sie ersticht ihn.)

York.

Thu' auf dein Gnadenthor, barmherz'ger Gott!
Mein Geist, durch diese Wunden, schwebt zu dir.
(Er stirbt.)

K. Margareta.

Herab den Kopf ihm! steckt ihn auf Yorks Thor;
So kann York überschaun die Hauptstadt York.
(Sie gehn ab.)

Zweiter Aufzug.

Erste Scene.

Eine Ebene bei Mortimerskreuz in Herefordshire.

Trommeln. Edward und Richard mit Truppen auf dem Marsch.

Edward.

Wie doch der edle Vater wol entkam?
Und ob er überall entkam, ob nicht,
Vor Cliffords und Northumberlands Verfolgung?
Wenn man ihn fing, wir hätten Kunde schon;
Wenn man ihn schlug, wir hätten Kunde schon;
Wenn er entkam, mich dünkt, schon hörten wir
Die frohe Zeitung seiner Sicherheit. —
Wie geht's, mein Bruder? warum so betrübt?

Richard.

Ich kann nicht froh sein, bis genau ich weiß,
Was unsrem tapfern Vater doch geschehn.
Ich sah ihn streifen durch die Schlacht umher,
Und schaute, wie er Clifford sich erlas.
Mir däucht', er schwang sich in dem dicksten Schwarm,
So wie der Löw' in einer Rinderherde,
So wie ein Bär, umdroht von Hunden rings.
Hat der gezwickt ein Paar, daß laut sie schrein,

Da steht der Rest ganz fern, und bellt ihn an.
So fuhr der Vater mit den Feinden auch,
So flohn die Feind' auch vor dem tapfern Vater.
Mir dünkt es Ruhm genug, sein Sohn zu sein.
Auf schließt Aurora; schau, ihr göldnes Thor,
Und küßt zum Abschied den glorreichen Sol.
Wie ähnlich ist er doch dem Jugendlenz,
Schmuck wie ein Bräut'gam, der zur Trauten prangt!

Edward.

Ob blind mein Aug' ist? oder sieht's drei Sonnen?

Richard.

Drei Sonnen, lichthell, jed' auch Sonne ganz;
Nicht abgesondert bloß durch Wolkenzug,
Nein scharf getrennt im blassen Aetherblau.
Schau hin! sie nahn, umarmen, küssen sich,
Als schwüren sie ein Bündnis ew'ger Treu.
Nun sind sie Ein Lichtglanz, Ein Sonnenball.
Der Himmel bildet ein Begegnis vor.

Edward.

Ja, wunderseltsam, unerhört bisher!
Ich glaub', es ruft uns, Bruder, in das Feld,
Daß wir, die Söhne Held Plantagenets,
Ein jeder stralend schon durch Hochverdienst,
Dennoch vereinen unsrer Lichter Glanz,
Um zu erleuchten, wie d i e drei, die Welt.
Was es bedeuten mag, ich trag' hinfort
Auf meinem Schild drei blanke Sonnengötter.

Richard.

Nein, lieber Sonnenweibchen; denn, vergönnt
Euch ist das Weiblein lieber als der Mann.

(Ein Bote kömmt.)

Doch wer bist du, deß schwerer Blick voraus
Was schrecklichs meldet, das die Zung' umschwebt?

Bote.

Ach einer, der voll Schmerz mit angesehn,
Wie daß der edle Herzog York erlag,
Eur hoher Vater, und mein theurer Herr.

Edward.

O sprich nicht mehr; ich hörte schon zu viel.

Richard.

Sag', wie er starb, aushören will ich's ganz.

Bote.

Umringt war er von Feinden ohne Zahl;
Und er bestand sie, wie die Troerjugend
Den Griechenschwarm, der wild auf Troja drang.
Doch selbst weicht Herkules der Uebermacht;
Und viele Streich', obwohl von kleiner Art,
Haun endlich um den stärksten Eichenstamm.
Eur Vater ward durch viele Händ' erlegt,
Gemordet aber vom grimmvollen Arm
Des starren Clifford und der Königin.
Den edlen Herzog krönte sie zum Spott,
Lacht' ihm ins Antliz; und als Schmerz ihm floß,
Gab die Barbarin ihm, sein Aug' zu trocknen
Ein Tuch, getaucht in das schuldlose Blut
Des holden Rutland, den Clifford erschlug.
Und so nach manchem Schimpf, manch schnödem Hohn,
Nahm man sein Haupt; und auf die Thore Yorks
Hoch steckte man's; und dort gewährt es nun
Ein grasses Schauspiel, grasser als ich's sah.

Edward.

Du lieber York, uns Stüze sonst voll Kraft;
Nun du dahin bist, bleibt nicht Stab noch Halt. —
O Clifford, tob'ger Clifford, du erschlugst
Die Blüt' Europa's im Hochritterthum;

Und durch Verrath bezwangst du solchen Mann,
Denn Hand an Hand, hätt' er bezwungen dich. —
Nun ward der Seele Haus zum Kerker mir.
Ach, bräche sie hindurch! daß dieser Leib
Im Erdenschooße fänd' ein Grab der Ruh.
Denn nie hinfort werd' ich mich freun, wie sonst,
Niemals, o niemals seh' ich Freude mehr.

Richard.

Ich kann nicht weinen: alles Naß in mir
Reicht kaum zu löschen mein heißbrennend Herz.
Auch nicht die Zung' enthebt des Herzens Last.
Der selbe Hauch, den ich zum Sprechen brauchte,
Facht Kohlen an, die ganz durchglühn die Brust
Mit Brand, den löschen würd' ein Thränenstrom;
Denn Weinen mindert die Gewalt des Grams.
Die Thräne Kindern; Schwert und Rache mir!
Richard, dein Nam' ist mein; dich rächt mein Arm,
Wo nicht, so sterb' ich ruhmvoll im Versuch.

Edward.

Den Namen ließ der tapfre Herzog dir;
Sein Stuhl, sein Herzogthum blieb mir zurück.

Richard.

Nein, wenn du von dem Königsadler stammst,
Zeig' deine Art durch Schaun zur Sonn' empor!
Statt Stuhl und Herzogthum sag' Thron und Reich;
Dein ist ja das, sonst wärest du nicht sein.

(Ein Marsch. Warwick und Montague kommen mit Truppen.)

Warwick.

Nun, theure Lords, wie steht's? Geht Neues vor?

Richard.

Ruhmvoller Warwick, wenn wir meldeten

Die grause Zeitung, und bei jedem Wort
Uns Dolch' eins Fleisch einbohrten, bis zum Schluß:
Der Worte Pein wär' ärger als der Wunden.
O tapfrer Lord, der Herzog York ist todt.

Edward.

O Warwick, Warwick! der Plantagenet,
Der werth dich hielt, wie seiner Seele Heil,
Ist von dem Unhold Clifford ausgetilgt.

Warwick.

Zehn Tage schon, bewein' ich diese Post;
Und jezt, das Maß zu häufen eures Wehs,
Komm' ich zu melden, was seitdem geschah.
Nach jener blut'gen Schlacht bei Wakefield,
Wo eures Vaters Geist verathmete,
Kam Nachricht mir, so schnell ein Bote läuft,
Von eurer Niederlag' und seinem Tod.
Ich nun in London, Königshüter dort,
Hielt Musterung, rief Schaaren Freund' herbei;
Sehr wohl gerüstet nun mich dünkend, zog ich
Sankt Albans zu, die Kön'gin aufzufangen;
Und nahm den König, mir zum Besten, mit.
Denn meine Späher hatten angezeigt,
Sie wär' im Anmarsch mit entschiednem Zweck,
Zu tilgen den Beschluß des Parlaments,
Wo König Heinrich euch zuschwor den Thron.
Doch kurz: — dort zu Sankt Albans trafen wir,
Und schlugen beiderseits ein scharf Gefecht.
Doch, ob es nun des Königs Kälte war,
Der freundlich hinblickt' auf sein kriegrisch Weib,
Was kühlte meinem Volk den heißen Mut;
Ob's etwa war der Ruf von ihrem Sieg;
Ob ungemeine Furcht vor Cliffords Härte,
Der den Gefangnen donnert — Blut und Tod,

Ist unbewußt mir; doch das ist gewiß:
Dort flog's von Waffen blizschnell her und hin:
Doch unser Heer, wie faul die Nachteul zieht,
Wie träg' ein Drescher wol den Flegel senkt,
Schlug sanft hinab, als schlüge man auf Freunde.
An frischt' ich durch Vorstellung unsres Rechts,
Durch hohes Solds Erbot und großes Lohns.
Nichts half; sie hatten nicht Mut zum Gefecht,
Und wir, durch sie, nicht Hofnung auf den Sieg;
So daß wir flohn: zur Königin der König;
Lord George eur Bruder, Norfolk, und ich selbst
In schnellster Eile kommen wir zu euch;
Denn an der Grenz' hier, hieß es, ständet ihr,
Und würbt ein neues Heer zu neuem Kampf.

Edward.

Wo ist der Herzog Norfolk, theurer Warwick?
Und wann kam George aus Burgund nach England?

Warwick.

Sechs Meilen etwa steht der Herzog fern
Mit seinem Heer, und eurem Bruder sandte
Jüngst eure güt'ge Muhme von Burgund
Mit Hülfsmacht zu dem hülfsbedürft'gen Krieg.

Richard.

Wohl Uebermacht war, wo Held Warwick floh!
Oft hört' ich schon, daß er mit Ruhm verfolgte,
Doch nie bis jezt, daß er mit Schande wich.

Warwick.

Auch jezt nicht Schande, Freund, hörst du von mir,
Denn du sollst sehn, mein starker Arm entreißt
Das Diadem von Heinrichs schwachem Haupt,
Und dreht des Zepters Würd' aus seiner Hand,

Pries' ihn der Ruf auch so beherzt im Krieg,
Wie lobesam für Sanftmut, und Gebet.

Richard.

Ich weiß es wohl, Lord Warwick, schilt mich nicht.
Ich red' aus Liebe nur zu deinem Ruhm.
Doch in so trüber Zeit, was thun wir da?
Sprich, werfen wir hinweg das Panzerhemd,
Und hüllen uns in schwarzes Traurgewand,
Abzählend Ave's an dem Rosenkranz?
Wie? oder gilt's, auf unsrer Feinde Helm
Andacht zu üben mit dem Rächerschwert?
Seid ihr für dies, sagt: Ja! und frisch dran, Lords!

Warwick.

Nun, deshalb hat euch Warwick aufgesucht,
Und deshalb kommt mein Bruder Montague.
Vernehmt mich, Lords. Die freche Königin,
Clifford, der trozige Northumberland,
Und deß Gefieders noch manch stolzer Vogel,
Sie drehn den weichen König, leicht wie Wachs.
Mit Schwur bekräftigt' er eur Erbgangsrecht,
Sein Eid ist in dem Parlamentsarchiv;
Und jezt, — nach London ging die ganze Schaar,
Den Eidschwur umzustoßen, und was sonst
Kann schädlich sein dem Hause Lancaster.
Ihr Heer, ich denk', ist dreißigtausend stark.
Wenn nun die Macht Norfolks, und meine hier,
Samt allem, was du, braver Jarl von March,
Aus dem getreuen Wallis schaffen kannst,
Sich nur beläuft auf fünfundzwanzigtausend;
Frischauf! nach London ziehen wir sogleich,
Besteigen nochmals die beschäumten Rosse,
Und rufen nochmals: — Vorwärts auf den Feind!
Nie mehr gewandt den Rücken und geflohn!

Richard.

Ha, jezo hör' ich, daß Held Warwick spricht!
Werd' aus des Lebens Sonnenschein verbannt,
Wer ruft: Zurück! wenn Warwick sagt: Halt Stand!

Edward.

Lord Warwick, deine Schulter stüze mich;
Und wenn du sinkst (fern halte Gott die Stunde!),
Sinkt Edward auch; der Himmel wende das!

Warwick.

Nicht länger Jarl von March, nein Herzog York;
Die nächste Stuf' ist Englands Königsthron.
Als König seist du ausgekündiget
In jedem Flecken, wie einher wir ziehn;
Und wer die Kappe nicht aufwirft vor Freude,
Der büße solch Vergehn mit seinem Haupt.
Fürst Edward! tapfrer Richard! Montague!
Nicht länger hier geträumt den Siegestraum!
Blast die Trompeten, und dann frisch ans Werk!

Richard.

Nun, Clifford, wär' dein Herz so hart wie Stahl
(Und felsenhart bewies es deine That,)
Ha, ich durchbohr' es, — oder geb' dir meins!

Edward.

Auf, Trommeln! — Gott und Sankt Georg für uns!
(Ein Bote kommt.)

Warwick.

Wie nun? was giebt's?

Bote.

Der Herzog Norfolk meldet euch durch mich,

Die Königin rück' an mit starkem Heer;
Er ladet euch zu schleuniger Berathung.

Warwick.

So geht's, wie's soll; kommt, tapfre Krieger, kommt!
(Sie gehn ab.)

Zweite Scene.

Vor York.

König Heinrich, Königin Margareta, der Prinz von Wales, Clifford und Northumberland, mit Truppen.

K. Margareta.

Willkommen, Herr, vor Yorks preisvoller Stadt!
Dort steckt das Haupt von jenem Erzfeind, der
Sich hätte gern geschmückt mit eurer Krone.
Labt nicht der Anblick euer Herz, mein Fürst?

K. Heinrich.

Ja, wie die Felswand den, der Schifbruch ahnt. —
Dies Schauspiel da, es graust mir in die Seele.
Wend' ab die Rach', o Gott! Nicht trag' ich Schuld,
Auch nicht mit Wissen brach ich meinen Schwur.

Clifford.

Mein gnäd'ger Fürst, dies Uebermaß von Mild'
Und übler Weichheit müßt ihr von euch thun.
Wen blickt der Berglöw' an mit sanftem Blick?

Wol nicht das Thier, das seine Höhl' erschleicht.
Weß Hand ist's, die des Waldes Bärin leckt?
Nicht deß, der ihr vor Augen raubt ein Kind.
Wen schont der häm'schen Schlange Todesstich?
Nicht den, der ihr den Fuß sezt auf den Leib.
Das Würmchen, wenn getreten, krümmt sich auf;
Die Taube pickt, zu schüzen ihre Brut.
Ehrsüchtig strebte York nach deiner Krone,
Du lächeltest, wann er kraus zog die Stirn.
Er, nur ein Herzog, wollt' erhöhn den Sohn
Zur Königsherrschaft, als liebreicher Vater;
Du König, froh solch eines wackern Sohns,
Beistimmung gabst du, zu enterben den,
Was dich als sehr lieblosen Vater zeigt.
Das unvernünft'ge Thier nährt seine Jungen;
Und sei der Mensch auch furchtbar seinem Aug',
Doch, zur Vertheidigung der zarten Brut,
Wer sah nicht schon, daß mit den Fittigen,
Die manchmal sie gebraucht zu scheuer Flucht,
Sie den bekriegten, der ihr Nest erklomm,
Das Leben bietend zu der Jungen Schuz?
Schämt euch, mein Fürst, wählt euch zum Vorbild die!
Ist's nicht ein Jammer, wenn der wackre Prinz
Verliert sein Erbrecht durch des Vaters Schuld,
Und einst in Zukunft sagt zu seinem Kind:
„Was mein Großvater und Großahn erwarb,
„Gab mein sorgloser Vater thöricht weg."
Ah, welche Schande das! Sieh auf den Knaben;
Sein nämlich Antliz, welches Glückserfolg
Weissagt, das härte dein zu weiches Herz;
So halt, was dein, und laß, was dein, ihm nach.

K. Heinrich.

Wohl zeigte Clifford sich im Redespiel,
Vorbringend Gründe voll Gewicht und Kraft.

Doch, Clifford, sag' mir, hast du nie gehört,
Daß schlecht Erwerbnis immer schlecht gedeiht?
Und fand das Glück sich immer bei dem Sohn,
Deß Vater in die Hölle sich gekargt?
Dem Sohne lass' ich meine Tugend nach:
O ließ mir doch mein Vater auch nicht mehr!
Denn alles andre hat nur solchen Werth:
Zu hüten beut es tausendmal mehr Sorg',
Als im Besiz ein Tüttelchen von Lust. —
Ach, Vetter York, daß deine Freund' es wüßten,
Wie sehr mich's kümmert, daß dein Kopf ist — dort!

K. Margareta.

Mein Fürst, ermuntert euch; der Feind ist nah,
Und diese Sanftmut macht eur Kriegsvolk schwach.
Den Ritterschlag verspracht ihr unserm Sohn;
Zieht euer Schwert, und rittert ihn sogleich.
Edward, knie hin.

K. Heinrich.

Edward, steh' auf als edler Gottesknecht;
Und lern dies Sprüchlein: Zieh dein Schwert für's Recht.

Prinz.

Mein königlicher Vater, gönnt Erlaub,
Ich werd' es tapfer als Thronerbe ziehn,
Und in dem Streit es führen bis zum Tod.

Clifford.

Das heißt gesprochen, wie ein kühner Prinz.
(Ein Bote kommt.)

Bote.

Erhabne Feldherrn, haltet euch bereit.
Mit einem Heer von dreißigtausend Mann
Kommt Warwick, kämpfend für den Herzog York;
Und in den Städten, wo hindurch sie ziehn,

Ruft er ihn König aus, und Volk strömt zu.
Stellt euch in Ordnung; denn gleich sind sie da.

Clifford.

Ich wünscht', eur Hoheit möcht' abgehn vom Feld;
Die Königin hat mehr Glück, seid ihr fern.

K. Margareta.

Ja, bester Herr; laßt unserm Schicksal uns.

K. Heinrich.

Das ist auch mein Schicksal; drum bleib' ich da.

Northumberland.

So sei's denn mit Entschlossenheit zum Kampf.

Prinz.

Mein hoher Vater, mahnt die edlen Lords;
Sprecht jedem Mut ein, wer zum Schuz euch ficht;
Zieht euer Schwert, mein Vater; ruft: Sankt-George

(Ein Marsch. Edward, George, Richard, Warwick, Norfolk und Montague mit Soldaten.)

Edward.

Nun, falscher Heinrich, willst du knien um Gnade,
Und deine Kron' aufsezen meinem Haupt?
Wie? oder proben Todesloos des Felds?

K. Margareta.

Schilt deine Günstling', übermüt'ger Knabe!
Ziemt dir's, in Worten also frech zu sein
Vor deinem König und rechtmäß'gen Herrn?

Edward.

Ich bin sein König; beug' er mir das Knie.
Ich ward sein Erb' auf seine Willigung.
Seitdem brach man den Eid; denn, wie man sagt,

Ihr, als der König, trägt schon er die Krone,
Hießt ihn, durch neuen Parlamentsbeschluß,
Mich streichen, und einsezen seinen Sohn.

Clifford.

Und das mit Recht. —
Wer soll dem Vater folgen, als der Sohn?

Richard.

Seid ihr da, Mezger? O, mir stockt der Laut!

Clifford.

Ja, Bucklichter, hier steh' ich Rede dir,
Und jedem noch so Stolzen deines Schlags.

Richard.

Ihr mordetet den jungen Rutland, nicht?

Clifford.

Den alten York auch, und noch nicht genug.

Richard.

Um Gotteswillen, Lords, gebt Wink zum Kampf.

Warwick.

Was sagst du, Heinrich, legst du ab die Krone?

K. Margareta.

Wie nun doch? Raschmaul Warwick, ihr sprecht mit?
Als wir uns trafen zu Sankt Albans jüngst,
Da war der Fuß euch schneller, als die Hand.

Warwick.

Da war's an mir zu fliehn, nun ist's an euch.

Clifford.

So sagtet ihr auch damals, und floht doch.

Warwick.

Nicht euer Mut war's, Clifford, der mich trieb.

Northumberland.

Auch nicht eur Mannsinn, was euch bleiben hieß.

Richard.

Northumberland, ich halt' in Ehren dich. —
Brecht das Gespräch ab; denn kaum hemm' ich noch
Mein hochgeschwollnes Herz von Thätlichkeit
An Clifford da, dem Unhold, dem Kindmörder.

Clifford.

Ich schlug den Vater dir; den nennst du Kind?

Richard.

Ja, als ein Zagmaz, und Heimtückischer,
So unsern zarten Rutland du erschlugst;
Doch noch vor Nacht verfluchst du mir die That.

K. Heinrich.

Schließt eure Reden, Lords, und hört mich an.

K. Margareta.

Troz' ihnen denn; sonst öfne nicht den Mund.

K. Heinrich.

Laß, bitt' ich, unbeschränkt die Zunge mir:
Ich bin ein König, und befugt zu reden.

Clifford.

Mein Fürst, die Wunde, die gehaun ward hier,
Wird nicht geheilt durch Worte; drum seid still.

Richard.

Nun denn hervor, Scharfrichter, zieh dein Schwert!
Bei dem, der uns erschuf, ich sage keck,
Daß Cliffords Mannsinn auf der Zunge wohnt.

Edward.

Sprich, Heinrich, wird mir Recht, ja, oder nein?

Wol tausend heut frühstückten, und kein Mann
Hält Mittag, wenn nicht du der Kron' entsagst.

Warwick.

Verweigerst du's, ihr Blut komm' auf dein Haupt;
Denn York führt mit Gerechtigkeit sein Schwert.

Prinz.

Wenn Recht ist das, was Warwick giebt für Recht,
Dann ist kein Unrecht, jedes Ding ist Recht.

Richard.

Wer dich auch zeugt', hier steht die Mutter dir;
Denn, traun, du hast der Mutter Zung' ererbt.

K. Margareta.

Doch du hast nichts von Vater, noch von Mutter;
Nein, gleichst dem misgeschafnen Bösewicht,
Gebrandmalt vom Geschick, den man muß scheun,
Wie Eiderstacheln oder Krötengift.

Richard.

Eisen von Napel, blank durch Englands Gold,
Du, deren Vater führt den Titel König,
Als wollte man den Abzug nennen Meer:
Schämst du dich nicht, der Abkunft dir bewußt,
So auszusprechen dein schandbares Herz?

Edward.

Ein Strohwisch wäre tausend Kronen werth,
Brächt' er dies freche Mensch zur Selbsterkentnis.
Weit reizender war Helena, denn du,
Mag schon dein Gatte Menelaus sein;
Auch kränkte nie den Bruder Agamemnons
Das falsche Weib, wie diesen König du.
Sein Vater grif in Frankreichs Herz, und zähmte
Den König dort, und beugte den Dauphin. —

Hätt' er sich nur vermählt nach seinem Rang,
Behaupten konnt' er diesen Ruhm bis heut.
Doch als er nahm die Bettlerin zur Braut,
Wodurch dein armer Vater ward verherlicht;
Da folgt' auf Sonnenschein ein Regenschauer,
Der seines Vaters Glück aus Frankreich wusch,
Und häuft' Empörung auf den Thron daheim.
Denn was erschuf den Aufstand, als dein Stolz?
Wärst sanft du, unser Anspruch schliefe noch,
Und wir, aus Mitleid für den frommen König,
Verschöben unser Recht auf spätre Zeit.

George.

Doch als aus unsrer Sonn' erwuchs dein Lenz,
Und doch dein Sommer uns nicht Früchte trug,
Fuhr unsre Axt dir in die Fremdlings-Wurzel.
Und traf die Schneide schon etwas uns selbst,
Doch wisse, niemals nach dem ersten Streich,
Gehn wir davon, bis wir gefällt dich, oder
Dich fett gedüngt mit unserm heißen Blut.

Edward.

Und so entschlossen, fodr' ich dich zum Kampf,
Verweigernd jedes längere Gespräch,
Da du dem sanften König wehrst das Wort. —
Trompeten, blast! Blutfahnen, weht herab!
Entweder Sieg nun, oder sonst ein Grab!

K. Margareta.

Wart, Edward.

Edward.

Nein, zänkisch Weib! Mich fodern Kampf und Streit.
Dein Wort erschlägt zehntausend Leben heut.

(Sie gehn ab.)

Dritte Scene.

Schlachtfeld zwischen Towton und Saxton in Yorkshire.

Schlachtlerm. Ausfälle. Warwick komint.

Warwick.

Erschöpft von Müh, wie Renner auf der Bahn,
Leg' ich mich hin, ein wenig zu verschnaufen.
Empfangne Hieb', und mancher Streich zurück,
Entkräfteten der Sehnen starken Bau,
Und, geh's wie's geh', ein Weilchen muß ich ruhn.

Edward, herbeieilend.

Sei hold, o Himmel! oder unhold, Tod!
Die Welt blickt trüb', und Edwards Sonn' umwölkt.

Warwick.

Wie geht's, Mylord? Ist Glück, ist Hofnung gut?

George, ankommend.

Für Glück Verlust, für Hofnung nur Verzweiflung.
Gebrochen sind die Reihn, Verderben folgt.
Was Raths ertheilt ihr? wohin fliehn wir doch?

Edward.

Nichts hilft die Flucht, sie folgen uns mit Flügeln,
Und schwach sind wir, nicht hemmen wir die Jagd.

Richard, ankommend.

Ah, Warwick, warum zogst du dich zurück?
Der durst'ge Grund trank deines Bruders Blut,
Gezapft von Cliffords scharfgespiztem Schaft.

Und in der Angst des Todes rief er aus,
Wie wenn ein Graunhall schmetterte von fern:
„Warwick, räch' du! räch', Bruder, meinen Tod!"
So lag er unterm Bauch der Feindesrosse,
Die roth am Fußhaar färbte sein heiß Blut,
Der edle Ritter, und sein Geist entflog.

Warwick.

Dann sei die Erd' auch trunken unsres Bluts!
Mein Pferd erschlag' ich, denn ich will nicht fliehn.
Was stehn wir, wie weichherz'ge Weiber hier,
Verlust bejammernd, da der Feind so tobt,
Und schauen zu, als wär's ein Trauerspiel,
Zum Scherz nur von Schauspielern nachgeahmt?
Hier auf dem Knie schwör' ich zu Gott empor,
Nie will ich ausruhn noch, nie stille stehn,
Bis mir der Tod mein Aug' geschlossen, oder
Das Glück geschaft der Rache volles Maß.

Edward.

O Warwick, hier beug' ich mein Knie an deins,
Und schwörend kettet sich mein Herz an deins. —
Ja, eh mein Knie ersteht vom kalten Grund,
Richt' ich empor Hand, Aug' und Herz zu dir,
Der einsezt und vom Thron stürzt Könige!
Dir flehend: — wenn's dein Wille so beschloß,
Daß dieser Leib den Feinden werd' ein Raub,
Sei offen doch dein ehern Himmelsthor,
Und laß' in Freud' eingehn den sünd'gen Geist!
Nun, Lords, nehmt Abschied bis auf Wiedersehn,
Wo es auch sei, dort oben oder hier.

Richard.

Bruder, gieb mir die Hand; und, theurer Warwick,
Laß mich umfassen dich mit müdem Arm.

Ich, der nie weint, ich schmelze jezt vor Leid,
Daß Winter so uns raubt die Blütenzeit.

Warwick.

Fort, fort! noch einmal, theure Lords, lebt wohl.

George.

Doch gehn wir sämtlich erst zu unserm Heer;
Verstattet Flucht dem, der nicht bleiben will,
Und Stüze nennt ihn, wer ausdaurt mit uns,
Und, wenn's gelingt, versprecht ihm solchen Lohn,
Wie trug der Sieger in Olympia;
Das pflanzt wol Mut in die verzagte Brust.
Noch ist zum Leben Hofnung und zum Sieg. —
Gesäumt nicht länger, fortgeeilt mit Macht!

(Sie gehn ab.)

Vierte Scene.

Ein andrer Theil des Schlachtfeldes.

Ausfälle. Richard und Clifford kommen.

Richard.

Nun, Clifford, einzeln sondert' ich dich aus.
Denk, dieser Arm sei für den Herzog York,
Und der für Rutland; beid' erpicht auf Rach',
Und wärst du rings umstarrt mit ehrnem Wall.

Clifford.

Nun, Richard, ich bin jezt mit dir allein:
Die Hand durchbohrte deinen Vater York,

Und diese Hand schlug deinen Bruder Rutland;
Und dieses Herz frohlockt um beider Tod,
Und stärkt die Händ' hier, die dir beid' erschlugen,
Das Gleiche zu vollstrecken an dir selbst.
Und so, gieb Acht! —

(Sie fechten: Warwick kommt; Clifford flieht.)

Richard.

Nein, Warwick, such' ein andres Wild heraus,
Ich selber will todt hezen diesen Wolf.

(Sie gehn ab.)

Fünfte Scene.

Ein andrer Theil des Schlachtfeldes.

Schlachtlerm. König Heinrich trit auf.

K. Heinrich.

Dies Treffen schwebt so, wie des Morgens Kampf,
Wenn matt Gewölk anstrebt machtvollerm Licht;
Dann, wann der Hirt, der auf die Nägel haucht,
Es nicht genau kann nennen Tag noch Nacht.
Bald schwankt es hierhin, gleich der mächt'gen See,
Wenn Flut sie zwingt zum Kampfe mit dem Wind;
Bald schwankt es dorthin, gleich der selb'gen See,
Wenn Wut des Windes sie zur Rückkehr zwingt.
Bald hat die Flut Obmacht, und dann der Wind;
Nun stärker dies, dann jenes überstark;
Beid' um den Sieg arbeitend, Brust an Brust;
Doch keiner sieghaft, keiner auch besiegt:

So schwebt im Gleichgewicht der grause Kampf.
Hier auf dem Maulwurfshügel siz' ich hin.
Wem Gottes Will' ihn gönnt, dem sei der Sieg!
Denn Margaret', mein Weib, und Clifford auch,
Sie schalten mich vom Schlachtfeld, beide schwörend,
Sie hätten Glück zumeist, wär' ich entfernt.
O wär' ich todt! wär's Gottes Wille so!
Denn was ist in der Welt, als Ach und Oh?
O Gott, mich dünkt, ein glücklich Leben wär's,
Zu sein nicht besser, als ein niedrer Hirt;
Da säß' ich auf dem Hügel, so wie nun,
Schnizt' artig Sonnenuhren, Strich an Strich,
Und sähe dran, wie die Minuten fliehn:
Wie viel Minuten eine Stund' erfüllen,
Wie viel der Stunden endigen den Tag,
Wie viel der Tag' ausmachen denn das Jahr,
Wie viel der Jahr' ein Mensch auf Erden lebt.
Wenn das ich weiß, dann theil' ich ab die Zeit:
So viele Stunden wart' ich meiner Herde,
So viele Stunden pfleg' ich meiner Ruh,
So viele Stunden üb' ich Andacht aus,
So viele Stunden treib' ich weltlich Spiel;
So viele Tage trug das Mutterschaf,
So viele Wochen, eh das Thierchen lammt,
So viele Mond', und scheren kann ich Wolle.
So Stund', und Tag, und Woch', und Mond und Jahr,
Verlebt nach dessen Absicht, der sie schuf,
Sie brächten weißes Haar zum stillen Grab.
Ah, welch ein Leben das! wie süß, wie lieblich!
Beut nicht der Hagdorn süßern Schatten dar
Dem Schäfer, der bewacht sein frommes Vieh,
Als wie ein reichgestickter Baldachin
Dem König, der bang' ist vor Hochverrath?
O ja, das thut er, tausendmal so süß!
Kurzum, des Schäfers selbstgemachter Käs,

Sein kühles Dünnbier aus der Lederflasche,
Sein trauter Schlaf am dunkeln Schattenbaum,
Was alles froh und sorglos er genießt,
Weit übersteigt's des Fürsten Leckerein,
Deß Labsal funkelt in dem Goldpokal,
Deß Leib sich ausstreckt auf prachtvollem Bett,
Wenn Sorge lauert, Mistraun und Verrath.

(Schlachtlerm. Es kommt ein Sohn, der seinen Vater umgebracht, den Leichnam herbeischleppend.)

Sohn.

Schlecht weht der Wind, der Vortheil keinem bringt. —
Der Mann, den ich im Handgemeng' erschlug,
Hat wol ein Häuflein Kronen in dem Sack.
Und ich, der glücklich nun sie abnimt dem,
Vor Nacht wol lass' ich Leben schon und sie
Sonst einem, wie der todte Mann da mir.
Wer ist's? — O Gott! des Vaters Angesicht,
Den im Gedräng' ich unachtsam erschlug.
O schwere Zeit, da so was kann geschehn!
Aus London zwang der König mich ins Feld;
Mein Vater, als Lord Warwicks Unterthan,
Kam auf die Seite Yorks, gepreßt vom Herrn.
Und der aus seiner Hand ich Leben nahm,
Mit meiner Hand raubt' ich das Leben ihm. —
Verzeih mir, Gott, nicht wußt' ich, was ich that!
Verzeih auch, Vater, nicht ja kannt' ich dich! —
Mit Thränen wasch' ich diese Blutfleck' ab;
Kein Wort mehr, bis sie voll sind ausgeströmt.

K. Heinrich.

O kläglich Schauspiel! o du Zeit des Grauns!
Wenn Leun im Kampf um ihre Höhlen sind,
Die Fehde büßt harmloser Lämmlein Schaar. —
Wein', armer Mann; dir helf' ich, Thrän' um Thräne,

Daß Aug' und Herz uns, wie ein Bürgerkrieg,
Erblind' im Thränenstrom, und brech' in Gram.

(Es kommt ein Vater, der seinen Sohn umgebracht, mit der Leiche im Arm.)

Vater.

Du, der so weidlich Stand hielt gegen mich,
Gieb mir dein Gold, hast du im Seckel Gold;
Erkauft hab' ich's mit hundert Hieben wol. —
Doch laß mich sehn. — Ist dies des Feinds Gesicht?
Ah, nein, nein, nein! es ist mein einz'ger Sohn. —
Ah, Kind, wenn etwas Leben dir noch blieb,
Schlag' auf den Blick; sieh welch ein Regenschaur,
Aus meines Herzens Sturm herströmt auf die
Blutwunden, die mir tödten Aug' und Herz! —
O Gott, erbarm dich dieses Jammerlaufs! —
Welch Kriegsgetreib, wie graß, wie mörderlich,
Wie trugvoll, meuterisch, voll Unnatur,
Solch tödtliches Anfeinden täglich zeugt! —
Dein Vater, Kind, gab Leben dir zu früh,
Und hat beraubt des Lebens dich zu spät!

K. Heinrich.

Weh über Weh! Leid mehr denn irdisch Leid! —
O daß mein Tod könnt' hemmen solch Unheil!
Erbarmen, güt'ger Himmel, o Erbarmen! —
Zwei Rosen, roth und weiß, führt sein Gesicht,
Zwei Unglücksfarben der entzweiten Häuser:
Der einen ähnelt ganz sein Purpurblut,
Der andern scheint die blasse Wange gleich.
Welk' eine Ros' und laß die andre keck blühn;
Wenn ihr so kämpft, viel Lebens muß hinwegfliehn.

Sohn.

Wie wird die Mutter, um des Vaters Tod,
Mich schelten, und sich nie beruhigen!

Vater.

Wie wird mein Weib, um meines Sohnes Mord,
Blut weinen, und sich nie beruhigen!

K. Heinrich.

Wie wird das Land, um solch ein Weh, mein Haupt
Verfluchen, und sich nie beruhigen!

Sohn.

Hat je ein Sohn wol so betraurt den Vater?

Vater.

Hat je ein Vater so beweint den Sohn?

K. Heinrich.

Hat je ein König so beklagt sein Volk?
Groß ist eur Herzleid, meines zehnmal mehr.

Sohn.

Dich trag' ich hin, wo ich ausweinen kann.

(Er geht mit der Leiche.)

Vater.

Sein meine Arme hier dein Leichentuch,
Mein Herz sei, theurer Sohn, dein Ehrengrab;
Denn aus dem Herzen scheide nie dein Bild.
Mein banges Seufzen sei dein Traurgeläut.
Ja, solche Feier wird begehn dein Vater,
Ganz so betrübt um dich den einzigen,
Wie Priamus um all die tapfern Söhne.
Dich trag' ich fort. Lebt wohl ihr, tapfre Schaar;
Ich mordete, wo tödten Sünde war.

(Er geht mit der Leiche.)

K. Heinrich.

Ihr Grambeladnen, schwer gebeugt, ja schwer!
Hier sizt ein König, jammervoll noch mehr.

(Schlachtlerm. Ausfälle. Königin Margareta, Prinz von Wales und Exeter.)

Prinz.

Flieht, Vater, flieht! all' eure Freund' entflohn,
Und Warwick tobt, wie ein gehezter Stier.
Hinweg! der Tod folgt an den Fersen uns.

K. Margareta.

Zu Pferd, Herr! auf, nach Berwick jagt in Eil!
Edward und Richard, wie ein Windhundpaar,
Das den erschrocknen Hasen vor sich schaut,
Mit feur'gen Augen, wild entbrannt von Zorn,
Den blut'gen Stahl gefaßt in grimmer Hand,
Sind hinter uns; drum schleunig fort von hier!

Exeter.

Fort! denn die Rache kommt mit ihnen her.
O nicht gezaudert mit Gespräch! macht schnell!
Nun denn, kommt nach; ich will voraus indessen!

K. Heinrich.

Nein, nim mich mit dir, theurer Exeter;
Zwar blieb' ich ohne Furcht, doch geh' ich gern,
Wohin die Kön'gin will. Vorwärts! — hinweg!
(Sie gehn ab.)

Sechste Scene.

Lautes Getümmel. Clifford kommt verwundet.

Clifford.

Hier brennt mein Licht zu Ende, ja, hier stirbt es,
Das einst dem König Heinrich leuchtete.

O Lancaster! Ich fürchte deinen Sturz,
Mehr als der Seele Trennung von dem Leib.
Durch Lieb' und Furcht fügt' ich viel Freund' an dich;
Jezt, da ich falle, reißt das starke Band,
Schwächt Heinrich, stärkt den übermüt'gen York.
Gemeines Volk schwärmt Sommerfliegen gleich;
Und wohin fliegt die Mück' als sonnenwärts?
Und wer stralt jezt, als König Heinrichs Feind?
O Phöbus, hätt'st du nie dem Phaethon
Vertraut die Zügel deines Glutgespanns,
Dein Wagen flammte nie die Erd' in Brand!
Und, Heinrich, hätt'st du königlich geherscht,
So wie dein Vater, und deß Vater that,
Nachgebend keineswegs dem Hause York,
Nie hätten sie geschwärmt wie Sommerfliegen;
Ich und zehntausende des armen Reichs —
Nicht Witwen ließen wir in Traur um uns;
Du säßest heut noch ruhig auf dem Thron.
Denn was nährt Unkraut, als gelinde Luft?
Und was macht Räuber keck, als Mildigkeit?
Fruchtlos ist Klag', unheilbar meine Wunden;
Kein Weg zur Flucht, nicht Kraft einmal zur Flucht.
Der Feind ist hart, und wird nicht Mitleid haben,
Und nicht um ihn hab' ich Mitleid verdient.
Die Luft drang in die Todeswunden mir,
Und viel Verguß des Blutes macht mich matt. —
York, Richard, Warwick, kommt, büßt eure Lust!
Für eurer Väter Blut bohrt mir die Brust.

(Er sinkt in Ohnmacht.)

(Schlachtlerm. Rückzug. Edward, George, Richard, Montague, Warwick und Soldaten.)

Edward.

Nun athmet, Lords; das Glück gebeut uns Ruh,
Und hellt die Stirn des Kriegs mit Friedensblick. —

Ein Theil verfolgt die blut'ge, Königin,
Die ihren sanften Heinz, war er gleich König,
Trieb, wie ein Segel, angeschwellt vom Wind,
Forttreibt ein Kriegsschif durch den Wogensturz.
Doch glaubt ihr, Lords, daß Clifford mitgeflohn?

Warwick.

Nein, wol unmöglich konnte der entkommen;
Denn, sag' ich's schon ins Angesicht ihm selbst,
Eur Bruder Richard zeichnet' ihn für's Grab;
Und, wo er sein mag, er ist sicher todt.

(Clifford ächzt.)

Edward.

Weß Seele nimt den schweren Abschied da?

Richard.

Ein Röcheln, wie wenn Leben stirbt in Tod.

Edward.

Seht, wer es ist; und nun die Schlacht vorbei,
Freund oder Feind, liebreich behandelt ihn.

Richard.

Heb' auf den Gnadenspruch; denn Clifford ist's,
Der, nicht zufrieden, daß er abgehaun
Den Zweig in Rutland, als er Knospen trieb,
Sein Mörderbeil auch an die Wurzel schwang,
Woher der zarte Sproß so schön erwuchs,
An ihn, den edlen Vater, Herzog York.

Warwick.

Nehmt von den Thoren Yorks das Haupt herab,
Des Vaters Haupt, das Clifford aufgesteckt.
An dessen Statt nun fülle seins den Raum;
Denn Maß für Maß erwiedern muß man wol.

Edward.

Bringt her den Unglücksuhu unsres Hauses,

Der nichts als Tod uns und den Unsern sang.
Jezt hemmt der Tod ihm den graßdrohnden Hall,
Und seine Zunge krächzt kein Böses mehr.

(Man bringt den Leichnam herbei.)

Warwick.

Ich glaube, sein Verstand ist schon dahin. —
Sag', Clifford, kennst du den, der zu dir spricht?
Schwarzwölk'ger Tod hüllt ihm den Lebensstral,
Er sieht uns nicht, und hört nicht, was man sagt.

Richard.

O thät' er's doch! — Und möglich, daß er's thut;
Wol nur aus feiner List verstellt er sich,
Um zu entgehn so bittern Höhnungen,
Wie er sie sprach bei unsres Vaters Tod.

George.

Wenn du das glaubst, quäl' ihn durch scharfe Worte.

Richard.

Clifford, fleh Gnad', und Gnad' erlange nicht!

Edward.

Clifford, bereu', und fruchtlos sei die Reu!

Warwick.

Clifford, ersinn' Entschuldigung deiner Schuld!

George.

Weil wir ersinnen Marter für die Schuld!

Richard.

Du liebtest York, und ich bin Sohn von York.

Edward.

Dich daurte Rutland, dauren sollst du mich.

George.

Wo ist nun Hauptmann Margaret, dein Schuz?

Warwick.

Man höhnt dich, Clifford; fluche, wie du pflagst.

Richard.

Was? keinen Fluch? Schlimm steht es um die Welt,
Hat Clifford für die Freund' auch keinen Fluch.
Dran merk' ich, er ist todt; und, so mir Gott!
Kauft' ihn mein Arm ein Stündchen Leben nur,
Daß ich ihn könnt' aushöhnen recht nach Lust;
Ab haut' ich ihn; und mit des Blutes Strom
Erstickt' ich den Ruchlosen, dessen Durst
Nicht York, der zarte Rutland nicht, gelöscht.

Warwick.

Ja, er ist todt. Herab des Frevlers Haupt,
Und stellt es auf, wo eures Vaters steht.
Und, Edward, nun nach London im Triumf,
Die Kron' als Englands König zu empfahn.
Von dort schift Warwick nach dem Frankenland,
Und wirbt dir Fräulein Bona zum Gemahl.
So einigst du die beiden Länder fest,
Und darfst in Fankreichs Bund nicht scheuen mehr
Den matten Feind, der hoft, neu zu erstehn.
Obgleich ihr Stachel nicht sehr schaden kann,
Doch wird ihr Sumsen weh thun deinem Ohr.
Erst will ich ansehn euer Krönungsfest;
Dann nach Bretagne sez' ich über's Meer,
Die Eh' zu stiften, wenn's Mylord gebeut.

Edward.

Ganz wie du willst, mein Warwick, soll es sein:
Auf deine Schulter bau' ich meinen Thron;
Und niemals unternehm' ich irgend was,
Worin dein Rath und dein Beifall mir fehlt.
Richard, ich nenne dich Herzog von Gloster; —
Und George, von Clarence; — Warwick, wie wir selbst,

Soll thun und abthun, was ihm dünkt genehm.

Richard.

Laß mich sein Herzog Clarence; Georg von Gloster;
Denn Glosters Herzogthum droht mit Gefahr.

Warwick.

Pah, eine thörichte Bemerkung das.
Richard, seid Herzog Gloster. — Nun, nach London,
Die Ehren dort zu nehmen in Besitz.

Dritter Aufzug.

Erste Scene.

Ein Jagdrevier im Norden von England.

Zwei Förster, mit Armbrüsten in der Hand.

Erster Förster.

Hier im verwachsnen Buschwerk lauren wir;
Denn durch den Plan da kommt das Damwild gleich;
Und hier im Dickicht stehn wir so bequem,
Und lesen uns die schönsten Damthier' aus.

Zweiter Förster.

Ich will zur Anhöh gehn; dann Schuß auf Schuß.

Erster Förster.

Das darf nicht sein; denn deiner Armbrust Lerm

Macht scheu den Rudel, und mein Schuß ist hin.
Hier stehn wir beid' und zielen, wie's nur geht.
Und daß die Zeit uns nicht langweilig sei,
Erzähl' ich dir, was einst mir wiederfuhr,
Grad' an dem Plaz, wo wir jezt wollen stehn.

Zweiter Förster.

Da kommt ein Mann; laßt den vorüber erst.

(König Heinrich, verkleidet, mit einem Gebetbuch.)

K. Heinrich.

Von Schottland stahl ich fort mich, bloß aus Liebe,
Mein Land zu grüßen mit sehnsücht'gem Blick.
Nein, Heinrich, Heinrich, nicht dein Land ist das!
Dein Plaz besezt, entdreht dein Zepter dir,
Dein Balsam weggespült, der dich gesalbt.
Kein biegsam Knie grüßt Cäsar dich nunmehr,
Kein Bitter drängt, zu sprechen für sein Recht;
Nein, keiner nimt in Noth Zuflucht zu dir;
Wie schaft' ich andern Hülf' und nicht mir selbst?

Erster Förster.

Ha, sieh! ein Wild, deß Balg trägt guten Lohn!
Der weiland König ist's; Hand angelegt!

K. Heinrich.

Laß mich ertragen dies hart Ungemach;
Der Kluge sagt ja, das sei klug gethan.

Zweiter Förster.

Was zaudern wir? Anpacken laßt uns ihn!

Erster Förster.

Wart noch ein wenig; hören wir noch mehr.

K. Heinrich.

Mein Weib und Sohn sucht Hülf' im Frankenreich;

Auch hör' ich, Warwick der großmächtige,
Sei dort, des Königs Schwester zu begehren
Als Gattin Edwards. Ist die Nachricht wahr,
Arm Weib und Sohn, all' eure Müh' ist hin;
Denn Warwick ist gar fein in Redekunst;
Und Ludwig wird durch Worte leicht gerührt.
Auch Margaret möcht' ihn gewinnen so:
Sie ist ein Weib, und mitleidswürdig sehr.
Mit Seufzern schlägt sie Sturm auf seine Brust,
Mit Thränen dringt sie in ein Marmorherz.
Der Tiger muß mild werden, wann sie klagt;
Und Nero muß Reu fühlen, wenn er hört
Ihr Wehgeschrei, sieht ihrer Thränen Salz.
Ja, doch sie kommt zu flehn; Warwick zu geben:
Sie, links dem König, sucht für Heinrich Schuz;
Er — rechts begehrt für Edward ein Gemahl.
Sie weint, und sagt, ihr Heinrich sei entthront;
Er, lächelnd, sagt, sein Edward throne nun;
Daß sie, arm Weib, vor Gram nicht sprechen kann;
Weil Warwick zeigt sein Recht, das Unrecht hebt,
Vorbringet Gründe voll Gewicht und Kraft,
Und ihr am End' entzieht des Königs Herz,
Der ihm verspricht die Schwester, und was sonst
Verstärkt und festigt König Edwards Thron.
So, Margaret, wird's sein; und du, arm Herz,
Kommst dann verlassen, wie hülflos du gingst.

Zweiter Förster.

Wer bist du, der so schwazt von Königen?

K. Heinrich.

Mehr als ich schein', und minder, als ich ward;
Zum mindsten Mensch; nichts mindres sollt' ich sein.
Darf Mensch von König reden und nicht Ich?

Zweiter Förster.

Ja, doch du sprichst, als ob du König wärst.

K. Heinrich.

Nun wohl, ich bin's, im Herzen; das genügt.

Zweiter Förster.

Doch bist du König, wo die Krone denn?

K. Heinrich.

Sie ist im Herzen mir, nicht auf dem Haupt,
Nicht hell von Diamant und ind'schem Stein;
Nicht sichtbar auch. Sie heißt Zufriedenheit,
Und solcher Kron' ist selten froh ein König.

Zweiter Förster.

Nun, krönt zum König euch Zufriedenheit,
Ihr, samt der Krone, müßt zufrieden sein,
Mit uns zu wandern; denn ihr scheint uns der
König, den König Edward abgesezt;
Und wir, ihm dienend nach beschworner Treu,
Verhaften euch als Feind des Königes.

K. Heinrich.

Doch schwurt ihr niemals, und bracht einen Eid?

Zweiter Förster.

Nie solchen Eid; auch jezt nicht wollen wir's.

K. Heinrich.

Wo wohntet ihr, als Ich war Englands König?

Zweiter Förster.

Hier in dem Lande, wo wir jezt auch sind.

K. Heinrich.

Ich ward, neun Monat' alt, gesalbt zum König;
Mein Vater war's und mein Großvater schon;
Ihr habt geschworen, treu zu dienen mir;
So sagt mir denn, bracht ihr nicht euren Eid?

Erster Förster.

Nein; —
Wir dienten euch nur, als ihr König wart.

K. Heinrich.

Nun, bin ich todt? nicht athm' ich mehr wie Mensch?
Ah, blödes Volk, ihr wißt nicht, was ihr schwört.
Seht, wie den Flaum von mir ich blas' hinweg,
Und wie die Luft zurück ihn bläst zu mir,
Die, wenn ich blase, meinem Hauch gehorcht,
Und nachgiebt auch dem andern, wenn er bläst,
Allzeit beherscht vom stärkern Windesstoß:
So leicht gesinnt seid ihr gemeines Volk.
Doch brecht nicht euren Eid; die Sünde soll
Mein mildes Flehn nicht laden auf eur Herz.
Führt, wie ihr wollt, der König hört Befehl;
Seid König Ihr, befehlt, und Er gehorcht.

Erster Förster.

Wir sind dem König treu, dem König Edward.

K. Heinrich.

Ihr wärt es auch dem Heinrich wiederum,
Säß' er nunmehr, wo König Edward sizt.

Erster Förster.

In Gottes Namen, und des Königes,
Ihr sollt mit uns zu den Beamten gehn.

K. Heinrich.

In Gottes und des Königs Namen führt.
Und was Gott will, mag euer König thun;
Und was er will, in Demut nehm' ichs an.

(Sie gehn ab.)

Zweite Scene.

London. Ein Zimmer im Pallast.

König Edward, Gloster, Clarence, und Lady Grey.

K. Edward.

Mein Bruder Gloster, auf Sankt-Albans Feld
Sank dieser Lady Gatte, Sir John Grey;
Sein Landgut nahm der Sieger in Besiz.
Sie bittet um Herstellung dieses Guts,
Was man mit Recht ihr nicht abschlagen kann,
Weil in dem Streite für das Haus von York
Der würd'ge Mann sein Leben auch verlor.

Gloster.

Wohl wird eur Hoheit thun, wenn ihr gewährt.
Unrühmlich wäre ja die Weigerung.

K. Edward.

Das wäre sie. (Beiseit.) Doch sei's verschoben noch.

Gloster, beiseit.

Ei, steht es so? —
Die Lady, seh' ich, hat was zu gewähren,
Bevor der König ihr Gesuch gewährt.

Clarence, beiseit.

Wie schlau der Waidmann folgt der Witterung!

Gloster, beiseit.

Still!

K. Edward.

Wittib, ich will erwägen eur Gesuch;
Kommt wieder, zu vernehmen den Bescheid.

Lady Grey.

Mein gnäd'ger König, schaden wird Verschub.
Geb' eure Hoheit mir die Antwort gleich,
Und was euch nur gefällt, genüge mir.

Gloster, beiseit.

Nun, Witwe, dann verbürg' ich dir dein Gut,
Wenn das, was ihm gefällt, auch dir gefällt. —
Acht auf's Gefecht, sonst habt ihr einen Schlag.

Clarence, beiseit.

Die läßt mich sorglos, außer wenn sie fällt.

Gloster, beiseit.

Verhüt' es Gott! den Vortheil nähm' er wahr.

K. Edward.

Wie viele Kinder hast du, Witwe? Sag's?

Clarence, beiseit.

Ich glaub', er will sie bitten um ein Kind.

Gloster, beiseit.

Nein, peitscht mich drauf, er giebt ihr lieber zwei.

Lady Grey.

Drei, mein höchst gnäd'ger Fürst.

Gloster, beiseit.

Er schaft euch vier, wenn ihr ihm folgen wollt.

K. Edward.

Hart wär's, verlören sie des Vaters Gut.

Lady Grey.

Habt Mitleid, gnäd'ger Herr; gewährt es doch.

K. Edward.

Laßt uns, ihr Lords: gern probt' ich ihren Wiz.

Gloster.

Bleibt euch gelassen; (beiseit.) und so laßt euch gehn,
Bis euch die Jugend läßt, der Krück' euch läßt.
(Gloster und Clarence gehn auf die andre Seite.)

K. Edward.

Sagt, Lady, habt ihr eure Kinder lieb?

Lady Grey.

Ja, Herr, so ganz von Herzen, wie mich selbst.

K. Edward.

Ihr würdet also viel thun für ihr Wohl?

Lady Grey.

Ja, für ihr Wohl, gern trüg' ich Ungemach.

K. Edward.

So schaft des Manns Geländ' euch für ihr Wohl.

Lady Grey.

Drum eben kam ich zu eur Majestät.

K. Edward.

Ich sag' euch, wie dies Landgut zu erstehn.

Lady Grey.

Ihr bändet mich zu eurer Hoheit Dienst.

K. Edward.

Welch einen Dienst mir thust du, geb' ichs dir?

Lady Grey.

Was ihr befehlt, das steht bei mir zu thun.

K. Edward.

Doch ihr versagt wol die Gefälligkeit?

Lady Grey.

Nein, gnäd'ger Herr, sei's, denn, ich kann's nicht thun.

K. Edward.

Ja wohl, du kannst thun, was ich fodern will.

Lady Grey.

Nun denn, ich will thun, was mein Fürst gebeut.

Gloster, beiseit.

Er drängt sie scharf; viel Regen höhlt den Stein.

Clarence, beiseit.

So roth wie Feur! wol schmelzen muß ihr Wachs.

Lady Grey.

Was stockt mein Fürst? Laßt hören, welch ein Dienst!

K. Edward.

Ein leichter Dienst; nur einen König lieben.

Lady Grey.

Bald ausgeführt; ich bin ja Unterthan.

K. Edward.

Wohl, deines Manns Gelände geb' ich frei.

Lady Grey.

So scheid' ich denn mit tausendfachem Dank.

Gloster, beiseit.

Der Kauf ist klar; schon siegelt ihn ihr Knix.

K. Edward.

Doch warte noch, Genuß der Liebe mein' ich.

Lady Grey.

Genuß der Liebe mein' ich auch, mein Fürst.

K. Edward.

Ja, doch ich sorg', in etwas anderm Sinn.
Um welche Liebe, glaubst du, werb' ich so?

Lady Grey.

Lieb' in den Tod, Dank, Demut und Gebet;
Lieb', als sie Tugend sucht, und Tugend beut.

K. Edward.

Nein, wahrlich, solche Liebe mein' ich nicht.

Lady Grey.

Nun, nicht denn meint ihr, wie ich dacht', ihr meint's

K. Edward.

Doch nun zum Theil wol merkt ihr meinen Sinn.

Lady Grey.

Mein Sinn gewährt das nie, was, wie ich merk',
Eur Hoheit denket, denk' ich anders recht.

K. Edward.

Dann grad' heraus, bei dir zu liegen denk' ich.

Lady Grey.

Dann grad' heraus, ich läg' im Kerker lieber.

K. Edward.

Nun, so bekommst du nicht des Mannes Gut.

Lady Grey.

Nun, dann sei Tugend Leibgedinge mir;
Um den Verlust erkauf' ich nicht mein Gut.

K. Edward.

Hierin kränkst du die Kinder gar zu sehr.

Lady Grey.

Hierin kränkt eure Hoheit sie und mich.
Doch, gnäd'ger Herr, der Scherz des Antrags da
Stimmt nicht zum hohen Ernste des Gesuchs.
Entlaßt mich huldvoll, sei's mit Ja, mit Nein.

K. Edward.

Ja, wenn du Ja erwiederst meinem Wunsch;
Nein, wenn du Nein aussprichst auf mein Begehr.

Lady Grey.

Dann Nein, mein Fürst. Zu End' ist mein Gesuch.

Gloster, beiseit.

Die Witwe mag ihn nicht, sie kräust die Stirn.

Clarence, beiseit.

Der plumpste Freier in der Christenheit!

K. Edward, beiseit.

Aus jedem Blick stralt Sittsamkeit hervor,
Aus jedem Wort ihr spricht geistreicher Wiz;
All' ihre Vorzüg' heischen Fürstenrang,
So oder so, sie ist für einen König;
Sie wird mein Trautchen, oder mein Gemahl.
(Laut.) Sezt, König Edward nähm' euch zum Gemahl?

Lady Grey.

Gesagt ist's leichter als gethan, o Herr.
Ich Unterthanin tauge wohl zum Scherz,
Doch gar nicht taug' ich zur Beherscherin.

K. Edward.

Süß Weib, bei meinem Throne schwör' ich dir,
Nicht sag' ich mehr, als meine Seele denkt,
Und das ist, zu besitzen dich als Braut.

Lady Grey.

Und das ist mehr, als ich gewähren will.
Ich bin zu schlecht, zu werden eur Gemahl,
Und doch zu gut, zu sein eur Nebenweib.

K. Edward.

Frau, ihr verdreht; ich meint', als Ehgemahl.

Lady Grey.

Weh thät's euch, hießen meine Söhn' euch — Vater.

K. Edward.

Nicht mehr, als hieß' mein Töchterlein dich — Mutter.
Du, eine Witwe, hast der Kinder drei;
Ich, bei Gott's Mutter, noch ein Junggesell,
Hab' ihrer auch schon. Nun, ein hübsches Ding,
Der Vater sein von vielen Kinderchen.
Nichts eingewandt, du wirst mein Ehgemahl.

Gloster, beiseit.

Der fromme Vater schließt die Beichte nun.

Clarence, beiseit.

Dem Beicht'ger war's um Leibliches zu thun.

K. Edward.

Brüder, was denkt ihr von dem Zweigeflüster?

Gloster.

Der Witwe steht's nicht an, sie blickt so düster.

K. Edward.

Euch schien' es seltsam, wählt' ich sie zur Frau.

Clarence.

Für wen, mein Fürst?

K. Edward.

Ei, Clarence, für mich selbst.

Gloster.

Das wär' ein Zehntagswunder wenigstens.

Clarence.

Das ist ein Tag mehr, als ein Wunder währt.

Gloster.

Bis dahin wird das Wundern endlos sein.

K. Edward.

Wohl, spaßt nur, Brüder; sagen kann ich euch,
Gewährt ist das Gesuch ihr, um das Gut.

(Ein Edelmann kömmt.)

Edelmann.

O Herr, eur Gegner Heinrich ward erhascht,
Und kommt gefangen zum Palastthor her.

K. Edward.

Laßt ihn sogleich hinschaffen nach dem Tower. —
Nun Brüder, gehn wir zu dem Fänger hin,
Die Art des Fanges auszukundigen. —
Ihr, Frau, geht mit. — Lords, haltet sie in Ehren.

(Es gehn ab König Edward, Lady Grey Clarence und der Edelmann.)

Gloster.

Ja, Edward hält die Weiber schon in Ehren.
Wär' er doch aufgezehrt mit Mark und Bein,
Daß seinem Schooß kein Sprößling möcht' entblühn,
Und wehren mir die Aussicht goldner Zeit!
Doch zwischen meiner Seele Wunsch und mir,
Wenn auch des Lüstling Edwards Recht erstirbt,
Stehn Clarence, Heinrich, und sein Sohn Prinz Edward,
Samt all der unwillkommnen Ausgeburt,
Und nehmen Plaz, eh' ich mich sezen kann:
Ein schlimmes Vorspiel das zu meinem Zweck!
So träum' ich denn von Oberherrschaft nur,
Wie einer steht am Vorgebirg', und schaut
Ein fernes Ufer, wo er strebt zu sein,
So schnell den Fuß sich wünschend wie das Aug';
Er schmält das Meer, das sondert ihn von dort,
Und sagt, ausschöpfen möcht' er's, sich zur Bahn:
So wünsch' auch ich die Krone, so von fern,
So schmäl' ich alles, was mich hält von ihr,

Und sag'; abschneiden woll' ich jeden Halt,
Mir selber schmeichelnd mit Unmöglichkeit. —
Mein Aug' ist vorschnell, und zu kühn mein Herz,
Wenn Hand und Kraft nicht gleich sind solchem Schwung.
Wohl, sezt, es sei kein Königreich für Richard,
Was sonst für Freude kann die Welt verleihn?
Zum Himmel mach' ich eines Weibes Schooß,
Und puze mir den Leib mit reichem Puz,
Anzaubernd holde Fraun durch Wort und Blick.
Armsel'ger Einfall! unwahrscheinlicher,
Als der Erreich von zwanzig Königskronen!
Mir hat die Lieb' im Mutterleib entsagt;
Und daß mir nicht Theil gäb' ihr sanft Gesez,
Bestach sie die gebrechliche Natur,
Zu schrumpfen mir den Arm wie dürr Gesträuch,
Mir aufzuthürmen den unholden Berg,
Wo Misform wohnt, und aushöhnt meinen Leib;
Zu schaffen mir die Bein' ungleich an Maß,
Mich zu verscheuslichen in jedem Glied,
Roh, wie das Chaos, wie der Bärenwölp,
Der ungeleckt, nicht Spur der Mutter trägt.
Bin ich ein Mann denn, um geliebt zu sein?
O ungeheur, zu hegen solchen Wahn!
Drum, da die Erd' hier keine Lust mir beut,
Als herschen, unterjochen, überhöhn,
Die besser sind an Bildung als ich selbst;
So sei's mein Himmel, träumen von der Krone,
Und halten diese Welt für Höllenpein,
Bis auf dem misgestalten Rumpf mein Haupt
Glorreich umringt der Königskrone Stral.
Doch weiß ich nicht, wie ich die Kron' erlange;
Denn manches Leben trennt mich von dem Ziel.
Ich, gleich dem Irrer im bedornten Wald,
Der reißt den Dorn, und wird gerizt vom Dorn,

Der sucht den Weg, und ab vom Wege schweift,
Und nicht weiß, wie er komm' in freie Luft,
Doch durchzubrechen voll Verzweiflung ringt: —
So quäl' um Englands Kron' ich selbst mich ab.
Von dieser Qual nun will ich mich befrein,
Wo nicht, den Weg mir haun mit blut'ger Axt.
Ja, ich kann lächeln, und im Lächeln morden,
Und rufen: schön! zu dem, was tief mich kränkt;
Die Wange nezen mit erzwungnem Thau,
Und mein Gesicht nach jedem Anlaß drehn.
Ich will mehr Volk meerab ziehn als die Nix,
Mehr Gaffer tödten als der Basilisk;
Ich will den Redner spielen, gleich dem Nestor,
Verschmizter teuschen, als Ulysses that,
Und, troz dem Sinon, fahn ein zweites Troja.
Leihn kann ich Farben dem Chamäleon;
Ich wechsle mehr als Proteus die Gestalt,
Und schule den mordsücht'gen Machiavell.
Das kann ich thun; und stiege nicht zur Kron'?
Ha! noch so hoch entfernt, sie fass' ich schon.
(Er geht ab.)

Dritte Scene.

Frankreich. Ein Zimmer im Schloß.

Trompeten. Es kommen König Ludwig und Prinzessin Bona mit Gefolge. Der König sezt sich auf den Thron. Dann kommen Königin Margareta, Prinz Edward, ihr Sohn, und der Graf von Oxford.

K. Ludwig.

Englands Gebietrin, schöne Margareta,
Sizt her zu uns. Nicht ziemt es eurem Rang'
Und Stamme, daß ihr steht, weil Ludwig sizt.

K. Margareta.

Nein, Herscher Frankreichs, Margareta nun
Streicht wol das Segel, und lernt dienstbar sein
Der Königshoheit. Ehmals war ich zwar
Monarchin Albions in der goldnen Zeit.
Doch, Misgeschick trat nun mein Recht in Staub,
Und streckte mich voll Unehr' auf den Grund.
Hier muß ich gleich mich sezen meinem Glück,
Und mich zum Siz der Demut mäßigen.

K. Ludwig.

Wie, schöne Frau, so voll Verzweifelung?

K. Margareta.

Um das, was mir die Augen füllt mit Thränen,
Die Zunge hemmt, das Herz ertränkt in Gram.

K. Ludwig.

Was es auch sei, bleib' immer, die du warst,
Und seze dich zu uns. Beug' nicht den Nacken
(Er sezt sie neben sich.)
Dem Joch des Schicksals; kühn streb' auf dein Geist,
Und siegprang' über alles Ungemach.
Sei offen, Königin, sag' an dein Leid;
Was Frankreich hat zur Lindrung, steht bereit.

K. Margareta.

Dein huldreich Wort hebt mein gesunknes Herz,
Und löst die Zunge dem verstummten Gram.
Demnach sei kund dem edlen Ludewig,
Daß Heinrich, meiner Lieb' allein'ger Herr,
Aus einem König ein Verbannter ward,
Und jezt in Schottland unstät leben muß,
Indeß der stolze Edward, Herzog York,
Sich angemaßt den Titel und den Thron
Von Englands ächtgesalbtem Könige.
Das ist's, warum ich arme Margareta,
Mit meinem Sohn, Prinz Edward, Heinrichs Erben,
Herkam zu flehn dir um gerechten Schuz.
Wenn du uns fehlst, ist alle Hofnung hin.
Schottland will helfen, doch nicht helfen kann's;
Uns sind misleitet Volk und Pairs zugleich,
Der Schaz genommen, aufgelöst das Heer,
Und, wie du schaust, wir selbst des Trostes leer.

K. Ludwig.

Ruhmvolle Frau, Geduld mildr' euch den Sturm,
Bis wir erdacht ein Mittel, das ihn dämpft.

K. Margareta.

Je mehr wir zögern, stärkt sich unser Feind.

K. Ludwig.

Je mehr ich zögre, wächst mein Beistand dir.

K. Margareta.

Ach, Ungeduld gesellt sich wahrem Leid;
Und seht, da kommt, der mir erzog mein Leid.

(Warwick trit auf mit Gefolge.)

K. Ludwig.

Wer ist's, der kühn sich nähert unserm Thron?

K. Margareta.

Der Jarl von Warwick, Edwards größter Freund.

K. Ludwig.

Heil, tapfrer Warwick! Was bringt dich nach Frankreich?

(Er steigt vom Thron; Königin Margareta steht auf.)

K. Margareta.

Ha, jezo steigt ein zweiter Sturm empor;
Denn dieser da regt beides, Wind und Flut.

Warwick.

Der würd'ge Edward, König Albions,
Mein hoher Herr, und dein geschworner Freund,
Hat mich gesandt, aus Treusinn ohne Falsch,
Erst, um zu grüßen dich, erhabner Fürst,
Dann zu begehren einen Freundschaftsbund,
Und endlich, zu befestigen den Bund
Durch Brautverein, wenn du gewähren willst
Die Schwester Bona, tugendsam wie schön,
Zur Ehgenossin Englands Könige.

K. Margareta.

Wenn das geschieht, ist Heinrichs Hofnung hin.

Warwick, zu Bona.

Und, gnäd'ges Fräulein, in des Königs Namen
Hab' ich Befehl, wenn's eure Huld vergönnt,
Euch demutsvoll die Hand zu küssen, und

Zu schildern meines Königs glühend Herz,
Wo jüngst der Ruf, eindringend durch das Ohr,
Gestellt das Bildnis deiner Schön' und Tugend.

K. Margareta.

Hört, König Ludwig, Fräulein Bona, hört,
Bevor ihr Antwort gebt. Warwicks Begehr
Geht nicht von Edwards wahrer Neigung aus,
Nein, von Betrug, den harte Noth erzwang.
Wie herscht denn sicher ein Tyrann daheim,
Wenn er nicht auswärts großes Bündnis kauft?
Daß er Tyrann sei, wird schon hieraus klar:
Noch lebt ja Heinrich; und wär' Heinrich todt,
Hier steht Prinz Edward, König Heinrichs Sohn.
Drum, Ludwig, schau, daß dieser Heiratsbund
Dir nicht aufs Haupt lad' Unehr' nnd Gefahr.
Denn wenn Gewaltthat auch ein Weilchen herscht,
Gott ist gerecht, und Sünden straft die Zeit.

Warwick.

Du schmähst, Margrete!

Prinz.

Wie? nicht Königin?

Warwick.

Weil Heinz dein Vater bloß Lugkönig war,
Und du nicht Prinz bist, noch sie Königin.

Oxford.

Warwick denn zählt für nichts den Held John Gaunt,
Der Spaniens größten Theil bewältigte,
Und, nach John Gaunt, Heinrich den vierten auch,
Deß Weisheit Spiegel selbst den Weisen war;
Und, nach dem Weisen, auch Heinrich den fünften,
Der kühn das ganze Frankenreich bezwang.
Von solcher Art stammt unser Heinrich ab.

Warwick.

Oxford, wie kommt's, daß in der glatten Red'
Ihr nicht erwähnt, wie Heinz der sechste doch
Verloren, was der fünfte Heinz gewann?
Mich dünkt, die Pairs hier müßten lächeln drob.
Doch weiter, — ihr nennt einen Stammbaum da
Von sechzig und zwei Jahren: schmucke Zeit,
Das Thronrecht eines Königs zu beweisen!

Oxford.

Wie? Warwick, sprichst du wider deinen Herrn,
Dem du gedient hast sechsunddreißig Jahr;
Und kein Erröthen zeiht dich des Verraths?

Warwick.

Kann Oxford, der von je das Recht verfocht,
Beschönen Falschheit durch ein Stammgezweig?
Pfui! laß von Heinrich, und nenn' Edward König!

Oxford.

Ihn König nennen, deß heilloser Spruch
Den ältren Bruder mir, Lord Aubrey Vere,
Hinwies zum Tod? Ja mehr noch, meinen Vater,
Da schon herab sein reifes Alter sank,
Und die Natur ihn führt' ans Todesthor?
Nein, Warwick, nein; weil Leben hat der Arm,
Der Arm beschirmt das Haus von Lancaster.

Warwick.

Und ich das Haus von York.

K. Ludwig.

Kön'gin Margret', Prinz Edward, und Lord Oxford,
Genehmigt unsre Bitt', und tretet ab,
Indeß ich fürder spreche mit Lord Warwick.

K. Margareta.

O schüz' ihn Gott vor Warwicks Zauberwort!
(Sie entfernt sich mit dem Prinzen und Oxford.)

K. Ludwig.

Nun, Warwick, sage mir auf dein Gewissen,
Ist Edward wahrhaft König? Denn nicht gern
Hielt' ich's mit dem, der unrecht wär' erwählt.

Warwick.

Drauf geb' ich Ehr' und guten Ruf zum Pfand.

K. Ludwig.

Ist er beliebt auch in des Volkes Aug'?

Warwick.

So mehr, weil König Heinz unglücklich war.

K. Ludwig.

Dann ferner, unverstellt von Herzen weg;
Sag mir, wie weit reicht seiner Liebe Maß
Zu unsrer Schwester Bona?

Warwick.

So weit reicht's,
Wie's ansteht solchem Herrn, der gleicht sich selbst.
Oft war ich Zeuge, daß er sagt' und schwur,
Die Liebe sei ein ewig grüner Baum,
Der, fest gewurzelt in der Tugend Grund,
Laub treib', und Frucht trag' an der Schönheit Sonne;
Frei zwar vor Scheelsucht, aber nicht vor Schmerz,
Wenn Fräulein Bona nicht Ihm schenk' ihr Herz.

K. Ludwig.

Nun, Schwester, sagt uns euren Endbeschluß.

Bona.

Eur Jawort oder Weigern sei auch meins.
(Zu Warwick.)
Indeß gesteh' ich, daß schon oft vor heut,
Wenn ich gerühmt hört' eures Königs Werth,
Mein Ohr dem Herzen abzwang leisen Wunsch.

K. Ludwig.

Dann, Warwick: — Bona wird Gemahlin Edwards;
Und nun sogleich sei schriftlich festgesetzt
Das Witthum, das eur König stellen muß,
Dem ihre Mitgift dann gleichkommen soll.
Trit näher, Margareta, Zeugin sei,
Daß Bona sich verlobt mit Englands König.

Prinz.

Mit Edward, aber nicht mit Englands König.

K. Margareta.

Heimtück'scher Warwick! es war List von dir,
Durch diesen Bund zu hindern mein Gesuch.
Bevor du kamst, war Ludwig Heinrichs Freund.

K. Ludwig.

Und ist noch jezt sein und Margreta's Freund.
Doch wenn eur Anspruch auf die Kron' ist schwach,
Wie das erhellt aus Edwards gutem Glück,
Dann ist's nur billig, daß man mir erläßt
Die Schuld des Beistands, den ich jüngst versprach.
Doch werd' euch alle Freundschaft noch von mir,
Die ihr nur fodert, und ich leisten kann.

Warwick.

Heinrich lebt jezt in Schottland, ganz bequem;
Und da er nichts hat, kann er nichts verlieren.
Ihr selber, unsre weiland Königin,
Habt einen Vater, der euch nähren kann;
Und besser, ihr belästigt den, als Frankreich.

K. Margareta.

Schweig, frecher und schamloser Warwick, schweig!
Der stolz einsezt und absezt Könige!
Ich will nicht weg, bis meine Wort' und Thränen,
Voll Wahrheit beid', enthüllt dem König Ludwig

Dein schlaues Spiel, und deines Herrn falsch Herz.
Denn beide seid ihr Vögel Einer Brut.

(Man hört ein Posthorn.)

K. Ludwig.

Horch, Warwick, Botschaft kommt, uns oder dir.

Bote, auftretend, zu Warwick.

Mein Herr Gesandter, dies da ist an euch,
Von eurem Bruder, Markgraf Montague. —

(Zum König Ludwig.)

Dies da vom König an eur Majestät. —

(Zur Königin Margareta.)

Dies, gnäd'ge Frau, an euch; weiß nicht, von wem.

(Alle lesen ihre Briefe.)

Oxford.

Mich freut's, daß unsre schöne Königin
Mit Lächeln liest, und Warwick finster schaut.

Prinz.

Seht, Ludwig stampft, als wär' er ärgerlich;
Ich hoff', es geht noch gut.

K. Ludwig.

Warwick, was schreibt man dir? was, Kön'gin, euch?

K. Margareta.

Mir, was mich labt mit unverhofter Freude.

Warwick.

Mir, was mich niederbeugt mit schwerem Gram.

K. Ludwig.

Was! Euer Fürst vermählt mit Lady Grey?
Und nun, beschönend eur Trugspiel und seins,
Schickt er dies Blatt, und mahnt mich zur Geduld?
Ist das der Bund, den er mit Frankreich sucht?
Er wagt zu höhnen uns mit solchem Hohn?

K. Margareta.

Ich sagt' eur Majestät das wol vorher!
Dies Edwards Lieb' und Warwicks Redlichkeit!

Warwick.

Hier, König Ludwig, vor des Himmels Antliz,
So wahr ich hoff' auf Himmelsseligkeit,
Rein schwör' ich mich von dieser Misthat Edwards.
Nicht mehr mein König! er entehret mich;
Noch mehr sich selbst; hätt' er Gefühl für Schande.
Vergaß ich ganz, daß durch das Haus von York
Mein Vater seinen Tod frühzeitig fand?
Ließ ich so hingehn meiner Nichte Schmach?
Sezt' ich die Königskron' ihm auf das Haupt?
Beraubt' ich Heinrich seines Vatererbs?
Und wird zum Lohn mir Schande nun gebracht?
Schand' über ihn! denn mein Verdienst ist Ehre.
Die zu erneun, die ich für ihn verlor,
Entsag' ich ihm, und wende mich zu Heinrich.
Laß, edle Königin, den alten Groll;
Von nun an bin ich treuer Dienstmann dir;
Ich räche sein Vergehn an Fräulein Bona,
Und seze Heinrich wieder auf den Thron.

K. Margareta.

Warwick, dein Wort kehrt meinen Haß in Gunst.
Verziehn sei und vergessen alter Fehl;
Mich freut's, daß du wirst König Heinrichs Freund.

Warwick.

So sehr sein Freund, sein unverstellter Freund,
Daß, wenn uns König Ludwigs Huld vergönnt
Nur wenig Schaaren auserles'nes Volks,
Ich schon sie landen weiß an unsern Küsten,
Und den Tyrannen stoßen von dem Thron.
Wol nicht beschüzt ihn seine neue Braut;

Und Clarence, wie mein Brief ankündiget,
Er neigt sich abzufallen schon von Ihm,
Der freit, nach Wollust, nicht aus Ehrgefühl,
Noch für des Landes Stärk' und Sicherheit.

Bona.

Mein Bruder, wie wird Bona sonst gerächt,
Wenn du nicht hilfst der armen Königin?

K. Margareta.

Ruhmvoller Fürst, wie kann mein Heinrich leben,
Beutst du nicht Schuz ihm vor Verzweifelung?

Bona.

Mein Loos und dieser Königin sind eins.

Warwick.

Und meins, schön Fräulein Bona, trit zu eurem.

K. Ludwig.

Und meins zu ihrem, deinem und Margreta's.
Weshalb nunmehr ich fest entschlossen bin,
Euch beizustehn.

K. Margareta.

Nehmt meinen Demut-Dank für alle hier.

K. Ludwig.

Dann, Englands Bote, kehre heim in Hast,
Und sag' dem falschen Edward Afterkönig,
Daß Frankreichs Ludwig Masken senden will,
Zum Tanz mit ihm und seiner neuen Braut.
Du siehst, was vorgeht; auf! schreck' ihn damit.

Bona.

Sag' ihm, in Hofnung naher Witwerschaft
Trag' ich den Weidenkranz schon seinethalb.

K. Margareta.

Sag' ihm, mein Trauerkleid sei abgelegt,
Und ich bereit, die Rüstung anzuziehn.

Warwick.

Sag' ihm von mir, er habe mich gekränkt;
Drum will ich ihn entkrönen, eh ers denkt.
Hier ist dein Botenlohn; geh fort.

(Der Bote geht.)

K. Ludwig.

Nun, Warwick,
Geh du mit Oxford und fünftausend Mann
Zu Schif, und biete Schlacht dem falschen Edward.
Sobald die Zeit will, bringt die Königin
Samt ihrem Prinzen dir Verstärkung nach.
Doch, eh du gehst, lös' Einen Zweifel mir:
Was dient zum Pfand' uns deiner festen Treu?

Warwick.

Dies soll euch sichern meine stete Treu:
Wenn einstimmt unsre Kön'gin und ihr Prinz,
Geb' ich die jüngre Tochter, meine Lust,
Ihm stracks verknüpft durchs heil'ge Band der Eh.

K. Margareta.

Ja, ich stimm' ein, und dank euch des Erbots. —
Sohn Edward, sie ist schön und tugendsam;
Drum zögre nicht; gieb Warwick deine Hand,
Und mit der Hand den unauflösbarn Schwur,
Daß einzig Warwicks Tochter dein soll sein.

Prinz.

Gern nehm' ich sie; denn wohl verdient sie das;
Und hier zum Pfande biet' ich meine Hand.

(Er giebt Warwick die Hand.)

K. Ludwig.

Was säumen wir? schnell hebt die Mannschaft aus.

Und du, Lord Bourbon, mein Großadmiral,
Schafft sie hinüber mit der Königsflotte.
Nicht rast' ich, bis ich Edwards Fall geschaut,
Weil er gespottet einer Frankenbraut.

(Sie gehn ab; Warwick bleibt.)

Warwick.

Ich kam von Edward als Gesandter her;
Zurück geh' ich als sein geschworner Feind.
Zur Heiratstiftung gab er Auftrag mir,
Doch drohnder Krieg erfolgt auf sein Gesuch.
Hatt' er zur Spaßbotschaft niemand als mich?
Niemand als Ich verkehrt ihm Spaß in Ernst.
Ich war der Mann, der ihn zur Kron' erhob,
Ich will der Mann sein, der ihn bringt zu Fall.
Nicht, daß mich dauert Heinrichs Winselei;
Doch ahnden will ich Edwards Höhnerei.

(Er geht ab.)

Vierter Aufzug.

Erste Scene.

London. Ein Zimmer im Schloß.

Gloster, Clarence, Somerset, Montague und Andre.

Gloster.

Nun sagt mir, Bruder Clarence, was denkt ihr
Von dieser neuen Eh mit Lady Grey?
Hat nicht der Bruder königlich gewählt?

Clarence.

Ah was, ihr wißt, der Weg ist weit nach Frankreich;
Wie hielt er's aus, bis Warwick wiederkam?

Somerset.

Mylords, laßt dies Gespräch; da kommt der König.

(Trompeten. König Edward mit Gefolge; Lady Grey als Königin; Pembroke, Stafford, Hastings und Andre.)

Gloster.

Und seine wohlgewählte Braut.

Clarence.

Ich denk', ich sag' ihm offen, was mir dünkt.

K. Edward.

Nun, Clarence, wie gefällt euch unsre Wahl?
Ihr steht so ernsthaft, wie halb misvergnügt.

Clarence.

Ganz so, wie Frankreichs Ludwig, und Jarl Warwick,
Die so schwach sind an Mut und an Verstand,
Daß unsre Mishandlung sie wenig kränkt.

K. Edward.

Gesezt, sie sein gekränkt auch grundlos; sie
Sind Ludwig nur und Warwick; Ich bin Edward,
Eur Herr und Warwicks, und darf schalten frei.

Gloster.

Und sollt auch schalten, weil ihr Herr uns seid;
Doch übereilte Eh thut selten gut.

K. Edward.

Ei, Bruder Richard, seid ihr auch gekränkt?

Gloster.

Ich? nein. —

Verhüte Gott, daß ich geschieden wünschte
Die Gott verbunden; ja, und Schade wär's,
Zu trennen solch ein artiges Gespann.

K. Edward.

Von eurem Hohn und Unmut abgesehn,
Sagt einen Grund, warum nicht Lady Grey
Sein soll mein Weib und Englands Königin?
Und ihr auch, Somerset und Montague,
Sagt offen, was ihr denkt.

Clarence.

Nun denn, ich glaube, König Ludewig
Wird euer Feind, weil ihr gespottet sein,
Mit eurem Ehantrag an Fräulein Bona.

Gloster.

Und Warwick, der bestellt hat eur Gewerb,
Fühlt durch die neue Heirat sich entehrt.

K. Edward.

Wie, wenn ich Mittel aussäun', um zugleich
Ludwig und Warwick zu befriedigen?

Montague.

Doch solch ein Bund mit Frankreich hätte wol
Weit festern Schuz geboten unserm Staat
Vor fremdem Sturm, als Landesheirat kann.

Hastings.

O, weiß nicht Montague, daß durch sich selbst
England ist sicher, bleibt's nur treu sich selbst?

Montague.

Doch sichrer, wenn's von Frankreich wird gedeckt.

Hastings.

Weit besser, Frankreich nuzen, als ihm traun.

Sein wir gedeckt durch Gott, und durch das Meer,
Das er uns gab als felsenfesten Wall;
Und deren Hülf' allein sei Schuzwehr uns.
Auf ihnen und uns selbst ruht unser Heil.

Clarence.

Für diese Rede schon verdient Lord Hastings
Zur Eh die Erbin des Lord Hungerford.

K. Edward.

Nun gut, was soll's? Es war mein Will' und Spruch;
Einmal soll stehn mein Wille für Gesez.

Gloster.

Und doch, mich dünkt, eur Hoheit that nicht wohl,
Daß ihr die Erbin des Lord Scales gabt
Dem Bruder eurer hochgeliebten Braut.
Wol besser paßte die mir oder Clarence;
Doch in der Braut begrabt ihr Brudersinn.

Clarence.

Sonst hättet ihr auch nicht Lord Bonville's Erbin
Verschenkt an eurer neuen Gattin Sohn,
Und eure Brüder sonst wo lassen frein.

K. Edward.

Ah, armer Clarence! eines Weibes halb
Bist du so misvergnügt? Dir schaff' ich eins.

Clarence.

Durch Auswahl für euch selbst habt ihr gezeigt
Eur flaches Urtheil; so erlaubt mir denn,
Daß ich mir jezt mein eigner Kuppler sei;
Deß Endes denk' ich nächstens abzugehn.

K. Edward.

Geht oder bleibt, Edward will König sein,
Und nicht sich binden an der Brüder Willen.

Lady Grey.

Mylords, eh seiner Majestät gefiel,
Mich zu erhöhn zum Rang der Königin,
Seid billig nur, und all' ihr müßt gestehn,
Daß ich an Abkunft nicht unedel war.
Geringern schon, als ich, ward gleiches Glück.
Wahr ist, der Rang ehrt mich und mein Geschlecht;
Doch eure Abgunst, deren Gunst ich wünschte,
Wölkt mir die Freude mit Gefahr und Leid.

K. Edward.

O Theure, schmeichle ja nicht ihrem Zorn.
Was für Gefahr und Leid kann treffen dich,
So lang' als Edward ist dein treuer Freund,
Und deren Herr, dem man gehorchen muß?
Und wird gehorchen; ja dich lieben auch,
Wenn man nicht sucht, gehaßt zu sein von mir.
Und thun sie das, so bleibst du sicher doch,
Und jene trift die Rache meines Grimms.

Gloster, beiseit.

Ich höre, — spreche nichts, und denke viel.

(Ein Bote kommt.)

K. Edward.

Nun, Bote, was für Brief' und Neuigkeiten
Aus Frankreich?

Bote.

Mein König, keine Brief', und wenig Worte,
Doch die ich, ohn' ausdrücklichen Erlaub,
Nicht melden darf.

K. Edward.

Gut, wir erlauben dir; deshalb sprich kurz,
So gut du ihrer Worte dich entsinnst.
Was sagte Ludewig zu unserm Brief?

Bote.

Bei meinem Abschied sprach er wörtlich so:
„Geh, sag' dem falschen Edward Afterkönig,
„Daß Frankreichs Ludwig Masken senden will,
„Zum Tanz mit ihm uud seiner neuen Braut."

K. Edward.

Ludwig so dreist? Er hält mich wol für Heinrich.
Doch was sagt Fräulein Bona zu der Eh?

Bote.

Dies waren ihre Wort', in sanftem Zorn:
„Sag' ihm, in Hofnung naher Witwerschaft,
„Trag' ich den Weidenkranz schon seinethalb."

K. Edward.

Nicht tadl' ich sie; fast ein zu mildes Wort;
Sie ward gekränkt. Doch was sprach Heinrichs Weib?
Gehört hab' ich, daß sie zugegen war.

Bote.

„Sag' ihm," sprach sie, „die Traur sei abgelegt,
„Und ich bereit, die Rüstung anzuziehn."

K. Edward.

Es scheint, sie spielt die Amazon' einmal.
Doch was sprach Warwick zu den Schmähungen?

Bote.

Er, mehr erbittert auf eur Majestät,
Als alle sie, entließ mich mit den Worten:
„Sag' ihm von mir, er habe mich gekränkt;
„Drum will ich ihn entkrönen, eh er's denkt."

K. Edward.

Ha! vom Verräther ein so keckes Wort? —
Wohl, ich will fertig stehn, so vorgewarnt.
Werd' ihnen Krieg für die Vermessenheit.
Doch sag', ist Warwick Freund mit Margaret?

Bote.

Ja, gnäd'ger Fürst; die Freundschaft ist so eng,
Daß ihr Prinz Edward Warwicks Tochter freit.

Clarence.

Doch wol die jüngre, Clarence will die ältre.
Nun, Bruder König, lebt wohl, und sizt fest;
Denn ich will fort zu Warwicks andrer Tochter,
Daß, fehlt mir schon ein Reich, doch in der Eh
Ich nicht gestellt sei tiefer als ihr selbst. —
Wer mich und Warwick liebt, der folge mir!

(Er geht, und Somerset folgt.)

Gloster, beiseit.

Nicht Ich. —
Mein Sinn geht auf ein weitres Ziel: denn mich
Hält Liebe nicht zu Edward, nein zur Krone.

K. Edward.

Clarence und Somerset zu Warwick hin!
Doch steh' ich rüstig auch dem ärgsten Fall!
Ja, großer Eil bedarf's in solchem Drang. —
Pembroke und Stafford, geht, für unsern Dienst
Bringt Mannschaft auf, und macht Anstalt zum Krieg.
Sie sind gelandet, oder landen bald.
Ich selber, in Person, folg' euch sogleich.

(Pembroke und Stafford gehn.)

Doch eh' ich geh', Hastings und Montague,
Löst mir den Zweifel. Ihr vor allen seid
Dem Warwick nah durch Blut und Freundschaftsbund;
Sagt also, liebt ihr Warwick mehr denn mich?
Wenn dem so ist, geht beid' hinweg zu ihm;
Seid lieber Feind' als hohle Freunde mir.
Doch wenn ihr des Gehorsams Pflicht bewahrt,
Verbürgt mir das mit einem Freundesschwur,
Damit ich nie argwöhne wider euch.

Montague.

Gott helfe Montague, wie er ist treu!

Hastings.

Und Hastings, wie er Edwards Sache schirmt!

K. Edward.

Nun, Bruder Richard, steht auch ihr bei uns?

Gloster.

Ja, troz jedwedem, der euch widersteht.

K. Edward.

Nun wohl, so bin ich denn des Siegs gewiß.
Drum fort, von Stund' an! eilen wir mit Wehr,
Zu treffen Warwick und sein Fremdlingsheer!
(Sie gehn ab.)

Zweite Scene.

Eine Ebene in Warwickshire.

Warwick und Oxford, mit Franzosen und andrer Mannschaft.

Warwick.

Glaubt mir, Mylord, bis jezt geht alles brav;
Schaarweise schwärmt gemeines Volk uns zu.
(Clarence und Somerset kommen.)
Doch seht, da kommt Clarence und Somerset. —
Sagt schnell, Mylords, sind lauter Freunde wir?

Clarence.

Nicht zweifelt dran, Mylord.

Warwick.

Dann mir willkommen, lieber Clarence du!
Und, Somerset! — Mir dünkt's Kleinmütigkeit,
Mistrauisch bleiben, wo ein edles Herz
Die ofne Hand gereicht als Liebespfand;
Sonst könnt' ich glauben, Clarence, Edwards Bruder,
Sei ein verstellter Freund nur unsres Thuns.
Doch sei willkommen; dein ist meine Tochter.
Was ist nun übrig, als, im Schuz der Nacht,
Indeß dein Bruder sorglos ruht im Zelt,
Sein Heer zerstreut liegt in den Städten rings,
Und nichts als eine Leibwach' ihn bedeckt, —
Rasch überfallend, fahn wir ihn nach Lust?
Den Spähern daucht unschwer das Wagestück:
Daß, wie Ulysses und Held Diomed
Einst schlau und kühn anschlichen Rhesus Zelt,
Und weg ihm führten Thraciens Unheilrosse;
So wir, umhüllt vom schwarzen Flor der Nacht,
Im Nu die Wach' Edwards daniederhaun,
Und greifen ihn; — nicht sag' ich, tödten ihn;
Denn bloß zu überfallen denk' ich ihn.
Ihr, wer mir folgen will zu dem Versuch,
Ruft Heinrichs Namen laut, mit eurem Führer.

(Alle rufen: Heinrich.)

Wohlan, laßt unsern Weg uns schweigend gehn.,
Für Warwick und sein Heer Gott und Sankt George!

(Sie gehn ab.)

Dritte Scene.

Edwards Lager, unfern Warwick.

Soldaten, zur Wache des königlichen Zeltes.

Erster Wächter.

Kommt, Leute, nehm' hier jeder seinen Stand;
Der König hat sich schon zum Schlaf gesezt.

Zweiter Wächter.

Was? will er nicht zu Bett?

Erster Wächter.

Nicht doch, er that den feierlichen Schwur,
Nie liegen woll' er auszuruhn fortan,
Bis Warwick oder er sei abgethan.

Zweiter Wächter.

Nun, morgen, denk' ich, ist der heiße Tag,
Steht Warwick schon so nahe, wie man sagt.

Dritter Wächter.

Doch, bitte, sagt, wer ist der Edelmann,
Der mit dem König hier im Zelte ruht?

Erster Wächter.

Lord Hastings ist's, des Königs erster Freund.

Dritter Wächter.

O wirklich? Doch warum befiehlt der König,
Daß sein Hauptanhang rings in Städten liegt,
Indeß er selbst ausharrt im kalten Feld?

Zweiter Wächter.

Das ist mehr Ehre so, weil mehr Gefahr.

Dritter Wächter.

Ah! doch gebt mir rechtschafne Pfleg' und Ruh,
Das lieb' ich mehr als Ehre mit Gefahr.
Wenn Warwick wüßte, wie's um Edward steht,
Ich fürchte sehr, er käm', und weckt' ihn auf.

Erster Wächter.

Den weisen uns die Hellebarden ab.

Zweiter Wächter.

Ja, wozu sonst hier stehn am Königszelt,
Als daß wir Nachtfeind' ihm abwehren brav?

(Es kommen Warwick, Clarence, Oxford, Somerset und Truppen.)

Warwick.

Dies ist sein Zelt, und dort steht seine Wacht.
Mut. Kameraden! Ehre nun, wenn je!
Folgt mir, und bald wird Edward unser sein.

Erster Wächter.

Wer da?

Zweiter Wächter.

Steh oder Stirb!

(Warwick und die Uebrigen rufen: „Warwick! Warwick!" und greifen die Wächter an, welche davon laufen, und schrein: „Ins Gewehr! ins Gewehr!" Warwick und die Uebrigen folgen ihnen. — Man schlägt die Trommeln, und bläst die Trompeten.)

(Warwick und die Uebrigen bringen den König im Schlafrock, in einem Lehnstuhl sitzend, heraus. Gloster und Hastings fliehn über die Bühne.)

Somerset.

Wer sind die, welche flohn?

Warwick.

Richard und Hastings. Laßt sie; hier der Herzog.

K. Edward.

Herzog! — Ha, Warwick! als wir schieden lezt,
Hieß ich dir König.

Warwick.

Das ist anders nun.
Ihr höhntet mich, als ich Gesandter war,
Da hab' ich euch der Königswürd' entsezt,
Und nun ernenn' ich euch zum Herzog York.
Was? Ihr Beherscher eines Königreichs,
Da ihr nicht wißt, Gesandte zu behandeln?
Nicht euch begnügen könnt mit Einem Weib,
Nicht könnt an Brüdern handeln brüderlich,
Nicht könnt bedacht sein auf des Volkes Wohl,
Nicht könnt euch sicher stellen vor dem Feind?

K. Edward.

Ei, Bruder Clarence, bist du auch dabei?
Dann seh' ich wol, daß Edward muß herab. —
Doch, Warwick, doch troz allem Misgeschick,
Troz dir und allen Helfern deiner That,
Edward wird stets betragen sich als König.
Stürzt auch Fortuna's Bosheit meinen Rang,
Mein Sinn geht über ihres Rades Kreis.

Warwick, ihm die Krone abnehmend.

Im Sinne denn sei Edward Englands König.
Doch Heinrich nun soll tragen Englands Kron',
Und König sein im Ernst; du nur der Schatten. —
Mylord von Somerset, ich bitt' euch, sorgt,
Daß man sogleich den Herzog Edward schaffe

Zu meinem Bruder, Erzbischof von York.
Wann ich gekämpft mit Pembroke und den Seinen,
So folg' ich euch, und melde, was für Antwort
Ludwig und Fräulein Bona ihm gesandt.
Lebt wohl indeß, mein guter Herzog York.

K. Edward.

Was Schicksal auflegt, trage man mit Mut;
Nicht hilft's, sich sperren gegen Wind und Flut.
(König Edward wird weggeführt; Somerset begleitet ihn.)

Oxford.

Was bleibt uns übrig noch zu thun, Mylords,
Als daß wir ziehn nach London mit dem Heer?

Warwick.

Ja, dies am ersten liegt uns ob zu thun:
Befrein wir König Heinrich vom Verhaft,
Und sezen dann ihn auf den Königsthron.
(Sie gehn ab.)

Vierte Scene.

London. Ein Zimmer im Schloß.

Königin Elisabeth und Rivers.

Rivers.

Fürstin, woher die plözliche Verwandlung?

K. Elisabeth.

Wie, Bruder Rivers, hörtet ihr noch nicht,
Welch Unglück jüngst den König Edward traf?

Rivers.

Verlust etwa von einer Schlacht an Warwick?

K. Elisabeth.

Nein, seiner fürstlichen Person Verlust.

Rivers.

So ward mein Fürst erschlagen?

K. Elisabeth.

Ja, fast erschlagen, denn er ward gefangen;
Sei's, daß der Wache Falschheit ihn verrieth,
Sei's, daß der Feind ihn wegrafft' unversehns.
Und, wie mir ferner ward verkündiget,
Er ist in Haft beim Bischof York, dem Bruder
Des grimmen Warwick, folglich unserm Feind.

Rivers.

Die Nachricht, ich gesteh's, ist voll des Grams.
Doch, gnäd'ge Frau, bekämpft den Gram mit Macht;
Warwick kann auch verlieren eine Schlacht.

K. Elisabeth.

Bis dahin leucht' Hofnung in Todesnacht.
Und gerne wehr' ich der Verzweifelung,
Um Edwards jungen Sproß in meinem Schooß.
Das ist's, was mich den Unmut zügeln lehrt,
Und tragen mit Gelassenheit mein Kreuz.
Ja, ja, darum bezwing' ich manche Thrän',
Und hemme das blutsaugende Geseufz,
Da Seufzersturm und Thränenflut Tod drohn
Dem zarten Sproß, der ächt erbt Englands Thron.

Rivers.

Doch, gnäd'ge Frau, wohin begab sich Warwick?

K. Elisabeth.

Man meldet mir, daß er nach London geht,

Zu krönen nochmals König Heinrichs Haupt.
Schließt weiter nun; wer Edwards Freund ist, fällt.
Doch, auszuweichen des Tyrannen Wut,
(Denn nie trau dem, der einmal Treue brach,)
Will ich zur Freistatt, um den mindestens
Zu retten, welcher Edwards Recht ererbt.
Dort bleib' ich sicher vor Gewalt und Trug.
Kommt also, laßt uns fliehn; noch ist es Zeit;
Fäht Warwick uns, dem Tod sind wir geweiht.

(Sie gehn ab.)

Fünfte Scene.

Ein Park in der Nähe der Burg Middleham in Yorkshire.

Gloster, Hastings, Sir William Stanley, und Andr

Gloster.

Nun, Mylord Hastings, und Sir William Stanley,
Erstaunt nicht länger, daß ich her euch zog
In dies entlegenste Gebüsch des Parks.
So steht's: Mein Bruder, unser König ist
Gefangner hier beim Bischof, welcher ihm
Sehr gut begegnet, und viel Freiheit läßt,
Und oft, begleitet nur von wenig Wache,
Kommt er zur Jagdergözung dieses Wegs.
Ich hab' ihm Nachricht ingeheim ertheilt,
Daß, wenn um diese Stund' er diesen Weg
Nimt unterm Vorwand der gewohnten Jagd,
Die Freund' er finden soll, mit Pferd und Mann,
Ihn zu befrein aus der Gefangenschaft.

(König Edward und ein Jäger.)

Jäger.

Dorthin, Mylord; dort liegt das Wild versteckt.

K. Edward.

Nein, hieher, Mann; dort stehn die Jäger schon. —
Nun, Bruder Gloster, Hastings und ihr Andern,
Steckt ihr so da, zu stehlen Bischofswild?

Gloster.

Bruder, die Zeit und Lage fodert Eil;
Eur Pferd steht fertig dort am Eck des Parks.

K. Edward.

Doch, wohin sollen wir?

Hastings.

Nach Lynn, mein Fürst; und dann zu Schif nach Flandern.

Gloster.

Traun, wohl getroffen: Denn so meint' ich auch.

K. Edward.

Stanley, vergelten will ich dir den Eifer.

Gloster.

Was zögern wir? Nicht Zeit ist für Geschwäz.

K. Edward.

Waidmann, was sagst du? willst du mit uns gehn?

Jäger.

Besser als bleiben, und mich hängen lassen.

Gloster.

So kommt denn, fort! nicht mehr getrödelt hier!

K. Edward.

Bischof, leb' wohl; schüz' dich vor Warwicks Drohn;
Und bete, daß mir schenke Gott den Thron.

(Sie gehn ab.)

Sechste Scene.

Ein Zimmer im Tower.

König Heinrich, Clarence, Warwick, Somerset, der junge Richmond, Oxford, Montague, der Commandant vom Tower, und Gefolge.

K. Heinrich.

Herr Commandant, da Gott und Freunde nun
Edward gestoßen von dem Königsstuhl,
Und mir gewandelt meine Haft in Freiheit,
Die Furcht in Hofnung, und mein Leid in Lust;
Was zahlen wir bei unsrer Loslassung?

Commandant.

Der Unterthan hat nichts vom Herrn zu fodern;
Doch wenn ein Flehn der Demut bei euch gilt,
Wünsch' ich Verzeihung von eur Majestät.

K. Heinrich.

Wofür? daß du mich gut behandelt hast?
Nein, sei gewiß, ich lohne dir die Güte,
Die mir Gefangenschaft umschuf in Lust,
Ja, solche Lust, wie in dem Käficht Vögel
Empfinden, wenn, nach langem Gram, zulezt
Bei häuslicher Gesänge Melodei
Sie ganz vergessen ihrer Sklaverei. —
Doch, Warwick, du, nächst Gott, gabst Freiheit mir;
Deshalb vornehmlich dank' ich Gott und dir;
Er war Urheber, du warst Werkzeug ihm. —

Daß ich besiege nun des Glückes Troz,
Dort niedrig lebend, wo kein Glückschlag trift;
Und daß das Volk in diesem Segensland
Nicht leide durch mein widriges Gestirn;
Warwick, wiewohl mein Haupt noch trägt die Krone,
Hier tret' ich ab mein Königthum an dich;
Denn du bist hochbeglückt in allem Thun.

Warwick.

Eur Hoheit stralte stets als tugendhaft,
Und zeigt sich nun so weis' als tugendhaft,
Da sie vorsichtig flieht des Glückes Neid;
Denn wen'ge fügen sich in ihren Stern.
Doch Einen Umstand darf ich tadeln frei,
Daß ihr mich wählt, da Clarence ist dabei.

Clarence.

Nein, Warwick, du bist würdig der Gewalt,
Du, dem der Himmel schon bei der Geburt
Zusprach den Oelzweig und den Lorberkranz,
Beglückt zu sein im Frieden und im Krieg;
Und darum geb' ich meine Stimme dir.

Warwick.

Und ich wähl' einzig Clarence zum Protektor.

K. Heinrich.

Warwick und Clarence, beide gebt die Hand;
Nun fügt die Händ', und durch die Händ' eur Herz,
Daß keine Zwietracht stör' eur Herscheramt.
Seid beid' ihr Protektoren dieses Reichs;
Indeß ich selber führ' ein stilles Leben,
Und schließ' in Andacht meines Lebens Kreis
Mit Sündenreu und meines Schöpfers Preis.

Warwick.

Was sagt Clarence zu seines Königs Willen?

Clarence.

Daß er drein willigt, wenn es Warwick thut;
Denn auf dein Glück sez' ich mein' ganz Vertraun.

Warwick.

Wohl, ungern zwar, muß ich's zufrieden sein.
Gefügt sein wollen wir, ein Doppelschatten,
An Heinrichs Leib, und füllen seinen Plaz;
Das heißt, wir tragen der Machtführung Last,
Weil er geneußt der Ehr' und seiner Ruh.
Und, Clarence, höchst nothwendig ist es jezt,
Daß Edward gleich erklärt werd' als Verräther,
Und eingezogen all sein Land und Gut.

Clarence.

Was sonst? und daß der Erbe werd' ernannt.

Warwick.

Ja, und da muß Clarence nicht leer ausgehn.

K. Heinrich.

Doch vor dem allerdringendsten Geschäft,
Laßt mich euch bitten, (nicht befehl' ich mehr,)
Daß Margret', eure Kön'gin und mein Edward,
Zurück aus Frankreich kommen ungesäumt.
Bis ich sie hier seh', hält mir bange Furcht
Die Freud' an Freiheit halb in Finsternis.

Clarence.

Es soll geschehn, mein König ungesäumt.

K. Heinrich.

Mylord von Somerset, wer ist der Knabe,
Für den so zärtlich ihr zu sorgen scheint?

Somerset.

Mein Fürst, der junge Heinrich, Jarl von Richmond.

K. Heinrich.

Komm, Englands Hofnung! Wenn geheime Mächte
(Er legt ihm die Hand aufs Haupt.)
Einhauchen Wahrheit meinem Sehergeist,
Der holde Knab' einst wird des Landes Heil.
Sein Blick ist voll friedsamer Majestät,
Sein Haupt geformt von der Natur zur Krone,
Die Hand zum Zepter, und er selbst geweiht,
Zu segnen künftig einen Königsthron.
Ihn ehrt, Mylords: Er ward von Gott begnadet,
Zu helfen euch weit mehr, als ich geschadet.
(Ein Eilbote kommt.)

Warwick.

Was bringst du neues, Freund?

Bote.

Daß Edward eurem Bruder ist entwischt,
Und weggeflohn, so hört er, nach Burgund.

Warwick.

Unfrohe Botschaft! Doch wie kam er los?

Bote.

Er ward entführt durch Richard, Herzog Gloster,
Und durch Lord Hastings, die ihm aufgepaßt
Im tiefen Dickicht an des Waldes End',
Und von des Bischofs Jägern retteten;
Denn Jagen war ihm täglich Zeitvertreib.

Warwick.

Mein Bruder war zu sorglos bei dem Auftrag. —
Doch fort, mein Fürst; und geh' es noch so quer,
Wir werden Salb' ersehn für jeden Schwär.
(Es gehn König Heinrich, Warwick, Clarence, der Commandant und Gefolge: — Oxford, Richmond und Somerset bleiben.)

Somerset.

Mylord, mir nicht gefällt sie, Edwards Flucht;
Denn ohne Zweifel steht Burgund ihm bei,
Und dann giebt's noch mehr Krieg in kurzer Zeit.
Wie Heinrichs Profezeiung eben erst
Das Herz mir labt' in Hofnung für den Richmond;
So ahnt mein Herz nun, was in diesem Streit
Noch Unglücks mag einbrechen, ihm und uns.
Darum, Lord Oxford, vorzubaun dem Schlimmsten,
Wir senden schnell ihn nach Bretagne in Hut,
Bis daß der Sturm der Bürgerfehde ruht.

Oxford.

Ja, denn kommt Edward wieder auf den Thron,
Gewiß empfängt auch Richmond schlimmen Lohn.

Somerset.

So ist es; nach Bretagne denn geeilt!
Kommt, kommt, und keinen Augenblick geweilt!
(Sie gehn ab.)

Siebente Scene.

Vor York.

König Edward, Gloster, Hastings und Truppen.

K. Edward.

Nun, Bruder Richard, Hastings, und ihr Andern,
So weit doch leistet uns das Glück Ersaz,
Und will, daß nochmals ich mein dunkles Loos

Mit Heinrichs Königskron' umtauschen soll.
Gut steurt' ich über's Meer, hin und zurück,
Und bracht' erwünschten Beistand von Burgund.
Was bleibt nun übrig, da wir angelangt
Von Ravnspurghafen vor dem Thore Yorks,
Als einziehn, wie in unser Herzogthum?

Gloster.

Das Thor gesperrt? — Bruder, das Ding misfällt;
Denn mancher Mann, der stolpert an der Schwelle,
Wird so gewarnt, Gefahr laur' innerhalb.

K. Edward.

Ah, Freund! nicht Vorbedeutung schreck' uns jezt!
Sanft oder unsanft, eingehn müssen wir;
Denn unsre Freunde stoßen hier zu uns.

Hastings.

Fürst, noch einmal anklopfend, fodr' ich auf.
(Es erschienen auf der Stadtmauer der Maier
von York und seine Räthe.)

Maier.

Mylords, wir wußten eure Ankunft schon,
Und uns zu sichern sperrten wir das Thor!
Denn jezt hat Heinrich uns in Eid und Pflicht.

K. Edward.

Herr Mai'r, wenn Heinrich euer König ist;
Edward, zum mindsten, ist Herzog von York.

Maier.

Ja, gnäd'ger Herr, dafür erkenn' ich euch.

K. Edward.

Nun, und ich fodre bloß mein Herzogthum,
Schon sehr zufrieden mit dem einzigen.

Gloster, beiseit.

Doch, hat der Fuchs einmal die Nas' hinein,
Bald weiß er nachzuschaffen auch den Leib.

Hastings.

Herr Maier, nun, was steht ihr im Bedenk?
Das Thor auf! Wir sind König Heinrichs Freunde.

Maier.

Ei, sagt ihr so? Das Thor soll öffen sein.
(Er geht von oben ab.)

Gloster.

Ein kluger Hauptmann, keck, und bald beschwazt!

Hastings.

Der alte Herr läßt fünf gerade sein,
Wenn's ihn nur nichts angeht; doch sind wir drinnen,
Ich zweifle gar nicht, bald beschwazen wir
Ihn samt der Brüderschaft zu — gutem Rath.
(Der Maier kommt mit zwei Aldermännern.)

K. Edward.

So recht, Herr Mai'r, man muß dies Thor nicht schließen,
Als nur bei Nacht, und in der Zeit des Kriegs.
Freund, unbesorgt! mir her die Schlüssel da!
(Er nimt die Schlüssel.)
Denn Edward bringt hier Schuz der Stadt und dir,
Und all den Freunden, die nachfolgen mir.
(Trommeln. Montgomery kommt mit Truppen.)

Gloster.

Bruder, das ist Sir John Montgomery,
Ein biedrer Freund uns, wenn nicht alles teuscht.

K. Edward.

Sir John, willkommen! Doch warum in Wehr?

Montgomery.

u helfen König Edward jezt im Sturm,
ie's obliegt jedem treuen Unterthan.

K. Edward.

ank, braver Kämp! Doch nun vergessen wir
en Anspruch an die Kron', und fodern bloß
ies Herzogthum, bis Gott uns mehr beschert.

Montgomery.

Gehabt euch wohl denn! ich will wieder fort;
Dem König will ich dienen, nicht dem Herzog. —
He, Trommelschlag! und ziehn wir schnell davon.
(Die Trommel fängt einen Marsch an.)

K. Edward.

Nein, wartet noch, Sir John; erwägen wir,
Wie man zur Krone sicher kommen kann.

Montgomery.

Was sprecht ihr von Erwägen? Kurz und gut,
Erklärt ihr euch nicht laut zum König hier,
Ich lass' euch eurem Schicksal, und brech' auf,
Zurückzuhalten, wer euch beistehn will.
Was fechten wir, wenn ihr nicht Anspruch habt?

Gloster.

Ei, Bruder, wozu die Bedenklichkeit?

K. Edward.

Sind einst wir stärker; dann Anspruch gemacht;
Jezt thun wir klug, zu bergen unsern Sinn.

Hastings.

Fort ängstlicher Bedacht! Nun gilt's das Schwert.

Gloster.

Furchtloser Mut ist's, der die Kron' erklimmt.

Bruder, wir gehn zur Ausrufung frischweg;
Das lermt herum, und bringt euch manchen Freund.

K. Edward.

Es sei denn, wie ihr's wollt; mein Recht ist das,
Und Heinrich hat entwandt das Diadem.

Montgomery.

Ha, nun spricht mein Obherscher gleich sich selbst,
Und nun will Ich Edwards Vorkämpfer sein.

Hastings.

Trompeten, blast! Wir rufen Edward aus.
Komm her, Kamrad, stimm' an den Ausruf du.
(Er giebt ihm einen Zettel. Trompetenschall.

Soldat liest.

„Edward der viert', aus Gottes Gnade König
„Von Engeland und Frankreich, Herr von Irland u. s. w.'

Montgomery.

Und wer da leugnet König Edwards Recht,
Den foder' ich hiermit zum Zweigefecht.
(Er wirft seinen Handschuh hin.

Alle.

Lang' leb' Edward der vierte!

K. Edward.

Dank, tapfrer John Montgom'ry! Dank euch allen!
Hilft mir das Glück, dann dankt der Güt' auch That.
Jezt, für die Nacht, herbergen wir in York.
Doch morgen, wenn der Sonnengott erhebt
Sein Roßgespann am Rand des Horizonts,
Dann los auf Warwick und sein Kriegervolk;
Wohl weiß ich ja, Heinrich ist kein Soldat! —
Ha, Murrkopf Clarence! übel steht es dir,
Du schmeichelst Heinrich, und entsagst dem Bruder!

Doch dich und Warwick treffen wir, will's Gott.
Auf, Brave, kommt! Sorgt nicht, der Sieg ist euer;
Und, habt ihr den, sorgt nicht, sein Lohn ist theuer.
(Sie gehn ab.)

Achte Scene.

London. Ein Zimmer im Schloß.

König Heinrich, Warwick, Clarence, Montague, Exeter und Oxford.

Warwick.

Was thun wir, Lords? Edward aus Belgien,
Hat flinke Deutsch', und plump Holländervolk,
Gesteuert schadlos durch den schmalen Sund,
Und zieht mit Heersmacht frisch auf London zu;
Auch viele Schwindler rotten sich zu ihm.

Oxford.

Versammelt Mannschaft, und schlagt ihn zurück.

Clarence.

Ein kleines Feuer trit man aus bequem;
Läßt man es fortgehn, Ströme löschen's nicht.

Warwick.

In Warwickshire hab' ich aufricht'ge Freunde,
Nicht jäh im Frieden, aber kühn im Krieg;
Die will ich mustern; — du, Sohn Clarence, sollst
In Suffolk, Norfolk, und in Kent die Ritter
Und Edelleut' auffodern, mitzugehn. —

Du, Bruder Montague, in Buckingham,
Northampton, und Leicester, findest du
Theilnehmer schon, achtsam auf dein Gebot. —
Du, tapfrer Oxford, wundersam geliebt,
Sollst sammeln deine Freund' in Oxfordshire. —
Mein König, in der treuen Bürger Kreis, —
So wie dies Eiland, von der See umringt,
Und wie Dian' in ihrer Nymfen Chor, —
Bleibt hier in London, bis wir zu ihm kommen. —
Nehmt Abschied, theure Lords, nichts weiter sprecht. —
Lebt wohl meiu König!

K. Heinrich.

Leb' wohl, mein Hektor, Troja's Hofnung mir!

Clarence.

Zum Pfand der Treu küss' ich eur Hoheit Hand.

K. Heinrich.

Altbiedrer Clarence, Segen dir und Heil!

Montague.

Habt Mut, mein König! und hiermit lebt wohl!

Oxford, Heinrichs Hand küssend.

So siegl' ich meine Treu, und schirm' euch Gott.

K. Heinrich.

Geliebter Oxford, theurer Montague,
Und all' ihr andern, noch einmal lebt wohl.

Warwick.

Lebt wohl, aufs Wiedersehn in Coventry,

(Es gehn Warwick, Clarence, Oxford und Montague.)

K. Heinrich.

Hier in dem Schloß will ich ein Weilchen ruhn. -

Vetter von Exeter, was meint eur Gnaden?
Mich dünkt, die Macht, die Edward hat im Feld,
Kann sich nicht messen mit der meinigen.

Exeter.

Nur sorg' ich, er verführt die andern auch.

K. Heinrich.

Nichts fürcht' ich, mein Verdienst erwarb mir Ruhm.
Nicht stopft' ich meine Ohren ihrem Flehn,
Noch wies ich ihr Gesuch durch Zögern ab;
Mein Mitleid war oft Balsam ihren Wunden,
Oft meine Mild' Aufheiterung dem Gram,
Und meine Gnad' Hemmung des Thränenstroms.
Nie lüstete mein Herz nach ihrem Gut,
Nie drückt' ich schwer mit großen Schazungen,
Nie rasch bestraft' ich, was sie auch gefehlt.
Wie liebte man denn Edward mehr als mich?
Nein, Exeter, die Gunst heischt Gegengunst;
Und wenn der Löwe zärtlich thut dem Lamm,
So hört das Lamm nie auf, ihm nachzugehn.

(Draußen Geschrei: „Hoch Lancaster!")

Exeter.

Hört, hört, mein Fürst! welch ein Geschrei ist das?

(König Edward, Gloster und Soldaten.)

K. Edward.

Ergreift den blöden Heinrich, führt ihn weg,
Und nochmals ruft als König Englands uns. —
Ihr seid der Quell, der Bächlein rieseln macht;
Nun stockt er; meine See nun saugt sie ein,
Und schwillt um so viel höher durch ihr Ebben. —
Hinweg zum Tower den! Laßt ihn nicht zu Wort.

(Man führt König Heinrich ab.)

Und Lords, nach Coventry eil' unser Lauf,
Wo der vermeßne Warwick jezo steht.

Heiß scheint die Sonne; stehn wir arbeitschen,
Der Winterfrost raubt das erwünschte Heu.

Gloster.

Geschwinde fort, eh sich sein Heer vereint;
Hascht den gereiften Frevler unversehns.
Auf, tapfre Krieger! frisch nach Coventry.

(Sie gehn ab.)

Fünfter Aufzug.

Erste Scene.

Coventry.

Auf der Mauer erscheinen Warwick, der Maier von Coventry, zwei Boten und Andre.

Warwick.

Wo ist der Eilbot von dem tapfern Oxford?
Wie weit noch ist dein Heer, mein guter Freund?

Erster Bote.

Für jezt in Dunsmore, auf dem Marsch hieher.

Warwick.

Wie weit ist unser Bruder Montague?
Wo ist der Bote, der uns kam von dem?

Zweiter Bote.

Für jezt bei Daintry, mit gewält'ger Schaar.
(Sir John Somerville trit auf.)

Warwick.

Sag', Somerville, was sagt mein theurer Sohn?
Wie nahe, denkst du wol, ist Clarence jezt?

Somerville.

Zu Southam ließ ich ihn mit seinem Trupp,
Und ich erwart' ihn in zwei Stunden hier.
(Man hört trommeln.)

Warwick.

Nah denn ist Clarence, seine Trommeln hör' ich.

Somerville.

Nicht seine, gnäd'ger Herr; Southam liegt hier.
Die Trommel, die wir hören, kommt von Warwick.

Warwick.

Wer möcht' es sein? Wol unverhofte Freunde.

Somerville.

Sie sind ganz nah, und ihr erfahrt es gleich.
(Trommeln. König Edward und Gloster, nebst Truppen auf dem Marsch.)

K. Edward.

Zur Maur, Trompeter, lade zum Gespräch.

Gloster.

Der finstre Warwick, seht, besezt die Mauer.

Warwick.

O leidig Spiel! der Spaßmann Edward hier?
Wo schlief die Feldwacht, oder wer bestach sie,
Daß man von seiner Ankunft nichts vernahm?

K. Edward.

Nun, Warwick, öfnest du das Stadtthor uns,
Sprichst vom Vergleich, beugst demutsvoll dein Knie,
Nennst Edward König, flehst um Gnad' ihn an;
So wird verziehn dir die Beleidigung.

Warwick.

Vielmehr so: — ziehst du deine Macht von hier,
Bekennst, wer dich erhob, und senkt' in Staub,
Nennst Warwick Schuzherrn, und bereust dein Thun,
So sollst du ferner Herzog sein von York.

Gloster.

Ich dacht', er spräche mindstens — König sein;
Wie? treibt der Mann gar wider Willen Spaß?

Warwick.

Ist nicht ein Herzogthum ein gut Geschenk?

Gloster.

Ja, wahrlich, wenn ein armer Jarl es schenkt;
Dir werd' ich dienen für solch gut Geschenk.

Warwick.

Ich war's, der deinem Bruder gab das Reich.

K. Edward.

Nun, so ist's mein, wenn auch nur Warwicks Gabe.

Warwick.

Du bist kein Atlas für so große Last.
Weichling, die Gabe nimt Warwick zurück;
Heinz ist mein König, Warwick sein Vasall.

K. Edward.

Doch Warwicks König ist Edwards Gefangner,
Und, wackrer Warwick, sage mir nur eins:
Was ist der Leib wol, wenn das Haupt hinweg?

Gloster.

Ach, daß doch Warwick nicht vorsicht'ger war!
Daß, da er einzle Zehner wollt' entwenden,
Der König flink entrückt ward aus dem Spiel! —
Ihr ließt den armen Heinz Bischof im Schloß,
Zehn gegen eins, nun treft ihr ihn im Tower.

K. Edward.

So ist es, und doch seid ihr Warwick stets.

Gloster.

Warwick, nim wahr die Zeit, knie hin, knie hin.
Nun, wird's bald? schmiede, weil das Eisen glüht.

Warwick.

Eh wollt' ich diese Hand abhaun, und stracks
Dir mit der andern schleudern ins Gesicht,
Als also tief die Segel streichen dir.

K. Edward.

Ja, segle, wie du kannst mit Wind und Flut;
Die Hand, gewunden um dein kohlschwarz Haar,
Soll, weil dein frischgemähter Kopf noch warm,
Dies schreiben in den Staub mit deinem Blut:
„Winddreher Warwick kann nicht mehr sich drehn."

(Oxford kommt mit Trommeln und Fahnen.)

Warwick.

O Jubel-Fahnen! seht doch, Oxford kommt!

Oxford.

Oxford, Oxford, für Lancaster!

(Er zieht mit seiner Mannschaft in die Stadt.)

Gloster.

Das Thor ist offen, laßt uns auch hinein.

K. Edward.

Leicht faßt ein andrer Feind im Rücken uns.
Nein, stehn wir wohl geschaart; denn sicherlich
Bald brechen sie hervor, und bieten Schlacht.
Wo nicht, da schwach ist die Befestigung,
Rasch drinnen stöbern wir die Frevler auf.

Warwick.

Willkommen, Oxford! Helfer in der Noth!
(Montague kommt mit Trommeln und Fahnen.)

Montague.

Montague, Montague, für Lancaster!
(Er zieht mit seiner Mannschaft in die Stadt.)

Gloster.

Du und dein Bruder, ihr sollt den Verrath
Bezahlen mit dem theursten Herzensblut.

K. Edward.

Je stärkre Gegenwehr, je größrer Sieg;
Mein Geist ahnt Vortheil und Eroberung.
(Somerset kommt mit Trommeln und Fahnen.)

Somerset.

Somerset, Somerset, für Lancaster!
(Er zieht mit seiner Mannschaft in die Stadt.)

Gloster.

Zwei deines Namens, beid' Herzoge, sahn
Verkauft ihr Leben an das Haus von York;
Sei du der dritte, wenn dies Schwert nur hält.
(Clarence kommt mit Trommeln und Fahnen.)

Warwick.

Seht, George von Clarence wandert auch herbei,
Und stark genug, dem Bruder Schlacht zu bieten.
Bei ihm gilt biedrer Eifer für das Recht

Mehr als der innre Trieb der Bruderliebe. —
Komm, Clarence, komm; du kommst, wenn Warwick ruft.

Clarence.

Du, Vater Warwick, weißt du, was dies will?
(Er nimt die rothe Rose vom Hut.)
Sieh da, dir werf' ich meine Schande zu.
Nicht stürzen will ich meines Vaters Haus,
Deß eignes Blut die Steine festgefügt,
Und Lancaster erhöhn. Wie? meinst du, Warwick,
So rauh sei Clarence, stumpf, voll Unnatur,
Zu richten das graunvolle Kriegsgeräth
Auf seinen Bruder und rechtmäß'gen König?
Du rückst vielleicht den theuren Eid mir vor?
Hielt ich den Eid, ich wär' unmenschlicher,
Als Jephtha, da er opferte sein Kind.
Ich bin so reuig über mein Vergehn,
Daß, um zu fördern meines Bruders Glück,
Ich hier für deinen Todfeind mich erkläre,
Mit dem Entschluß, wo ich dich finden mag,
(Und traun, dich find' ich, rippelst du dich nur)
Zu strafen dich, den arg misleitenden.
Und so, hochmüt'ger Warwick, troz' ich dir,
Und wend' erröthend mich zu meinem Bruder. —
Vergieb mir, Edward, ich will Buße thun;
Und, Richard, schau nicht finster meinem Fehl;
Denn fürder zeig' ich keinen Wankelsinn.

K. Edward.

Willkommen nun, und zehnmal mehr geliebt,
Als wenn du nie verdientest unsern Haß.

Gloster.

Willkommen, Clarence, das ist brüderlich.

Warwick.

O Erzverräther, falsch und ungerecht!

K. Edward.

Nun, Warwick; willst du Feldschlacht? komm heraus!
Sonst sausen dort die Steine dir ums Ohr.

Warwick.

Ich eingesperrt hier, zur Vertheidigung?
Nein, ungesäumt will ich nach Barnet gehn,
Und Schlacht dir bieten, Edward, wenn du's wagst.

K. Edward.

Ja, Warwick, Edward wagt, und geht voran. —
Lords, in das Feld! Sankt George, und froher Sieg!
(Ein Marsch. Sie gehn ab.

Zweite Scene.

Schlachtfeld bei Barnet.

Getümmel und Ausfälle. König Edward bringt Warwick verwundet herbei.

K. Edward.

Da lieg du, stirb; mit dir sterb' unsre Furcht;
Denn Warwick war ein Popanz uns zum Schreck. —
Nun, Montague, siz fest; dich hol' ich ein,
Daß sich zu Warwick füge dein Gebein.
(Er geht ab.)

Warwick.

Ach, wer ist nah hier? Kommt, Freund oder Feind,
Und sagt mir, wer gesiegt, York oder Warwick?
Was frag' ich? mein zerfezter Leib ja zeigt,

Mein Blut, mein krank Herz, meine Ohnmacht zeigt,
Daß ich den Leib der Erd' hingeben muß,
Und meinem Feind den Sieg durch meinen Fall.
So giebt der Axt sich hin der Zederbaum,
Deß Arme Schuz verliehn dem stolzen Adler,
Deß Schattenruh der rasche Löw' erkor,
Deß Kron' hoch über Zeus Ureiche stieg,
Und Schuz dem Buschholz bot vor Wintersturm.
Dies Aug' umdüstert nun vom Todesschlei'r,
War sonst durchdringend wie die Mittagssonne,
Zu spähn den heimlichen Verrath der Welt.
Die Falten meiner Stirn, jezt voll von Blut,
Verglich man königlichen Grüften wol;
Denn jedem König grub ich leicht sein Grab.
Wer lächelte, wenn Warwick finster sah?
Ach, all mein Ruhm befleckt mit Staub und Blut!
Lustgärten, Wald und Gut, was ich besaß,
Verläßt mich; und von allen Länderein
Bleibt nichts mir, als des Leibes Länge, nach!
O was ist Pomp, Macht, Reich, als Erd' und Staub?
Wie ihr auch lebt, ihr seid des Todes Raub.

(Oxford und Somerset kommen.)

Somerset.

Ah, Warwick, Warwick, wärst du noch, was wir,
Ganz könnten wir ersezen den Verlust!
Die Kön'gin bringt ein mächt'ges Frankenheer;
Jezt hörten wir's; ach, könntest du noch fliehn!

Warwick.

Könnt' ich, dann wollt' ich nicht. — Ah, Montague,
Bist du da, theurer Bruder, nim die Hand,
Halt meinen Geist mit deinen Lippen auf!
Du liebst mich nicht; denn, Bruder, thätest du's,
Du weintest weg dies kalte starre Blut,

Das mir den Mund schließt, und die Rede hemmt.
Komm eilig, Montague, sonst bin ich todt.

Somerset.

Ah, Warwick, Montague hat ausgelebt.
Bis zu dem lezten Hauch rief er nach Warwick,
Und sagt': O grüßt mir meinen tapfern Bruder.
Mehr wollt' er sagen, und er sprach auch mehr;
Das scholl wie Stimmen-Wirwar in Gewölben,
Und war ganz unverständlich; doch zulezt
Hört' ich vernehmlich rufen mit Gestöhn;
O leb' wohl, Warwick!

Warwick.

Ruhe seinem Geist! —
Flieht, Lords, und rettet euch; denn Warwick sagt
Lebwohl euch, bis aufs Wiedersehn im Himmel.
(Er stirbt.)

Oxford.

Fort, fort, zum großen Heer der Königin!
(Sie tragen Warwicks Leiche fort

Dritte Scene.

Ein andrer Theil des Schlachtfeldes.

Trompeten. König Edward im Triumf, mit Gloster, Clarence und den Uebrigen.

K. Edward.

So weit geht unser Glück aufrechten Gang,
Und kränzt mit Siegeslorbern unsre Stirn.

Doch mitten im Vollglanze dieses Tags
Erspäh' ich ein schwarz drohendes Gewölk,
Das unsre lichte Sonn' einholen wird,
Eh sie ihr westlich Ruhebett erreicht.
Ich meine, Lords, das Heer der Königin,
Aus Frankreichs Volk, gewann schon unsern Strand,
Und eilt, so hören wir, zum Kampf auf uns.

Clarence.

Ein Lüftchen wird die Wolke bald zerstreun,
Und sie zur Quelle wehn, woher sie kam.
Dein Stral schon wird austrocknen dies Gedünst;
Nicht jede Wolk' erzeugt ein Ungewitter.

Gloster.

Die Kön'gin schäzt man dreißigtausend stark,
Und Somerset mit Oxford floh zu ihr.
Gönnt man ihr Zeit zum Athmen, glaubt gewiß,
Ihr Anhang wird so stark sein, wie um uns.

K. Edward.

Wir haben Kundschaft von getreuer Hand,
Berichtet sei ihr Zug auf Tewksbury.
Da nun bei Barnet unser blieb das Feld,
Laßt schnell uns hin; denn Lust verkürzt den Weg;
Und unterwegs wird unsre Macht sich mehren
In jeder Grafschaft, welche wir durchziehn. —
Nun schlagt die Trommeln; ruft: Hallo! und fort.
(Sie gehn ab.)

Vierte Scene.

Ebene bei Tewksbury.

Ein Marsch. Königin Margareta, der Prinz vor Wales, Somerset, Oxford und Soldaten.

K. Margareta.

Ihr Lords, kein Weiser jammert um Verlust,
Nein, herzhaft sucht er seinem Leid' Ersaz.
Ist schon der Mast gestürmt uns über Bord,
Das Tau gesprengt, der Anker eingebüßt,
Die halbe Mannschaft in der Flut ersäuft;
Doch lebt noch der Pilot. Ist's recht, daß der
Das Steur verläßt, und, wie ein banger Wicht,
Mit thränenvollem Auge mehrt die See,
Und noch verstärkt das, was schon ward zu viel,
Da beim Geächz das Schif knackt an dem Fels,
Deß Rettung möglich war durch Fleiß und Mut?
Ah, welche Schand', ah welch Vergehn wär' das!
War Warwick uns ein Anker; nun was thut's?
Und Montague ein Mastbaum; was liegt dran?
Erschlagne Freund' uns Tauwerk; was macht das?
Ist denn nicht Oxford hier ein andrer Anker?
Und Somerset ein andrer starker Mast?
Die Freund' aus Frankreich unsre Tau' und Segel?
Unkundig zwar, darf nicht mein Ed und ich
Diesmal des kund'gen Steurers Amt versehn?
Wir wollen nicht vom Heft, zu weinen da;
Wir steuren fort, wie rauh der Wind ruft Nein,
Von Sand und Klippen, die uns Schifbruch drohn.

leichviel, man schilt die Wellen, oder lobt.
nd was ist Edward, als ein fühllos Meer?
as Clarence, als ein Triebsand des Betrugs?
nd Richard, als ein graunvoll Felsenrif?
ll die sind Todfeind' unsres armen Schifs.
ezt, ihr könnt schwimmen; ach, das hilft nicht lang':
en Sand betretet; ha, schnell sinkt ihr ein:
rstrebt den Fels; weg spült die Flut euch, oder
Ihr sterbt des Hungers dreifach herben Tod.
Dies sag' ich, Lords, daß ihr euch überzeugt,
Fals einer unter euch will fliehn von uns,
Nicht sei zu hoffen Mitleid bei den Brüdern,
Mehr als bei grimmer Flut, Sandbank und Fels.
Wohlan, getrost! Was unvermeidlich ist,
Da wäre kindisch Wehklag' oder Furcht.

Prinz.

Mich dünkt, ein Weib von so entschloßnem Geist,
Wenn ein Verzagter hörte dies ihr Wort,
Müßt' in die Brust ihm strömen Heldensinn,
Daß nackt er hinwürf' einen Mann in Wehr.
Dies sag' ich nicht, als zweifelt' ich an wem,
Denn hätt' ich jemand in Verdacht der Furcht,
Ihm wär' erlaubt, bei Zeiten wegzugehn,
Damit in unsrer Noth er andre nicht
Ansteckt', und kleinlaut machte, gleich sich selbst.
Ist doch ein solcher hier, was Gott verhüte,
So scheid' er aus, eh seiner man bedarf.

Oxford.

Ja, Weib und Kind von so erhabnem Mut,
Und Krieger zaghaft, — das wär' ew'ge Schmach! —
O tapfrer Prinz, dein ruhmgekrönter Ahn
Lebt wieder auf in dir; lang' lebe du,
Sein Ebenbild, Aufwecker seines Ruhms!

Somerset.

Und wer nicht kämpfen will für solche Hofnung,
Geh heim zu Bett, und werd', als Eul' am Tag,
Aufstehend rings verhöhnt und angestaunt.

K. Margareta.

Dank, werther Somerset; mein Oxford, Dank.

Prinz.

Nehmt dessen Dank, der noch nichts weiter hat.

(Ein Bote kommt.)

Bote.

Macht Anstalt, Lords; denn Edward ist ganz nah,
Bereit zum Kampf; drum seid entschloßnes Muts.

Oxford.

Ich dacht' es wol; die Klugheit lehrt ihm das:
Er überrascht uns, eh wir fertig sein.

Somerset.

Jedoch er irrt; wir stehn in vollem Zeug.

K. Margareta.

Mein Herz ist froh, zu sehn voll Eifers euch.

Oxford.

Sei hier das Schlachtfeld, nicht gewankt von hier!

(Ein Marsch. In der Ferne erscheinen König Edward, Clarence, Gloster, und Soldaten.)

K. Edward.

Kriegsmänner, dort steht der bedörnte Wald,
Der, durch des Himmels Hülf' und eure Kraft,
Vor Nacht gehaun sein muß mit Stumpf und Stiel.
Nicht braucht es mehr Zündstof für eure Glut;
Ich weiß, ihr lodert, wegzubrennen die.
Lords, gebt den Wink zur Schlacht, und frisch darauf!

K. Margareta.

Lords, Ritter, Edle, was ich sagen sollte,
Versagen Thränen; denn bei jedem Wort,
Seht ihr, trink' ich das Wasser meines Augs.
Darum nur das: Heinrich, eur König, ist
Gefangener des Feinds; sein Thron geraubt,
Sein Reich ein Mordhaus, abgewürgt sein Volk,
Sein Landsgesez vertilgt, sein Schaz erschöpft; —
Und dort der Wolf, der all dies Unheil schaft.
Ihr kämpft für's Recht; drum, Lords, in Gottes Namen,
Seid nun beherzt, und gebt den Wink zur Schlacht!
(Sie gehn ab.)

Fünfte Scene.

Eine andre Gegend des Schlachtfeldes.

Schlachtlerm, Angriffe; dann ein Rückzug. Hierauf kommen König Edward, Clarence, Gloster, von Truppen begleitet, mit Königin Margareta, Oxford und Somerset, als Gefangenen.

K. Edward.

Seht da am Ziel des Aufruhrs wirren Lerm.
Hinweg mit Oxford nach Hamms-Burg sogleich!
Dem Somerset sein schüldig Haupt herab!
Geht, schaft sie fort; nicht hören will ich sie.

Oxford.

Ich will mit Worten dir nicht lästig sein.

Somerset.

Ich auch nicht; mit Geduld trag' ich mein Loos.

(Oxford und Somerset gehn ab mit Wache.)

K. Margareta.

Wir scheiden traurig hier im Jammerthal,
Zu frohem Wiedersehn im Paradies.

K. Edward.

Ward ausgekündigt, daß, wer Edward bringt,
Soll hohen Lohn empfahn, und er sein Leben?

Gloster.

Es ward; und sieh, der junge Edward kommt.

(Soldaten kommen mit Prinz Edward.)

K. Edward.

Her mit dem Kämpfling; laßt uns hören den. —
Was! ein so junger Dorn übt schon den Stich?
Edward, wie kannst du dich rechtfertigen,
Daß Waffen du ergreifst, mein Volk empörst,
Und so viel Unheil meinem Lande bringst?

Prinz.

Sprich, wie ein Unterthan, hochmüt'ger York!
Denk, Ich bin jezo meines Vaters Mund.
Trit ab den Thron, und, wo Ich steh', knie du,
Indeß die selbe Frag' ich wend' an dich,
Worauf du, Frevler, Antwort willst von mir.

K. Margareta.

O Himmel, wär dein Vater so beherzt!

Gloster.

Dann hättet ihr noch euren Weiberrock,
Und nicht entwandt die Hosen Lancasters.

Prinz.

Aesop mag fabeln an dem Winterheerd;
Sein grob Geräzel fugt nicht diesem Plaz.

Gloster.

Bei Gott, du Balg, dich plag' ich für dies Wort.

K. Margareta.

Ja, plage, du geborner Plagegeist!

Gloster.

Fort, fort die eingefangne Lästermez!

Prinz.

Nein, lieber fort den Lästerbuckel da!

K. Edward.

Still, troz'ger Bursch, ich stopfe dir das Maul.

Clarence.

Unart'ger Wicht, du bist zu naseweis.

Prinz.

Ich weiß, was Pflicht sei; Ihr verlezt die Pflicht.
Du geiler Edward, du meineid'ger George,
Und du, wahnschafnes Ding, — hört allzumal:
Ich bin eur Obrer, ihr Verräther, ihr!
Und du raubst meines Vaters Recht und meins.

K. Edward, ihn durchstechend.

Nim das, du Abbild dieser Zänkerin.

Gloster, ihn durchstechend.

Zuckst du? nim das, zu enden deine Qual.

Clarence, ihn durchstechend.

Und dies, weil du mir Meineid vorgerückt.

K. Margareta.

O tödtet mich auch!

Gloster, im Begrif, sie zu tödten.

Ja, das wollen wir.

K. Edward.

Halt, Richard, halt, wir thaten schon zu viel.

Gloster.

Soll sie die Welt erfüllen mit Geschwäz?

K. Edward.

Sie sinkt in Ohnmacht? Helft ihr wieder auf.

Gloster.

Clarence, entschuldigt mich bei unserm Bruder.
Mich zieht nach London ein sehr ernst Geschäft.
Eh' ihr dahinkommt, hört ihr neues schon.

Clarence.

Was? was?

Gloster.

Der Tower! der Tower!

(Er geht.)

K. Margareta.

Oh Ed, süß Edchen! sprich zur Mutter, Kind!
Kannst du nicht sprechen? — Ihr Verräther! Mörder!
Die Dolcher Cäsars, rein sind sie von Blut,
Sie fehlten nichts, und sind untadelich,
Wenn diese Schandthat man dagegen stellt.
Er war ein Mann, dies, in Vergleich, ein Kind,
Und Männer opfern ihrer Wut ein Kind?
Ha, Mörder! ruf' ich, und was ärger noch!
Nein, nein, mir birst das Herz, red' ich's heraus!
Und reden will ich, berste mir das Herz! —
Mezger und Schelmpack! blut'ge Kannibalen!
Welch süßes Pflänzchen bracht ihr vor der Zeit!
Nicht Kinder habt ihr, Mezger; hättet ihr,

O! der Gedank' an sie hätt' euch erweicht.
Doch wenn ihr jemals haben sollt ein Kind,
Euch werd' es, in der Blüte so entraft,
Wie, Henker, euch hinsank der holde Prinz!

K. Edward.

Hinweg mit ihr; fort schleppt sie mit Gewalt!

K. Margareta.

O nein, nicht schleppt mich fort; hier bringt mich um.
Hier birg dein Schwert; verziehn sei dir mein Tod.
Was! willst du nicht? Nun, Clarence, thu's denn du.

Clarence.

Bei Gott, nicht thu' ich den Gefallen dir.

K. Margareta.

Thu's, lieber Clarence, thu's doch, Bester, thu's!

Clarence.

Hörst du nicht meinen Schwur, ich will's nicht thun?

K. Margareta.

Ja, doch du pflegst den Schwur zu brechen auch.
Sonst Sünde wär's, nun ist's Barmherzigkeit.
Was! willst du nicht? Wo ist des Teufels Mezger,
Der garst'ge Richard? Richard, wo bist du?
O komm doch; Mord ist dir Almosen ja;
Die dich um Blut flehn, weisest du nie ab.

K. Edward.

Fort, sag' ich, und befehl' euch, schleppt sie weg.

K. Margareta.

Treff' euch und eur Geschlecht des Prinzen Loos!
(Sie wird weggeführt.)

K. Edward.

Wohin ging Richard?

Clarence.

Nach London, ganz in Eil; und ahn' ich recht,
Er giebt ein blutig Nachtmal dort im Tower.

K. Edward.

Er säumt nicht, wenn ihm was fährt durch den Kopf.
Nun ziehn wir fort, entlassen die Gemeinen
Mit Sold und Dank, und gehn auf London zu,
Und sehn, was unsre liebe Gattin macht.
Jezt hat sie, hoff' ich, einen Sohn für uns.

(Sie gehn ab.)

Sechste Scene.

London. Ein Zimmer im Tower.

König Heinrich sizt mit einem Buch in der Hand; neben ihm steht der Commandant. Gloster kommt.

Gloster.

Gut'n Tag, Herr! Wie? so emsig bei dem Buch?

K. Heinrich.

Ja, guter Lord; — nein Lord vielmehr schlechtweg.
Sünd' ist es, schmeicheln; gut war wenig besser;
Denn guter Gloster klingt, wie guter Teufel;
Beids wäre falsch; darum, nicht guter Lord.

Gloster.

Laßt uns allein, Herr; wir zwei halten Rath.

(Der Commandant geht.)

K. Heinrich.

So flieht der Schäfer achtlos vor dem Wolf,

So beut das fromme Schaf zuerst sein Vließ,
Dann seinen Hals des Mezgers scharfem Stahl. —
Welch neues Todesspiel will Roscius spielen?

Gloster.

Argwohn verfolgt ein bös Gewissen stets;
Dem Dieb macht jeder Busch als Häscher Angst.

K. Heinrich.

Der Vogel, den die Leimrut' hielt im Busch,
Mistraut mit scheuem Fittig jedem Busch;
Und ich, arm Männlein im verwaisten Nest,
Hab' izt das grause Bild vor mir, wie mein
Arm Junges angeleimt ward, und erwürgt.

Gloster.

Ei, welch ein kind'scher Narr aus Kreta war's,
Der seinem Söhnlein lehrte Vogelflug,
Da, troz den Flügeln, doch der Narr ertrank!

K. Heinrich.

Ich, Dädalus; mein Söhnlein, Ikarus;
Dein Vater, Minos, der uns hemmt' am Lauf;
Die Sonne, die des Knaben Schwungkraft sog,
Dein Bruder Edward; und du selbst, das Meer,
Deß neid'scher Abgrund lebend ihn verschlang.
Ach, tödte mit Gewehr mich, nicht mit Worten!
Mein Herz kann eher ausstehn deinen Dolch,
Als meine Ohren jene Trauermähr. —
Doch warum kommst du? gilt's mein Leben nun?

Gloster.

Glaubst du, ich sei ein Mann des Hochgerichts?

K. Heinrich.

Ein Menschenpeiniger bist du gewiß;
Wenn Mord der Unschuld ist Scharfrichterei,
Nun, so bist du ein Mann des Hochgerichts.

Gloster.

Mir sank dein Sohn für seinen Dünkel hin.

K. Heinrich.

Sankst du doch, als zuerst dir dünkelte!
Nicht lebtest du als Mörder meines Sohns.
Und so weissag' ich, daß manch Tausend einst,
Dem nichts noch ahnet deß, wovor mir graust,
Daß mancher Greis' und Witwen bang' Geseufz,
Und mancher Waisen Aug' in Thränenthau,
(Greis' um der Söhn', Fraun um der Gatten Loos,
Und Waisen um der Eltern frühen Tod)
Einst Weh der Stunde ruft, die dich gebar.
Die Eule schrie zu jener Stund' ihr Graun;
Die Nachtkräh krächzt' Andeutung schlimmer Zeit;
Hund' heulten, und Orkan riß Bäum' heraus;
Der Unglücksrabe hockt' auf hohem Schlot,
Und Elstern schwazten, widriges Getöns.
Dir litt die Mutter mehr als Mutterangst,
Und doch nicht Mutterhofnung kam hervor,
Nein, nur ein roher misgeformter Klump,
Nicht gleich der Frucht von solchem edlem Stamm.
Du hattest Zähn' im Mund bei der Geburt,
Zum Zeichen, daß du kämst der Welt zum Biß.
Und, wenn das andre wahr ist, was man raunt,
Kamst du zur Welt —

Gloster.

Nichts weiter! stirb Profet im Profezein!
(Er durchsticht ihn.)
Dazu, mit anderm, ward ich vorbestimmt.

K. Heinrich.

Ja, und zu noch viel andern Mezeleien.
O Gott, verzeih mir meine Sünd', und ihm!
(Er stirbt.)

Gloster.

Ha! du hochfahrend Blut der Lancaster

Sinkst in den Grund! Ich glaubt', es würde steigen.
Seht, wie mein Schwert weint um des Königs Tod!
O fließe so in Purpurthränen stets,
Wer auf den Umsturz unsres Hauses sinnt! —
Ist noch ein Funken Lebens in dir nach,
Hinab zur Höll', und sag', Ich sandte dich.

(Er durchsticht ihn noch einmal.)

Ich, der nichts weiß von Mitleid, Lieb' und Furcht, —
Wohl, es ist wahr, was Heinrich von mir sprach;
Denn oft hört' ich aus meiner Mutter Mund,
Daß ich zur Welt, die Schenkel vorwärts kam.
Hatt' ich nicht Antrieb zur Eilfertigkeit,
Schnell abzuthun die Räuber unsres Rechts?
Die Wehfrau wundert', und die Weiber schrien:
„Herr Jesus, hilf! er bringt Zähn' auf die Welt."
Die hatt' ich auch; was klar andeutete,
Ich sollte knurr'n und beißen wie ein Hund.
Da nun der Himmel so geformt den Leib,
Mach', Höll', auch meinen Geist so krumm, wie den!
Kein Vater ward mir, keinem Vater gleich' ich.
Kein Bruder ist mir, keinem Bruder gleich' ich.
Und Liebe, die Graubärten göttlich dünkt,
Sie wohn' in Menschen, die gleich sind einander,
Und nicht in mir; ich bin ich selbst allein. —
Clarence, gieb Acht; du stehst im Lichte mir;
Doch einen schwarzen Tag such' ich dir aus.
Denn solche Weissagung sums' ich umher,
Daß Edward für sein Leben bangen soll;
Dann, zu entbangen ihn, werd' ich dein Tod.
Der König Heinrich und sein Prinz sind weg.
Dann folgst du, Clarence; und die Andern dann.
Mich acht' ich tief, bis ich bin Obermann. —
Den Leichnam werf' ich hin, wo ruhn er mag,
Triumf sei, Heinrich, mir dein Schicksalstag.

(Er geht ab mit der Leiche.)

Siebente Scene.

Ein Zimmer im königlichen Schloß.

König Edward sizt auf dem Thron; um ihn her die Königin Elisabeth mit dem kleinen Prinzen, Clarence, Gloster, Hastings und Andre.

K. Edward.

Noch einmal sizen wir auf Englands Thron,
Den wir zurückgekauft mit Feindesblut.
Welch tapfre Gegner sind, wie herbstlich Korn,
Von uns gemäht in hochgewachsnem Stolz!
Drei edle Somerset, dreifach berühmt
Als Streiter unbeugsames Heldenmuts;
Zwei Clifford auch, der Vater und der Sohn,
Und zwei Northumberland, zwei kühn're Männer
Galopten niemals bei Trompetenklang;
Zwei Bären dann, Warwick und Montague,
Die selbst den König Leu umketteten,
Und Wälder zittern machten durch Gebrüll.
So fegten wir Verdacht von unserm Thron,
Und schufen uns zur Fußbank Sicherheit. —
Komm, Betty, gieb mir meinen Sohn zum Kuß. —
Süß Kind, für dich hab' ich mit deinen Ohmen
Durchwacht in Rüstung manche Winternacht,
Zu Fuß gewandert in des Sommers Glut,
Daß du die Krone wiedernähmst in Ruh,
Und erntetest all unsrer Mühen Lohn:

Gloster, beiseit.

Die Ernte stör' ich, wenn eur Haupt erst ruht;
Denn noch bemerkt man kaum mich in der Welt.
Die Schulter ward mir aufgeschwellt zum Tragen;
Und tragen soll sie, oder brechen mir!

(Er legt die Hand auf die Stirn.)

Sinn' aus, mein Kopf; und du, mein Arm, vollzieh.

K. Edward.

Clarence und Gloster, liebt mein traut Gemahl,
Und küßt den königlichen Neffen hier.

Clarence.

Die Treu', die ich eur Hoheit schuldig bin,
Versiegl' ich auf des holden Säuglings Lippen.

K. Elisabeth.

Dank, edler Clarence; würd'ger Bruder, Dank.

Gloster.

Daß lieb mir sei der Baum, dem du entsprangst,
Bezeuge dieser Treukuß auf die Frucht. —

(Beiseit.)

Fürwahr, so küßte Judas seinen Herrn,
Und rief: Gegrüßt! und dachte: Sei verwünscht!

K. Edward.

Nun thron' ich endlich, wie's mein Herz begehrt:
Mir ward des Landes Ruh, der Brüder Liebe.

Clarence.

Was will eur Hoheit mit Margreta thun?
Reignier, ihr Vater, hat an Frankreichs König
Versezt Sicilien und Jerusalem;
Das sandten sie hieher zum Lösegeld.

K. Edward.

Hinweg mit ihr, schafft sie nach Frankreich hin. —

Was bleibt nun übrig als die Zeit verkürzen
Mit stattlichem Triumf und lust'gem Spiel,
Wie's ansteht der Ergözung unsres Hofs? —
Trompet' und Trommel, tönt! Fahr hin, o Leid!
Jezt, hoff' ich, naht daurhafte Fröhlichkeit.

(Alle gehn ab.)

Anmerkungen zu König Heinrichs des sechsten zweitem Theile.

Als Heinrich sein dreiundzwanzigstes Lebensjahr erreicht hatte, dachten seine Vormünder und Erzieher darauf, ihn zu vermählen. Gloster, der seinen Einfluß gern erhalten wollte, bestimmte ihm die Erbtochter des ihm ergebenen Grafen von Armagnac; der Kardinal Beaufort dagegen drang kräftiger auf die Verbindung mit Margareta von Anjou, Tochter Reigniers, des Titelkönigs von Sicilien, Neapel und Jerusalem, für welche Heinrich schon durch das Gerücht eingenommen war. Die Unterhandlung wegen der lezteren ward dem Markgrafen Suffolk übertragen, der, leidenschaftlich für Margareta glühend, die Heirat beschleunigte, und dem Vater für die königliche Braut die Provinzen Anjou und Maine gab. Zu Tours ehlichte in Heinrichs Namen Suffolk die Prinzessin Margareta, im Beisein des französischen Hofes, der die Feier durch prächtige Feste und Turniere verherlichte. Dann ward sie in stattlichem Geleite nach England gebracht, und zu Southwick in Hampshire von Heinrich feierlich als Königin anerkannt (1445 am 22. April). Diese Heirat führte allgemach den Sturz Glosters herbei, der, troz aller Mühe, die Königin, welche sich der Partei des Kardinals geneigt zeigte, nicht gewinnen konnte. Nur die Gunst des Volks*) schüzte ihn noch eine Zeitlang.

Der erste Angrif der Feinde Glosters geschah auf seine Gemahlin Leonore Cobham. Sie ward der Hexerei beschuldigt. Im Verein mit dem Pfaffen und Zauberkünstler Roger Bolingbrocke und der Hexe Gurdemain sollte sie ein

*) III. 1, 2.

sympathetisches Wachsbild des Königs an einem langsamen Feuer zerschmelzt, und mehr dergleichen Hexenunfug getrieben haben. Sie ward verklagt, zu einer öffentlichen Buße verurtheilt, und in ewige Gefangenschaft verwiesen.

Der Vorfall mit dem Blinden, der des Königs dumpfen Aberglauben und Glosters schnellen Scharfsinn verräth, wird auch von den Geschichtschreibern erzählt. Nur die vorgebliche Lahmheit des Blinden, und wie Gloster ihn wieder auf die Füße bringt, ist von des Dichters Erfindung.

Beauforts Anschlag auf das Leben Glosters reifte langsam aber sicher. Erst nahm er ihm durch Margareta das Protektoramt. Dann veranstaltete er (1447) ein Parlament zu Edmundsbury, wo er zahlreiche Anhänger hatte; denn in London fürchtete er sich, weil das Volk Glostern zu sehr ergeben war. Bei der Sizung des zweiten Tages erschien Gloster, und ward sogleich von Suffolk als Verräther verhaftet. An dem Tage, wo er sich gegen kärglich aufgesparte Beschuldigungen vertheidigen sollte, fand man ihn todt im Bette, doch ohne Spuren einer gewaltsamen Ermordung. — Sechs Wochen darauf starb der Kardinal Beaufort unter den Foltern einer furchtbaren Gewissensangst.

Nach des Kardinals Tode übernahm Suffolk die Staatsleitung, und herschte, durch das Ansehn seiner geliebten Königin, mit unumschränkter Gewalt. Bald aber weckte er den Neid der Großen, über die er sich erhoben hatte, und den Haß des von ihm hart gedrückten Volkes, das laut um Rache schrie gegen den Mörder des Protektors, gegen den Verräther Englands an Frankreich, gegen den Blutaussauger des Vaterlandes. Der König konnte den Foderungen des gesamten Volkes nicht widerstehn; er verbannte ihn auf fünf Jahre. Bei seiner Ueberfahrt nach Frankreich ward er, wahrscheinlich auf Anstiften seiner Feinde, nahe bei Dover von einem Schifskapitain enthauptet (1450).

Kurz vorher hatte Frankreich den Waffenstillstand gebrochen; die Normandie ward wieder erobert; Somerset mußte Rouen verlassen, und Harfleur sich dem Grafen von Dunois ergeben. Die Hülfsvölker aus England kamen zu spät, und wurden durch den Grafen von Clermont geschlagen. Kurz, England verlor in Frankreich alle Besizungen. Ob es unter Richard von York glücklicher gewesen wäre, wenn nicht Somerset, sein unversöhnlicher Feind, ihn aus der Regentschaft vertrieben hätte, kann nicht entschieden werden. York ward nach seiner Rückberufung aus Frankreich nach Irland geschickt, wo er eine Empörung glücklich dämpfte, und zur Zeit von Suffolks Tode als Statthalter lebte.

Dieser York fand endlich den Zeitpunkt, wo es ihm gelang, seine vom Dichter so genau entwickelten Ansprüche auf die Krone zur Entscheidung des Schwertes zu bringen. Er hatte viele Anhänger unter dem Adel, besonders den Grafen Salisbury und dessen Sohn, den tapferen und bei allen Soldaten beliebten Warwick. Seinen Anhang im Volke zeigt Shakspeare in der Zweikampfscene, die ganz historisch ist. Noch andere Umstände waren ihm günstig. Der Tod hatte ihn von zwei mächtigen Feinden, Gloster und Suffolk, befreit; das Volk war erbittert gegen die Königin wegen des Verlustes zweier französischen Provinzen, von welchen man den Verlust der übrigen ableitete; allgemeiner Unwille regte sich gegen die volkdrückenden Staatsräthe; und der schwache Heinrich konnte ihm kein gefährlicher Gegner sein. Um die Stimmung der Völker für das Haus la Marche zu erforschen, hezte er einen verwegenen Irländer, John Cade, auf, der sich mit der grössten Unverschämtheit für einen Grafen Mortimer ausgab. Sogleich schaarten sich um ihn gegen zwanzigtausend leichtgläubige Kenter, die er in Schlachtordnung nach London führte. Lord Stafford ward gegen sie geschickt und geschlagen. Dadurch noch beherzter gemacht, drang nun Cade grade in die Hauptstadt ein. Hier ließ er den Lordschazmeister Say und Cromer, den Sherif von Kent, hinrichten. Mehrere Tage hindurch wütete dieser Aufruhr; als aber der König Begnadigung für die Misleiteten ankündigen ließ, fielen alle von ihrem Anführer ab. Auf Cade's Kopf ward ein Preis gesezt, den Alexander Iden, ein Esquire aus Sussex, erhielt.

Cade's Aufstand war nur ein Vorspiel zu den Unruhen, die nun York erregte, um sein vor mehr als fünfzig Jahren verdrängtes Haus wieder auf den Thron zu bringen. Er sammelte, von Irland zurückgekehrt, mit leichter Mühe ein Heer von zehntausend Mann, und stellte sich vor London. Anfangs spielte er den getreuen Unterthanen. Er erklärte, er wolle sein Heer entlassen, wenn der König den Herzog von Somerset, der als Günstling an Suffolks Stelle stand, aus seiner Nähe entfernen, und in den Tower sezen würde. Man gab scheinbar seinen Foderungen nach, und York that, wie er versprochen. Somerset aber blieb frei, und sein erstes war, den nun wehrlosen York wegen Hochverrathes zu verhaften. Auf die Nachricht, daß Yorks Sohn Edward mit einem Heer anrücke, um seinen Vater zu befrein, ward dieser wieder frei gelassen; und drauf lebte er einige Zeit ruhig auf seinem Landsize.

Im Jahr 1453 (den 23. Oktober) gebar Margareta einen Sohn, der den Namen Edward empfing. Diesen nannte das Gerücht einen Sohn Somersets, und Yorks Partei war geschäftig, dies Gerücht noch mehr zu verbreiten. Die Königin, von Rathgebern geleitet, die heimliche Anhänger Yorks waren, glaubte dem für sie doppelt gefährlichen Gerüchte dadurch zu begegnen, daß sie York in den geheimen Rath aufnähme. Dies geschah zu einer Zeit, da der schwache Heinrich in eine Krankheit fiel, die ihn beinah blödsinnig machte. Richard von York ließ sich zum Protektor des Reichs ernennen, und zum Beschüzer der Freiheiten von Kirche und Staat während des kleinen Edwards Minderjährigkeit (1454). Alle Anhänger der Lancasterschen Partei wurden entlassen, und Somerset in den Tower gesperrt.

Margareta merkte bald, sie sei rücksichtlich Yorks überlistet worden, und das foderte die tiefgekränkte zur Rache auf, wozu sich auch Gelegenheit fand. Der König erholte sich ein wenig von seiner Geisteskrankheit, und sogleich vermochte ihn Margareta, den Herzog York seines Amtes zu entsezen. Somerset ward in seine ehemaligen Ehren zurückgestellt. — Nun ergrif York die Waffen; sein Anhang versammelte sich; bei Sankt Albans kam es zur ersten Schlacht zwischen den Häusern York und Lancaster, in welcher die weiße Rose (York), besonders durch die Tapferkeit Warwicks einen ruhmvollen Sieg gewann. Auf Heinrichs Seiten fielen unter andern Somerset, Northumberland, Stafford, Clifford d. ä., und mehrere Große (1455 den 22. Mai).

Damit endet der zweite Theil Heinrichs des sechsten, der mithin von der Vermählung des Königs an bis auf die erste Schlacht bei Sankt-Albans einen Zeitraum von zehn Jahren begreift.

Erster Aufzug. Erste Scene.

a. Item, die Fürstenthümer von Anjou —] (S. 7) Der Text enthält nach Item folgendes: it is further agreed between them, Worte, die offenbar nicht auf der Rolle stehn, weil Gloster sie oben nicht las. Sie könnten ein Einschiebsel des neuen Vorlesers scheinen, der die Periode abrunden wollte; aber besser nimt man sie für ein Einschiebsel der Abschreiber, die mit den Friedensartikeln willkührlich verfuhren, weil sie das Versmaß verkannten. Auch in den folgenden Zeilen müssen, nach Angabe der Uebersezung, einige Zusäze getilgt werden.

b. Ich selbst gewann sie beide.] (S. 10) Dies geschah im Jahr 1426, gleich nach Exeters Tode, dessen Amt als Erzieher dem Grafen Warwick übertragen ward. (S. Heinr. des sechst. erst. Th. III, 1.). Warwick stand damals in Frankreich als der Nächste unter dem Herzog Bedford, und kehrte erst nach England zurück, als er sich durch einige Kriegsthaten in der Normandie berühmt gemacht hatte.

c. Und, Bruder York —] (S. 12) Richard, Herzog v. York, heirathete Cicely, die Tochter Ralf Nevils, Grafen von Westmoreland. Richard Nevil, Graf von Salisbury, war Sohn des Grafen von Westmoreland durch eine zweite Frau. Er heiratete Alice, die einzige Tochter des vor Orleans gefallenen Grafen von Salisbury (S. Heinr. d. sechst. erst. Th. I, 3.), und erhielt dadurch den Titel Salisbury. Dessen ältester Sohn war der berühmte Graf von Warwick. Malone.

d. Wie einst Althea's —] (S. 14) Meleager war Sohn des Oeneus, Königs von Calydon. Nach der Fabel hing sein Leben an einem Feuerbrande, und als seine Mutter Althea, aus Rache über den Tod ihrer von ihm erschlagenen Brüder, diesen ins Feuer gelegt hatte, starb er unter den heftigsten Schmerzen.

Erster Aufzug. Zweite Scene.

a. Ein schlauer Schelm braucht keinen Mäkler.] (S. 19) Ein altenglisches Sprichwort.

Erster Aufzug. Vierte Scene.

a. Schau, wie der Herzog lebt, den Heinrich stürzt —] (S. 31) Absichtlicher Doppelsinn: entweder, wie er den Heinrich stürzt, oder, welchen Heinrich stürzt.

Zweiter Aufzug. Erste Scene.

a. **Was? ist eur Priesterthum so unverzagt?]** (S. 35) Wir lesen:

What, is your priesthood grown so peremptory?

b. **Was hat mit solcher Frommheit der zu thun?]** (S. 35) Nach der Vermuthung:

What, has it with such holiness to do?

c. **Still, lieb Weib —]** (S. 36) Wir lesen:

Peace, good queen,
And whet not on these too too furious leers.

d. **Denn selig ist —]** (S. 36) S. Matth. 5, 9.

e. **O Gott, du siehst dies, und erträgst so lang'?]** (S. 43) Wir lesen:

O God, see'st thou this, and forbear'st so long?

Zweiter Aufzug. Zweite Scene.

a. **Doch Owen Glendowr hielt ihn gefangen.]** (S. 47) Daß unser Mortimer eine mythische Person ist, zeigt die Anmerkung zu Heinrich d. viert. erst. Th. (I, 3. c.)

Zweiter Aufzug. Dritte Scene.

a. **In eurem Land hinfort —]** (S. 49) Statt des sinnlosen here lesen wir hence.

b. **Der Stab des Ehrenamts —]** (S. 51) die buchstäbliche Uebersezung wäre: der überreichte Ehrenstab, oder der Stab der überreichten Ehre, the staff of honour raught. Ritson irrt, wenn er raught, in der Bedeutung von raft oder reft, von reave ableitet; es ist Perfectum von reach.

c. **Er trägt eine Stange mit einem Sandbeutel.]** (S. 51) So wie, nach den alten Zweikampfsgesezen, die Ritter mit Lanze und Schwert fochten, mußten Leute von niederem Range mit einem Speer oder Stecken von Ebenholz fechten, an dem vorne ein mit Sand vollgestopfter Beutel befestigt war. **Warburton.** S. Viel. L. um Nichts (V, 4, b.)

d. Charneko.] (S. 52) Ein süßer Wein, dessen Benennung arburton vom spanischen charneca, einer Art von Terpentinbaum erleitet, dem er an Farbe ähneln mochte.

e. (S. 53) Bevis der Sachse ward, seiner Tapferkeit wegen, on Wilhelm dem Eroberer zum Grafen von Southampton ernannt. . Heinr. d. acht. I, 1. — Ascapart ist Name eines Riesen. Der ampf zwischen Bevis und Ascapart ist noch am Thore von Soutampton in Abbildung zu sehn.

f. O Peter, du wardst Obermann im Recht!] (S. 53) olinshed, von dem Shakspeare abweicht, erzählt so: „In dem elbigen Jahre ward auch ein Waffenschmied um Hochverrath verlagt durch seinen eigenen Diener. An dem Tage, den man beiden um Zweikampf bestimmte, ward der Waffenschmied besiegt, und rschlagen; aber bloß, weil er sich nicht in Acht nahm. Denn am orgen, da er frisch und nüchtern auf dem Kampfplaz erscheinen llte, kamen seine Nachbarn zu ihm, und gaben ihm Wein und rantwein in solchem Uebermaße, daß er im Gehen taumelte. So vard er erschlagen ohne Schuld; sein falscher Diener aber starb richt lange darauf."

Dritter Aufzug. Erste Scene.

a. York ist's, dem mehr an seinem Tode liegt.] (S. 68) Gloster hatte bei Uebertragung der Regentschaft in Frankreich für Somerset entschieden. Die Hauptsache aber war: Gloster tand zwischen der Krone und Yorks ehrsüchtigen Planen.

b. Ich will sein Priester sein.] (S. 69) d. i. Ich will bei seiner lezten Scene gegenwärtig sein; ich will der lezte sein, den er sehen soll. Johnson.

Dritter Aufzug. Zweite Scene.

a. Wär' Fluchen tödtlich wie Alraungeächz, —] (S. 36) Die Fabel von der Alraunpflanze ertheilt ihr einen geringen Grad des thierischen Lebens, und erzählt, sie ächze, wenn man sie aus der Erde reißt, und dies Aechzen sei unfehlbar tödtlich für den, der ihr diese Gewalt anthut. Die Alraunsammler pflegen daher das Ende eines Strickes an die Pflanze zu binden, das andere an einen Hund, und zieht dieser, so thut das Aechzen an ihm seine bösartige Wirkung. Johnson. S. Rom. u. Jul. (IV, 3, c.)

Dritter Aufzug. Dritte Scene.

a. **Bist du der Tod, dir geb' ich Englands Schäze.]** (S. 90) „Während dieser Ereignisse (sagt Hall in der Chronik) starb Heinrich Beaufort, Bischof von Winchester, genannt der reiche Kardinal. Dieser Mann war hochfahrend in Herz und Blick, reich über alles Maß hinaus, und gegen wenige freigebig, verächtlich gegen seine Verwandten, und furchtbar seinen Anhängern. Seine unersättliche Geldgier und Hofnung auf langes Leben wandte ihn in den lezten Tagen von Gott, von seinem König und von sich selbst; denn Dr. John Baker, sein Beichtvater, schreibt, er habe auf seinem Todbette gesagt: Könnte das ganze Reich mein Leben retten, ich bin im Stande, entweder durch Staatsklugheit es zu gewinnen, oder durch Geld zu kaufen. Pfui! Läßt der Tod sich nicht kaufen, und will das Geld gar nichts thun? Als mein Neffe Bedford starb, glaubte ich mich halb auf dem Thron, aber als ich meinen anderen Neffen Gloster verblichen sah, stellte ich mich Königen gleich, und so glaubte ich meine Schäze zu vermehren, in Hofnung, noch zur dreifachen Krone zu gelangen. Aber jezt seh' ich, es ist aus mit mir, und ich bin betrogen; ich bitt' euch alle, betet für mich."

b. **Und laßt uns alle still nachdenken dem.]** (S. 92) Dies ist eine von den Scenen, die den vorzüglichen Beifall der Kunstrichter erhalten haben, und noch immer Bewunderung ernten werden, wenn das Vorurtheil aufhört, und die Vergötterung des Dichters einer unpartheiischen Untersuchung Raum giebt. Der Grund solcher Schönheiten ist Wahrheit und Natur; dem flüchtigen Leser können sie nicht entgehn, und der aufmerksame kann nichts höheres denken. **Johnson.**

Vierter Aufzug. Erste Scene.

a. **Der bunte, plaudernde, weichherz'ge Tag —]** (S. 92) Das Beiwort plaudernd (blabbing), dem Tage gegeben von einem, der Mord vorhat, ist ungemein schön. Das Verbrechen scheuet das Licht, sieht die Schuld als ein natürliches Obdach an, und macht die Nacht zur Vertrauten solcher Handlungen, die man dem **schwazhaften Tage** nicht anvertrauen darf. **Johnson.** Aus gleichem Grunde wird der Tag remorseful genannt, d. i. pitiful. So im Macbeth (III, 2.):

— — — — come, seeling night,
Skarf up the tender eye of pitiful day.

b. **Die Mähren, die mühsam schleppen die schwermüt'ge Nacht, und ihre tragen Flügel laß und welk,** auf Gräber senken.] (S. 92) Der Wagen der Nacht ist, nach Shakspeare's Voraussezung, mit Drachen bespannt. So im Cymbelin (II, 2.):

> Fort, Drachenzug der Nacht! Daß Dämmerung
> Des Raben Aug' aufschließe.

Und in Troilus und Cressida (V, 9):

> Die Nacht mit Drachenflügeln deckt die Flur.

c. Die halbe Sonne, die vorbrechen will.] (S. 96) Edward III. wählte zum Waffenbild die Stralen der Sonne, die ein Gewölk zertheilen. Malone aus Camdens Remaines.

d. Bargulus, der mächtige illyrische Korsar.] (S. 97) Bargulus, Illyricus latro, de quo est apud Theopompum, magnas opes habuit. Cicero de offic. II, 11.

Vierter Aufzug. Zweite Scene.

a. Dann soll kein Geld mehr sein.] (S. 103) Die Welt durch Wegschaffung des Geldes zu bessern, ist ein alter Vorschlag solcher, die nicht bedachten, daß die Zänkereien und Zwistigkeiten, die vom Gelde herrühren, als dem Zeichen und Symbole des Reichthums, hernach, wenn kein Geld mehr dawäre, unmittelbar vom Reichthum selbst entstehn müßten, und nicht eher aufhören könnten, als bis ein Jeder mit seinem Antheil an den Gütern des Lebens zufrieden wäre. Johnson. Utopische Staatsumwälzungen, wie sie Cade hier vorschlägt, werden auch anderswo vom Dichter aufgeführt. S. Sturm (II, 1.)

b. Wir schlagen alle Advokaten todt.] (S. 103) Wiederholung dessen, was unter Richard d. dritten im Werke war. Ein Prediger, John Ball, der um die Gunst des Volkes buhlte, ging auf dem Lande herum, und predigte die Grundsäze des ersten Ursprunges der Menschen aus einem gemeinschaftlichen Stamme; ihr gleiches Recht zur Freiheit, und zu den Gütern der Natur; die Tyrannei der künstlichen Eintheilung der Stände, und die Misbräuche, die aus der Herabsezung des beträchtlicheren Theiles des menschlichen Geschlechtes und aus der Erhöhung weniger unverschämten Regenten entstanden wären. Diese Lehren streuten Funken des Aufruhrs aus, die bei Gelegenheit einer neuen Steuer zur vollen Flamme erwuchsen. Die Aufruhrer brachen in London ein, brannten den Pallast des Herzogs von Lancaster nieder; enthaupteten alle Standesleute, die ihnen in die Hände fielen, und bezeigten eine besondere Feindseligkeit gegen die Advokaten und Prokuratoren u. s. w.

c. Nahm Herzog Clarence's Tochter —] (S. 106) Shakspeare schrieb: Married duke Clarence' daughter.

Vierter Aufzug. Dritte Scene.

a. Dies Andenken des Sieges will ich tragen.] (S. 110) Er meint Staffords prachtvolle Rüstung: „Hans Cade (sagt Holinshed) legte Sir Staffords Panzer an, voll von goldenen Buckeln, und kehrte so im Triumf nach London zurück.“ Steevens.

Vierter Aufzug. Sechste Scene.

a. Londoner Stein.] (S. 114) Vermutlich eine Seule oder steinernes Denkmal in London. So wird die große Seule daselbst, die nach der Feuersbrunst, im Jahr 1666, errichtet ward, gemeiniglich schlechtweg the stone genannt.

b. Schlagt ihn todt da.] (S. 114) Holinshed erzählt: „Auch ließ er zu Southwark mehrere Personen hinrichten, einige, weil sie seinen Vorschriften sich widersezt, andere, weil sie seine alten Kameraden waren, von denen er fürchtete, sie möchten seinen geringen Stand verrathen.“

c. Steckt die Londoner Brück' in Brand.] (S. 115) Diese war damals von Holz. Auch die Häuser an der Londoner Brücke verbrannten in diesem Aufstande, und viele ihrer Bewohner kamen um. Malone.

Vierter Aufzug. Siebente Scene.

a. (S. 115) Savoy, ein Quartier in London. Die Mühe des Niederreißens war Cade's Aufrührern von seinem Vorgänger Wat Tyler, unter Richard dem zweiten, erspart. Die Savoy ward nicht eher wieder aufgebaut, als unter Heinrich VII, der dort das Hospital errichtete. Ritson.

b. Daß die Gesetze Englands hervorgehn mögen aus eurem Mund.] (S. 116) Dies hat Shakspeare von Wat Tyler auf Cade übertragen. Von jenem sagt Holinshed: „Man erzählt, er pflegte, die Hand an die Lippe legend, mit großem Stolz zu sagen, innerhalb vier Tagen sollten alle Gesetze Englands aus seinem Munde hervorgehn.“

c. (S. 116) Gerösteter Käse, ein Lieblingsessen der Wallser. S. Lust. Weib. an m. Orten.

d. (S. 116) Ein Fünfzehner, a Fifteen, hieß der fünfzehnte Theil alles beweglichen Eigenthums von jedem Unterthan. Malone.

e. Du sämischer, du seehündischer, du sauledener Lord.] (S. 117) Say, im altenglischen, bedeutet eine Art von Wollenzeuge. Daher sagt Cade: thou Say, thou Serge, nay thou Buckram Lord, d. i. du wollener, du serschener, du schetterner Lord.

f. So hast du das Drucken in Schwang gebracht.] (S. 117) Ein Anachronismus, den man auch bei Daniel findet, der im sechsten Buche seiner Civil wars die Druckkunst und die Artillerie als gleichzeitige Erfindungen aufführt. Merkwürdig ist, wie Blackstone bemerkt, daß Meermann auf diese Stelle im Shakspeare sich beruft, um seiner Hypothese Kraft zu geben, daß die Buchdruckerkunst in England, schon vor Caxton, durch Friedrich Corsellis einen Buchdrucker aus Harlem, zur Zeit Heinrichs VI sei eingeführt worden.

g. Da ehrlichere Leute als du in Wams und Hose gehn.] (S. 117) Ein sehr charakteristischer Vorwurf! Nichts ist den niederen Ständen der Gesellschaft so anstößig, als der Anblick eines überflüssigen Schaugepränges. Johnson. Wams und Hose, ohne Mantel, ist oft ein Zeichen der Dürftigkeit. S. Viel. L. um Nichts (V, 1, k.)

h. Und weil Unwissenheit —] (S. 118) Die zwei Verse, And seeing, ignorance — to heaven, schließen die Periode. Das sah Schlegel.

Vierter Aufzug. Neunte Scene.

a. Nie sehnte sich ein Unterthan —] (S. 124) Statt, was never subject —, lesen wir Thus. Vielleicht aber stand But, welches durch das obere But verdrängt ward.

b. (S. 125) Die Gallowglassen und Kerns sind zwei Gattungen Fußvölker bei den Irländern. Der Gallowglasse führt eine Streitaxt als Waffe; er hat einen fürchterlichen Blick, ist lang von Wuchs, stark von Gliedern, und munter in seinen Bewegungen. Der Kern ist ein gewöhnlicher Soldat, führt als Waffe sein Schwert und seine Tartsche, und ist besorgt, sein Schwert blank und ohne Scharten zu erhalten. Stanihorst (de rebus in Hibernia gestis L. 1. p. 41.) giebt davon folgendes Beispiel: Ferunt quendam de horum grege, e praeliis revertentem, plus quatuor periculosis vulneribus acceptis, gladium inspexisse, cumque ex nulla parte tractum aut aduncum vidisset, maximas Numini gratias egisse, quod illa vulnera corpori, non ensi, fuerunt inflicta.

c. Stracks in der Windstill' —] (S. 126) Die älteste Lesart calme führt zur Vermutung: Straigt way in calme, is boarded —.

Vierter Aufzug. Zehnte Scene.

a. Wie sehr du mir zu nah thust —] (S. 129) In der Voraussezung, ich sei stolz auf meinen Sieg. Johnson. Vielmehr, durch die Behauptung, nicht meiner Tapferkeit verdank' ich den Sieg. Ritson.

Fünfter Aufzug. Erste Scene.

a. Leb' Iden, bis er werth ist solcher Gunst. —] (S. 133) Iden sagt in der vorigen Scene:

> Gott, wer wol lebt' im Hofgetümmel gern,
> Wenn er so still lustwandeln kann, wie hier?

Shakspeare läßt Iden gegen solche Genüsse schimpfen, die er außer seinem Bereiche glaubt; aber kaum werden sie ihm angeboten, als er bereitwillig zugreift. Engl. Ungenannter. Grade so macht es Anna Bullen in Heinrich dem achten.

b. Sei für den Vater Bürg', und würge sie, die meine Söhn' als Sicherheit verschmähn.] (S. 135) Theobald liest wahrscheinlich genug:

> Shall be theirs father's bail; and bale to those —,

statt des gewöhnlichen bail und bane. Er irrt aber, wie nach ihm Johnson, wenn er die Bedeutung von bale auf detriment, ruin, misfortune beschränkt, wozu Johnson ein sorrow hinzufügt. Bale, wie bane, bedeutet auch Gift. Coriol. I, 1.:

> Rome and her rats are at the point of battle,
> The one side must have bale.

Heinr. d. sechst. erst. Th. (V, 5.):

> — — — boiling choler choaks
> The hollow passage of my poison'd voice,
> By sight of this cur baleful enemy's.

Rom. u. Jul. (II, 3.):

> With baleful weeds, and precious-juiced flowers.

c. Mein tapfres Bärenpaar.] (S. 136) Die Nevils, Grafen von Warwick, führten als Wahrzeichen einen Bären an einem knotigen Pfahl, und die Talbots, vormals Grafen von Salisbury, einen Löwen. Hawkins.

Fünfter Aufzug. Zweite Scene.

a. Wo du nicht scheu ausweichst.—] (S. 140) And if thou dost not hide thee from the bear. Wahrscheinlich schrieb der Dichter An if thou dost not.—.

b. Halt, Warwick, such ein andres Weidwerk auf; Ich selbst muß dies Damwild zu Tode jagen.] (S. 140) Il. XXII, 205.:

Aber dem Volke verbot mit dem Haupt zuwinkend Achilleus,
Nicht ihm daherzuschnellen auf Hektor herbe Geschosse;
Daß kein treffender raubte den Ruhm, und ein zweiter er käme.

c. Fried, auch mit deiner Seele, so Gott will.] (S. 141) Shakspeare ist hier von der Geschichte abgegangen, wie er nicht selten thut, wenn ihm daran gelegen ist, seinen Personen größere Wichtigkeit zu ertheilen. Hier dient diese Abweichung, den Leser oder Zuschauer auf die Rache vorzubereiten, welche Cliffords Sohn in der Folge an York und Rutland vollzieht. Auffallend ist es, daß der Dichter zu Anfang des dritten Theils dieses historischen Drama's nicht mehr an diesen Vorfall denkt, sondern daselbst Cliffords Tod so erzählen läßt, wie er wirklich geschehen war. Percy. Wahrscheinlich steckt in dieser Stelle ein Fehler. Wenn nicht in der Zeile:

Lord Clifford and Lord Stafford all abreast —

der Name Clifford einen anderen Namen verdrängt hat; so möchte der lezte Vers entstellt sein aus:

Were by the swords as common soldiers slain.

d. Und der verheißne Brand des jüngsten Tags mach' Eins aus Erd' und Himmel!] (S. 142) Die Worte des Originals:

And the premised flames of the last day
Knit earth and heaven together! —

erlauben wol keine andere Deutung, als die Warburton giebt: mögen die für das Weltgericht aufgesparten Flammen, vor ihrer Zeit gesandt, schon jezt das Weltall zerstören. Der Uebersetzer änderte the promised flames, die in der Schrift verheißenen Flammen. Ganz so im K. Lear (V, 3.):

Is this the promis'd end? — Or image of that horror?

e. Als wild Mede' am Kind' Absyrtus that.] (S. 142) Medea, auf ihrer Flucht mit Jason von ihrem Vater verfolgt, tödtete ihren Bruder Absyrtus, und verstreute die zerstückelten Theile seines Leibes. Während der Vater sie auflas, gewann sie Zeit zum Weiterfliehen.

f. Macht Somerset berühmt die Zaub'rin durch sein Todesbett.] (S. 143) Die Hexe Jordan hatte ihm einen Tod vor einer Burg profezeit. S. erster Aufz. viert. Sc.

Fünfter Aufzug. Dritte Scene.

a. Jüngling in der Jugend Glanz.] (S. 144) A gallant in the brow of youth. Statt brow will Johnson, weil es ihm unverständlich dünkt, blow lesen, Blüte der Jugend. Eine sinnreiche Vermutung, die Unterstüzung findet in Heinr. d. sechst. drit. Thl. (II, 1.):

How well resembles it the prime of youth;

und im Hamlet (I, 3.):

A violet in the youth of primy nature.

Doch mag Steevens Auslegung the brow of youth, is the height of youth, die richtige sein. Wir verstehn die schönste Zeit (den Gipfel) des Jugendlenzes. So im Wintermährchen (IV, 3.):

— No shepherdess; but Flora
Peering in April's front.

Andere, aber verwandte Bedeutungen von brow haben wir zu Haml. III. 4. gesammelt.

Anmerkungen zu König Heinrich des sechsten drittem Theile.

Nach der Schlacht bei Sankt Albans bezeigte sich York sehr gütig gegen Heinrich; den Königstitel ihm lassend, nahm er selbst wieder den bescheidenen Titel eines Protektors, aber mit der vollen Königsgewalt. Der träge Heinrich war mit diesem Schimmer ehemaliger Größe zufrieden; nicht so die ehrgeizige Margareta, die ihren Gemahl durch unablässige Anreizungen endlich dahin brachte, daß er den Protektor noch einmal entfernte. Daraus entstanden neue Unruhen. In dem Gefecht bei Bloreheath (1459) gewann die Königin, die ihren König als ein Sinnbild des rechtmäßigen Königthums mitschleppte, einige Vortheile; aber in der blutigen Schlacht bei Northampton (1460) siegte die Yorkische Partei (Shakspeare hat weislich die drei Schlachten in Eine zusammengezogen). Nun ward Parlament gehalten. Beide Theile, Heinrich und York, legten ihre Ansprüche auf die Krone mit Gründen dar. Der Endbeschluß war, Heinrich sollte lebenslang König bleiben, und York sein Nachfolger werden *).

Margareta entfloh auf diese Nachricht nach Durham, begleitet von ihrem Sohne und dem jungen Somerset, den sie nach Frankreich sandte, ihr von dort Beistand zu gewinnen. Ganz allein führte sie nun die Sache ihres enterbten Prinzen, und so glücklich, daß sie in wenigen Wochen ein Heer von fünfundzwanzigtausend Nordengländern zusammenbrachte. York zog ihr mit viel geringerer Anzahl bis auf

*) I, 1.

die Wakefieldsebene entgegen, und verschanzte sich dort in der Burg Sandal, bis ihm sein Sohn Edward eine Verstärkung bringen würde. Doch gelang es der Königin, ihn durch bitteren Hohn hervorzulocken. Mit Wut ward gefochten, und dreitausend von Yorks Partei starben den Heldentod, unter ihnen York selbst. Die Siegerin Margareta ließ seinen Kopf mit einer Papierkrone über das Thor von York stecken. Sein junger Sohn Rutland ward gefangen, und von Clifford mit kaltem Blut erstochen.

Margareta eilte darauf nach London, ihren Gemahl zu befrein, den Warwick daselbst gefangen hielt. Warwick führte ihr seine Truppen entgegen, unter denen König Heinrich, gleichsam als Geißel, sich befand. Bei Sankt Albans ward eine neue Schlacht geschlagen, in der Margareta siegte, und ihren Gemahl wieder bekam, den sie fortfuhr, unter dem Schein von Ehrerbietung zu mishandeln (1461).

Unterdeß hatte Yorks ältester Sohn Edward einen Theil ihres Heeres, welches der Graf Pembroke anführte, bei Mortimerskreuz in Herefordshire gesprengt. Er vereinigte sich dann mit dem Reste von Warwicks Truppen, und rückte nach London vor. Hier war das Volk gegen Margareta erbittert, die aus Mangel an Geld, statt ihren Sold zu zahlen, ihnen den Erlaub gegeben hatte, Sankt Albans zu plündern. Ihr Versuch in London einzuziehn, mislang; man schloß ihr die Stadtthore. Als sie die Nachricht von Warwicks und Edwards Vereinigung vernahm, eilte sie bestürzt nach dem Norden zurück, wo sie mehr Freunde hatte. Edward aber, an Warwicks Hand, zog in London ein. Das Volk, entzückt über seine Schönheit und Leutseligkeit, empfing ihn mit Jubelgeschrei. Warwick entwickelte in einer glänzenden Rede Edwards gerechte Ansprüche an den Thron. Das Volk schrie: „York, York sei König!" und die Wahl ward durch die Lords und Bischöfe bestätigt. Der junge Herzog ward als Edward der vierte zum König ausgerufen (1461. d. 5. Merz.)

Die stets unerschrockene Margareta hatte sich indeß im Norden ein neues Heer von vierzigtausend Mann geworben. Edward und Warwick versammelten achtundvierzigtausend Mann. Am Palmsonntage trafen sich beide Heere in der Ebene bei Towton. Ein fast wütendes Gefecht erfolgte; Söhne tödteten Väter, Väter Söhne; unzählige fielen von beiden Seiten. Ein starker Schnee, der den Feinden grade ins Gesicht fiel, entschied zulezt für Edward. Alle Gefangenen ließ Edward hinrichten, ein fürchterliches Blutbad von vierzigtausend Lancastriern (1461 d. 29. März.) — Edward zog siegreich nach London zurück; Margareta mit ihrem Sohn und Gatten flohn nach Schottland.

Ein neuer Versuch Margaretens, bei welchem sie der König von Frankreich unterstüzte, mislang bei Hexham, wo sie aufs neue geschlagen ward (1464). Sie floh mit ihrem elfjährigen Sohn in einen Wald, und gerieth unter Räuber, die sie plünderten. Einer jedoch, als er ihren Stand erfuhr, gab ihr Schuz, und geleitete sie an die Seeküste, wo sie sich einschifte. Nach mancherlei Abentheuern kam sie endlich in Paris an. — Heinrich, den eine unvernünftige Neugier wieder nach England getrieben hatte, ward in Lutterworth gefangen genommen, und drauf in den Tower gesperrt.

Edward, durch den Grafen von Warwick auf dem Throne befestigt, genoß nunmehr der Ruhe, und überließ sich ganz der Neigung zum anderen Geschlecht, die ihn vielen Gatten und Vätern furchtbar machte. Besonders fesselte ihn Elisabeth Woodwille, die schöne Witwe des Ritters Grey, der in der zweiten Schlacht bei Sankt Albans gefallen war. Da er ihre Liebe ohne ihre Hand nicht gewinnen konnte, heiratete er sie, grade zu der Zeit, als Warwick für ihn in Frankreich eine Vermählung mit Prinzessin Bona von Savoyen, der Schwester der französischen Königin geschlossen hatte. Dieser treulose Wankelmut brachte den beschimpften Warwick so gegen den König auf, daß er auf der Stelle ihm entsagte, und, anfangs geheim, dann öffentlich, sich mit dessen Gegnern, selbst mit K. Margareta verband, deren Sohn mit Warwicks ältester Tochter Anna vermählt wurde. Viele Große des Reichs, beleidigt durch die Vorzüge, die König Edward den Verwandten seiner Gattin zugestand, traten zu Warwick, und unter diesen war des Königs Bruder, der Herzog von Clarence, der Warwicks jüngste Tochter heiratete.

Im Jahr 1470 ward König Edward von Warwick und Clarence in seinem Zelte gefangen genommen, und dem Erzbischof von York, dem Bruder Warwicks, in Verwährung gegeben *). Durch die Sorglosigkeit des Erzbischofs entkam er bald wieder **). Noch im selbigen Jahre zwang ihn

*) IV, 3. **) IV, 5.

Warwick, bei Lynn in Norfolk sich einzuschiffen, und zum Herzog von Burgund seine Zuflucht zu nehmen.

Unterdeß zogen die Sieger nach London. Der arme Heinrich ward aus dem Gefängnis erlöst, und von Warwick dem Königmacher (Kingmaker), wie ihn das Volk nannte, wieder auf den Thron erhoben. Doch war er nur Schattenkönig; die Verwaltung des Reiches übernahm, im Verein mit der Königin, Warwick und Clarence bis zur Volljährigkeit des Prinzen. Alle ehemaligen Beschlüsse gegen das Haus Lancaster wurden in einem neuen Parlamente umgestoßen; mehrere Angesehene von der Partei York entflohn nach Frankreich; die Königin begab sich in die Freistätte der Westminsterabtei, wo sie einen Prinzen gebar. Sie erhielt die Erlaubnis, frei am Hofe zu leben, aber unter dem Titel einer Herzogin von York. — In England schien der Friede zurückgekehrt; am Hofe wurden die glänzendsten Feste gegeben, wozu die Reichsten im Lande sich versammelten.

Doch kaum neun Monate, so erschien Edward zu Ravenspurg in Yorkshire (1471. d. 25. Merz). Anfangs, da er kalte Aufnahme fand, that er, als wenn er bloß Herzog von York sein wollte, und ward auch als solcher in die Stad York eingelassen. Nach und nach vergrößerte sich sein Heer, besonders durch den Zurücktritt von Clarence, den Margareta mit zwölftausend Mann ihm entgegengeschickt hatte. Den 11. April zog Edward in London ein, welches immer bereit war, den mächtigsten aufzunehmen. Heinrich ward wieder in den Tower gesperrt. Für Warwick blieb nichts übrig, als eine Schlacht zu wagen. Am 14. April traf er Edward bei Barnet. Ein blutiges Gemezel erfolgte. Lange war der Ausgang zweifelhaft; endlich entschied er sich für Edward. Warwick sank unter vielen Wunden. Von seinen Kriegern fielen zehntausend, denn Edward hatte Befehl gegeben, keinen zu schonen; nur wenige entkamen.

Diese versammelten sich um Margareta, die mit ihrem übrigen Anhange noch einen Versuch wagte, das gesunkene Haus Lancaster zu erhöhn. Bei Tewksbury traf sie Edward d. 4. Mai. Nach einem blutigen aber nicht hartnäckigen Scharmüzel war Edward Sieger. Margareta und ihr Prinz wurden zu Gefangenen gemacht. Der Prinz trat unerschrocken vor den Sieger, der ihn stolz fragte, wie er sich erkühnt habe, in seine Staaten zu kommen. „Ich kam“, antwortete dieser, „um mein Erbe in Besiz zu nehmen." Worauf der König mit seinen Brüdern Clarence und Gloster über ihn herfielen, und ihn ermordeten (1471).

Den unglücklichen Heinrich erstach bald darauf mit kaltem Hohne Richard, Herzog von Gloster (1471). Margareta überlebte ihren Gemahl elf Jahr, und starb endlich im Privatstande in Frankreich, in elenden Umständen, aber als standhafte Dulderin, beweint von wenigen, aber allgemein bewundert wegen ihrer Heldengröße.

Erster Aufzug. Erste Scene.

a. Mich wundert, wie der König uns entkam.] (S. 149) Dies Schauspiel ist bloß zum Behuf der Vorstellung von dem vorigen getheilt; denn die Handlung geht ununterbrochen fort, und es können zwei Scenen eines Stücks nicht genauer zusammenhangen, als die erste Scene dieses Stücks mit der lezten des vorhergehenden. Johnson. Die meisten dieser historischen Schauspiele endigen mit einem ganz bestimmten Abschnitt in der Geschichte: Richard der zweite mit der Ermordung dieses Königs; der zweite Theil Heinrichs des vierten mit der Thronbesteigung seines Sohns; Heinrich der fünfte mit dem Friedensschluß mit Frankreich; der erste Theil Heinrichs des sechsten ebenfalls mit einem Friedensschluß; der dritte mit Heinrichs Ermordung und Eduards Thronbesteigung; Richard der dritte mit seiner Niederlage und seinem Tode. Weniger befriedigend ist der erste Theil Heinrichs des vierten und der zweite Heinrichs des sechsten abgerundet. Durch die Niederlage Percy's war die Empörung der Großen nur zur Hälfte gedämpft, die auch in dem folgenden Theile des Stückes fortgesezt wird. Eben so wenig war Yorks Sieg bei Sankt Albans ein entscheidender Vorfall in dem Kriege der beiden Häuser. Ueber diese dramatische Unvollkommenheit, wenn man es so nennen will, hat sich Shakspeare um weit bedeutenderer Vortheile willen hinausgesezt. A. W. Schlegel.

b. Und sanken wie Gemeine durch das Schwert.] (S. 149) Unmöglich vergaß Shakspeare, wie nach seiner Dichtung Lord Clifford gestorben sei. Siehe des vorigen Stücks vorlezte Scene, und hier die dritte zunächst. Wir glauben, statt, of common soldiers, sei zu lesen as.

c. **Wenn Warwicks Glöcklein tönt.]** (S. 151). Eine Anspielung auf die Falkenjagd. Man hängte den Falken manchmal kleine Schellen an, vielleicht, um die Vögel vom Auffliegen abzuschrecken. **Johnson.**

d. **Dein Vater war, wie du bist, Herzog York.]** (S. 154) Das war er nicht. Richards Vater war Graf von Cambridge und ward als solcher, als seine Verschwörung gegen Heinrich V war entdeckt worden, enthauptet (S. Heinr. V, II, 2.). Herzog von York war des Grafen von Cambridge älterer Bruder Edward, der in der Schlacht bei Agincourt blieb.

e. **Der rauhe Faulconbridge beherscht den Sund.]** (S. 161) Dieser war Thomas Nevil, Bastard des Lord Faulconbridge; ein Mann von furchtbarer Kraft und Verwegenheit. Von Warwick zum Viceadmiral der See ernannt, hatte er den Auftrag, die Meerenge zwischen Dover und Calais zu halten, und alle Anhänger des Königs Heinrich, die sich hier zeigen würden, zu fangen oder in den Grund zu bohren. Nach Warwicks Tode fiel er in Armut, und plünderte nun, zu See und zu Lande, Freund und Feind. Er wagte sogar einen Angrif auf London, und ward nur mit Mühe zurückgeschlagen. Nach vielen Streifzügen zur See, landete er in Southampton, wo man ihn fing und enthauptete.

Erster Aufzug. Dritte Scene.

a. **Ah, wohin soll ich fliehn aus ihrer Hand?]** (S. 167) Aus der Angabe des Alters von Yorks Söhnen ergiebt sich am besten, in wiefern Shakspeare, was die Familie York betrift, von der historischen Treue sich entfernte. — **Edward**, Graf von March, nachmals Herzog von York, und König von England, Yorks **zweiter** Sohn, ward geboren im April 1442; **Edmund**, Graf von Rutland, sein **dritter** Sohn, im Mai 1443; **George**, nachmals Herzog von Clarence, sein **sechster** Sohn, im Oktober 1449; **Richard**, nachmals Herzog von Gloster, und König von England, sein **achter** Sohn, im Oktober 1452. Vier andre Söhne starben jung. Außerdem hatte York vier Töchter. Der Geschichte gemäß ist, daß Edmund vor seinen jüngeren Brüdern George und Clarence zu einer Grafschaft gelangte. (S. zweit. Aufz. sechste Scene.) Aber Shakspeare macht ihn zum jüngsten Kinde, und allgemeinen Liebling des Hauses, nicht aus Unachtsamkeit, wie einige glauben, sondern um dieser und der folgenden Scene mehr Gewicht und Nachdruck zu geben. — Wer Lust hat, hier und weiterhin noch einige chronologische Fehler aufzusuchen, dem diene zur Nachricht, daß die Schlacht bei Sankt Albans, wo der alte Clifford sein Leben verlor, ins Jahr 1455 fällt, und die bei Wakefield ins Jahr 1460.

b. **So starrt des Käfigs Leu sein Opfer an.]** (S. 168)

D. i. der Löwe, den man lange eingesperrt gehalten hat, ohne Futter, und nun loslaßt auf einen verurtheilten Verbrecher. Johnson.

c. Di faciant, laudis summa sit ista tuæ.] (S. 169) Aus Ovids Heroide Phyllis an Demophoon. Steevens fand diesen Vers in mehreren Schauspielen jener Zeit.

Erster Aufzug. Vierte Scene.

a. Beid' Ohm'e sanken.] (S. 170) Sir John und Sir Hugh Mortimer, seiner Mutter uneheliche Brüder. Percy.

b. Kommt, stellt ihn auf den Maulwurfshügel da-] (S. 172) Holinshed, nachdem er Yorks Tod mit anderen Umständen erzählt, fügt hinzu: „Einige melden, man habe den Herzog lebend gefangen, ihn zum Spott auf einen Maulwurfshügel gestellt, und ihm, statt der Krone, einen Kranz von Riedgras und Binsen aufs Haupt gesezt. Drauf knieten seine Sieger vor ihm, wie die Juden vor Christus, und riefen: Heil, König ohne Zepter! Heil, König ohne Erb'! Heil, Herzog und Fürst ohne Volk und Besiz! Nach solchen und ähnlichen Hohnreden schlugen sie ihm das Haupt ab, und brachten es der Königin."

c. So kann York überschaun die Hauptstadt York.] (S. 176) Dieser stattliche Baron fiel durch eigene Unvorsichtigkeit, weil er, bloß fünftausend Mann stark, es aufnahm mit zwanzigtausend, und nicht die Ankunft seines Sohns Edward mit einer bedeutenden Anzahl Walliser abwartete. Er ward mit seiner Gattin Cicely in der Fotheringay Kirche begraben; dann, zur Zeit der Kirchenstürmer, auf den Kirchhof gebracht, und nachher, auf Befehl der Elisabeth, von neuem in der Kirche beerdigt, und über der Grabstätte ein ganz einfaches Monument errichtet. „Als bei dieser Gelegenheit" (erzählt Pracham) „die Sarge geöfnet wurden, konnte man die Leichname noch deutlich erkennen, und besonders, daß die Herzogin Cicely um den Hals an einem seidenen Bande einen römischen Gnadenbrief hatte, der, von einer sehr schönen römischen Hand geschrieben, noch so frisch zu lesen war, als wär' er gestern geschrieben." Dieser Gnadenbrief enthielt wahrscheinlich eine Entbindung vom Eide, den York dem König in der Paulskirche geschworen hatte. Malone. York erreichte ein Alter von funfzig Jahren.

Zweiter Aufzug. Erste Scene.

a. Sie drehn den weichen König, leicht wie Wachs.]

(S. 183) Wie man Wachs zwischen den Fingern schmeidiget, um ein Siegel darauf zu drücken.

Zweiter Aufzug. Zweite Scene.

a. Und fand das Glück sich immer bei dem Sohn, des Vater in die Hölle sich gekargt?] (S. 187) Anspielung auf das gemeine Sprichwort: Glücklich das Kind, dessen Vater zum Teufel fuhr. Johnson.

b. Da war der Fuß euch schneller, als die Hand.] (S. 189) Ein Sprichwort lautet: Ein paar Fersen sind werth zwei paar Hände. Steevens.

c. Ein Strohwisch—] (S. 191) Ein zum Schimpf angehängtes Strohbündel, die gewöhnliche Bestrafung keifender Weibbilder. Steevens.

d. Sein Vater grif in Frankreichs Herz—] (S. 191) Das Original lieset:

His father revell'd in the heart of France,
And tam'd the king, and made the Dauphin stoop;
And, had he match'd according to his state,
He might have kept that glory to this day.

Der Uebergang vom Vater auf den Sohn ist in dieser Verbindung sehr hart; denn die Worte and, had he match'd können nach der strengen Grammatik nicht anders als auf den Sohn bezogen werden. Vielleicht schrieb der Dichter:

And tam'd the king, and made the Dauphin stoop. —
Had he but match'd u. s. w.

Hätte der Sohn nur nach seinem Range geheiratet, noch heute behauptete er seines Vaters Ruhm.

Zweiter Aufzug. Dritte Scene.

a. Der durst'ge Grund trank deines Bruders Blut.] (S. 193) Dieser Bruder ist nicht Montague, der erst zehn Jahre nachher starb, noch überhaupt eine von den Personen im Schauspiel; er ist ein natürlicher Sohn des Grafen von Salisbury, und die Chronisten schildern ihn als einen Mann von großer Tapferkeit. Theobald.

Zweiter Aufzug. Fünfte Scene.

a. So schwebt im Gleichgewicht der grause Kampf.] (S. 187) Der Grundgedanke zu diesem Selbstgespräch ist aus dem Holinshed entlehnt. „Dieser tödtliche Kampf" (sagt der Chronist) „dauerte zehn Stunden, im zweifelhaften Zustande des Sieges, „der sich ungewiß hob und senkte an beiden Seiten u. s. w." Steevens.

b. Daß Aug' und Herz uns, wie ein Bürgerkrieg, erblind' im Thränenstrom, und brech' in Gram.] (S. 199) Augen und Herzen, wie der Zustand eines Reiches in einem bürgerlichen Kriege, das sich durch eigene Kräfte aufreibt. Johnson.

c. Dein Vater, Kind, gab Leben dir zu früh, und hat beraubt des Lebens dich zu spät.] (S. 199) Später geboren, wäre der Sohn für diesen Krieg zu jung gewesen; und gar nicht gezeugt, wär' er des Lebens früher beraubt worden. Warburton. Den lezten Saz erklärt Henley so: Hätte der Vater ihn vor dem Todesstreiche erkannt, es wäre nicht zu spät gewesen, ihn vom Tode zu retten. Warburtons Auslegung scheint die richtige zu sein.

d. Welk' eine Ros', und laß die andre keck blühn; —] Wenn ihr so kämpft, viel Lebens muß hinwegfliehn. (S. 199) Auf Flourish giebt die vernachläßigte Lesart perish einen unvollkommenen Reim, wie Shakspeare bei Sinnsprüchen ihn öfter hat.

Zweiter Aufzug. Sechste Scene.

a. O Phöbus, hätt'st du nie dem Phaethon vertraut die Zügel deines Glutgespanns —] (S. 202) Heinrich hatte dem Herzog von York die Zügel von Irland und Frankreich anvertraut, und ihm dadurch Gelegenheit gegeben, nach der Krone zu trachten.

b. Nun athmet, Lords —] (S. 202) Diese Schlacht, in welcher das Haus York siegte, ward auf einer Ebene zwischen Towton und Saxton geschlagen, auf Palmsonntag, den 29. März 1461. Das königliche Heer bestand, nach Hall, aus ungefähr vierzigtausend Mann, Edwards aus achtundvierzigtausend. In diesem Gefecht, das vierzehn Stunden dauerte, und in den Nachgefechten der beiden folgenden Tage, büßten über sechsunddreißigtausend, größtentheils Lancástrier, ihr Leben ein. Malone.

c. Denn Glosters Herzogthum droht mit Gefahr.]

(S. 206) Thomas Woodstock, und Humphrey, Herzoge von Gloster, waren ermordet worden. S. Richard II. und Heinr. des sechst. zweit. Thl.

Dritter Aufzug. Zweite Scene.

a. Sein Landgut nahm der Sieger in Besiz.] (S. 211) Eine Abweichung von der Geschichte. John Grey fiel in der zweiten Schlacht bei Sankt Albans, aber nicht auf Yorks Seite, sondern (wie es im später geschriebenen Richard dem dritten (I, 3) richtig heißt) im Kampfe für Heinrich den sechsten, und seine Güter wurden nicht von der Königin Margareta eingezogen, sondern von Edward, gleich nach dem großen Siege bei Towton, im Jahr 1461. — Die gegenwärtige Scene ist in das Jahr 1464 verlegt.

b. Aus jedem Blick —] (S. 216) Vers und Sinn fodern die Lesart, Her looks are all replete with modesty.

c. Das wär' ein Zehntagswunder wenigstens.] (S. 217) Ein englisches Sprichwort lautet: A wonder lasts but nine days, ein Wunder währt nur neun Tage.

d. Wie der Bärenwölp, der ungeleckt nicht Spur der Mutter trägt.] (S. 219) Es war eine ehemalige Meinung, die ungeachtet ihrer Ungereimtheit sich lange erhielt, daß die Bärin bloß unförmliche Klumpen lebendiges Fleisches zur Welt bringe, welche sie zur Bärengestalt lecke. Jezt ist es bekannt genug, daß die jungen Bären eben so wie andre Geschöpfe zur Welt kommen. Johnson. Ein junges von Raubthieren hieß, wie noch im Sassischen, Welp oder Welf. Bei Hans Sachs: Ein Löwin hat zwei Wölflein klein. Welf, catulus: Vocab. 1482. S. Adelung.

e. Drum, da die Erd' hier keine Lust mir beut, als herschen, unterjochen, überhöhn, die besser sind an Bildung als ich selbst—] (S. 219) Wer mit Häßlichkeit gebrandmarkt ist, hat eine beständige Quelle des Neides in der Seele, und möchte gern durch andere Vorzüge die Vortheile ersezen, deren Mangel er fühlt. Baco bemerkt, daß die Verwachsenen gemeiniglich dreist und trozig sind, und es ist beinah zum Sprichwort geworden, daß sie bösartig zu sein pflegen. Im Grunde mögen Verwachsene eben so wenig wie andre Leute jemanden nachstehn, und geben sich daher Mühe durch gute oder schlechte Mittel sich vorzudrängen, nachdem sie selbst gut oder böse sind. Johnson. Unschädliche Häßlichkeit, sagt Lessing, kann manchmal lächerlich werden, schädliche Häßlichkeit ist allezeit schrecklich.

f. Troz dem Sinon.] (S. 220) Ein Hauptbeförderer der Verrätherei mit dem trojanischen Pferde. S. Virg. Aen. II, 57 —.

g. Und schule den mordsücht'gen Machiavell.] (S. 220) Um einem sogenannten Anachronismus zu entgehn, zieht Warburton die Lesart der Quartausgabe vor, welche, wie das alte Schauspiel, den Namen Catilina bietet. Aber Machiavell ist ächt, hier sowol, wie in Heinr. d. sechst. erst. Th. (V, 4.) Einen Anachronismus (sagt A. W. Schlegel) möcht' ich es nicht einmal nennen, wenn Richard der dritte vom Machiavell spricht. Dieser Name wird hier ganz sprichwörtlich genommen: der Inhalt des Buches vom Fürsten war von jeher vorhanden, seit es Tyrannen gab; Machiavell hat ihn nur zuerst aufgeschrieben.

Dritter Aufzug. Dritte Scene.

a. Zu schildern meines Königs glühend Herz, wo jüngst der Ruf eindringend durch das Ohr, gestellt das Bildnis deiner Schön' und Tugend.] (S. 224) In Viel Lärm. um Nichts (III, 1.) sagt Hero gleicherweise:

— — — So ist
Des kleinen Amor schlauer Pfeil geformt,
Er trift durch Hörensagen schon.

b. So mehr, weil König Heinz unglücklich war.] (S. 226) Und durch eignes Unglück (läßt Warwick hinzudenken) Unglück über sein Land gebracht hatte.

c. Frei zwar vor Scheelsucht, aber nicht vor Schmerz.] (S. 226) Die Worte des Originals:

Exemt from envy, but not from disdain,
Unless the lady Bona quit his pain.

sind etwas dunkel, und weder Johnson noch Steevens haben viel aufgehellt. Der einfachste Sinn scheint folgender: Edwards Liebe, einem ewig frischen Baume des Paradieses gleich, ist frei zwar vor Scheelsucht, sollte die unerreichbare Bona einen anerkannt würdigeren beglücken, aber nicht frei vor dem Schmerze des Unwillens (disdain), wenn ihm selbst das Schicksal nicht gegönnt hätte, dieser würdigere zu sein, da nur sie ihn von der Qual einer heftigen Sehnsucht befreien kann.

d. Vergaß ich ganz, daß durch das Haus von York mein Vater seinen Tod frühzeitig fand?] (S. 229) In der Schlacht bei Wakefield, worin York sein Leben einbüßte, ward der Graf von Salisbury, Warwicks Vater, gefangen genommen, und hierauf in Pomfret enthauptet. Sein Haupt ward neben Yorks Haupt auf das Yorkthor gesteckt.

e. Ließ ich so hingehn meiner Nichte Schmach?] (S.

229) In Warwicks eigenem Hause wagte Edward einen Angrif auf ihre Keuschheit, nach Holinsheds Berichte.

f. Und ich bereit, die Rüstung anzuziehn.] (S. 231) Es war ehemals nichts seltenes, daß Königinnen in voller Rüstung an der Spize ihres Heers erschienen. Der Anzug der Elisabeth, als sie zu Tilbury durch die Schlachtreihen ritt, ihre Truppen bei der Ankunft der Armada zu ermuntern, ist noch immer in Tower zu sehn. Steevens.

g. Hier ist dein Botenlohn.] (S. 231) Auch dem feindlichen Boten ward sein Lohn gereicht. S. Heinr. d. fünfte III, 6.

h. Geb' ich die jüngre Tochter, meine Lust, ihm stracks —] (S. 231) Fräulein Anna, nachherige Gemahlin Richards des dritten; Warwicks ältere Tochter Isabella heiratete den Herzog Clarence.

Vierter Aufzug. Erste Scene.

a. Daß ihr die Erbin des Lord Scales gabt dem Bruder eurer hochgeliebten Braut.] (S. 235) Damals standen die Erbinnen eines großen Vermögens unter des Königs Vormundschaft, der sie während ihrer Minderjährigkeit wacker schröpfte, und hernach an seine Günstlinge verheiratete. Johnson. Der Bruder der Königin ist Lord Rivers, ihr Sohn Lord Dorset. Die Gunstbezeugungen, welche König Edward auf die neue Verwandschaft schüttete, waren es besonders, was ihn mit seinen Brüdern und den Großen des Reichs entzweite. Er vermählte unter andern eine Schwester der Königin mit dem Herzog von Buckingham, und eine andere mit dem reichen Erben des Lord Herbert. Dann übertrug er des Großschazmeisteramt, welches er dem Lord Montjoy ohne weiteres abnahm, dem Lord Rivers, dem er ebenfals eine der reichsten Erbinnen zugeschanzt hatte. Dem zweiten Sohn der Königin, Lord Grey, gab er die schwerreiche Tochter des Herzogs von Exeter, die er dem Grafen von Northumberland weggeschnappt. Diese und ähnliche Gewaltthaten, zu Gunsten einiger Emporkömmlinge, haben nach der Geschichte den ritterlichen Warwick noch mehr gegen K. Edward aufgebracht, als jener Spott bei der Freiwerbung in Frankreich, über deren Aechtheit noch einiges Dunkel zu schweben scheint.

b. Daß ich an Abkunft nicht unedel war.] (S. 236) Ihr Vater war Richard Widville, ein Ritter, nachmals Graf von Rivers; ihre Mutter, Jaqueline, verwitwete Herzogin von Bedford eine Schwägerin Heinrichs des fünften.

c. Werd ihnen Krieg für die Vermessenheit.] (S. 237) Das verstörende, and pay, ward von Schauspielern eingeflickt.

d. Wer mich und Warwick liebt, der folge mir!] (S. 238) Als der Graf von Essex in London einen Aufstand erregen wollte, in der Absicht, wie man glaubte, den Palast der Königin zu stürmen, rannte er durch die Gassen mit gezücktem Schwert, und rief aus: „Wer mich liebt, der folge mir!"

Vierter Aufzug. Zweite Scene.

a. Wie Ulysses und Held Diomed—] (S. 240) S. das zehnte Buch der Ilias.

Vierter Aufzug. Dritte Scene.

a. Rechtschafne Pfleg' und Ruh, das lieb' ich mehr als Ehre mit Gefahr.] (S. 242) Der ehrliche Wächter scheint bei Falstaf in die Schule gegangen zu sein. S. dessen Selbstgespräch in Heinr. d. viert. erst. Th. V, 1. Nicht anders spricht in Calderons Tochter der Luft der Bauer Chato, nachdem ein stattlicher Krieger seiner Frau Liebsten einen Kuß geraubt:

Da wir nun allein sind, Ehre,
Was zu thun? „Weiß ich's, mein Herz?
„Wenn mich diese Thronenwelt
„Macht' aus Thon, der leicht zerschellt,
„Nicht aus Marmor oder Erz:
„Ist's ein Wunder, daß sofort
„Ich beim ersten Knicks zerbreche?"
Dieses sagst du? „Ja." Ich spreche,
Ehre, du sagst weises Wort.
Hat sein Kuß Arm oder Bein
Mir zerschellt? Warum mich schämen?
Um des Nächsten Lust sich grämen,
Das ist sündlich obenein.

Uebersezung von Gries.

Vierter Aufzug. Sechste Scene.

a. Der holde Knab' einst wird des Landes Glück.] (S. 251) Johnson bemerkt, Shakspeare habe in diesem Richmond, dem nachmaligen Heinrich VII, der den Streit der beiden Häuser beendete, aber sonst durch hohes Verdienst nicht ausgezeichnet war, bloß den Großvater seiner Monarchin Elisabeth gelobt. Der Zusammenhang widerspricht; denn offenbar ist hier vom seligen Frieden nach so unseligem Blutverguß die Rede; auch fand Shakspeare den Keim dieser Rede schon im Holinshed. „Als der König" (sagt der Chronist) „ihn eine Zeitlang betrachtet hatte, sagte er zu den „Fürsten, die bei ihm waren: Seht, gewiß ist er es, dem wir und

„unsre Gegner, den Besiz aller Dinge verlassend, einst den Plaz „einräumen werden." Heinrich von Richmond war der Sohn Edmunds von Richmond, den Heinrichs des sechsten Mutter Katharina ihrem zweiten Gatten Owen Tudor gebar. S. zum Epilog Heinrichs des fünften. Heinrich der siebente, um seine Dankbarkeit für die Profezeiung Heinrichs des sechsten an den Tag zu legen, drang in Pabst Julius, ihn zu einem Heiligen zu stempeln. Aber der Pabst weigerte sich, entweder weil Heinrich VII die Gebühr nicht zahlen wollte, oder, wie Bacon glaubt, „weil Heinrich „den Ruf eines Einfältigen hatte, und der Pabst doch einige Scheu „trug, Heilige und Einfaltspinsel unter einander zu mengen."

Vierter Aufzug. Siebente Scene.

a. **Bald beschwazen wir ihn samt der Brüderschaft zu — gutem Rath.**] (S. 254) Statt **Hochverrath**, wie reason st. treason.

Vierter Aufzug. Achte Scene.

a. **Hoch Lancaster!**] (S. 259) Das Geschrei zu Edwards Ankunft sollte vielmehr „**Hoch York!**" sein. Vermuthlich schrieb der Dichter nicht selbst diese Theaterweisungen, und die Schauspieler verwechselten die Personennamen. **Johnson**. Es läßt sich indeß voraussezen, daß einige von Heinrichs Wache, beim Anblick Edwards dies Geschrei erheben. **Malone**.

b. **Stehn wir arbeitscheu, der Winterfrost raubt das erwünschte Heu.**] (S. 260.) Im Englischen:

— — — — If we use delay,
Cold biting winter mars our hop'd - for hay.

Make hay, while the sun shines, mache Heu, weil die Sonne scheint ist ein Sprichwort, wie unser: Schmiede das Eisen, weil es glüht. Malone, der aye (ay) lesen möchte statt hay, wird hinlänglich widerlegt durch den Schluß der dritten Scene dieses Aufzugs, nach der Quartausgabe, die folgendes Verspaar hat:

Let's go; if we slack this bright summers day,
Sharp winter's show'rs will mar our hope for hay.

Fünfter Aufzug. Erste Scene.

a. **Ihr ließt den armen Heinz-Bischof im Schloß.**] (S. 263) Den andächtigen Schattenkönig, der (IV, 8) in London blieb, und nach den Worten, **Hier in dem Schloß will ich ein Weilchen ruhn**, seiner gottseligen Gelindigkeit sich erinnerte. Sein Schloß wird im Spott the bishop's palace genannt. Vielleicht schrieb Shakspeare: you left poor Henry bishop at the palace.

b. Zwei deines Namens, beid' Herzoge —] (S. 264) Der erste dieser beiden Somerset, Edmund genannt, fiel in der Schlacht bei Sankt Albans, 1455, sein Sohn Heinrich ward nach der Schlacht von Herham enthauptet, im Jahr 1463. Der gegenwärtige Herzog Edmund, Heinrichs Bruder, ward in der Schlacht bei Tewksbury, 1471, gefangen, und dort enthauptet. Sein Bruder Johann verlor sein Leben in der selbigen Schlacht.

Fünfter Aufzug. Zweite Scene.

a. So giebt der Axt sich hin, der Zederbaum, deß Arme Schuz verliehn dem stolzen Adler u. s. w.] (S. 267) Ezechiel XXXI, 13.: „Und alle Vögel des Himmels saßen auf seinem umgefallenen Stamm, und alle Thiere im Felde legten sich auf seine Aeste."

b. Durchdringend wie die Mittagssonne—] (S. 267) Der allschauende Helios ist schon bei Homer der Wisser jegliches Verraths.

c. Lustgärten, Wald und Gut, was ich besaß, verläßt mich.] (S. 267) So bei Horaz (Od. II, 3, 17.):

> Cedes coemtis saltibus et domo,
> Villaque.

und (Od. II, 14, 21.):

> Linquenda tellus, et domus, et placens
> Uxor: neque harum, quas colis, arborum,
> Te, praeter invisas cupressos,
> Ulla brevem dominum sequetur.

d. Das scholl wie Stimmen-Wirwar in Gewölben.] (S. 268) Like a clamour (nicht, wie in einigen Ausgaben steht, cannon) in a vault. Shakspeare dachte, wie Steevens bemerkt, an das undeutliche Wortgetöse der Leichenbestatter, wenn sie einen Sarg in dem Familiengewölbe zurechtstellen.

Fünfter Aufzug. Vierte Scene.

a. Trink' ich das Wasser meines Augs.] (S. 273) Psalm LXXX, 6: „Du speisest sie mit Thränenbrot, und tränkest sie mit großem Maß von Thränen."

Fünfter Aufzug. Fünfte Scene.

a. Hinweg mit Oxford nach Hamms-Burg.] (S. 273)

Eine Burg in der Picardie, wo Oxford mehrere Jahre gefangen saß.

b. Somerset.] (S. 273) S. V. 1.

c. Denk, Ich bin jezo meines Vaters Mund.] (S. 274) 2 Mos. IV, 16: Und Aaron soll dein Mund sein.

d. Aesop mag fabeln—] (S. 275) So nennt der Prinz den Richard wegen der pucklichten Gestalt, und der Dichter, ganz der Natur gemäß, läßt Richard über diesen Vorwurf in heftigen Zorn gerathen. Johnson.

e. Sie sind untadelich, wenn diese Schandthat man dagegenstellt.] (S. 276) So spricht Posthumus im Cymbelin (V, 5.):

— — — Ich bin's,
Der aller Welt Gräulthaten selig spricht,
Durch ärger sein denn alles.

So Pembroke im König Johann (IV, 3.):

Was Mords geschah, entschuldigt steht es hier;
Der hier, so einzig, so sich selbst nur gleich,
Erhebt zur Reinheit, ja zur Heiligkeit,
Der Zukunft ungebornen Frevelschwarm;
Grausamer Blutverlust wird nur ein Scherz
Am Beispiel so ruchloser Missethat.

Und Troilus (Troil. und Kress. V, 2.):

Stellt alle Trüg' an deines Namens Schmach,
Sie scheinen glorreich.

Fünfter Aufzug, Sechste Scene.

a. Welch neues Todesspiel will Roscius spielen?] (S. 279) Warburton meint, ein unachtsamer Schauspieler habe den Namen Richard mit Roscius vertauscht, ohne zu bedenken, daß dieser nur im Lustspiele, nicht in der Tragödie spielte. Aber gleichzeitige Schriftsteller, deren Steevens mehrere anführt, nahmen den Roscius für einen Tragödienspieler z. B. Nash, in seinem Pierce Penniles's Supplication to the Devil, 1592: „Weder Roscius," sagt er, „noch Aesop, diese berühmten Tragödienspieler, „konnten in der Darstellung mehr leisten als der berühmte Edward „Allen."

Lightning Source UK Ltd.
Milton Keynes UK
UKHW021837150119
335598UK00014B/560/P

9 780259 767367